民國歷史與文化研究

十一編

第 **7** 冊

民國時期國立大學招生研究

李 濤 著

花木蘭文化事業有限公司

國家圖書館出版品預行編目資料

民國時期國立大學招生研究／李濤 著 -- 初版 -- 新北市：花
木蘭文化事業有限公司，2020〔民109〕
目 6+286 面；19×26 公分
（民國歷史與文化研究　十一編；第 7 冊）
ISBN 978-986-518-112-3（精裝）
1. 高等教育　2. 教育制度　3. 入學考試
628.08　　　　　　　　　　　　　　　　109010084

ISBN-978-986-518-112-3

9 789865 181123

民國歷史與文化研究
十一編　第七冊　　　　　　　ISBN：978-986-518-112-3

民國時期國立大學招生研究

作　　者　李濤
總 編 輯　杜潔祥
副總編輯　楊嘉樂
編　　輯　許郁翎、張雅淋　美術編輯　陳逸婷
出　　版　花木蘭文化事業有限公司
發 行 人　高小娟
聯絡地址　235　新北市中和區中安街七二號十三樓
　　　　　　電話：02-2923-1455／傳真：02-2923-1452
網　　址　http://www.huamulan.tw 信箱 hml 810518@gmail.com
印　　刷　普羅文化出版廣告事業
初　　版　2020 年 9 月
全書字數　257324 字
定　　價　十一編 11 冊（精裝）台幣 28,000 元　　　版權所有 · 請勿翻印

民國時期國立大學招生研究

李濤 著

作者簡介

　　李濤，聊城大學教育科學學院教育學系副教授。曾先後獲得河北經貿大學經濟學學士，西南大學教育學碩士，西南大學教育學博士學位。研究領域為近代中國高等教育史，特別是近代中國大學招生考試，近年關注民國「黃金十年」大學單獨招生，精英階層與山東高等教育近代化研究。

提　　要

　　本書梳理了國立大學招生發展的過程，對國立大學招生的組織主體、選拔途徑、招生考試、錄取、照顧政策、對招生考試問題的爭鳴等重要方面進行了深入探究。民國時期國立大學招生的歷程分為三個時期：大學自由招生階段（1912～1932）；政府嚴格控制招生階段（1933～1940）；政府宏觀調控招生階段（1941～1949）。民國時期大學招生的組織主體經歷了從大學到政府，再到二者分擔的發展過程。選拔途徑以考試為主導方式，推薦、保送等是重要的補充形式。考試科目分合變遷，考試內容科學化，考試方式多樣化，單獨考試是主流，考試舞弊叢生。通過分析國立大學在校生的區域分布、階層分布，發現國立大學招生有本地化傾向，東西部省份入學機會差異極大，各階層入學機會極端不平等。民國時期大學招生的照顧政策基本形成了四大體系：僑生升學照顧體系，邊疆少數民族升學照顧體系，國民黨員、軍人升學照顧體系，教職員子弟及公務員（包括官員）子弟升學照顧體系。民國時期國立大學招生中存在嚴重的「市場失靈」問題，政府對其進行了「宏觀調控」。民國時期發生了三次大規模的有關大學招生考試的論爭：「廢考運動」；「新法考試運動」；「大學入學考試改進運動」。在此基礎上，總結了經驗教訓及啟示。

目次

緒　論

　　本文深入研究民國時期國立大學招生制度與實踐的發展歷史及啟示。具體地說，本文除通過原始資料的梳理論述國立大學招生發展的一般過程外，將視野聚焦於國立大學招生的組織主體、選拔途徑、招生考試、錄取、照顧政策、對招生考試問題的爭鳴等重要方面的發展變化情況的梳理，在此基礎上，探討國立大學招生變遷的動因、問題、影響與結果，總結經驗教訓，為當代大學招生改革提供借鑒和啟示。

　　本文的研究時段為 1912～1949 年期間的中華民國時期，其中包括北洋政府時期、國民政府時期。民國時期政權較為複雜，尤其是國民政府時期，大學分布在國民黨統治區、共產黨統治區以及日偽統治區。本文以國統區為主要的研究範圍，因為國統區的大學較為正規化，其在大部分時間內是大學教育的主體部分。國立大學是中央政府設立並管理的大學，故絕大部分國立大學在國統區。共產黨統治區的大學教育尚不成熟，制度化程度較低。日偽統治區的大學實施的是奴化教育，屬非常時期的特殊教育。因此，二者均不屬於本文的研究範圍。國立大學招生指由中央政府設立、管理的實施高等教育的綜合性或單科性學校，按照一定的選拔標準，借助於考試等手段對考生進行測度和甄別，以選拔合格新生的活動及所涉及的相關制度。

　　在論述民國時期國立大學招生制度與實踐的發展歷史及啟示之前，先就本研究的相關問題略作說明。

一、研究緣起

1. 民國時期國立大學招生制度的劇烈變遷，是中國高等教育現代化的縮影，值得深入研究

作為「舶來品」的大學招生制度與傳統考試制度既相衝突，又相融合。二者的衝突十分激烈。清末，高校招生首先遇到科舉制的阻礙。如洋務學堂的招生遭遇重重阻力，多數人以科舉為正途而不願入洋務學堂，洋務學堂為了招攬生源，不得不提供較好的經濟待遇，「就讀洋務學堂者多出身貧寒，宦官子弟及家有餘財者則選擇科舉正途。」〔註1〕此外，當京師同文館試圖以科甲正途人員為招生對象時，報名者卻寥寥，而當科舉考試舉行之時，學堂卻空空如也，就連文化界名人嚴復也對功名念念不忘。因此，廢科舉對近代大學招生制度的發展有重大意義。民初，高等教育法律體系逐步建立，大學招生的經驗日漸豐富，近代大學招生制度逐步定型。國立大學、省立大學、市立大學、私立大學以及教會大學均以單獨招生為主。各校的招生政策、招生程序、報考資格、考試形式、考試科目和內容、考試時間和次數、錄取標準逐漸制度化。隨著近代大學招生制度的形成，許多問題也逐漸暴露出來，如新生程度不齊，招生過濫；各省入學機會不平等；文實科比例嚴重失調等。為適應社會和教育發展的需要，教育部對招生進行改革，如 1933 年起開始實施比例招生，限制文科招生，鼓勵實科發展；1938～1940 年推行國立各院校統一招生；1941 年招生形式逐漸多樣化；各大學對招生形式、招生內容等均進行了較大的改革。民國時期大學招生制度處於不斷的變革之中。國立大學招生的發展過程，就是舊式考試科學化、民主化、現代化的過程。之所以選取國立大學為研究主體，主要基於以下考慮：國立大學是近代大學的主體部分，而招生制度是近代大學制度的重要組成部分；國立大學招生制度是近代大學招生制度的主體部分；國立大學招生制度改革對其他大學的改革具有一定的導向和引領作用；從招生實踐來看，國立大學確實選拔了一批優秀人才，也暴露出許多問題。因此，本選題主要探討國立大學的招生問題。

2. 學術界對民國時期國立大學招生歷史的研究較為薄弱

學術界對大學招生制度及招生考試思想有積久的關注和研究。作為大學

〔註1〕張亞群：《科舉的革廢與近代中國高等教育的轉型》，華中師範大學出版社，2005年版，第 59 頁。

教育的入口，招生關係重大，也是學術界研究的重點。學術界對高考的研究不僅數量多，而且向系統化、理論化方向發展，以廈門大學、華中師範大學、教育部考試中心為代表。而對近代大學招生的研究相對薄弱，雖然也有一些研究成果問世，但是不夠全面、系統、深入，且現有的研究成果大多僅僅關注政策文件，對原始資料的挖掘不足，對近代招生制度變遷的探討不充分，對近代招生經驗的總結和理論歸納不夠。尤其對於民國時期國立大學招生的研究更為薄弱，尚待進一步研究。

3. 本人長期關注高考改革，對高校招生史有一定的研究基礎

筆者長期關注高考改革，一方面積累了較為豐富的文獻，較為熟悉相關研究現狀與趨勢。另一方面較為熟悉高考改革相關的理論和實際問題，為後續研究奠定了一定的學術基礎。既關注高校招生改革的實踐問題，又努力爬梳近現代高校招生相關的史料。高考改革中的現實問題使筆者回望近代高校招生制度。通過梳理近代高校招生制度的發展史，筆者發現了幾個亟待研究的問題：近代高校招生制度的起源、形成與變遷；近代高校招生制度的結構、要素及其相互關係；近代高校招生實踐中的問題與影響。誠如雅斯貝爾斯所言，「我要達到現在的深度就必須裝備歷史的傳承和學會如何回憶。」〔註2〕

二、概念界定

要清晰界定本選題的研究對象，就必須劃定研究的界限，明確相關概念。

1. 民國時期

從時間上說，民國時期即1912～1949年中華民國時期，其中包括北洋政府時期、國民政府時期。從空間上看，民國時期政權較為複雜，北洋政府時期大學分布在北洋政權和廣州革命政權之下。國民政府時期，大學分布在國民黨統治區、共產黨統治區以及日偽統治區。鑒於共產黨統治區和日偽統治區的特殊性，本文以中央政權統治下的國立大學為主要研究對象。

2. 國立大學

從廣義上講，大學可以泛指一切進行中等教育程度以上的教育機構（如專科教育機構、本科教育機構、研究生教育機構）。從狹義上講，大學專指

〔註2〕〔德〕雅斯貝爾斯著，鄒進譯：《什麼是教育》，生活·讀書·新知三聯書店，1991年版，第40頁。

多科性、高層次的教育科研機構（與專科教育機構、單科學院、技術學院相區別）。嚴格意義上說，京師大學堂是清末唯一的國立大學。民國初創，學堂改稱學校，但是民國時期政府法令很少用「高等學校」指稱高等教育機構。1912 年頒行的《大學令》規定大學分為文科、理科、法科、商科、醫科、農科、工科，以文、理二科為主，須合於下列條款之一者，方得名為大學：一、文理二科並設者；二、文科兼法商二科者；三、理科兼醫農工三科或二科一科者。〔註3〕此外，民國初年還頒布了《專門學校令》和《專門學校規程》，指出公私立專門學校是高等教育的一種，也實施本科教育。因此，民國初年高等教育的格局：大學預科（3 年）、本科（3～4 年）、大學院。與大學平行的學校有高等師範學校、專門學校和專科學校等。民國時期大學分為國立、省立、市立和私立，並鼓勵地方政府和私人辦學。到 1917 年分科大學僅 8 所，國立大學更是鳳毛麟角。〔註4〕1917 年北洋政府頒布《修正大學令》，最大的變化是允許單科大學的設立，大學分二級，預科兩年，本科四年，凡六年。到 1921 年國立大學僅有北京大學、北洋大學、山西大學、東南大學、上海商科大學等五所，而私立大學則迅速增多。〔註5〕1922 年頒布的「壬戌學制」繼續允許單科大學的設立，取消了大學預科，規定大學本科修業年限為 4～6 年。1917 年到 1929 年大學的數量迅速膨脹，時人評論其達到了濫設的程度。國民政府成立後，先後頒布了《大學組織法》、《專科學校組織法》等，進一步規範大學的發展，其中規定大學分文、理、法、教育、農、工、商、醫八種學院，具備三學院以上者，方得稱為大學，且三學院必須有理學院或農、工、醫學院之一，修業年限除醫學院外均為 4 年。此後民國的高等教育機關基本穩定，分為大學、獨立學院、專科學校。1931 年，全國有國立大學 13 所：中央大學、北平大學、中山大學、武漢大學、清華大學、北平師範大學、浙江大學、北京大學、暨南大學、同濟大學、交通大學、四川大學、山東大學。〔註6〕據《第二次中國教育年鑑》統計，國立大學數為，1936

〔註3〕宋恩榮、章咸選編：《中華民國教育法規選編》，江蘇教育出版社，2005 年版，第 384 頁。

〔註4〕陳翊林：《最近三十年中國教育史》，太平洋書店，1932 年版，第 270～272 頁。

〔註5〕郭秉文：《五十年來中國之高等教育》，申報館編：《最近之五十年》，申報館印刷發行，1923 年版，第 287 頁。

〔註6〕董寶良主編：《中國近現代高等教育史》，華中科技大學出版社，2007 年版，第 142～143 頁。

年 13 所，1937 年 12 所，1938 年 14 所，1939 年 15 所，1940〜1941 年 16
所，1942 年 20 所，1943〜1945 年 22 所。1949 年新中國成立前國立大學已
經增長到 39 所。〔註7〕由上可知，清末、民國時期官方很少用「高等學校」
這一概念，而各個發展階段國立大學的內涵和外延是清晰明確的。國立大學
是由中央政府（或中央直屬部門）設立並管理的實施高等教育的綜合性或單
科性學校，各個歷史時期具有不同的指稱對象。

3. 招生、考試

中國考試大辭典對招生的解釋為：「指各類各級學校招收新學生的工作。
包括組織入學考試、錄取等環節。」〔註8〕招生是指招生主體按照一定的選拔
標準對招生對象進行測度和甄別，以達到選拔合格新生的目的。招生由以下
幾個要素組成：招生主體、招生對象、招生手段和工具、招生標準。招生的
目的是選拔合格新生，大學招生的主要工具是考試。人們往往將招生與考試
一起稱呼，實際上二者既有聯繫，又有區別，這裡有必要辨析清楚。

「廣義的考試，泛指人類社會一切測度和甄別人的身心各個方面之群體
或個體差異的活動」，「狹義的考試，是由主試者根據一定社會的要求，在一
定的場所，採取一定的方式方法，選擇適當的內容，對應試者的知識與能力
所進行的有組織、有目的的測度或甄別活動。」〔註9〕廖平勝先生指出，「考
試是人類社會中一定歷史階段的產物，即強制性腦體分工的產物」，「考試是考
查個人所掌握知識與所具備能力的狀況的一種方法」，「考試要素包括舉辦考試
者，考試的目的、種類、性質，考試分不同等級，參加對象，考試內容和科目，
考試形式、考試日期、場次、時限，考試規模，考試實施工作的組織及其職責，
防止洩密、懲治舞弊的法規，分數制度，信息反饋等。」〔註10〕綜合各家有關

〔註7〕金以林：《近代中國大學研究》，中央文獻出版社，2000 年版，第 336 頁。北京
　　　大學、清華大學、南開大學、北京師範大學、北洋大學、山西大學、東北大學、
　　　華北醫科大學、大連大學、延邊大學、交通大學、哈爾濱工業大學、復旦大學、
　　　同濟大學、暨南大學、哈爾濱醫科大學、中央大學、政治大學、浙江大學、中
　　　國醫科大學、安徽大學、英士大學、廈門大學、東北師範大學、南昌大學、山
　　　東大學、華東大學、河南大學、武漢大學、中原大學、湖南大學、中山大學、
　　　廣西大學、四川大學、重慶大學、雲南大學、貴州大學、西北大學、蘭州大學。
〔註8〕楊學為主編：《中國考試大辭典》，上海辭書出版社，2006 年版，第 248 頁。
〔註9〕楊學為主編：《中國考試大辭典》，上海辭書出版社，2006 年版，第 114 頁。
〔註10〕廖平勝主編：《考試社會學問題研究》華中師範大學出版社，2003 年版，第 6
　　　〜24 頁。

「考試」概念界定的基本觀點，大致分為五類：「考試是工具；考試是方法、考試是手段；考試是測量；考試是活動。」〔註11〕

所以，招生可以以考試為手段，也可以借助其他甄別方法選拔人才。考試也不僅包括入學考試，還有期中考試、期末考試、畢業考試、資格考試等等。因為考試是一種甄別人才的有效方法，所以招生往往以考試為手段。在這種狀況下，招生是上位概念，考試是下位概念，招生的範圍和內涵較考試廣。在招生過程中考試是工具，招生是目的。總之，招生是指學校按照選拔標準，借助於考試等手段對應試者進行測度和甄別，以達到選拔合格新生的目的。

4. 國立大學招生

綜上所述，國立大學招生是由中央政府（或中央直屬部門）設立的實施高等教育的綜合性或單科性學校，按照一定的選拔標準，借助於考試等手段對應試者進行測度和甄別，以達到選拔合格新生的目的。國立大學招生包括招生的形式、內容、錄取、特殊政策、考試等方面。國立大學招生包括一系列正式規則和非正式的工作規程，以及這些規則實施的過程。（即制度及其實施。）

三、研究目的與研究內容

（一）研究目的

梳理民國時期國立大學招生演變的過程，分析招生發展的規律，總結經驗教訓，深化教育史的研究領域，夯實史料基礎，為教育史研究添磚加瓦。通過對民國時期國立大學招生政策和實踐的考察，得出有益的借鑒和啟示，以期對當代高考改革提供借鑒，為解決高考中的現實問題提供歷史經驗。

（二）研究內容

本文試圖從宏觀方面梳理民國時期國立大學的招生，研究內容涉及招生的各個方面。本文第一部分從整體上闡述國立大學發展的概況，將其招生劃分為大學自由招生階段（1912～1932）、政府嚴格控制招生階段（1933～1940）、政府宏觀調控招生階段（1941～1949），分別陳述了各階段的發展概況。為方便研究起見，將國立大學招生分為幾個專題分別論述，具體內容如

〔註11〕廖平勝著：《考試學原理》，華中師範大學出版社，2003年版，第55～57頁。

下：1.組織主體、選拔途徑；2.考試：包括考試科目的變遷、考試內容的初步科學化、考試方式的多樣化、考試舞弊及其防控。3.錄取：包括錄取標準，在校生的區域分布、階層分布、破格錄取；4.照顧政策：包括對華僑、邊疆少數民族、黨員、軍人、教職員、公務員的照顧政策；5.單獨招生中的失調與整頓：包括招生標準混亂、與中學教學相脫節、入學資格模糊、文實科失衡、招生腐敗、整頓招生引發風波。6.招生考試相關問題的爭鳴：包括廢考運動、新法考試運動、大學入學考試改進運動。最後，對國立大學招生進行總結與思考。對民國時期國立大學招生的主要特點、基本經驗進行總結，對一些重要問題進行反思。

四、研究意義

本研究具有以下幾個方面的意義：

1. 有助於拓展教育史研究領域，使研究視角中觀化

近幾十年來的教育史研究，人們或者關注於宏觀的教育發展歷程，或者傾力於微觀的近代教育事件和教育活動。教育史學界在新中國成立前就形成了實證主義教育史觀、分析的、批判的教育史觀、實用主義教育史觀和歷史唯物主義的教育史觀，史和論的矛盾一直困擾著育史研究。周洪宇教授認為，新時期中國教育史學的四大研究範式是：回歸傳統範式、現代化範式、敘事史範式、活動史範式。教育史研究正從宏觀走向微觀，視野下移，更加關注日常的敘事而非宏大的淺度敘事研究。教育史研究多年來所形成的教育思想史和教育制度史研究傳統正遭受著各類「微觀史學」範式的衝擊。以往的教育制度史研究確實存在過於宏觀、視野過高、對下層關注不夠的缺陷，但是關注教育發展中的重大制度和核心要素是其優點。各類「微觀史學」範式能夠實現研究視野的微觀化、大眾化，但是其缺陷也是十分明顯的，對於重大教育制度和問題的關注不夠，具體微觀史實的敘述和分析難以全面展示教育發展的概貌。所以，未來的教育史研究既不是簡單的回歸傳統，也不是隨「微觀史學」範式的流，而是應當將視角中觀化，將教育制度作為教育史研究的核心，把教育活動與教育制度的關係，教育制度的生產與變遷，教育制度的作用和影響作為研究的主要領域。本選題嘗試從這一視角對國立大學招生進行研究。

2. 有助於加深對近代大學招生變革的認識，進行理論提升

作為「舶來品」和異質文化的代表，近代大學招生制度必然與本土的各種力量發生種種衝突與融合。中國的傳統遭遇西方的大學招生制度時，其衝突與融合的機理，大學招生制度如何扎根，其變遷的動因、過程、特徵等都有助於深化對近代大學招生制度變革的認識。深入挖掘國立大學招生制度受哪些因素的影響而確立、變遷，分析國立大學招生制度的問題和影響。

3. 有助於總結經驗教訓，對當代大學招生改革有一定的借鑒意義

通過對國立大學招生的研究，總結經驗教訓，分析利弊得失，為當代大學招生改革，尤其是為高水平的、研究性的公立大學招生改革提供歷史借鑒。一方面通過歷史研究向人們展示國立大學招生制度的整體概況和具體運作，理清其產生和變遷的過程和影響因素，另一方面總結歷史經驗，提出具有參考價值的建議。

五、文獻綜述

（一）相關問題的研究現狀

筆者通過查閱 CNKI、維普、大成老舊刊等數據庫，西南大學圖書館、浙江大學圖書館、廈門大學圖書館等圖書館，查閱到相關的檔案史料彙編 67 種，著作 118 種，論文 82 篇。

1. 關於近代科舉革廢與教育考試變革的研究

劉紹春的《科舉廢除以後遺留問題及考試制度重建》，《河北師範大學學報》（教育科學版），2002 年，第 6 期，展示了科舉廢除後獎勵出身及時人對新學堂的牴觸，反映了科舉制度的路徑依賴和歷史慣性。孫邦華的《清末來華西人關於中國考試制度改革的建議》，《湖北招生考試》，2003 年，第 4 期，詳細論述了清末來華傳教士提出的文官考試與教育考試相分離的改革建議，正是中國考試後來的發展方向，為本課題研究招生提供了一定的線索和資料。張亞群的《從考「官」到考「學」——廢科舉後考試文化的變革與傳承》，《書屋》，2005 年，第 1 期。張亞群的《廢科舉與近代學校考試制度的創立》，《中國考試》，2005 年，第 1 期，分析了科舉廢除後教育考試的變革，指出科舉雖廢，考試文化的傳統還在。李紅的《晚清高等教育考試制度近代化：演進、特點與啟示》，《現代教育論叢》，2008 年，第 3 期，通過分析洋務運動、

維新運動、清末新政時期學堂招生考試、學業考試的演進，總結了清末教育考試近代化的特點，對本研究有較大的參考價值。

2. 關於民國大學招生制度發展分期的研究

高耀明的《民國時期高校招生制度述略》，《高等師範教育研究》，1997 年，第 4 期，將民國時期高校招生分為高校單獨自由招生階段（1911～1932）、計劃與統一招生階段（1933～1940）、招生形式多元化階段（1941～1949），是影響較大的分期。楊學為總主編的《中國考試通史》第三卷（明清卷，王戎笙分卷主編）、第四卷（民國卷，王奇生分卷主編），詳述了科舉革廢的過程，京師大學堂的創辦及其招生考試概況；簡述了北洋政府時期的大學招生的入學資格、考試科目、招考程序、試題及招生概況等。作者認為此時期考試競爭激烈，但各校招生寬嚴不一；文理科比例失調；考生的出身和民初高等學校招生的不公正；男女同學是招生的一大成就。作者認為 1927～1932 年為高校單獨招生階段，1933～1937 年為計劃招生階段，1938～1940 年為統一招生階段，1941～1949 年為多元招生方式並行階段，作者分析了各種招生制度的利弊，並對招考權的變化和招生思想的論爭進行了梳理。〔註 12〕劉海峰等著的《中國考試發展史》，認為民國時期是外來教育制度逐漸本土化的轉折階段，大學的入學考試內容、類型獲得了新的發展。單獨招考是清末引進西方教育模式的自然延續，也是當時教育發展的必然選擇。1938～1940 年統一招生的嘗試發揮了積極作用，有效的控制了文理科發展不平衡，在一定程度上維護了入學機會的區域公平，加強了中等教育和高等教育的銜接，從整體上提高了生源質量。作者將民國時期大學招生的演變分為「民國前期高校單獨招生考試」、「民國中後期高校統一招考的嘗試與招生形式的多樣化」兩個階段。〔註 13〕羅立祝的《高校招生考試政策研究》，簡單梳理了民國時期的高校招生考試政策，將其劃分為「實行高校單獨招考政策階段（1912～1932）」、「計劃招生到統一招考政策階段（1933～1940）」、「實行多樣化的高校招考政策階段（1941～1948）」等三個階段。〔註 14〕以上分期較有代表性，其他的分期大多與此類似。

〔註 12〕王戎笙主編：《中國考試通史》（卷三明清），首都師範大學出版社，2008 年。
　　　　王奇生主編：《中國考試通史》（卷四民國），首都師範大學出版社，2008 年版。
〔註 13〕劉海峰等著：《中國考試發展史》，華中師範大學出版社，2002 年版。
〔註 14〕羅立祝：《高校招生考試政策研究》，華中師範大學出版社，2007 年版。

3. 關於民國時期大學招生政策的研究

金以林的《近代中國大學研究：1895~1949》對近代大學的萌芽和發展，國立大學的設置以及國立院校統一招生等有所探討〔註 15〕。陸震著的《中外學校教育考試制度探討》，對民國時期的學校教育考試制度進行了簡要的梳理，為本研究提供了線索。〔註 16〕于欽波、楊曉主編的《中外大學入學考試制度比較與中國高考制度改革》，其中的歷史篇專門就中國近代大學入學考試制度的發展演變進行了論述，尤其是列出了京師大學堂的試題和四川大學入學章程，為本研究提供了重要的文獻線索。〔註 17〕王岩的《南京國民政府時期高校招生制度研究》，概述了南京國民政府時期高校招生制度的發展歷程，介紹了單獨招生制度、計劃與統一招生制度、多元化招生制度的內涵，分析了各自的優缺點。〔註 18〕彭慧麗的《民國時期高校自主招生制度研究（1912~1949）》，分析了民國時期高校實施自主招生的背景，從公立大學、私立大學和高等師範學校三方面分別論述了其自主招生的發展歷程，總結了民國時期高校自主招生的特徵和影響。〔註 19〕肖娟群的《我國高校自主招生考試的歷史考察與現狀分析》，梳理了清末、民國時期高校自主招生的發展，總結了近代高校自主招生的特點，並以清華大學為個案進行了探討，對本研究啟發較大。〔註 20〕韓斌的《民國時期大學入學數學考試研究》，通過對民國時期不同階段大學入學數學試題的分析，總結出了大學入學考試的特點，這一獨特的視角值得本研究借鑒。〔註 21〕梁超梅的《高考與高校教育的關係研究》，簡要分析了清末洋務學堂與其招生的關係，民國時期高校招生與高校

〔註 15〕金以林：《近代中國大學研究：1895~1949》，中央文獻出版社，2000 年版。

〔註 16〕陸震主編：《中外學校教育考試制度探討》，高等教育出版社，1997 年版。

〔註 17〕于欽波、楊曉主編：《中外大學入學考試制度比較與中國高考制度改革》，四川教育出版社，2000 年版。

〔註 18〕王岩：《南京國民政府時期高校招生制度研究》，南京師範大學碩士學位論文，2009 年。

〔註 19〕彭慧麗：《民國時期高校自主招生制度研究（1912~1949）》，西北師範大學碩士學位論文，2009 年版。

〔註 20〕肖娟群：《我國高校自主招生考試的歷史考察與現狀分析》，廈門大學碩士學位論文，2008 年版。

〔註 21〕韓斌的：《民國時期大學入學數學考試研究》，內蒙古師範大學碩士學位論文，2010 年版。

的關係。〔註 22〕覃紅霞的《高校招生考試法治研究》，從法律的視角總結了民國時期的高校招生考試的立法。劉清華《高考與教育教學的關係研究》，分析了民國時期高校招生與教育的關係，認為升學主義是高校招生與教育關係的反映，改革單獨招生、實行統一招生和會考制度，有效的協調了高校招生與教育的關係。楊李娜的《臺灣地區大學入學考試制度研究》，將民國時期大學招生制度作為歷史背景，從考試方式、考試科目和內容、招生方式和招生機構等方面進行了簡要的梳理。張耀萍的《高考形式與內容改革研究》，指出單獨招考到統一招考的演變原因，民國時期高校招生形式與內容的特點是，入學考試形式的演變是高校與國家關係的反映；改單獨招考為統一招考是學校選才與國家選才矛盾的結果；入學考試內容的設置一直處於中學與高校的緊張關係中。樊本富的《中國高校自主招生研究》，認為洋務學堂的招生是高校自主招生的雛形，新式學堂的招生是高校自主招生的發展，民國前期確立了高校自主招生的模式，並對自主招生的特點和缺陷進行了分析，論述了民國後期大學招生制度的變革。虞寧寧的《中國近代教會大學招生考試研究》，以近代的教會大學為研究實體，對其招生考試進行了全面的梳理與分析，對本研究啟發較大。〔註 23〕蔣超主編的《中國高考史》（創立卷）對科舉廢除、京師大學堂的興辦、文官考試與教育考試的分離、新學制的頒布，高校招生的演變進行了詳述和分析，指出單獨招生有利於自由的學術風氣和培養學生獨立的人格，統一招生既有考試公平的考慮，也有政治鬥爭的考慮，這為本研究提供了另一分析視角。〔註 24〕冉春的《民國時期高校統一招生政策及其意義》，《四川教育學院學報》，2003 年，第 9 期，指出高校統一招生政策具有明顯的戰時特徵：地域上的不完整性；參加高校的不完全性；政策制定的不穩

〔註 22〕梁超梅：《高考與高校教育的關係研究》，中國地質大學碩士學位論文，2006年版。

〔註 23〕覃紅霞：《高校招生考試法治研究》，華中師範大學出版社，2007 年版。李立峰：《中國高校招生考試中的區域公平問題研究》，華中師範大學出版社，2007 年版。劉清華：《高考與教育教學的關係研究》，華中師範大學出版社，2007 年版。楊李娜：《臺灣地區大學入學考試制度研究》，華中師範大學出版社，2007 年版。張耀萍：《高考內容與形式改革研究》，華中師範大學出版社，2010 年版。樊本富：《中國高校自主招生研究》，華中師範大學出版社，2010 年版。虞寧寧：《中國近代教會大學招生考試研究》，廈門大學博士學位論文，2012 年版。

〔註 24〕蔣超主編：《中國高考史》，中國言實出版社，2008 年版。

定性。孫利平的《試析民國前期暨南大學的海外招生》,《東南亞研究》,2004年,第 4 期,此文運用大量的原始史料對暨南大學的海外招生進行了梳理,不僅對本研究具有史料上的參考價值,還有個案分析的借鑒意義。巨玉霞、張亞群的《近代中國教會大學的招生特點》,《大學教育科學》,2005 年,第 5 期,對具有獨特性的教會大學招生進行了研究,指出教會大學實行單獨考試,就近招生;生源主要來自上層社會、教會中學和基督教的子女;本科與研究生招生相銜接;招生形式多樣,重視短期培訓,對當時的國立大學招生制度變遷有一定的影響。孫中濤、趙芹的《淺析民國時期我國高校招生制度的形成與變遷》,《華章》,2007 年,第 8 期,對民國時期高校招生制度進行了簡單的梳理,為本研究提供了線索。劉額爾敦吐、王小五的《民國時期高校少數民族招生考試政策研究》,《煤炭高等教育》,2009 年,第 7 期,陳述了民國時期政府對少數民族升學的照顧政策,為我們全面的認識民國時期大學招生政策提供了資料。

4. 關於民國大學招生制度的生成與變革原因的研究

　　加拿大學者許美德的《中國大學 1895～1995:一個文化衝突的世紀》,從文化的角度對中國百年大學教育進行了深入的探究。作者敘述了不同時期大學招收女生的情況,論述了作為外來文化的大學制度如何中國化的過程〔註 25〕,對本研究頗有啟發意義。謝青等主編的《中國考試制度史》對清末京師大學堂的招生政策進行了敘述,詳述了北洋政府時期的大學招生政策及其實施,指出了實施過程中暴露出的問題,如很難保證質量、文理失調、招生公正性等,作者認為這時的招生制度最根本的特點是招考權在各學校。此書詳述了南京政府時期大學招生從單獨招生走向統一招生,再發展到多元招生的過程,較深入地分析了變革的成因。〔註 26〕日本學者大冢豐的《現代中國高等教育的形成》對新中國成立前的大學招生概況進行了分析,對本課題有一定的借鑒意義。〔註 27〕廈門大學薛成龍的碩士學位論文《近代中國高校招生考試研究》從近代化的角度對近代招生考試的演變作了一番理論思考,指出近

〔註25〕〔加〕許美德著,許潔英譯:《中國大學 1895～1995:一個文化衝突的世紀》,教育科學出版社,1999 年版,第 78 頁。
〔註26〕謝青、湯德用、房列曙等著:《中國考試制度史》,黃山書社,1995 年版。
〔註27〕〔日〕大冢豐,黃福濤譯:《現代中國高等教育的形成》,北京師範大學出版,1998 年版。

代中國的招生考試經歷了從統一到分散，再到統一又分散的過程，這一演變過程既受教育自身內在的發展邏輯制約，同時也受教育內外部環境因素影響；近代高校招生考試發展史也是一部矛盾運動的歷史，操作上困難重重，觀念上衝突激烈。為本研究提供了基本線索和思考的理路，其尚未挖掘的部分為本研究提供了學術空間。〔註 28〕康乃美、蔡熾昌著的《中外考試制度比較研究》，簡要陳述了近代大學入學考試制度的變革，指出中國近代大學入學考試制度是在中國古代大學入學考試的基礎上，通過借鑒和吸收西方國家大學入學考試的先進經驗和做法而創立和發展起來的。〔註 29〕〔註 30〕胡向東的博士學位論文《民國時期中國考試制度的轉型與重構》，分析了民國時期考試制度轉型的歷史文化淵源和思想基礎，指出轉型的重要標誌是文官考試和教育考試的分離，從社會、教育、心理和文化的維度分析了民國考試制度轉型。〔註31〕余子俠，何向東主編的《湖北考試史》為本研究提供了個案分析材料。〔註32〕劉海峰等著的《高校招生考試制度改革研究》從歷史的、比較的、理論的、實踐的多角度探討了高校招生考試改革，論述了高考與科舉的淵源關係，陳述了高考對近代大學招生制度繼承的關係。〔註33〕房列曙的《民國時期高校考試制度的歷史考察》，《安徽師範大學學報》（人文社會科學版），2004年，第 3 期，運用豐富的史料對民國時期的高校招生考試演變的原因進行了分析。張亞群的《從單獨招考到統一招考——民國時期高校招生考試變革的啟示》，《中國教師》，2005 年，第 6 期，在歷史條件下對招生制度變遷的分析恰當合理，澄清了人們盲目追捧單獨招生的錯誤心理。陳彬莉的《高考制度的歷史演變軌跡探析》，《山西師大學報》（社會科學版），2007 年，第 1 期，將民國時期大學招生制度放到大歷史的視野下考察，認為之所以大學能夠保持自主招生，原因在於此時期的大學具有大學自主的理念，更重要的是當時的社會結構存在一個強大的民間社會，有民辦大學、教會大學的競爭，也有

〔註28〕薛成龍：《近代中國高校招生考試研究》，廈門大學碩士學位論文，1999 年版。
〔註29〕康乃美、蔡熾昌著：《中外考試制度比較研究》，華中師範大學出版社 2002 年版。
〔註30〕田建榮：《中國考試思想史研究》，廈門大學博士學位論文，2001 年版。
〔註31〕胡向東：《民國時期中國考試制度的轉型與重構》，華中師範大學博士學位論文，2006 年版。
〔註32〕余子俠，何向東主編：《湖北考試史》，湖北人民出版社，2007 年版。
〔註33〕劉海峰等著：《高校招生考試制度改革研究》，經濟科學出版社，2009 年版。

公眾輿論的強大力量。

5. 關於民國時期大學招生「文實之爭」的研究

限制文科、提倡實科是國民政府時期重要的高等教育政策之一。該政策的主要目的，一是為糾正大學文實科比例嚴重失衡的問題；二是為社會建設培養實用人才。此政策引發了時人的爭論，產生了著名的「文實之爭」。張太原的《20世紀30年代的文實之爭》認為，「這場論爭相當複雜，涉及面相當廣泛，諸如大學的目的、人才的培養、教育與政治的關係、社會問題的解決、文化觀念的變化、地方和中央之爭、自由知識分子與國民黨之爭等無一不在其中。深入探討這一論爭，可揭示隱藏在教育中的歷史特別是當時中國社會中一些鮮為人知的面相。」〔註34〕通過一定歷史事實的梳理和分析，作者總結說：「在文實之爭的背後，隱含著國民黨的地方和中央之爭。其實，借改革教育而達到政治目的，政治與教育相互糾纏，是20世紀30年代國民黨內外鬥爭的一個鮮明特點。」〔註35〕張太原在《文理之爭：民國時的一次教育大討論》中指出，北洋軍閥時期教育者對於教育往往還具有主導作用，而南京國民政府成立以後，「當政者在教育界頗思有所作為，通過各種方式逐漸掌控了教育的決策權，並由此開始了各個層面的改革，對一向紛擾的高等教育界尤其用力。」而主張停辦文法科者大多為「黨國巨公」和地方政要，反對停辦者多為教育界特別是文法科領域的自由知識分子。〔註36〕張太原亦在《20世紀30年代教育領域裏的自由知識分子與國民黨之爭》一文中通過是否「抑文重實」的爭論，揭示出了當時的自由知識分子與國民黨之爭。〔註37〕陳德軍的《南京政府初期文科與實科比例失衡的社會政治效應》，試圖從大學教育持續面臨著文、實科之間的比例與社會需求相失衡這一歷史問題出發，客觀地分析由此累積所造成的複雜的歷史與社會結果，並進而深化對20世紀20、

〔註34〕張太原：《20世紀30年代的文實之爭》，載《近代史研究》，2005年第6期，第164～165頁。

〔註35〕張太原：《20世紀30年代的文實之爭》，載《近代史研究》，2005年第6期，第183頁。

〔註36〕張太原：《文理之爭：民國時的一次教育大討論》，載《學習時報》，2006年10月30日，第6版。

〔註37〕張太原：《20世紀30年代教育領域裏的自由知識分子與國民黨之爭》，「1930年代的中國」國際學術研討會，中國四川成都，2005年，載《「1930年代的中國」國際學術研討會論文集（下卷）》，社會科學文獻出版社，2006年。

30 年代中國政治動盪起源的認識〔註38〕。此外，還有劉希偉的《高校招生考試文理分合的百年演進與反思》,《考試研究》,2011 年,第 5 期。

此外,與本研究相關的論文還有嫣明明的《大規模考試的演變與育人》、王中男的《考試文化研究》,〔註39〕劉清華的《民國時期高校招生考試與學校教育的關係》,《寧波大學學報》(教育科學版),2004 年,第 5 期。楊李娜的《民國時期的大學招考制度及其影響》,《漳州師範學院學報》(哲學社會科學版),2005 年,第 4 期。單雲蘊的《民國時期高校招生方式及其現實意義》,《湖北招生考試》,2008 年,第 12 期。張學強、彭慧麗的《民國時期高校自主招生制度探析》,《社會科學戰線》,2009 年,第 5 期。虞寧寧的《中國近代大學招生推薦制的特點與現實思考》,《考試研究》,2011 年,第 3 期。張亞群、劉毳的《也談大學破格招生》,《考試研究》,2011 年,第 1 期。王楊紅的《民國時期大學招生政策的探究與反思》,《中國科教創新導刊》,2012 年,第 4 期。曾華的《1932 年清華大學入學考試的教育啟示》,《考試研究》,2012 年,第 5 期。胡向東的《民國時期關於教育考試問題的三次論爭》,《教育與考試》,2008 年,第 6 期。

（二）對已有研究的評價

從總體上看,民國時期大學招生的史料較為豐富,尤其是清末、民國史料的整理頗豐,關於近代高等教育史的研究成果更是浩如煙海,通史、專史研究均取得了較大的成就,這既為本研究提供了豐富的史料,又提供了可資借鑒的研究視角和範式。縱觀以上文獻還存在以下不足:

第一,對考試史資料做了專門的整理,但是大學招生史資料的挖掘不充分,現有研究對原始史料的運用也不夠。近代報刊、校刊、校報、大學檔案仍有待挖掘。

第二,現有研究成果大多滿足於對招生政策的簡單梳理,對相關要素缺乏深入的研究。現有研究成果對政府頒布的招生文件的梳理較充分,對大學招生制度的非正式規則探討不足,對影響大學招生制度變遷的因素分析不

〔註38〕陳德軍:《南京政府初期文科與實科比例失衡的社會政治效應》,載《史學月刊》,2004 年第 6 期,第 60 頁。

〔註39〕嫣明明:《大規模考試的演變與育人》,華中師範大學博士學位論文,2003 年。
王中男:《考試文化研究》,華東師範大學博士學位論文,2012 年。

夠，對大學招生制度實際運行情況關注不夠。

第三，現有大學招生的研究成果太籠統，大多是粗線條的梳理，缺乏全面而系統地研究。現有的研究成果往往將各類高校作為一個整體，對其招生進行整體性的分析，沒有做分類細化的探討。

第四，現有研究對國立大學招生經驗教訓的總結提煉不充分，對當代高考改革的啟示論述尚需加強。

總之，現有的研究對民國時期國立大學招生相關的原始史料的發掘和運用皆不充分，對政府頒布的招生政策文件關注較多，對各國立大學獨特的招生工作規程關注不夠，對國立大學招生制度生成與變遷原因的分析不足，對國立大學招生制度發展過程的梳理不充分，對國立大學不同形式的招生制度的特點、優劣分析不夠，對國立大學招生制度的當代價值挖掘不足。

六、研究思路與研究方法

（一）研究思路

本研究借鑒歷史制度主義的制度理論，將民國時期國立大學招生制度作為中觀的制度進行研究。這就決定了本研究不同於一般的「制度研究」，不僅應當關注正式的規則體系（以相關的官方政策文本為主），還要聚焦於非正式的工作規程。不僅要梳理民國時期國立大學招生考試發展的一般過程，更要探討其背後的因素。所以本研究按照以下思路進行探討：其一，揭示民國時期國立大學招生的發展過程及其特點，並評析其利弊得失，以期為高考改革提供借鑒。其二，通過民國時期國立大學招生政策的演變及其在大學中的實施情況，分析招生中各要素的相互關係及其運行機制，探討招生考試發展的規律，歸納招生與社會的互動機制。其三，通過對國立大學招生政策與實踐的考察，揭示政府、大學、考生、社會在招考權上的角力，進而探究招生考試演變背後的文化變遷、複雜人際關係、社會控制、權力角逐等。

（二）研究方法

研究方法是課題實施的主要工具，課題確定之後，選擇恰當的研究方法就成為課題成敗的關鍵。本研究主要運用文獻法、歷史研究法。

1. 文獻研究法

歷史研究只能採用文獻檢索和搜集的方法來獲取歷史資料。文獻搜集的

全面、系統、真實程度，在很大程度上決定著本研究可能達到的水平，文獻搜集、整理和邏輯加工的能力是本研究的基礎。筆者通過西南大學圖書館相關書籍，CNKI、維普、超星等數據庫以及網絡搜索引擎的充分、有效地利用，查閱了民國時期大學招生考試的相關文獻。此外，檔案、校刊、校報等，民國時期報紙、期刊上的原始文獻，也是本研究的重要史料。對已有資料進行整理，對新資料進行挖掘、整理，以最大限度地接近歷史事實。在相對豐富的史料基礎上，對民國時期國立大學招生進行深入地理論分析。

2. 歷史研究法

在收集大量原始文獻的基礎上，對史料進行分析、破譯和整理，以認識民國時期國立大學招生的發展過程。探討國立大學招生的發生、發展、演變過程的歷史規律，分析這一制度如何受當時的政治、經濟、文化的制約和影響而起源和變遷的，同時又繼承了傳統教育文化的哪些因素，辨析這一制度具體的運作過程，對大學教育活動實際的作用和影響。除對其進行縱向的梳理外還需要進行橫向的比較。總結民國時期國立大學招生發展的經驗教訓，為高考改革提供歷史借鑒。

3. 個案研究法

整體的考查和分析難以展現個體的活生生的歷史。在教育史研究中採用個案法，不僅能夠增強論文的說服力，還會增強論文的可讀性和趣味性，同時有助於改變教育史研究中的過於專業化、過於封閉的現象，使歷史不再是空洞的規律，而變的有血有肉，鮮活如生。

第一章　民國時期國立大學及其招生概況

　　中國古代，教育考試與文官考試是合二為一的，二者統一於科舉制。教育考試是文官考試的附庸，學校考試以做官為目的，政府把持著選才大權。全國統一的科舉考試引導著教育向應試方向〔註1〕發展，教育考試的獨立自主性不足。科舉制是傳統中國社會的核心制度。近代以降，清政府面對「數千年來未有之變局」，不得不改革舊制，「興學堂、廢科舉」等改革遂逐步實行。教育考試與文官考試開始由融合走向分離。民國時期，現代大學制度、現代文官考試制度均得以建立。北洋政府時期，教育考試權下放到學校，這是大學自由招生局面形成的前提條件。隨著國民政府政權趨於穩定，自由招生顯現出一定的缺陷，教育部開始控制國立大學招生的數量、科類，直到抗戰時期全面接管國立大學招生事務。爾後，戰爭環境惡化，控制招生引起諸多弊病，促使政府與大學分享招考權，政府宏觀調控下的大學自主招生是此時期的顯著特點。鑒於招考權的變化，根據以上分析，我們對國立大學招生的發展做以下分期：大學自由招生階段（1912～1932）；政府嚴格控制招生階段（1933～1940）；政府宏觀調控招生階段（1941～1949）。如果按照政治時代的更迭分期，會相對忽視國立大學招生發展的內部因素。如果按照國立大學招生形式的演變分期，雖然在一定程度上注意到了內部因素的影響，但是很難抓住其流變的本質特徵。我們認為招考權的變化是國立大學招生演變的關鍵環節。因為政府和大學在招考權上的博弈，決定了國立大學招生的總體形態。

〔註1〕「應試」與「應試教育」並非對等，「應試」在此是中性詞，不含有貶義。

第一節 國立大學發展概況

要深入探討國立大學招生的發展，首先要明瞭國立大學發展的概況。分析國立大學的數量及區域分布、學生數量與學科狀況，為後續研究奠定基礎。

民國時期，國立大學經歷了紛繁複雜的發展過程，其質和量不斷變遷，是各種因素綜合作用的結果，國立大學的貢獻與侷限性並存。國立大學，廣義上是與私立大學相對的定義，指國家設立並管理的大學，應包括中央及地方設立和管理的大學；狹義上是與省立大學、市立大學和私立大學相對的定義，指中央政府各部門設立和管理的大學，其經費由中央支付，其校長由中央任命，不受地方政府、組織和私人的干預和管轄。因此，本文中的國立大學主要是從狹義上來講的，不包括省立大學、市立大學和私立大學，更不包含獨立學院、專門學校和專科學校。

一、國立大學的數量、區域分布、學生及學科

民國時期國立大學數量逐漸增多，分布漸趨合理，機構逐漸複雜，制度逐步完善，成效與不足並存。與省市立大學、私立大學和教會大學相比，國立大學發揮了特殊而重要的作用。

（一）大學數量及區域分布概況〔註2〕

從數量上看，由表1和表2可知，國立大學的發展呈現出明顯的階段性。（1）1912年～1921年，緩慢增長階段。民國元年僅有北京大學一所國立大學，到1921年也僅有北京大學、東南大學、北洋大學、山西大學、交通大學、上海商科大學等6所國立大學。雖然數量是民國元年的六倍，但是總體數量仍然太少。不論質量，僅以其數量與歐美日等強國相比，差距甚大。（2）1922～1926年，迅猛擴張階段。此時期是國立大學增長最快的階段，到1925年，我國已擁有了北京大學、北京師範大學、北京女子師範大學、北京法政大學、北京農業大學、北京工業大學、北京醫科大學、北京交通大學、清華大學、北洋大學、交通部唐山大學、東南大學、河海工科大學、東南大學分設上海商科大學、南洋大學、武昌商科大學、西北大學、成都大學、同濟大學、武昌大學、北京女子大學等21所國立大學。此時期國立大學數量迅速擴大，增

〔註2〕李濤：《民國時期國立大學數量及區域變遷》，載《華東師範大學學報（教育科學版）》，2014年第2期，第104～110頁。

長四倍多，其總規模也基本定型。（3）1927～1936 年，穩定階段。抗戰前十年，國立大學數量沒有較大變化，基本穩定在 13 所，即中央大學、北平大學、北京大學、清華大學、北平師範大學、武漢大學、中山大學、山東大學、同濟大學、暨南大學、浙江大學、交通大學、四川大學。（4）1937～1949 年，穩步增長階段。抗日戰爭和解放戰爭時期，國立大學再次呈現較快增長的態勢，從 1937 年的 12 所增加到 1949 年的 39 所，其增長既不保守，又不冒進，穩定中有發展。

表 1：民國時期公／國立大學數量

年份	公立大學數	年份	公立大學數	年份	國立大學數	年份	國立大學數
1912	2	1922	10	1932	13	1942	20
1913	3	1923	19	1933	13	1943	22
1914	3	1924	30	1934	13	1944	22
1915	3	1925	34	1935	13	1945	22
1916	3	1926	37	1936	13	1946	30
1917	3	1927	34	1937	12	1947	31
1918	3	1928	28	1938	14	1948	32
1919	3	1929	29	1939	15	1949	39
1920	3	1930	32	1940	16		
1921	6	1931	36	1941	16		

資料來源：吳相湘，劉紹唐主編：《民國史料叢刊第一種：第一次中國教育年鑒》（第二冊）丙編：教育概況（上），傳記文學出版社，1971 年版，第 325～389 頁。吳相湘，劉紹唐主編：《民國史料叢刊第一種：第一次中國教育年鑒》（第四冊）丁編：教育統計，傳記文學出版社，1971 年版，第 1511～1544 頁。沈雲龍主編：《近代中國史料叢刊三編第十一輯：第二次中國教育年鑒》第五編：高等教育，文海出版社，1973 年版，第 489～650 頁。教育部編：《第三次中國教育年鑒》第七編：高等教育，正中書局，1957 年版，第 433～556 頁。中國第二歷史檔案館編：《中華民國史檔案資料彙編》（第 3 輯教育），鳳凰出版社，2012 年版，第 176～178 頁。中國第二歷史檔案館編：《中華民國史檔案資料彙編》（第 5 輯第 1 編教育 1），鳳凰出版社，1994 年版，第 242～278 頁，第 296～323 頁，第 330～333 頁。中國第二歷史檔案館編：《中華民國史檔案資料彙編》（第 5 輯第 2 編教育 1），鳳凰出版社，1997 年版，第 246 頁，第 739～803 頁。中國第二歷史檔案館編：《中華民國史檔案資料彙編》（第 5 輯第 3 編教育 1），鳳凰出版社，2000 年版，第 594～637 頁。

由於民國時期國立大學大多採用單獨招生的方式，因此大學的區域分布對入學機會的影響就非常大。國立大學的區域分布對學生的區域分布也有一定的影響。

1. 嚴重失衡時期（1912～1926）

由表 2 可知，民國初期，國立大學數量很少，且分布不均衡，主要分布在北京、上海、天津、南京、武漢等華北、華東、華中地區。1922 年之前西南、西北、東北等省區甚至沒有一所國立大學。國立大學偏於東部沿海地區的不均衡發展的矛盾越來越尖銳，教育官員發現並嘗試解決此問題。但是由於政局不穩，教育經費匱乏，各地區經濟發展不均衡，各地方官員辦學積極性、教育觀念存在很大差異，且教育總長頻繁更動，所以只有計劃而未曾施行。1912 年臨時教育會議通過《劃分學校管轄案》，分學校為國立、地方立兩種，擬「全國於十年之內，先設四大學；第一大學以北京為本部，第二大學以南京為本部，第三大學以武昌為本部，第四大學以廣州為本部。某議員提議太原奉天成都，均各添一大學，討論未議。」〔註3〕「在民國三年五月，袁世凱制定教育綱要時，擬分全國為四個大學區域，尚未曾劃定。此時任教育總長的是湯化龍，湯氏自己乃劃分為六個大學區：（1）北京，（2）南京，（3）廣州，（4）濟南，（5）成都，（6）福州。在民國五年，張一麟為教育總長時，也曾於二月照湯氏的計劃提及過，亦未實行。到了本年七月，范源濂繼任總長，又分全國為七大學區，」〔註4〕大學分設於北京、南京、太原、武昌、廣東、雲南、奉天或吉林。這些構想顯然受到了法國大學區制的影響，其目的是為了促進國立大學教育均衡發展。1919 年教育部公布《全國教育計劃書》，認為已有大學數量過少，「各專校設備科目未完全，非籌款補充難資整理。又國立大學皆偏在北方，不便學子就學，且以三大學收容全國學子，亦斷不敷，亟宜增設新校，以資調劑。」〔註5〕但是這些計劃也有明顯的缺陷，西藏、青海、蒙古、新疆等西南、西北邊疆省區並沒有考慮在內。隨後，教育部允許單科大學設立，大學設置標準降低，大學升格風靡一時。到 1922 年全國已有21 所國立大學，僅華北、華東就聚集了 17 所之多，西南、西北也各有 1 所。這說明國立大學區域分布不均衡問題更加突出了，但是也出現了分散化的趨勢，畢竟西南、西北出現了國立大學。1912～1926 年，國立大學集中分布在華北、華東地區，西北、西南、東北、華南等地區處於被遺忘的境地。民國

〔註3〕舒新城編：《中國近代教育史資料》上冊，人民教育出版社，1979 年，第 296～310 頁。

〔註4〕陳青之著：《中國教育史》，上海書店，1989 年版，第 671 頁。

〔註5〕中國第二歷史檔案館編：《中華民國史檔案資料彙編》（第 3 輯教育），鳳凰出版社，2012 年版，第 52～56 頁。

初期，國立大學的分布嚴重失衡。其實，除了政府的計劃外，社會組織如全國教育會聯合會曾多次向教育部提交增設國立大學的議案。1917 年第三屆全國教育會聯合會議議決，放寬單科大學設置的限制，劃分大學區，以便考生就近升學。〔註6〕1920 年第六次全國教育會聯合會開會時，廣東、吉林兩省提案呈請教育部增設國立大學。〔註7〕1923 年第九屆全國教育會聯合會大會時，甘肅、陝西均呈請速設西北大學。〔註8〕此時國立大學數量迅猛擴展，也暴露出一些問題。1925 年第十屆全國教育會聯合會大會指出，「乃近年以來，公立私立大學之創設，不下數十餘處，其中名與實相符者，固屬不少，而設備簡陋，或有其他作用者，為數實多。若不切實限制，嚴格考核，防礙教育前途，貽害青年學子，實匪淺鮮。」〔註9〕由此可見，全國教育聯合會為國立大學的增設和發展出謀劃策，其功績實不可沒。

2. 穩定失衡時期（1927～1936）

國民政府建立後，在高等教育領域最為關注的兩件事情之一，就是「如何使全國高等學校的地理分布更為合理。」〔註10〕中央政府的一項重要政策，「是在全國加強或建立國立大學，直接由南京教育部監督。」〔註11〕民國初期就曾提出的大學區制，終於在蔡元培的手中得到實踐。關於大學院和大學區制的理念和實踐已經多有研究，故不再贅述。1928 年大學院公布《修正大學區組織條例》，「全國依各地之教育經濟及交通狀況，定為若干大學區，以所轄區之名名之，每大學區設大學一所。」〔註12〕中央大學區、浙江大學區、

〔註6〕《請從速劃定大學區添設大學案》，載郜爽秋等合選：《歷屆教育會議議決案彙編》，教育編譯館印行，1936 年版，第 6 頁。

〔註7〕《第六次全國教育會聯合會關於擬請教育經費增設等九提案》——《大會關於速增國立大學案呈》，載中國第二歷史檔案館編：《中華民國史檔案資料彙編》（第 3 輯教育），鳳凰出版社，2012 年版，第 717 頁。

〔註8〕《西北各省宜速設大學案》，載郜爽秋等合選：《歷屆教育會議議決案彙編》，教育編譯館印行，1936 年版，第 35～36 頁。

〔註9〕《請教育部嚴定大學設立標準案》，載郜爽秋等合選：《歷屆教育會議議決案彙編》，教育編譯館印行，1936 年版，第 1 頁。

〔註10〕〔加〕許美德著，許潔英譯：《中國大學（1895～1995——一個文化衝突的世紀）》，教育科學出版社，2000 年版，第 78 頁。

〔註11〕〔美〕費正清編：《劍橋中華民國史（1912～1949 年）》下卷，中國社會科學出版社，2007 年版，第 386 頁。

〔註12〕《修正大學區組織條例》，載《大學院公報》，1928 年第 1 卷第 3 期，第 1～2 頁。

北平大學區等試行不到兩年便匆匆告終。大學區制的計劃並未在全國推開，也沒有在邊遠省區建立新的國立大學，但是通過對已有大學的整頓，國立大學的數量下降到 12 所，其質量有所提高，分布也較之前合理，廣州、杭州、青島均有了國立大學。1930 年第二次全國教育會議通過的《改進高等教育計劃》提出，「但作質量的改進不再作數量上的擴充。」〔註 13〕1931 年由歐洲各國著名教育專家組成的國聯教育考察團來華考察，隨即發布報告《中國教育之改進》。考察團在報告中批評中國大學分布失衡，雜亂無章，「少數城市設有多數大學，其弊甚大，不祛其弊，有效之大學制度實無從興起，」〔註 14〕建議教育部「決定各區域應設國立大學之數目及種類，」〔註 15〕嚴格入學標準，組織統一招生，以解決失衡問題。國民政府雖然聽取了批評，但是因為戰前條件所限並未有大動作。1932 年 12 月，國民黨中央組織委員會向國民黨四屆三中全會提交《改革高等教育案》，提出「國立大學，暫設於首都、北平、上海、廣州、武昌、西安等處。各設 1 所，其原有之國立大學及獨立學院，應由教育部斟酌情形，歸併或停辦。」〔註 16〕此案遭到各國立大學之一致反對，該案未獲通過。1936 年國民政府公布的《中華民國憲法草案》強調，「國立大學及國立專科以上學校之設立，應注重地區之需要，以維持各地區人民享受高等教育之機會均等，而促進全國文化之平衡發展。」〔註 17〕抗戰前十年國立大學數量較為穩定，質量穩步提高，分布結構沒有太大的變化。國民政府十分重視國立大學分布失衡的問題，但是複雜的政治、經濟原因令其計劃難以實現。國民政府並未實現真正的政權統一，且內戰不斷，社會環境長期不穩定。地方權力過分膨脹，國民黨的「弱勢獨裁」〔註 18〕難以控制局面，中央政府與地方政府間的權力鬥爭甚為激烈，國立大學往往成為雙方角力的

〔註 13〕吳相湘主編：《民國史料叢刊第一種第一次中國教育年鑒》第二冊丙編：教育概況上，傳記文學出版社，1971 年版，第 4 頁。

〔註 14〕國際聯盟教育考察團著：《中國教育之改進》，國立編譯館翻譯出版，1932 年版，第 161 頁。

〔註 15〕國際聯盟教育考察團著：《中國教育之改進》，國立編譯館翻譯出版，1932 年版，第 194 頁。

〔註 16〕宋薦戈著：《中華近世通鑒》（教育專卷），中國廣播電視出版社，2000 年版，第 311～312 頁。

〔註 17〕宋恩榮、章咸選編：《中華民國教育法規選編》（修訂版），江蘇教育出版社，2005 年版，第 51～52 頁。

〔註 18〕王奇生著：《黨員、黨權與黨爭──1924～1949 年中國國民黨的組織形態》，華文出版社，2011 年版，第 408 頁。

工具，中央政府想要在地方安插新的國立大學並非易事。另外國家財政不統一，地方把持稅收來源，教育經費拮据。從大學的視角來看，出於文化環境、經費、師資、生源、交通等方面考慮，也必然選擇成本低廉的東部沿海地區安家。

3. 內遷擴散時期（1937～1945）

抗戰的全面爆發打破了穩定局面，雖然戰爭給華北、華東地區的大學帶來了巨大的災難，但是客觀上促進了國立大學分布的均衡化。抗戰爆發後，國聯教育考察團的批評和建議開始得到實踐。一方面國民政府頒布一系列政策。如1938年國民黨臨時全國代表大會通過《戰時各級教育實施方案綱要》，強調「對於各級學校教育，力求目標明顯，並謀各地平均發展。」〔註19〕國民黨員謝康提出抗戰時期大學改造的原則是，「各大學現時分布的區域應加考慮與調整。大學一律以國立為原則，由教育部統籌經費及師資。」〔註20〕1940年教育部制訂了《專科以上學校分布原則》，指出「教育部應就全國政治經濟生產建設各方面之需要以及各地文化教育人口面積物產交通風俗習慣等情形，指定重要及適宜地點，設立院系完備與設備充實之國立大學，」「此種大學之設置，數目不宜過多，並應就全國地域予以適宜之分布。」〔註21〕另一方面教育部積極落實政策。政府組織大學內遷，新建或將私立、省立大學國立化，推進內地、邊疆省區國立大學的發展。國立大學紛紛內遷到西南、西北地區，四川、雲南、貴州、陝西等省的國立大學得到空前的發展。一些省立大學和私立大學面臨種種困難，難以為繼，遂變更為國立。此時中央政權的控制力有所增強，且統一了財政和稅收，財政能力有所加強。中央出於發展內地教育，統一政權的目的，大力推進各地的國立大學發展。如四川大學實現了國立化，「在這所大學裏發生的事情，標誌著當時在中國內地發生的雙重過程：高等教育作為國家復興的一個方面，有了進步；而在不斷努力實現

〔註19〕《國民黨臨時全國代表大會通過之戰時各級教育實施方案綱要》，載第二歷史檔案館編：《中華民國史檔案資料彙編》（第5輯第2編教育1），鳳凰出版社，1997年版，第13～14頁。

〔註20〕黃季陸主編：《革命文獻：第六十輯抗戰時期之高等教育》，中國國民黨中央委員會黨史史料編纂委員會，1972年版，第14頁。

〔註21〕《教育部制訂之專科以上學校分布原則》，載第二歷史檔案館編：《中華民國史檔案資料彙編》（第5輯第2編教育1），鳳凰出版社，1997年版，第711～712頁。

國家統一方面，中央政權得以向內地擴張。」〔註22〕陳立夫回憶戰時教育時，表示完全同意國聯教育考察團提出的大學地理分配不合理等批評意見，「因為戰時的遷移，此種不合理情形已自然解決一部分。我在決定各校遷移地點時，也曾注意合理分布的原則。但是因為戰時種種限制，又因戰區時有變遷，所以沒有達到完全合理分配的理想。」〔註23〕其實早在抗戰爆發初期，陳立夫就計劃根據各地區需要，將綜合大學在後方分區設置，「當時並擬有各地分設綜合大學和專門學院的藍圖，」〔註24〕此種革命性的措施因為戰爭而未能實現。

4. 復員均衡時期（1946～1949）

抗戰勝利後，內地各國立大學紛紛要求遷回原地。在大學復員過程中，國民政府非常重視改變不合理的大學分布格局。蔣介石認為建國時期教育第一，「各種復員在未有具體計劃以前，不應該隨意遷回，」「今後國家建設西北和西南極為重要，在這廣大地區教育文化，必須發展提高。至少須有三四個極充實的大學，且必須盡先充實，除確有歷史關係應遷回者外，我們必須注意西部的文化建設。戰時已建設之文化基礎，不能因戰勝復員一概帶走，而使此種重要地區復歸於荒涼寂寞。」〔註25〕教育部在《教育復員計劃》中提出，「勝利即臨，各校院停頓合併者，因多謀歸復，而已遷內地者亦紛紛準備遷回，勢之所至，必將重返異昔畸形之弊，善後復員會議有鑒於此，為謀全國教育文化相當平衡發展起見，」〔註26〕特制訂國立大學復員原則。而在全國教育善後復員會議上，時任教育部長的朱家驊強調，「然『復員不是復原』，故我人對於戰後專科以上學校之分布暨其院系科別之增減，必須先有通盤計劃，方足謀日後之合理發展。」〔註27〕因此，此次會議的主要議題之一便是，「戰時內遷或停辦之各大學均集中少數城市，以致西南、西北廣大土地

〔註22〕〔美〕費正清編：《劍橋中華民國史（1912～1949 年）》下卷，中國社會科學出版社，2007 年版，第387 頁。

〔註23〕陳立夫著：《成敗之鑑——陳立夫回憶錄》，正中書局，1994 年版，第251 頁。

〔註24〕陳立夫著：《成敗之鑑——陳立夫回憶錄》，正中書局，1994 年版，第251 頁。

〔註25〕教育部年鑒編纂委員會編：《第二次中國教育年鑒》，（第 2 編教育行政），商務印書館，1948 年版，第103 頁。

〔註26〕教育部年鑒編纂委員會編：《第二次中國教育年鑒》，（第 1 編總述），商務印書館，1948 年版，第15 頁。

〔註27〕朱家驊：《教育復員工作檢討》，載《教育部公報》，1947 年第 19 卷第 1 期，第1～7 頁。

缺乏學校，造成教育上畸形發展，因擬於此次戰爭中遷移之機會，作全盤合理之調整。」〔註 28〕可見，教育部企圖借大學復員之機來優化高等教育的地理分布，可謂用心良苦。

在國立大學復員過程中，教育部並不主張新設過多的國立大學，而是積極推動內遷的國立大學留在內地，或遷往相對薄弱的地區，以平衡國立大學的布局。如教育部要求內遷的北平大學、北平師範大學留在西北，改為西北大學、西北師範學院。後因北平師大師生反對，不得不允許北平師大復校。教育部還一度計劃將同濟大學留在四川，蔣介石見到同濟校長徐誦明，「面詢是否可將學校留在四川重慶續辦，徐誦明告以師生員工盼望回滬的心情，表示無法從命留在四川。」〔註 29〕蔣介石也頗為重視復旦大學復員問題，指示教育部最好將校址設於蘇北。教育部遵旨洽辦，初定海州，復改徐州，後確定為無錫。而「渝校師生渴望東返，因此決定先行迂迴上海江灣復課，待無錫校舍建築完成以後，再行搬遷。」〔註 30〕此外，教育部接收敵佔區偽大學後，合併組建新的國立大學，如國立長春大學、國立濱江大學、國立臺灣大學，進一步平衡大學發展。教育部計劃將偽滿國立師道大學復校為國立吉林大學；接收旅順工科大學後，改為「國立旅順大學工學院」；接收整理旅順醫學院，改稱為「國立旅順大學醫學院」；接收大連高等商業學校，改組為「旅順大學法學院」。〔註 31〕

雖然戰後國民政府的均衡發展計劃並未完全實現，但是嚴重失衡的狀態已經大為改觀。直到 1947 年《中華民國憲法》強調，「國家應注重各地區教育之均衡發展。」〔註 32〕1948 年，全國各大區都有了兩所以上的國立大學，國立大學的分布實現了相對均衡。當然，西藏、青海、新疆、蒙古等省區依然沒有國立大學，突顯了問題依然沒有得到根本解決。

總之，國立大學的區域分布呈現出以下特點：（1）從總體上看，華北、

〔註 28〕《教育復員會議議題》，載《大公報》，1945 年 9 月 11 日，第三版。

〔註 29〕翁智遠主編：《同濟大學史》第 1 卷（1907～1949），同濟大學出版社，1987 年版，第 98 頁。

〔註 30〕復旦大學校史編寫組編：《復旦大學誌》第 2 卷（1905～1949），復旦大學出版社，1985 年版，第 179 頁。

〔註 31〕中國第二歷史檔案館：《偽滿大學教育實況及抗戰勝利後整理意見（二）》，載《民國檔案》，2001 年第 3 期，第 36～41 頁。

〔註 32〕宋恩榮、章咸選編：《中華民國教育法規選編》（修訂版），江蘇教育出版社，2005 年版，第 52～53 頁。

華東地區是國立大學分布最集中的地區,而其中北京、上海、南京等市的國立大學最多。國立大學的分布總體上呈現出東高西低的狀態。(2)北洋政府時期對大學的發展較為放任,國立大學自由發展,以致造成區域分布的嚴重失衡。國民政府建立後,政府極為關注並試圖解決此問題。國民政府的解決計劃取得了一定的成效,使國立大學的分布達到了相對均衡。國民政府的高等教育政策有以下特點:確定了國民政府對大學的管轄權和設置權;重質不重量;提高了大學設置標準;注重大學設置的地區平衡;注重文實科均衡發展;加強對大學的合併與整頓。(3)抗戰時期大學內遷,客觀上促進了西部國立大學的建立和發展,尤其是西南、西北地區的國立大學數量迅速增加。抗戰勝利後教育復員更給政府調節大學布局以良好時機。因此,抗日戰爭為國民政府解決國立大學分布失衡問題提供了很好的機遇。(4)雖然實現了國立大學分布的相對均衡,但是面積較大的少數民族聚居區如西藏、青海、新疆、蒙古等省始終沒有建立起國立大學。

表2:民國時期國立大學區域分布

年份	國立大學數量(所)	省、市分布(所)	區域分布(所)
1912	北京大學(共1所)	北京1所	華北1
1918	北京大學、北洋大學、山西大學(共3所)	北京、天津、太原各1所	華北3
1921	北京大學、東南大學、北洋大學、山西大學、交通大學、上海商科大學(共6所)	上海2,北京、南京、天津、太原各1所	華北3、華東3
1922	北京大學、東南大學、交通大學、北洋大學、上海商科大學(共5所)	上海2,北京、南京、天津各1所	華東3、華北2
1925	北京大學、北京師範大學、北京女子師範大學、北京法政大學、北京農業大學、北京工業大學、北京醫科大學、北京交通大學、清華大學、北洋大學、交通部唐山大學、東南大學、河海工科大學、東南大學分設上海商科大學、南洋大學、武昌商科大學、西北大學、成都大學、同濟大學、武昌大學、北京女子大學(共21所)	北京10、上海3、南京2、武漢2,天津、唐山、成都、西安各1所	華北12、華東5、華中2,西南、西北各1所

1927～1928	中央大學、北平大學、北平師範大學、清華大學、中山大學、浙江大學、武漢大學、暨南大學、同濟大學、山東大學、四川大學、交通大學（共12所）	北平3、上海3，南京、武漢、廣州、杭州、青島、成都各1所	華東6、華北3，華中、華南、西南各1所
1936	中央大學、北平大學、北京大學、清華大學、北平師範大學、武漢大學、中山大學、山東大學、同濟大學、暨南大學、浙江大學、交通大學、四川大學（共13所）	北平4、上海3，南京、武漢、廣州、杭州、青島、成都各1所	華東6、華北4，華中、華南、西南各1所
1938	中央大學、武漢大學、東北大學、西南聯合大學、同濟大學、中山大學、浙江大學、西北聯合大學、交通大學、暨南大學、廈門大學、湖南大學、四川大學、雲南大學（共14所）	雲南4、四川4，廣西、湖南、福建、陝西各1所、暫遷者2所	西南8、華東3，華中、華南、西北各1所
1944	中央大學、武漢大學、東北大學、西南聯合大學、西北大學、中山大學、交通大學、同濟大學、暨南大學、浙江大學、四川大學、湖南大學、廈門大學、廣西大學、雲南大學、中正大學、復旦大學、貴州大學、河南大學、重慶大學、山西大學、英士大學（共22所）	四川6、雲南3、陝西3、貴州2、上海2，浙江、廣東、廣西、福建、湖南、江西各1所	西南11、華東5、西北3、華南2、華中1
1947	中央大學、政治大學、北京大學、清華大學、中山大學、西北大學、交通大學、同濟大學、暨南大學、復旦大學、浙江大學、英士大學、安徽大學、中正大學、湖南大學、武漢大學、重慶大學、四川大學、南開大學、北洋大學、山東大學、河南大學、山西大學、蘭州大學、廈門大學、廣西大學、貴州大學、雲南大學、東北大學、長春大學、臺灣大學（共31所）	上海4、南京2、北平2、天津2，廣州、西安、杭州、金華、安慶、南昌、長沙、武漢、重慶、成都、青島、開封、太原、蘭州、廈門、桂林、貴陽、昆明、瀋陽、長春、臺北各1所	華東13、華北5、西南4、華中3、華南2、西北2、東北2
1948	北京大學、清華大學、南開大學、北平師範大學、北洋大學、南開大學、山西大學、東北大學、交通大學、復旦大學、同濟大學、暨南大學、中央大學、政治大學、浙江大學、安徽大學、英士大學、廈門大學、東北師範大學、南昌大學、山東大學、河南大學、武漢大學、湖南大學、中山大學、廣西大學、四川大學、重慶大學、雲南大學、貴州大學、西北大學、蘭州大學（共32所）	上海4、北平3、南京2、天津2，廣州、西安、杭州、金華、安慶、南昌、長沙、武漢、重慶、成都、青島、開封、太原、蘭州、廈門、桂林、貴陽、昆明、瀋陽、長春、臺北各1所	華東13、華北6、西南4、華中3、華南2、西北2、東北2

資料來源：吳相湘，劉紹唐主編：《民國史料叢刊第一種：第一次中國教育年鑒》（第二冊）丙編：教育概況（上），傳記文學出版社，1971 年版，第 325～389 頁。沈雲龍主編：《近代中國史料叢刊三編第十一輯：第二次中國教育年鑒》第五編：高等教育，文海出版社，1973 年版，第 489～650 頁。教育部編：《第三次中國教育年鑒》第七編：高等教育，正中書局，1957 年版，第 433～556 頁。中國第二歷史檔案館編：《中華民國史檔案資料彙編》（第 3 輯教育），鳳凰出版社，1991 年版，第 176～178 頁。中國第二歷史檔案館編：《中華民國史檔案資料彙編》（第 5 輯第 1 編教育 1），鳳凰出版社，1994 年版，第 242～278，296～323，330～333 頁。中國第二歷史檔案館編：《中華民國史檔案資料彙編》（第 5 輯第 2 編教育 1），鳳凰出版社，1997 年版，第 246，739～803 頁。中國第二歷史檔案館編：《中華民國史檔案資料彙編》（第 5 輯第 3 編教育 1），鳳凰出版社，2000 年版，第 594～637 頁。

其實民國時期已經有人注意到了國立大學分布對於招生的影響，「就事實講，同是國立大學，各校學生程度懸殊很甚，也是不可不知和不必諱言的事實。比如 A 校投考者四千，B 校三千，C 校二千，D 校一千，而所取人數相若。考試雖不十分可靠，然而大致尚可靠，A 校學生程度與 B 校雖已相差，但不過遠，與 C 校及 D 校相差，可就不能算小。因為考試之不能絕對可靠，故在目前，無論何校，程度已有不小差異。」〔註 33〕時人有一種理想，要拿大學，按照地理，普遍分布在各個地區，免的像過去一樣集中在平津京滬一帶。這有許多的好處，一則可使各地的文化平均發展。二則可使各地的學生就近入學。當然也有人認為這不過是理想家的想法，大學是「現代工業生產的反映，」「現在的大學教育，既然就是現代工業生產的產品，故其結果，也就必然像工業一樣而具集中的性能。」〔註 34〕

（二）學生數量及學科發展概況

由於民國時期國立大學相關的統計資料缺乏，只能選取代表性的材料反映國立大學學生和學科的狀況。雖然這些數據不能完全代表國立大學總體狀況，但是仍然具有一定地統計學意義。

首先，如表 3 所示，民國時期國立大學學生數量增長呈現以下趨勢。（1）學生數隨學校數的增加而增加。民國初年國立大學只有寥寥幾所，學生自然較少，民國元年僅有學生 120 名。1922 年後國立大學猛增到二十多所，到 1925 年，國立大學學生已達到 11225 人。抗戰前十年國立大學穩定在 13 所左右，

〔註 33〕宋懋炎：《大學地理的分配和合併問題》，載《獨立評論》，1935 年第 7 卷第 161 號，第 18 頁。

〔註 34〕周憲文：《大學分布論》，載《中華教育界》，復刊 1948 年第 2 卷第 2 期，第 45～47 頁。

較之前壓縮了一半，但學生數量並未減少，基本穩定在 12000 人左右。1947
年國立大學增加到三十多所，解放前學生人數也增加到 62257 人。（2）學生
數量增長呈現出鐘擺現象。民國初年，學生數量增長較為緩慢。但 1922～1926
年，國立大學學生數量增長迅猛。隨後的 1927～1936 年學生數量增長再次減
緩。抗日戰爭和解放戰爭時期，學生數量再次迅速增長。（3）國立大學中女
大學生數量逐步增加，但總體數量較少，所佔比例仍然較低。以北京大學招
收女生為先導，各個國立大學逐步招考女生，女大學生從無到有，到解放前
女大學生已占學生總額的 20%左右，取得了可喜的進步。但是，女大學生數
量仍然較少，所佔比例依然較低，與女性總體的數量以及女性為社會發展所
做出的貢獻不成比例，離本質意義上的女性教育解放尚有一段距離。

表3：民國時期國立大學學生數及男女比例演變概況

項目　　年份	學生數	男／女
1912	120	120／—
1925	11225	10579／646
1931	13173	11339／1834
1932	12863	11285／1578
1933	12060	—
1934	11970	10398／1572
1936	13882	—
1945	47575	—
1947	62257	—

資料來源：根據《第一次中國教育年鑒》、《第二次中國教育年鑒》、《第三次中國教育
年鑒》、《中華民國史檔案資料彙編》（教育）等整理而成。

　　其次，如表4所示，民國時期國立大學院系分布具有以下幾個特點。（1）
總體上看，文、理、法、工學院系在國立大學中佔據主導地位，教育、農、
醫、商學院系較弱。（2）文、理、法、農、商學院系發展較為穩定，工、醫
學院系發展較快。（3）教育學院系在國立大學中的地位逐漸下降，到解放前
所佔比例徘徊在 1%～3%，處境較為尷尬。

表 4：民國時期國立大學院系分布概況

時間 院系	1918 〔註35〕		1928 〔註36〕		1936		1945 〔註37〕		1947	
文學院	2	16.67	43	25.00	11	22.92	57	15.24	29	18.24
理學院	2	16.67	37	21.51	11	22.92	74	19.79	29	18.24
法學院	3	25.00	21	12.21	6	12.5	67	17.91	27	16.98
師範／ 教育學院	—	—	10	5.81	2	4.17	7	1.87	4	2.52
商學院	1	8.33	13	7.56	2	4.17	22	5.88	11	6.92
農學院	1	8.33	20	11.63	5	10.42	55	14.71	19	11.95
工學院	3	25.00	22	12.79	8	16.67	85	22.73	25	15.72
醫學院	—	—	4	2.33	3	6.25	7	1.87	15	9.43
總計	12	100	172	100	48	100	374	100	159	100

根據《第一次中國教育年鑒》、《第二次中國教育年鑒》、《第三次中國教育年鑒》、《中華民國史檔案資料彙編》（教育）《全國高等教育統計》等整理而成。

　　基於以上對國立大學發展事實的分析，結合時代背景，我們將民國時期的國立大學發展作如下分期：國立大學的緩慢成長時期（1912～1921）；新文化運動後國立大學迅速擴張時期（1922～1926）；國立大學的發展與定型時期（1927～1936）；國立大學的穩步增長時期（1937～1949）。

二、關於民國時期國立大學發展的反思

　　1. 國立大學為鞏固中央政權，為抗戰建國奠定了教育和學術基礎。國立大學很大意義上是中央政權統一地方政權的結果，但也是中央政權控制地方政權的工具。20 世紀 30 年代國民政府借助於清華大學、四川大學、中山大學，實現了對華北、西南、華南的控制，以三民主義教化學生，重點發展航空、醫學、機械等專業，這對於國民政府統一思想和資源，最終取得抗戰的勝利至關重要。應該承認國民政府在抗戰時期制訂的「戰時須作平時看」的教育

〔註35〕1918 年各大學尚未設立學院，當時稱為科。
〔註36〕本年的數據缺乏，選擇了 1928 年國立大學各學院的學系數代替，亦能反映學院的分布狀況。教育部編：《全國高等教育統計》，出版社不詳，1928 年版，第 39～41 頁。
〔註37〕本年的數據缺乏，選擇了 1945 年國立大學各學院的學系數代替，亦能反映學院的分布狀況。

政策是合理得當的。不可否認的是，地方與中央在國立大學的博弈中失去了平衡，中央壓倒了地方，這也意味著民國初期大學較少受到政治干擾，相對自由的局面的終結。國立大學的經費、管理均受制於中央政府，且法律規定不受地方政府和組織的干預，不免帶有濃厚的中央化色彩。但實際上國立大學並不都設在首都，它必然受到地方政治力量的干預。國立大學還是國民黨、共產黨等黨派明爭暗鬥的主戰場。而國立大學向來不是遠離社會的純潔之地，其中以控制大學權力為目的的私人派系鬥爭更是頻繁上演。這些因素都深刻影響了國立大學的發展。首先，國立大學往往成為中央力量向地方滲透的據點。中央政府希望通過在地方設新的國立大學，或將地方大學國立化，實現控制地方的目的。但是地方並不甘於被控制，國立大學便成為雙方爭奪的焦點。中央和地方在經費和校長人選方面的爭奪異常激烈。如 1928 年，國民黨人羅家倫長清華大學，實現了清華的國立化，標誌著南京政權滲透到了北京，當南京的勢力退出北京時，羅家倫也不得不去職。再如，20 世紀 30 年代的國立四川大學是蔣介石和劉湘角力的中心，四川大學實現國立化後得到了穩定的經費，實現了較快的發展，但在一定程度上失去了思想自由，中央則實現了對地方的控制。所以，一定意義上說，國立化就是中央化，這有利於保障穩定的經費，安定的發展環境，吸引優秀的師資，促進地方教育的發展，但失去的是自由。20 世紀 30～40 年代，不斷有地方大學實現國立化，不僅標誌著地方教育的發展，也代表著地方力量的削弱，中央政權的擴張。其次，國民黨滲透進國立大學，企圖鉗制師生思想。國民黨害怕民主思想的蔓延，故將其勢力滲透到國立大學，通過宣傳三民主義，建立訓育制度，審查課程和教學，發展國民黨支部等手段，干預人們的思想自由。這在很大程度上侵犯了大學的教學自由權，不利於大學的正常發展。有的大學思想激進，國民黨則不惜將其停閉，如國民黨曾認為中央大學受到共黨的煽動發動學潮，一度將其結束。最後，私人派系鬥爭深刻影響了國立大學的發展。私人派系分為大學內的行政人員、教師和學生三類，各類派系內部又分化為多種派系。他們或因思想一致，或因利益相關，或因師承關係，或因地域相同而組成鬆散的聯盟。各私人派系之間經常因為權力、職位、利益而合作、衝突、傾軋，大學或因此而受益，或因此而受損。

　　2. 國立大學數量與區域發展不均衡是自然發展的結果，均衡是人為調節的結果。首先，各地方的經濟發展不均衡，決定了當地國立大學的有無和水平。

華東、華北歷來為我國經濟發展的中心，國立大學的數量也占多數，符合經濟發展的規律。這既有利於降低辦學成本，提高辦學效率，也有利於降低經濟發展成本，提高經濟運行效率。西南、西北地區經濟落後，難以為國立大學提供足夠的經費，對高級人才也沒有很強需求，故國立大學的數量和質量均不及華東和華北地區。即便在國家宏觀調控的情況下，四川大學、西北大學的水平也難與北京大學、中央大學相抗衡。其次，國立大學的分布、學生家庭的經濟狀況是影響入學機會的重要因素。國立大學的入學機會並不公平，由於國立大學分布失衡，東部地區的學生入學機會相對較多，而商、學、政界子弟依靠經濟資本、文化資本和社會資本優勢在國立大學中佔據了主導地位，農、工界子弟由於沒有足夠的學費，甚至難以完成學業。這不僅不利於社會流動，阻礙社會公平，也不利於選拔和培養高端人才。這就需要政府運用行政手段使其分布均衡化，以防止國立大學發展的惡性循環。如果不協調國立大學的分布，不注重增加低階層家庭出身學生的入學機會，國立大學與西部落後地區的良性互動難以建立，向上的社會流動難以實現，最終將影響社會的穩定和發展。

3. 政府宏觀調控與大學自主辦學是一對需要認真對待的矛盾。民國前期民主制度為軍人所利用，但是地方政府較強，中央對於國立大學的限制較少，學術環境寬鬆，文化研究空前活躍。但是教育經費經常被拖欠，學校風潮不斷，大學濫設，數量急速擴張，大學分布嚴重失衡，質量參差不齊。此時，統一、穩定的政治社會環境是社會各界共同的企盼。而國民政府建立後，地方勢力漸弱，政治相對穩定，國家經濟發展良好，國家以強制手段規範大學的發展，大學的數量和區域分布均受到嚴格規制，課程、教學、教師等方面的制度逐漸完善。中央控制了大學的同時，為國立大學提供充足的經費，安定的發展環境，卻以黨化教育干擾學術自由，鉗制思想。是國家控制大學，還是大學控制了國家呢？

4. 國立大學與中國高等教育現代化。首先，國立大學是西方文化向中國傳播的結晶。國立大學的數量穩步增長，區域分布漸趨合理化，是我國高等教育現代化過程中的關鍵一環。政府對於大學設立的規制逐漸制度化，現代大學制度和精神得以嵌入中國教育界。民國教育家群體塑造了國立大學的基本精神和制度，使以科學、民主為基礎的現代大學精神和制度在我國扎根。他們引進了大學自治、學術自由的西方大學精神，初步建立了現代大學制度，如評議會、教授會、教務會、行政會，院系制度、課程制度、教學制度、考

試制度等。其次，在西方大學中國化的過程中，受到了傳統文化的強烈制約。第一，「國立」大學在一定程度上與傳統文化存在契合。西方大學強調學術獨立、學術自由，不受外界干擾，而我國則強調大學的教化作用，希望國立大學為政治服務，無論中央、地方政權，還是各派政黨，都企圖以國立大學為工具實現其目的，這在一定程度上干擾了大學的獨立精神。自從漢代「罷黜百家，獨尊儒術」之後，通過控制思想達到政治目的便成為我國一貫的傳統，民國時期政府對國立大學的控制異曲同工。第二，一所國立大學的興衰與校長個人有很大的關係，這使我們彷彿看到了傳統書院的影子。當校長個人的理念、學識、能力成為國立大學發展的決定性力量時，就預示著制度的無能。當傑出的校長離職後，現代大學制度也隨之消解，或者根本就沒有建立，大學也漸漸失去了往日的輝煌。民國時期的國立大學的興衰無常，與未成形的現代大學制度不無關係。中國大學現代化是一個漫長而曲折的過程。

第二節　國立大學招生概況

　　民國時期國立大學招生經歷了紛繁複雜的發展歷程，歷經大學自由招生階段（1912～1932）、政府嚴格控制招生階段（1933～1940）、政府宏觀調控階段（1941～1949）。

一、大學自由招生階段（1912～1932）

　　民國初期，國立大學自由招生局面的形成是大學與特定歷史環境交互作用的結果。大學完全握有招考權，大學自主決定招生機構、招生範圍、考試科目、錄取標準。這種招生制度充分滿足了大學個性化、差異化的人才需求，同時暴露出招生「市場失靈」問題。

（一）大學自由招生局面形成的原因

　　民國初期，國立大學自由招生的形成是多種因素綜合作用的結果。

　　1. 國立大學各具特色，有強烈的個性化招生需求。有人認為自由招生是借鑒外國大學招生方式的結果。我們並不否認外國大學招生方式的影響，但是當時英、法、日、美等國也有政府控制招生的情況，為什麼沒有影響到中國大學，其根源在於大學堅持了自由、自治的原則。學術自由、學校自治決定了大學特色化、個性化、差異化的發展，而對生源的特殊需求是保持這一

地位的重要手段。從生源上看,京派的北京大學,海派的東南大學,對於促成各自「思想自由、兼容並包」,「持誠至善、科學精神和民族精神」的獨特校風具有同樣的作用。政府嚴格控制的招生恰恰不利於各大學選拔個性化、差異化的人才,自由招生既是學術自由的需要,也是學校自治的一項重要權利。因此,學術自由、學校自治是自由招生形成的內在動力。

2. 民國前期的中等教育、高等教育發育不成熟。國立大學數量少、規模小,中學發展遲緩,導致大學生源的供求都不旺盛。大學的生源供給不足,需求不旺,這決定了自由招生的弊端尚未充分暴露。大學招生和考生應考的經濟成本都不高,文實科發展不均衡的現象尚不足為慮,招生的區域不公平也沒有那麼明顯。因此,自由招生是當時最經濟的選擇。另外中學的課程、教學不統一,缺乏一致的標準。中學的課程和教材五花八門,中學畢業生的水準參差不齊,難以劃一,為政府控制招生設置了技術上的障礙。

3. 政局不穩,政府對於教育的控制較為鬆弛,教育行政組織尚不健全,對國立大學的管理較為寬鬆。從辛亥革命到國民政府建立,社會動盪,領導人屢有更替,政策變幻莫測。一方面社會的混亂使大學失去了安定的環境,穩定的經費,以及持續的政策支持;但另一方面政治權力無力顧及教育,給大學自主行使招考權以機會,同時混亂的社會使大學只能就地招生,以減小戰事的影響。這一時期教育行政組織屢有興替,人事變動頻繁,從教育部到大學院,各派激烈爭奪教育部的職權,各省市教育機構的地位升降不定,從附屬於民政廳到獨立為教育廳,屢有反覆。這使得教育行政機關沒有充足的精力和權利去管理大學招生,在如此寬鬆的環境之下,自由招生的作用發揮的淋漓盡致。

(二)大學自由招生概況

加拿大學者許美德認為 1911～1927 年,「中國才真正開始致力於建立一種具有自治權和學術自由精神的現代大學」〔註 38〕,在招生領域也存在類似的狀況。在此階段,政府甚少參與招生事務,國立大學完全自由地組織招生。《大學令》、《大學規程》等對國立大學新生入學資格作了一般性的規定,對招生方式、考試科目、命題、錄取標準等均未作說明。只有當招生發生嚴重的問題時,教育行政部門才發文予以指導,但一般也不直接進行干預。大學組織招生的一般流程為:設立招生/考試委員會,確定招生數量、科類,組

〔註38〕〔加〕許美德著:《中國大學 1895～1995:一個文化衝突的世紀》,教育科學出版社,2000 年版,第 66 頁。

織命題，發布招生簡章，組織報名、考試，閱卷及評分，錄取、放榜。

1. 招生組織機構

招考權是大學重要的行政職權之一，校長總轄全校事務。因此，大學立法機關下設招生委員會，招生委員會對校長負責，管理本會職能範圍內各項事務。如國立暨南大學教務會議是招生委員會的立法機關，它規定新生入學資格和基本流程，制訂招生委員會規程，選舉招生委員，並對招生委員會進行監督。《國立暨南大學組織大綱》規定該校設立「學生成績審查委員會」和「招生委員會」。〔註39〕1930 年，國立暨南大學第五次大學部教務會議議決的大學部招生委員會委員為，陳鍾凡、於基泰、葉淵、謝循初、王人麟、樊守執、楊裕芬。〔註40〕1932 年國立暨南大學招生委員會組織結構如下：

圖1：民國二十一年度國立暨南大學招生委員會組織圖

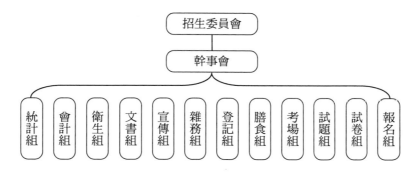

資料來源：國立暨南大學招生委員會編：《國立暨南大學招生報告總編（二十一年度）》，國立暨南大學印刷所印，1933 年版，第 1 頁。

由此可知，國立暨南大學招生的組織結構為校長－教務會議－招生委員會－幹事會－統計組、雜務組等十二個幹事組。招生委員會一般由教務會議或行政會議選舉產生，由校長、院長、教授組成，校長兼任主任委員。從國立暨南大學招生委員會的人員構成上來看，陳鍾凡為文學院院長，於基泰為理學院院長，謝循初為教育學院院長，王人麟為法學院院長，樊守執為秘書長，楊裕芬為校秘書長。〔註41〕招生委員會下設典試委員、主試委員、閱卷

〔註39〕國立暨南大學秘書處編：《國立暨南大學一覽》（十九年度），編者刊，1930 年，第 9 頁。

〔註40〕國立暨南大學秘書處編：《國立暨南大學一覽》（十九年度），編者刊，1930 年，第 126 頁。

〔註41〕張玉春等編：《百年暨南人物志》，暨南大學出版社，2006 年版。

委員，幹事長、主任幹事以及各組若干名辦事員。這在一定程度上保證了招生的權威性、公正性，但是也可能被人指責為「官僚主義、恐怖主義、濫用私人」，署名為華生的作者就曾指責以鄭洪年校長為首的招生委員會（委員多為鄭洪年的親信）「招生舞弊」。〔註42〕不過從招生委員會的辦事規則來看，其制度尚屬規範。國立暨南大學招生委員會頒布了各幹事組的辦事細則，其詳細程度不亞於高考規則。以考場組為例，其辦事細則為：

一、本組辦理考生考場一切設備及計劃事宜並須預備考生休息處及教員閱卷室所有應用對象均應先行預備

二、考場暫先定用大飯廳如不敷用時得臨時再行添增其他教室所有考場內部牆壁及門窗等項如有損壞者應先期會同雜務組飭人修理倘係借用他校考場舉行試驗者則可酌量情形辦理之

三、按照報名組統計之考生人數於考試前二天布置考場桌椅於極醒目處黏貼座位號數並繪具圖表張掛大門口休息室及考場等處另再油印分發各考生周知以便覓座並指定負責人員與試卷組商訂編卷及發卷之辦法

四、考場總門派校警二人輪流盤查出入以昭鄭重考場外邊須用大繩圍隔另派校警二人看守禁止旁人入內

五、出入考生憑考試證辦事人員及監試員等須懸掛徽章此外無論何人一律禁止入場（該項徽章須事前分送各監試員佩用）

六、本組臨時設立考生貯物室指定負責人員辦理以備考生存物之用考生除筆墨外其他對象一律絕對禁止帶入考場

七、每次聞預備鐘時即令考生依次入場就坐若逾開始考試五分鐘後無論如何不許入場應考又考生交卷即須立刻出場不得逗留場內並不得攜帶試題及稿紙出場

八、每學程開始考試十分鐘後即應由本組主任指定負責人員查對考生相片（該負責人員即由該課監試員中選出數位擔任之）

九、考生在場如有舞弊情事應由監試人員即行記錄之並令其即行出場

十、考場監試人員除招生委員會委員及總幹事長干事長副幹事長暨

〔註42〕華生：《暨南大學的糾紛》，載《社會新聞》，1932 年第 1 卷第 8 期，第 175頁。

各學程主試委員為當然監考委員均應每日到場負責辦理外另指
定監試員若干名襄助之

附監試員值日表……預備員……

　　資料來源：國立暨南大學招生委員會編：《國立暨南大學招生
報告總編（二十一年度）》，國立暨南大學印刷所印，1933 年版，第
3〜4 頁。

　　再以北京大學為例，1919 年 12 月 3 日頒行的《國立北京大學內部組織實行章程》規定，「入學考試委員會——協助校長辦理入學試驗事務。」〔註43〕入學試驗委員會由評議會選舉產生，校長為會長，各命題委員、事務委員若干名。一切招生事宜均由入學試驗委員會議決，如入學考試規則，招生數量，招生地點、考試科目，出題委員，閱卷委員，監考委員，錄取標準，招生簡章，出榜等。北大的招生組織結構如下：

圖 2：國立北京大學入學試驗委員會組織圖

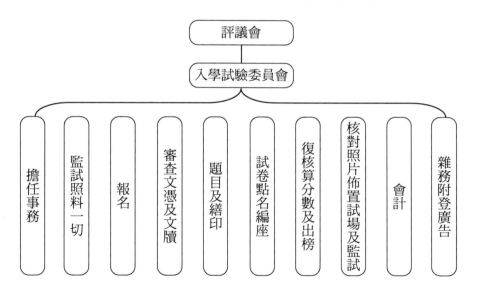

資料來源：《本校入學試驗委員會組織業已就緒》，載《北京大學日刊》，1918 年 6 月 12 日，第 161 號，第三版。《本校入學試驗委員會組織業已就緒（續）》，載《北京大學日刊》，1918 年 6 月 14 日，第 162 號，第二、三版。《本年入學試驗委員會職員》，載《北京大學日刊》，1919 年 5 月 24 日，第 386 期，第三版。

〔註43〕王學珍、郭建榮主編：《北京大學史料》第二卷 1912〜1937 一，北京大學出版社，2000 年版，第 77〜78 頁。

其他大學也有類似的招生機構，如張伯苓認為大學生的水平與中學生的質量有直接的關係，「因而特別成立入學委員會，通過嚴格的入學考試和免試相結合的辦法，在全國範圍內注意選拔優秀中學畢業生入學。」〔註44〕

2. 招生區域

自由招生下的國立大學自主決定招考的區域。民初江浙地區文教發達，北京為政治中心且大學林立，故各大學多將考點設於北京、上海。一方面大學的財力、人力有限，另一方面受到所在地政府的資助，各大學很難將考點布置於全國，其招生區域有本地化的傾向。這可以節省經費，方便招考，實現與地方政府的利益交換。據表5《各國立大學招考區域》的不完全統計，各考點出現的頻率如下：上海8次，北京（平）8次，武漢（武昌、漢口、漢陽）5次，廣州4次，南京3次，杭州2次，天津、濟南、青島各1次。從理論上說，國立大學的經費來源於國庫，且不受地方政府管轄，其招生區域理應囊括全國。但現實情況與理論假設大相徑庭，其考點全部位於東部沿海、沿江的大城市。這在一定程度上提高了中西部考生的應考成本，增加了投考的困難。未設考點地區考生應考的實際情況如何呢？由於缺乏整體性的統計資料，只能選取代表性的資料來反映實際情況。以北京大學為例，1922年臺灣、熱河、綏遠、察哈爾、蒙古等省的應考人數均為個位數，西藏、新疆、西康等省皆無人應考。應考人數百人以上的是浙江、直隸、安徽、河南、湖北、四川、湖南、山東、江西、廣東，或因距離考點較近，或因經濟文教發達。考點設置對教育發達和落後地區的影響相對較小，而對介於二者之間地區考生的影響較大。他們可能考慮投考成本較高，錄取的幾率不太大，進而放棄投考，其錄取率也因此而降低。再以1924年的統計為例，東南大學在江蘇、浙江、安徽的投考生最多，廣東大學在廣東、湖南、四川的投考生最多。這說明大學招生區域具有本地化的傾向，國立大學的投考機會是不均等的，進而影響到錄取機會，不利於各地區均衡發展。

〔註44〕吳立寶：《中國近代大學本土化研究》，華東師範大學博士學位論文，2009年版，第119頁。

表5：各國立大學招考區域

大學	北平大學	中央大學	中山大學	北平師大	北京大學	暨南大學	清華大學	浙江大學	武漢大學	同濟大學	山東大學
招考年份	1929	1931	1930	1923	1924	1928	1925	1930	1929	1917	1930
招考地點	上海 北平	南京 上海 武昌 北平 廣州	廣州 南京 北平 上海 武昌 杭州	北京	北京	上海	北京 上海 武昌 廣州	上海 杭州	武昌 南京 北京 上海	上海 天津 廣州 漢口	青島 濟南 北平

資料來源：《國立北京師範大學招生簡章》，載《北京高師週刊》，1923 年第 202 期，第一版。《清華大學招生規程》，載《北京大學日刊》，1925 年 4 月 15 日，第 1669 期，第二版。《本年招考簡章》，載《北京大學日刊》，1924 年 6 月 7 日，第 1488 期，第一版。《武漢大學在京招考》，《中央日報》，1929 年 7 月 22 日，第九版。《浙大各院招生》，《中央日報》，1930 年 6 月 16 日，第十二版。《廣州中大招生消息》，《中央日報》，1930 年 6 月 8 日，第十二版。《中大招生考試完竣，報名投考者達三千人，考卷八月一日可揭曉》，《中央日報》，1931 年 7 月 16 日，第五版。《暨南招補新生名額》，《中央日報》，1928 年 6 月 21 日，第六版。山東大學校史編寫組編：《山東大學校史資料》（二），1982 年版，第 17 頁。翁智遠主編：《同濟大學史》第一卷（1907～1949），同濟大學出版社，1987 年版，第 34 頁。

表6：1922 年北京大學應考生籍貫統計

省份	應考人數	省份	應考人數	省份	應考人數
臺灣	4	奉天	57	福建	23
浙江	104	湖南	268	甘肅	13
直隸	271	山東	185	黑龍江	12
吉林	29	山西	99	熱河	8
京兆	34	陝西	83	綏遠	8
安徽	152	廣西	30	察哈爾	5
江蘇	28	江西	125	朝鮮	3
河南	149	貴州	32	蒙古	1
湖北	108	廣東	156	總計	2488
四川	269	雲南	55	—	—

資料來源：《北京大學本年度招生統計》，載《教育雜誌》，1923 年第 15 卷第 12 期，教育界消息，第 6～7 頁。

表 7：1924 年各國立大學應考生籍貫統計

省份 人數 學校	江蘇	浙江	湖南	四川	福建	江西	湖北	安徽
北京大學	80	64	219	246	20	88	55	47
師範大學	27	50	151	143	31	103	37	42
女子師範	31	20	26	42	2	1	12	10
工業大學	14	17	81	110	19	28	16	27
醫科大學	5	12	16	35	1	10	6	13
農業大學	19	13	106	66	21	16	19	24
北洋大學	20	15	48	20	3	19	14	23
東南大學	539	203	113	131	21	138	48	176
廣東大學	19	8	50	61	6	18	1	9
交通大學	76	51	163	80	31	52	57	60
總計	830	453	973	934	155	473	265	431

資料來源：《各省區十三年度升學人數調查表》，載《教育雜誌》，1925 年第 17 卷第 12 號，補白。

3. 考試科目及命題

由於各大學自由招生，其考試科目及命題均由招生委員會議決。因此，各校完全根據自身的需要制定考試科目，很少從中學教學的實際出發命題。這使得各校的考試科目五花八門，滿足了大學招生的個性化需求，但是往往程度要求不一，脫離中學教學實際，產生一些問題。關於考試科目設置的演變及命題內容的變遷，後文有專門探討，此處僅對考試科目及命題「產生的過程」進行分析。

以國立暨南大學為例，1932 年招生委員會下設試題組，試題組主任為鄭寶寧，幹事為劉家謹、劉國光、王維城、吳榕藩、倪秀生。試題組的辦事細則如下：

一、本組辦理各科試題事宜

二、各科試題由本會敦聘各主試委員分別擬定密封掛號或親交本會幹事長親收至繕印時始行啟封

三、各科試題於考試前一日由本組主任會同本組幹事繕印繕印時由

本會幹事長及本組主任幹事親自在旁監視

四、各科試題繕印數目根據報考人數為準但得酌量多印若干份以備考後外界函索參閱

五、各科試題繕印完畢須分別密封彌封處並由本會幹事長及本組主任幹事親自簽名蓋章油印拉直並須隨時監視焚毀以昭嚴密

六、各科試題於考試時由本會幹事長及本組主任幹事會請各主試委員驗視彌封無誤後始可啟封分發應考各生

七、本組人員於各科試題負絕對嚴守秘密之責

　　資料來源：國立暨南大學招生委員會編：《國立暨南大學招生報告總編（二十一年度）》，國立暨南大學印刷所印，1933 年版，第 2～3 頁。

　　由此可知，試題由試題組敦請主試委員擬定，主試委員為陳鍾凡、曹聚仁、孫寒冰等學者，可以保證試題的質量。文實科考生均考黨義、國文、地理、歷史、英文、數學、物理、化學等八科目。考試科目由試題組或主試委員議決，尚未可知。可以確定的是，試題組對試題內容並無過多規定，主試委員所出試題題量小、題型單一、主觀性強。

　　再以北京大學為例，似乎北京大學更為重視出題。1920 年北京大學入學試驗委員會議決本科入學試驗科目及程度如下：一、國文：應試程度須略通中國學術及文章之流變。二、英文、法文、德文、俄文：（一）曾讀過數種文學者，能列舉及批評其內容。（二）能以國語與外國語互譯。（三）能作文無文法上之謬誤。三、數學：代數、平面幾何、平面三角。四、論理學。五：歷史：須習過中國通史及西洋通史，其西洋史亦可用西文本。六、地理：中外人文地理。〔註45〕這既是對考生的要求，也是對出題者的限制。1918～1929 年，北京大學的出題委員為胡適、錢玄同、朱家驊等學術大家，且其試題分為預科、本科，文理法科，試題分類較細。到 1929 年，上海和北平考點試題已不相同，每份試題由召集人召集數人共同出題，避免了單人出題的弊病。〔註46〕

　　由此可知，各大學招生委員會議決考試科目及命題標準，選舉本校的出

〔註45〕《北京大學招考簡章》，載《新潮》，1920 年第 2 卷第 3 號，第 614～615 頁。
〔註46〕參見本書第三章民國時期國立大學招生的考試，第二節考試內容的初步科學化。

題委員進行命題。其多樣性、可選擇性較強,較能滿足大學招生的需求,出
題程序也較為嚴密。但是由於考試科目及命題缺乏科學的標準,缺乏現代考
試理論的指導,其所出試題主觀性較強,科學性相對不足,當然我們也不能
過於苛求。

4. 錄取標準

由於各校考試科目、試題內容均有較大差異,因此其錄取標準也很難進行
比較。但是總體上看,北大、清華、交大、中央大學等名校的錄取標準較高,
地方性的國立大學如川大、武大、山東大學相對較低。從時人的評論來看,一
種觀點認為名校要求太高,入學者寥寥,另一種觀點認為普通大學要求過低,
達到標準者如過江之鯽。可見不同大學錄取標準差距之大。大學為了選拔優秀
學生會儘量提高標準,中學為了提高升學率則指責大學要求過高。由於大學具
有招生自主權,對社會和中學的指責視而不見,這也帶來一些問題。其實,國
立大學的錄取標準相對省立、私立大學較高,且不同國立大學間的錄取標準差
異性相對較小。以清華大學為例,清華歷年的新生錄取標準如下:

表 8:國立清華大學歷年招考大學本科學生錄取標準〔註 47〕

分數標準(分) 年份(年)	總平均分	國文、英文、算學平均分
1925	47	—
1926	—	—
1927	45	—
1928	47	40
1929	40	40
1930	45	49
1931	54	49
1932	45	45
1933	48	48

資料來源:《國立清華大學歷年招考大學本科學生錄取標準》,載《清華週刊》,1934
年第 41 卷第 13~14 期,第 156~159 頁。

〔註 47〕 此表為作者根據原始資料修訂而來,原稿還注明了對「各科平均積點」、「入
　　　　國文系、外文系的國文、英文成績」、「轉學生特別錄取」的要求,此處不再
　　　　贅述。

（三）大學自由招生的特點

各大學握有招考權，政府甚少干預大學招生。各大學自行制定招生規則，自主辦理招生考試事宜。考試科目五花八門，錄取標準高低不平，甚至考試日期也相互牴觸。大學為了吸引優質生源使出渾身解數，降低學費，提高教學質量。考生為了進入名校激烈競爭，他們可以同時拿到幾所大學的錄取通知書，大學和考生有較充分的選擇權。自由招生的優點主要是，「能招得程度適合之學生，尤以因學校院系複雜，各院系各自有其特點，自行招生程度適合，可保持其特點；各院系科組之新生分配得當；學校就附近各地招生，新生就近投考，學校學生懼感便利；學生投考機會較多，可減少不幸落榜之弊；試務較簡易於辦理，一院校之試務固較簡單易於辦理。」〔註48〕可以說自由招生是一種市場化的招生模式，各種資源隨著「產品的價格」和「資本的需求」自由流動，在競爭機制和價格機制的作用下，優質生源和優質高等教育資源得到了優化配置。市場化招生最大的優點在於微觀調節，它能夠充分滿足大學和考生個體的需求，其缺陷在於缺乏整體性的規劃，容易造成「市場失靈」，如文實科失衡，錄取標準混亂，新生程度不齊，與中學教學相脫節。

二、政府嚴格控制招生階段（1933～1940）

國民政府建立後，逐漸加強對大學的控制。教育部先是控制招生數量和科類，後在聯合招生的基礎上，推動建立統一招生制度，全面接管招考權。其實，早在1931年國民黨要員陳布雷就認識到入學和招生不能再漫無目的地發展了，「作家長的不明白為什麼要送子弟入學校，以及如何陶冶他的子弟，成為於家庭和國家有益的份子。再加以學校招生，又不負責任，以致有許多不必入普通中學而入學的學生，有許多不應入大學而入學的學生，結果造成了許多彷徨歧路，甚至葬送終身的青年。」〔註49〕控制招生在一定程度上彌補了自由招生的缺陷，但也產生了一些問題。

〔註48〕張錫興：《專科以上學校招生問題之檢討（上）》，載《教育通訊》，1943年第6卷第7期，第15～16頁。

〔註49〕《陳布雷在國民黨中央總理紀念周上作「教育的理論與實際」的報告》（1931年8月3日），載中國第二歷史檔案館編：《中華民國史檔案資料彙編》（第5輯第1編教育1），鳳凰出版社，2010年版，第120～123頁。

（一）政府嚴格控制招生局面形成的原因

控制招生局面的形成是特定歷史環境與招生制度內在矛盾交互作用的結果。

1. 政治和社會環境的變遷。南京國民政府建立後政權趨於統一，財政收入增加，社會環境相對穩定。對大學來說，民初那種寬鬆的環境宣告結束。此時政府有充分的財力、精力來干預教育，同時也有足夠的動力來控制大學。教育部通過控制招生數量和科類，實現整頓大學教育的目的。全面抗戰爆發後，社會環境迅速惡化，大學西遷，政局不穩，社會動亂。考生四處奔走應考，大學招生困難，招生成本迅速提高。大學招生各自為政的局面難以維持，統一招生制度因此而出臺。

2. 自由招生制度本身具有諸多缺陷。大學自由招生具有無法克服的缺陷，如考生多次參加入學考試，應考成本高昂；大學錄取標準參差不齊；招考與中學教學相脫節；文實科嚴重失衡；大學新生程度不齊；不同區域招生失衡，不同階層入學機會不平等。這些缺陷需要制度變遷來彌補。20 世紀 30 年代，國際聯盟教育考察團認為中國的大學招生制度最大的缺陷是新生程度不齊，建議建立一個考查基本學識能力的，由教育部主持的統一招考制度。此時，自由招生的缺陷已經充分暴露了，並發展到了必須解決的地步。

3. 中學教育穩定發展，水平有所提高。政府頒布了統一的中學課程標準，發行了相對統一的教材，尤其是中學畢業會考制度的建立，使中學畢業生程度不齊的局面得以扭轉。這就為政府控制招生，建立統一招生制度奠定了基礎。

4. 文化考試傳統的影響。政教合一是中國的傳統，政治對教育的干預由來已久。通過控制教育實現政治目的是重要的統治權術之一。科舉傳統影響同樣深刻，統一考試、政府把持人才選拔的觀念揮之不去，人們深信考試的公平性，相信考試是唯一可靠的衡量標尺。

（二）政府嚴格控制招生概況

加拿大學者許美德認為國民黨統治時期，「中國大學已經走過了對外來文化的適應和吸收階段」〔註 50〕，大學招生也開始走向本土化。政府嚴格控制

〔註50〕〔加〕許美德著：《中國大學 1895～1995：一個文化衝突的世紀》，教育科學出版社，2000 年版，第 85 頁。

招生是一個漸進的過程，它的根本特徵是政府控制招考權，統一、標準化是其代名詞，它劃一新生程度的同時，也暴露出僵化、缺乏個性等問題。

1. 招生組織機構

1933～1937 年，雖然各大學依然各自組織招生，但是《大學規程》首次確認了招生委員會的法律地位。「入學試驗由校務會議組織招生委員會，於每學年開始以前舉行之，各大學因事實上之便利，得組織聯合招生委員會。」〔註51〕教育部先後頒布《二十二年度各大學及獨立學院招生辦法》、《二十三年度各大學及獨立學院招生辦法》、《二十四年度各大學及獨立學院招生辦法》，1936～1937 年教育部重申依照 1935 年招生辦法實行。實際上教育部已經控制了招生的數量和科類，發揮了招生組織機構的部分職權。

1938 年教育部頒發《二十七年度國立各院校統一招生辦法大綱》，教育部設統一招生委員會，以各司司長及高等教育司主管科長一人，為當然委員，部聘大學校長及教授若干人為委員組織之，由部長指定一人為主席。〔註 52〕統一招生委員會的主要職能：訂定招生規章；規定命題閱卷及錄取標準；解釋有關招生各項法規；覆核考試成績；決定錄取學生；分配取錄學生；其他有關招生事宜；分設文書、成績、分發三組，各組設幹事一人至三人，由教育部就部員中派充之，助理幹事一至二人，書記若干人由本會主席調派或臨時雇用之。〔註 53〕本年招生結束後統一招生委員會自動解散。可見，統一招生委員會是臨時機構。

1940 年教育部設立公立各院校統一招生委員會，分別聘派羅家倫、王星拱、張道藩等 23 人為委員，指令吳俊升為主任委員。〔註54〕統一招生委員會遂成為永久機構。與 1938 年相比其職能增加了兩項：制定及頒發試題，研究

〔註51〕　《大學規程》，載教育部編：《教育法令彙編》第一輯，商務印書館，1936 年版，第 124～126 頁。

〔註52〕　《二十七年度國立各院校統一招生辦法大綱》，載《教育部公布》，1938 年第 10 卷第 4～6 合期，第 12～13 頁。

〔註53〕　《教育部二十七年度國立各院校統一招生委員會組織章程》，載《教育部公報》，1938 年第 10 卷第 7 期，第 9～10 頁。

〔註54〕　《教育部設立公立各院校統一招生委員會》，載楊學為等主編：《中國考試制度史資料選編》，黃山書社，1992 年版，第 675 頁。羅家倫、王星拱、張道藩、程天放、臧啟芳、葉元龍、吳南軒、周炳琳、童冠賢、艾偉、章宜、吳俊升、顧樹森、陳禮江、張廷休、陳石珍、邵鶴亭、黃龍先、陳東原、王萬鍾、戴應觀、郝更生、謝循初等二十三人。

改進招生事項。統一招生委員會自身的組織結構發生了較大變化，設委員二十一人至二十五人，由教育部聘任或指派之。委員從職員、大學校長、教授中產生。委員任期一年，可以連任。主任委員一人，由教育部指定。分設總務、審核、分發、研究四組，各組設主任一人，由教育部指派。每三個月開會一次，考試前後兩個月內得隨時舉行臨時會議，由主任委員召集並主席。議決事項均得呈請教育部核定施行。〔註 55〕統一招生委員會下設各區招生委員會，其主任委員由教育部指定，委員由部指定或遴選。各區招生委員會的任務：聘請監試及閱卷委員辦理監試閱卷事宜；聘請命題委員會預擬試題一份；審核投考學生之資格；審核投考學生之考試成績；造送投考學生名冊及各項成績表；榜示經部錄取之學生；其他關於招生一切事項。〔註 56〕可見各區招生委員會是統一招生委員會的下屬機構，主要負責執行統一招生委員會指派的任務。

2. 招生區域與範圍

如前所述，之前各校自主決定招考地點，其招生區域與範圍偏於東南沿海大城市。抗戰時期，高校內遷，教育部也希望改變以往招生區域與範圍偏於東南的狀況，給中西部考生以更多的入學機會，招生區域與範圍發生了改變。

1938 年國立各院校統一招生，除國立中央大學、國立西南聯合大學、國立西北聯合大學、國立武漢大學、國立中山大學、國立同濟大學、國立浙江大學、國立四川大學、國立湖南大學、國立雲南大學、國立東北大學、國立廈門大學、國立中正醫學院、國立交通大學唐山工程學院、國立西北工學院、國立西北農學院、國立師範學院及國立江蘇醫學院等十九院校外，並附招省立重慶大學及省立廣西大學及國立牙醫專科學校新生。1939 年國立大學及獨立學院全部列入，連代招之省立河南大學及省立重慶大學共計二十八校院，較上年度增加六校。國立暨南大學、國立交通大學、國立西北聯合大學、貴陽醫學院加入統一招生。1940 年將省立大學及省立獨立學院一併列入，共計四十一校院。

〔註 55〕《教育部公立各院校統一招生委員會章程》，載《教育通訊》，1940 年第 3 卷第 21 期，第 14～15 頁。

〔註 56〕《二十九年度公立各院校統一招生各區招生委員會組織規則》，載《教育通訊》，1940 年第 3 卷第 21 期，第 4～5 頁。

1938 年分設武昌、長沙、吉安、廣州、桂林、貴陽、昆明、重慶、成都、南鄭、延平、永康等十二招生處。各招生處組織招生委員會，各區招生委員會實際上是統一招生委員會的下屬和執行機構。1939 年增加至十五區，招考區更為普遍。由於戰爭原因取消了武昌、長沙、吉安和廣州招生處，新增辰溪、上海、蘭州、恩施、泰和、曲江、鎮平等招生區，並合川、白沙、樂山、武功、安康、銅仁、所裏、藍田、香港等處設立分處。〔註57〕1940 年設十六區及十八分處。即重慶、成都、南鄭、昆明、貴陽、辰溪、桂林、延平、上海、蘭州、恩施、泰和、永康、曲江、鎮平、樂山。

至此，統一招生已經囊括了所有的國立大學，其考點設置也較為普遍，擴大了大學選才的範圍，增加了考生應考的機會。

3. 命題及評分標準

1938 年教育部頒行《二十七年度國立各院校統一招生命題及評分標準的規定》，要點如下：

（一）命題之範圍及程度，須以高中課程標準為限，命題之內容，應以經部審定之通用教科書為依據。（二）各科試題數目，應以一般考生能於規定時數內完卷者為準（國文、數學、英文、或德文各三小時，其餘各科各二小時），試題應規定由學生全作，不得採用任擇或選作辦法，但答題順序得由學生變動。（三）國文試作文一篇（文言語體均可），文言語體互譯各一篇。（四）英文試作文一篇及英漢互譯各一篇（應考德文者仿此）。（五）各科命題，不宜空泛或偏重記憶，除國文、英文外，較難者與較易者約各占百分之二十五，難以適中者約占百分之五十。（六）物理、化學、生物試題中，須各有一題，考試實驗程序。（七）各科評定分數，採百分制。（八）國文試題，作文占百分之五十，語文互譯者各占百分之二十五，英文作文占百分之五十，漢英互譯者占百分之二十。五，其餘各科按試題數目平均計算，較難較易及難易適中各題一律平均計算。（九）各科試捲鬚由閱卷委員分題評閱。（十）體育術科按規定種類分別記錄成績，造冊送部不另計分數。（十一）藝術加試科目，素描及國畫占百分之七十，繪畫理論占百分之三十，素描及國畫考試作品，應連

〔註57〕《國立各大學招生教部統一辦理》，載《重慶各報聯合版》，1939 年 7 月 3 日，第三版。

同成績送部審核。

資料來源：沈雲龍主編：《近代中國史料叢刊三編第十一輯第二次中國教育年鑒》第五編高等教育，文海出版社，1973 年版，第 43～44 頁。

1939 年改變了各區單獨出題的情況，實現了試題的統一。1940 年統一招生的命題及評分標準有所改善，命題委員除擬定試題外，並擬各題答案一份，並附評分標準一份，就各題之可能情形，擬就答出某一部分給若干分，各部分分數總和為一題分數，各題分數總和為一科分數，一科總分以一百為準。1938～1940 年，或者由於各地的試題不同，難易不一，或者由於分區閱卷，評分寬嚴不同，造成各區記分誤差，因此計分和錄取均採取了調整辦法。

4. 錄取與分發

1933～1937 年仍由各大學自定錄取標準，自行錄取。1938～1940 年由教育部確定錄取標準〔註 58〕，統一分發各院校。1938 年 10 月 18 日，國立各院校統一招生委員會召開第四次全體委員會議，出席者有周炳琳、陳石珍、王萬鍾、鄒魯、黃鈺生、鄭宗海、顧毓琇、張道藩等十二人，該會「討論統一招生錄取標準分發辦法，及決定錄取人數，分發院校科系等各項提案。」〔註 59〕這預示著統一招生委員會開始取代大學成為錄取和分發標準的確定者。1938 年國立各院校統一招生，應考者共計 11119 人，因各區試題不同，難易不一，又因分區閱卷，評分寬嚴亦有上下，全國十二考區考生成績之分配，中數為 238.62 分（七門科目成績之和），平均數為 241.124 分，標準差為 92.96 分，偏懸性為 0.008 分。就各考區成績中數比較，延平 336 分，永康 322.776 分，南鄭 306.112 分，桂林 298.612 分，吉安 291.304 分，貴陽 286.08 分，長沙 281.78 分，成都 239.16 分，武昌 212.24 分，廣州 209.82 分，重慶 205.74 分，昆明 192.92 分，錄取標準亦採用調整辦法。〔註 60〕1939 年因分區閱卷，評分與記分標準仍難以統一，故仍採用調整辦法。1939 年教育部公布的新生分發原則為：一、錄取新生，按其第一志願，不限考區，依照成績順序分發。二、錄

〔註 58〕詳見第四章 民國時期國立大學招生的錄取，第一節 國立大學的錄取標準，對各時期大學的錄取標準做了專門分析，此處不再重複。

〔註 59〕《國立各院校統一招生揭曉》，載《教育通訊》，1938 年第 32 期，第 6～7 頁。

〔註 60〕沈雲龍主編：《近代中國史料叢刊三編第十一輯第二次中國教育年鑒》第五編高等教育，文海出版社，1973 年版，第 44 頁。

取新生第一志願之學校業已額滿時，按其第二第三志願之院系，分發考試區或附近區之院校，仍以成績先後為序。三、錄取新生第一第二第三志願之院校均已額滿，不能分發時，由部參酌其考試成績、考試區及志願學系，指派相當院校。四、如志願學系在各院校均已滿額時，得參酌給該生考試區及成績特點、分發性質相同之其他院系。〔註61〕1940年統一招生錄取新生的分發辦法又有所變更，分發時分院不分系，入學後由校預先試行分系，俾便督導，俟學年終了時，由校考核各生成績，志願，及各系容量，正式分系，分發標準，與1939年相同。〔註62〕

　　1938～1940年統一招生錄取和分發新生的結果：1938年應考生11119人，錄取新生5460人，其錄取比例為49.21%。1939年，應考生20006人，錄取新生5371人，先修班學生1103人，錄取比例為26.85%。1940年，應考生為18151人，錄取新生為7024人，先修班學生為1335人，錄取比例為38.7%。錄取之大學新生，以科別論，三年度均以工科為最多，文法、師範等科次之，理、醫、農等科又次之，商科最少。高中會考，大學先修班，及游擊區，依照規定保送優秀學生免試升學：1938年為345人，1939年為235人，1940年為969人，其中亦以志願工科學生為最多。〔註63〕

（三）政府嚴格控制招生的特點

　　控制招生與自由招生最大的區別是政府全面插手招生事務，招考權逐漸由大學向政府轉移。政府逐漸成為國立大學招生的組織主體，從招生規則到招生實踐無處不見政府的身影。此時期政府先是以調整失衡的文實科為切入口，逐漸掌握了大學招生科類和數量控制權。隨後教育部推動聯合招生基礎上的統一招生，從此教育部全面參與報名、制定考試科目、命題、記分、錄取等。政府控制下的招生以劃一、標準化為特點，自由招生情況下的混亂與無序一去不復返。自由招生中，各大學的考試日期、考試科目多不一致，考生為預防落選，往往參考兩三個學校。可是因為考期衝突，考了甲校就不能

〔註61〕《國立院校統一招生訂立錄取新生分發原則》，載《重慶各報聯合版》，1939年7月9日，第三版。

〔註62〕沈雲龍主編：《近代中國史料叢刊三編第十一輯第二次中國教育年鑑》第五編高等教育，文海出版社，1973年版，第48頁。

〔註63〕《統考及先修班之舉辦》，中國第二歷史檔案館藏：全宗號五(2)，案卷號729，載楊學為主編：《中國考試史文獻集成》第七卷（民國），高等教育出版社，2003年版，第227～228頁。

考乙校。因為考試科目不一，考生往往要多預備幾門功課。考生投考數校，東奔西走，身心俱疲。控制招生剋服了自由招生的諸多弊病，降低了各方面的招生成本，加速了大學招生的正規化、制度化，有利於劃一新生的程度，結束了此前大學招生中各自為政的混亂局面。教育部「根據實際需要，以求大學教育之合理調整，」「命題評分錄取分發標準一致，可免去以往各自為政之弊，更走向合理化之路，抗戰時間節約甚要，」「又可造就實用人才，以應抗戰建國之急需。」〔註64〕這意味著計劃對市場的控制，計劃招生恰恰能彌補市場招生的缺陷。但是，計劃招生的優勢在宏觀調控方面，對微觀主體往往難以奏效，突出的表現為大學和考生的個性化需求難以得到滿足。因此，以政府計劃為核心的控制招生也不是國立大學招生的最佳選擇。

三、政府宏觀調控招生階段（1941～1949）

1941～1949 年統一招生被多元化的招生方式所取代，政府不再事無鉅細的控制招生，而是採取調控的方式，大學負責具體的招生事務。

（一）政府宏觀調控招生形成的原因

1. 戰爭持續不斷，社會不穩定。此時期先後經歷了抗戰相持、抗戰勝利、解放戰爭等階段，交通阻隔，經濟困難，財政危機，政權飄搖不定。交通困難使得統一招生的人、財、物和信息交流異常困難，這是統一招生停止的直接原因。戰爭給經濟帶來致命打擊，政府財政困難，教育經費有限，再組織大規模的統一考試勢必耗費甚巨。戰爭給國民政府以沉重打擊，政權的根基動搖，政府控制大學的動力和能力較以往大為降低。大學招生再次復歸於相對寬鬆的發展環境，當然政府也不會完全放棄對招生的控制。

2. 自由招生與控制招生的優缺點充分暴露。1933～1940 年政府逐漸接管國立大學招考權，全面干預招生事務。控制招生剋服了自由招生的缺陷，使文實科趨於平衡，劃一了新生程度，加強了招生與中學教學的聯繫，相對平衡了各地區的入學機會，降低了考生的應試成本。然而，控制招生也有嚴重的缺陷，不能滿足大學個性化、差異化的人才需求，錄取標準為低水平的劃一，對考生個人來說減少了應考機會，評分、計分寬嚴不一。自由招生與控制招生的優缺點並存，二者是互補關係，不是非此即彼的關係。經過前兩個

〔註64〕張錫興：《專科以上學校招生問題之檢討（下），載《教育通訊》，1943 年第 6 卷第 9 期，第 8～9 頁。

階段的實際驗證，人們充分認識了二者的優缺點。吸收兩種招生模式的優點，實現融合昇華是招生模式發展的必然趨勢。

3. 大學與政府的權利博弈趨於平衡。自由招生、控制招生、調控招生，三種模式實質上是大學與政府權利博弈的結果。當大學或政府占絕對優勢時，就會形成前兩種招生模式。當二者權利平衡時，就會形成調控招生模式。此時期大學和政府均沒有絕對的控制力，雙方也缺乏完全控制對方的動力。因此，大學與政府妥協，二者分享招生的權利，此時他們的博弈處於均衡狀態。

（二）政府宏觀調控招生概況

統一招生停止後，1941～1949 年出現了單獨招生、聯合招生、委託招生、成績審查、聯合考試、免試分發等多種招生方式。此時期招生方式的變換最為頻繁，教育部與大學圍繞招考權不斷調整，最終形成了教育部宏觀調控，大學自行辦理的局面。

1. 教育部調控招生

（1）規定招生數量及科類。教育部為了防止文實科失衡局面再次發生，同時通盤考慮國家對各類人才的需求狀況，不斷調整大學招生的數量和科類。1941 年教育部要求各大學參酌上一年的招生數擬定招生名額，報部備案。1942 年規定明細化，「（一）文、理兩學院各學系及屬於文（包括教育），理之專科或專修科，以每系科招收三十名為原則；（二）法、商、師範、工、農各院之各系及屬於法、商、師範、工、農之專科或專修科，以每系招收四十名為原則；（三）醫學院以每院招收六十名醫藥，專科或專修科以每科招收八十名為原則；（四）設於理學院之工科各系或專修科及設於文學院之法科各系或專修科，其招生名額應分別按照工科及法科之規定名額。」〔註 65〕1943 年較1942 年有所調整，分別為（一）三十名至四十名，（二）四十名至五十名，（三）一百名、五十名。1944 年，工學院各學系及屬於工之專科或專修科以每系科招收五十名至六十名為原則。1945 年，文理法商師範農工等院各系科，以每系科招收三十名至四十名為原則。1947 年教育部又把前項名額提高為四十名

〔註 65〕《教育部令發 1942 年度公私立專科以上學校招生辦法》，載楊學為主編：《中國考試史文獻集成》第七卷（民國），高等教育出版社，2003 年版，第 173～176 頁。

至五十名。1948 年除法律系招收六十名至八十名為原則，其他各系仍以招收三十名至四十名為原則。1949 年教育部要求，招收新生名額不得超過當年各該校暑假畢業生總數。教育部對文科招生數限制較為嚴格，鼓勵工農醫科的發展，同時根據社會需要對各科招生數進行微調。總體上體現了教育部重質不重量的發展思路。

（2）規定命題範圍及考試科目。為了使大學入學考試與中學教學不相脫節，防止各大學招生標準混亂，試題難易不一，教育部嚴格規定命題範圍和考試科目。教育部歷年頒布的「招生辦法」均要求各大學嚴格按照中學課程標準命題。1941 年教育部規定各校院新生入學試驗科目規定如下：（甲）文、法、商（管理學院各系包括在內）、教育各學院及師範學院文組：公民、國文、英文、數學（高等代數、平面幾何、三角）、中外歷史、中外地理、理化、生物。（乙）理工各學院及師範學院理組：公民、國文、英文（或德文）、數學（高等代數、解析幾何、三角）、物理、化學、中外史理、生物。（丙）醫、農各學院：公民、國文、英文（或德文）、數學（高等代數、平面幾何、三角）、物理、化學、中外史地、生物。〔註 66〕這種分組考試的模式一直延續到民國結束，也是高考文理分科的源頭。〔註 67〕其中只有些微調，1943～1944 年教育部嘗試將第三組合併到第一組，共分成兩組招生。1945 年，「初試科目定為國文、英文、數學三科，俟錄取入學時，視其志願學系，依照上列組別，再試其他規定科目。」〔註 68〕

（3）限制同等學力。同等學力考入大學的現象比比皆是，如著名學者羅榮渠在抗戰時期，「讀完高中二年級後就以同等學力考入西南聯大。」〔註 69〕鑒於各大學在疏於監管的情況下，漫無限制的招收同等學力考生，致使新生程度參差不齊，教育部遂對其進行了嚴格的限制。1941～1942 年教育部均要求同等學力新生總數不得超過百分之五，不過 1942 年的要求更為具體，「（甲）報考同等學力學生，以三十年暑假前修滿高中二年級學業，因戰事關係未能

〔註 66〕《三十年度公立各大學及獨立學院自行招生辦法要點》，載《國立四川大學校刊》，1941 年第 10 卷第 4 期，第 6～8 頁。

〔註 67〕關於 1941～1949 年各組考試科目的規定，詳見第三章國立大學招生的科目與內容第一節考試科目的變遷。

〔註 68〕《專科以上學校本年招生辦法》，載《中央日報》，1945 年 7 月 2 日，第三版。

〔註 69〕羅榮泉：《回憶榮渠大哥》，載《傳記文學》，2006 年，第 88 卷第 1 期，第 81～96 頁。

修畢高中學業在家自修之學生，繳驗原肄業學校成績單，經審查合格者為限。
（乙）高級職業學校及師範學校學生，雖於三十年暑假前修滿二年級學業者，
亦不得以同等學力報考。」〔註70〕1943 年同等學力招收名額放寬為百分之十，
同時規定未經入學在家自修證明具有高中程度者也可以報考。1945 年新增加
規定，公私立專科以上學校招收同等學力學生，至多不得超過錄取新生總額
百分之二十。1947 年要求更為嚴格，公私立專科學校，不得超過錄取新生總
額百分之十，公私立大學及獨立學院，不得超過百分之五。1948 年雖然對同
等學力考生招收數額的限制沒有變化，但是教育部用詞嚴厲，聲明要求各大
學「絕對不得超過」規定數額。

　　（4）其他限制。在調控招生制度運行的過程中，還會產生一些偶發性的
問題，這也需要教育部對其進行調整。雖然教育部不能決定各大學的招生方
式，但是要求各校應於可能範圍內多設招生分處，俾各地學生均得有報考機
會；入學試驗成績計算標準，國文、英文、數學三科目占百分之五十，其他
各科目占百分之五十；各校院招生，應於揭曉後，將已取、未取考生各科成
績列冊，連同各科試題報部備案。〔註71〕教育部不提倡單獨招生，而鼓勵聯
合招生，希望各校多設考點，以增加考生應考的機會。各校如錄取不足額，
可進行二次招生。1943 年教育部要求採用成績審查辦法的大學，「以優良高中
成績優秀學生為限，並必經過復試」，「對於蒙藏學生及僑生，應照向例，酌
予從寬錄取。」〔註72〕1946 年教育部禁止各大學於春季招生。1948 年教育部
訓令，「本年度各校院招收新生時，必須特別注意學生之品性行為，更須加強
學生家長與保證人之責任。」〔註73〕

2. 大學自行辦理招生

　　（1）大學內依然設招生委員會，總攬招生事務。雖然教育部對多項招生
事務有嚴格限制，但是具體性的事務還需要大學內的招生委員會辦理。此時
期各大學依然設有招生委員會，全面參與具體的招生過程。雖然教育部規定

〔註70〕沈雲龍主編：《近代中國史料叢刊三編第十一輯第二次中國教育年鑒》第五
　　　　編：高等教育，文海出版社，1973 年版，第 51 頁。
〔註71〕沈雲龍主編：《近代中國史料叢刊三編第十一輯第二次中國教育年鑒》第五
　　　　編：高等教育，文海出版社，1973 年版，第 49 頁。
〔註72〕《專校以上本年招生辦法》，載《中央日報》，1943 年 6 月 5 日，第三版。
〔註73〕教育部教育年鑒編纂委員會編：《第三次中國教育年鑒》第七編：高等教育，
　　　　正中書局，1957 年版，第 65 頁。

了單獨招生、聯合招生、委託招生、成績審查、聯合考試等五種招生方式，但是大學可以自主決定採用哪種方式。大學招生委員會的職責有：確定招生方式，審定招生簡章，組織命題、考試，閱卷、評分，確定錄取標準等。如1947年國立山西大學招生委員會會議的議決案：

> 本年招生名額，須按入學試驗成績決定，在標準以下者不取；
> 每場由招生委員會二人為監考，另派監考員若干人；錄取標準較上
> 年提高，按考試成績決定之；無甄審證件者，准先報考，以後補繳；
> 試卷在校長辦公室集中評閱，評閱後將各門分數計出，先按成績之
> 優劣決定正取備取名額，再拆彌封；每種試卷須復閱一次，由閱卷
> 人各給分數，再平均之以昭慎重；口試由各院負責分別辦理，口試
> 畢檢驗體格；由會通知總務處，每堂派工友一名在場外服務；座次
> 按公布之學生號碼，不貼名簽，以資嚴密；本月十日至十二日考畢，
> 試驗時間早上七至九時，九至十一時，下午一至三時，每日三次。

> 資料來源：《招生委員會紀錄二則》，載《國立山西大學校刊》，
> 1947年第4卷第8、9期合刊，第27頁。

（2）單獨命題或聯合命題，組織考試。教育部雖然劃定了命題範圍和考試科目，但是並不負責出題。採取單獨招生的大學自然由本校招生委員會組織教授命題，採取聯合招生的大學則由聯合招生委員會組織命題委員命題。這與自由招生時期的命題並無本質區別，這有利於大學根據自身的需要設置考試題目，選擇考試內容。此外，教育部也不參與報名、印刷試卷、監考等工作，由各大學自行組織考試。考試經費除部分來自於報名費外，其餘均由大學承擔。組織考試是十分繁雜的，如印刷、填具、審核報名單，試卷彌封編號及保管，成績登錄、揭曉，選派招生處代表，選派監試員，運送試卷，印發准考證等。

（3）自行閱卷、記分，自定錄取標準，決定錄取與否。各大學還有一項重要的權利，即閱卷，確定錄取標準。教育部不再干預錄取過程，只是對錄取結果予以審核。自主確定錄取標準是大學自主性的重要體現，有利於滿足大學招生的需要，調動了大學招生的積極性。以1943年的四川大學為例，其閱卷和記分過程如下：

> 此次閱卷與往年相似，採取集中閱卷方式，不獨閱卷地址集
> 中，且每人集中精神評閱一題，全部八千人之試卷，共計五萬六千

本，動員全校教員，二十日之時間全數評閱完畢，各同仁揮汗從事，實為本校歷史上之盛事。閱卷時各委員異常謹嚴。凡各卷之有可疑之處均經評核後宣告作廢，尚有一卷附法幣者，幣充公□□，試卷作廢。每閱畢一卷，閱卷委員須一一簽名或蓋章後，送本組啟封順□及登錄成績。因各系學生之密號順序排列，故登錄成績時異常□易，順序而下即可每登畢一系，即交二人用一唱一對方法覆核，無誤者，即交專人結算成績，成績共分三類結算，（一）國英算三科之和（二）公史理生四科之和（三）總和。此種工作完畢，均一一經覆核無誤而後止。

　　資料來源：袁伯樵：《辦理三十二度本校新生考試之經過》，載《四川大學校刊》，1943 年第 15 卷第 2 期，第 4～5 頁。

其錄取標準和錄取過程如下：

　　此次考試之錄取標準，一似往年；（一）國英數三科和和不得低於一百二十分（二）七科總和在二一零分以上（三）主系科在四十分以上（四）七科中無一科在十分以下（五）理組──數學英文及理化三科中無二科在三十分以下者，文組──國文英文史地三科中無二科在三十分以下者。將各生之成績照此標準加以衡量，合於五種標準者列為第一類，四個標準者為第二類，三個標準者為第三類，二個標準者為第四類，一個標準者為第五類，主系科在五十分以上而其他科無一科在零分者為第六類，後因校長為珍惜特才起見，復提招生委員會議決凡國英數三門中有二門在六十分以上，或二門各在四十分以上之特才，准錄取該科所屬之系為試讀生，（合最後標準者全校不過十人）。照此標準衡量後，即決定各系可取之人數，如取有餘額，即考慮其第二志願，此係初步之決定，再送交校長所派定之覆核委員會，將成績之結算，標準之審核，加以再度審核，然後將合於七個標準之審號連同成績油印成張，付招生委員會作最後決定。

　　資料來源：袁伯樵：《辦理三十二度本校新生考試之經過》，載《四川大學校刊》，1943 年第 15 卷第 2 期，第 4～5 頁。

（三）政府宏觀調控招生的特點

調控招生階段，教育部從宏觀方面對招生進行了限制，如招生數量及科類，考試科目及範圍，同等學力，招生分處設置等，這些都屬於社會因素決定的招生方面，這有效地防止了招生中再次出現文實科失衡，與中學教學脫節，同等學力泛濫，入學機會不均等問題。同時允許大學自主選擇招生方式，自主命題，組織考試，自主確定錄取標準，有利於大學選拔符合自身需要的人才，充分調動了大學的積極性，這些屬於教育因素決定的招生方面。這種招生模式下，教育部控制社會因素決定的招生方面，大學控制教育因素決定的招生方面，克服了二者單獨決定招生所帶來的缺陷，發揮了各自的優勢。既有利於學術的自由、自治，也有利於社會的公平、公正。既保證了人才選拔和培養的效率，也維持了教育和社會的相對公平。雖然調控招生是戰爭環境下的特殊產物，或許這恰巧是理想的招生模式：既符合學術自由發展的本質屬性，又適應中國人情關係文化的社會屬性。雜亂無章的自由招生，僵化刻板的控制招生都是不合理的，理性的選擇是讓高校根據社會需要和自己的辦學條件來自行招生，政府要轉變職能，成為宏觀管理和監督的機構。調控招生模式與當代高考改革趨勢不謀而合：「首先，各級政府招生部門要逐漸轉變職能，由直接的行政管理逐漸向服務型職能轉變，為高等院校招生提供優質高效服務，進行宏觀管理和必要的監督，負責統籌規劃、掌握政策、引導信息，組織協調、提供服務；其次，賦予高等院校選拔新生的自主權，同時，建立和完善高校在招生中的自我約束和社會監督機制，保證招生錄取的公平。」〔註74〕

小結

近代以來，國立大學猶如中國大學皇冠上的明珠。因其經費、師資、教學、學生等方面具有難以比擬的優勢，國立大學水平高，地位重，影響大。其中，國立大學招生關係千家萬戶的切身利益，關乎大學的前途，牽涉國家的穩定與發展，至關重要。民國時期國立大學也在不斷變遷，其中大學的數量與區域分布、學生的數量及籍貫、學科發展等與招生存在千絲萬縷的聯繫。

〔註74〕林關仕：《市場經濟與高校招生制度改革》，載《海南大學學報（社會科學版）》，1994 年第 2 期，第 92～95 頁。

因此，探討國立大學的概況是深入研究國立大學招生的前提。國立大學數量從少到多，分布從偏於東部到相對均衡，學生數量波動上升，學科發展由文法科泛濫到文實科均衡。招生或受以上三方面影響，或影響以上三方面，或雙方互相作用。國立大學的數量與區域分布，關係區域入學機會的公平性；學生的數量、籍貫、家庭出身，表明招考額數的變遷，區域及階層入學機會的公平性；學科發展反映學生的入學意願，文實科招生的發展趨勢。國立大學的發展概況表明，隨著國立大學數量的增加，招考數量不斷增加，學生的入學機會不斷擴大。但是大學多分布於東部，通過對學生籍貫的分析，發現區域入學機會不公平。通過對學生家庭出身的分析，發現工農階層的入學機會遠低於政商學階層。通過對學科發展的分析，發現考生多由歡迎文法科到志願理工科，實受國家招考政策的影響。

　　招生由以下幾個要素組成：招生主體、招生對象、招生手段和工具、招生標準。具體地說，招生包括招生組織主體、選拔途徑、考試科目、考試內容、考試方法、錄取、照顧與救濟政策、整頓政策等。招考權是招生的本質特徵，它掌握在不同的主體（政府、大學或社會組織）手上，對招生制度的所有方面有著決定性的影響。因此，根據國立大學招考權的變化，結合時代的演進，將國立大學的招生分為三個時期：大學自由招生階段（1912～1932）；政府嚴格控制招生階段（1933～1940）；政府宏觀調控招生階段（1941～1949）。大學自由招生階段大學握有招考權，大學可以自主決定招生的所有方面，因此國立大學招生呈現出色彩斑斕的特點。政府嚴格控制招生階段政府逐漸接管招考權，因此控制、秩序、統一成為國立大學招生的特點。政府宏觀調控招生階段大學主管招生的具體事務，政府負責宏觀調控，因此招生形式多樣，制度完善又不失靈活成為國立大學招生的特點。國立大學招生的發展既異彩紛呈，又光怪陸離。

第二章　民國時期國立大學招生的組織主體和選拔途徑

　　招生由誰來組織——中央政府、地方政府還是大學；選拔途徑——考試還是推薦、保送，口試、筆試。民國時期國立大學招生的組織主體非常重要，其變化也較為頻繁，是招生的重要組成部分。選拔途徑是招生的基本內容，考試、保送的地位、作用是影響招生結構的重要部分。

第一節　組織主體

　　大學招生由誰來組織，似乎不應該成為問題。大學具有學術自由、自治的權利，招生作為大學重要的學術權利之一不能被剝奪。大學作為招生的組織主體，能選拔適合自身需要的個性化人才，這有利於大學的特色化發展；能夠根據「招生市場」供求狀況的變化靈活、快速的調整招生的科系、數量；能夠以較低的招生成本選拔優秀人才。因此，大學招生當然是以大學為組織主體而進行的活動。但是事情並非如此簡單，由於大學招生連接著中等教育和高等教育，關係著考生和家庭的切身利益，涉及國家的整體發展，處理不當會影響教育公平和社會穩定。大學招生與大學、中學、考生及家長、政府的利益密不可分。所以，招生組織主體除了大學以外，還可以是政府，或社會組織。大學作為招生的組織主體有兩種形式：一所大學作為單獨主體；兩所以上大學作為聯合主體。政府作為招生的組織主體有多種形式：中央政府作為單獨主體；地方政府作為單獨主體；地方政府作為聯合主體。社會組織作為招生的組織主體有多種形式：政府下屬的社會組織作為單獨主體；完全獨立的社會組織作為單獨

主體；兩個以上完全獨立的社會組織作為聯合主體。不同的歷史條件下，隨著利益格局和權利的變化，招生組織主體不斷變遷。不同的招生組織主體主導下的招生模式各具特色，對大學招生產生了深遠的影響。

一、大學作為單獨主體

大學作為單獨主體是民初自由政治環境的產物，大學擁有較大的招考自主權，這保證了招生的科學性，也造成了一些問題。

（一）大學作為單獨主體的形成原因

大學作為單獨主體時期主要包括北洋政府時期和國民政府初期。這種極端狀況是以下原因造成的：第一，科舉廢除後，文官考試與教育考試分離，教育考試權力下移。政府不再承擔教育考試的責任，各級各類學校自行組織考試。第二，大學作為招生的組織主體是各國通例，這一傳統在我國得以傳承。第三，社會紊亂，政權不統一，政府既無財力，也無能力控制大學的發展。第四，中等教育、高等教育發展尚處於幼稚時期。中學課程、教材五花八門，程度參差不齊，畢業生數量有限。大學數量少，類別雜，科系繁多，水平差異甚大。第五，社會發展水平有限，各類社會組織尚未發育成熟。第六，當時的大學校長、教師多為歐美留學歸國學者，熟悉招生流程，深受學術自由、自治觀念影響，能夠秉公辦理招生。在此種歷史條件下，大學作為單獨主體可能是最好的選擇。

（二）大學獨攬招考權

北洋政府時期，政府甚少干預大學招生，大學招生幾乎處於自由發展階段。政府只對招生做出一些原則性規定，對作為招生組織主體的大學採取了放任的態度。1912 年公布的《大學令》只規定大學分為預科、本科、大學院生三個層次，並限定了入學資格。〔註 1〕隨後頒布的《大學規程》，除重申了上述規定外，強調「前項預科，或與預科相當之學校，非遵照本規程辦理者，其畢業生應行入學試驗，」「中學校畢業生如超過定額時，應行競爭試驗。」〔註 2〕1917 年頒布的《修正大學令》也只是強調了預科「入學時應受選拔試驗。」

〔註 1〕《大學令》，載宋恩榮主編：《中華民國教育法規選編》，江蘇教育出版社，2005年版，第 384 頁。
〔註 2〕《教育部公布大學規程令》，載《教育雜誌》，1913 年第 5 卷第 1 號，法令第 1～19 頁。

〔註3〕1924 年的《國立大學校條例》強調「國立大學校錄取學生，以其入學試驗之成績定之。」〔註4〕國民政府成立後開始插手大學招生事務，但是國民政府初期的政策還是比較寬鬆的。1929 年頒布的《大學規程》分別規定了特別生、轉學生、正式生的入學資格，強調經入學試驗及格者方得入學。教育部第一次正式公布，「入學試驗由校務會議組織招生委員會，於每學年開始以前舉行之，各大學因事實上之便利，得組織聯合招生委員會。」〔註5〕

　　由此可見，政府的規定相當寬泛，大學享有完全的招考權和自由度。政府並沒有強力干預大學招生，這是一個完全市場化的招生制度。因此，政府不是大學招生的組織主體，它的作用有限。雖然法律上有「聯合招生委員會」的規定，但是實際上這種組織主體只是一種假設，在此時期並未出現。一般是大學設立入學試驗委員會，由其辦理招生相關事宜，如確定招生數額、科系，決定考試辦法、考試科目，制訂招生簡章，選派命題委員，組織報名、考試、閱卷、錄取等。以北京大學為例，1918 年「入學試驗委員會」由校長蔡元培任會長，陳獨秀任副會長，命題、閱卷委員為朱希祖、錢玄同、馬裕藻、胡適等名教授。「入學試驗委員會」還設「事務委員」，負責報名、出榜、審查、印刷試題、核實分數等試務。〔註6〕校長擔任會長足見大學對招生的重視，知名教授出題可以保證試題的質量，入學試驗的組織、實施程序甚為嚴密，考試規則詳盡，有利於選拔人才。以大學為單獨主體的招生模式具有以下優勢：大學能夠根據師資和設備，以及市場的需求狀況，快速決定招生的數量和科系。如 1914 年胡仁源任北大校長，自行「擬定整頓大學計劃書，對本科和預科分別進行調整充實」，本預科學生「名額增加一倍多。」〔註7〕這並不需要教育部批准。大學能夠根據自身發展需要，選拔特殊人才，滿足大學特色化發展的需求。聞一多、羅家倫、錢鍾書、季羨林、臧克家、吳晗等

〔註3〕《修正大學令》，載《教育雜誌》，1917 年第 9 卷第 12 號，法令第 17～18 頁。

〔註4〕《國立大學校條例》，載楊學為主編：《中國考試制度史資料選編》，黃山書社，1992 年版，第 575 頁。

〔註5〕《大學規程》，載教育部編：《教育法令彙編》（第一輯），商務印書館，1936 年版，第 124～126 頁。

〔註6〕《本校入學試驗委員會組織業已就緒》，載《北京大學日刊》，1918 年 6 月 12 日，第 161 號，第三版。《本校入學試驗委員會組織業已就緒》（續），載《北京大學日刊》，1918 年 6 月 14 日，第 162 號，第二、三版。

〔註7〕蕭超然等編：《北京大學校史（1898～1949）》，上海教育出版社，1981 年版，第 35 頁。

偏才、怪才，都是在此時期被北大、清華、青島大學等校錄取的。這種現象集中發生於此時期並非偶然，與大學單獨作為招生組織主體有一定的關係。大學的個性化需求還體現為五花八門的招生方式和考試科目。有的大學以入學考試嚴格著稱，寧缺毋濫，如交通大學、清華大學等。有的大學設「承認中學」，其畢業生成績優良者無須試驗即可入學，如南開大學，「平、津、滬有數中學為我部承認中學，每學期直接升入之學生為數頗多。」〔註8〕有的大學向來注重智慧測驗，如北京師範大學、浙江大學。各大學的考試科目更是琳琅滿目，有的設初試、復試，有的設必試、選試科目，學校之間、科系之間考試科目五花八門。當然大學單獨作為招生的組織主體也有一定的缺陷，如1913年因預科生鬧學潮，相率不考本科，「校方無法，只有大開方便之門，准學生以同等學力考入。」〔註9〕

（三）大學作為單獨主體的影響與成效

總體上看，大學單獨作為招生的組織主體，保障了大學的學術自由與自治，選拔了個性化、高質量的人才，並沒有發生大面積的招生腐敗現象。但是，由於大學是招生的組織主體，可能過多地考慮自身利益，提高或降低入學標準，無視考試科目、內容對中學教學的引導作用，造成與中學教學相脫節，為了增加收入盲目擴大文科招生，致使文實科失衡。以分數為絕對的錄取標準，不利於邊遠省份、少數民族地區考生，貧困家庭、工農階層子弟考入名牌大學，造成嚴重的教育不公平。這種「市場失靈」的情形啟示我們，「高校作為一個有著自身利益追求的理性主體，如果缺乏足夠的約束，它就可能為了追求自身利益的最大化而損害學生和中學的利益，甚至損害社會公共利益。」〔註10〕改進的手段就是政府實施「宏觀調控」，此時政府作為招生的組織主體的歷史時機已經到來。其實，北洋政府已經認識到了大學招生的「市場失靈」問題，如1918年的全國專門以上學校校長會議就曾討論「大學各科學額應否視需要與否而酌加分配」。但是現實的困難較大，「各校教室及實驗室之地位，與教員人數均各有限度，不能一律，勢難預定普通標準，不如聽

〔註8〕王文俊等選編《南開大學校史資料選（1919～1949）》，南開大學出版社，1989年版，第316頁。

〔註9〕訪問：王聿均，紀錄：劉鳳翰：《中央研究院近代史研究所口述史叢書：汪崇屏先生訪問紀錄》，中央研究院近代史研究所，1996年版，第5頁。

〔註10〕羅立祝：《高校招生考試政策研究》，華中師範大學出版社，2007年版，第12頁。

各校酌為分配窒礙較少也。」〔註11〕直到1925年第十屆全國教育會聯合會還曾議決，國立專門以上學校招生宜酌定各省區名額，不知為何教育部並未採納實行此建議案。〔註12〕這些問題亟待政府來解決。

二、政府作為單獨主體

政府作為單獨主體與政權的穩定有一定的關係，政府逐步掌控招考權，這有利於對招生的宏觀管理，但也造成了一些問題。

（一）政府作為單獨主體的形成原因

政府作為單獨主體是另外一種極端狀況，現實中幾乎不存在。而過渡階段則是常態，此時期政府並沒有完全取代大學的組織主體地位，但是政府卻發揮了前所未有的巨大作用。這主要是以下原因造成的：第一，國民政府統一了政權，經濟有所發展，財政能力提高。這為政府干預教育提供了權力和經濟基礎。第二，國民黨實行集權統治，企圖控制大學思想，安插黨徒控制大學，招生作為一項重要的權利，自不能例外。第三，大學作為招生的單獨組織主體，在實踐過程中引發了許多嚴重的問題，如文實科失衡，招生標準混亂，同等學力泛濫，與中學教學相脫節，區域教育不公平等。這些問題影響了各級教育的健康發展，不利於社會穩定，也不利於社會的現代化建設。第四，全面抗戰的爆發，高校西遷。抗戰使得全國的形勢發生了很大的變化，交通困難，教育經費縮減，大學集中於西南、西北。學生應考成本提高，大學為招生付出較大的金錢和時間成本。大學招生各自為政的狀態，既不能滿足抗戰對實用人才的需求，也不符合國民政府加強控制的需要。大學集中於一地，便於政府發揮組織主體作用。政府作為大學招生的組織主體的必要條件和可能條件都已經具備了。其實，王世鎮早就洞見「高等教育久為資產階級所獨佔」，「而多數刻苦奮勉之寒酸，又見擯棄於□捨之外」，而廢科舉，「並考試而廢之，是因噎廢食耳」。〔註13〕為了挽救其弊，扭轉社會風氣，他建議建立類似於科舉制的考試制度，這實質上是將招考權收歸政府。

〔註11〕《大學各科學額應否視需要與否而酌加分配案》，載邰爽秋等合選：《歷屆教育會議議決案彙編》，教育編譯館印行，1936年版，第18～19頁。

〔註12〕《國立專門以上學校招生宜酌定各省區名額建議案》，載邰爽秋等合選：《歷屆教育會議議決案彙編》，教育編譯館印行，1936年版，第4～5頁。

〔註13〕王世鎮：《厲行考試制度拔取真才案》，載中華民國大學院編：《全國教育會議報告》，商務印書館，1928年版，第15～16頁。

（二）政府插手招考權

政府逐步插手大學招生，部分取代大學的組織主體地位。首先，1933～1937 年多次發布《招生辦法》，教育部掌握了招生數量和科類的制訂權。教育部認為歷年大學招生漫無限制，各學科不能均衡發展，「惟吾國數千年來尚文積習，相沿既深，求學者因以是為趨向，辦學者亦往往避難就易，遂一致側重人文，忽視生產，形成人才過剩與缺乏之矛盾現象。」〔註 14〕教育部遂規定任何大學文科學院所招新生連同轉學生，不得超過理科學院所招新生數額。1934 年，教育部強調大學招生「應參酌國家需要及教學效率」，招生數額限制縮小到了學系，要求「任何甲類學院各系所招新生及轉學生之平均數，不得超過任何乙類學院各系所招新生及轉學生之平均數。」〔註 15〕教育部明確表示，凡未按本辦法招生之學校，其新生入學資格，不予核定。1935 年，教育部要求所有院系，「除具有成績特出情形，經部於招生前特許者外，均以三十名為限，不得有濫收情形。」〔註 16〕1936～1937 年基本沿用了這種限制招生辦法。其次，頒布高中課程標準，實行中學畢業會考制度，加強了大學與中學的聯繫。1932 年教育部制訂高中課程標準，並要求大學招生，其考試科目及各科程度，必須嚴格依照課程標準。〔註 17〕高中課程、教材趨於統一，為整齊大學新生程度，劃一入學標準奠定了基礎。同年開始實行中學畢業會考，並規定會考優秀學生免試保送升學。教育部也強調會考用意，「係重視學業基礎，嚴整入學資格。」〔註 18〕1938 年教育部甚至規定，國立中學畢業生畢業成績甲等者，也得保送免試升學。〔註 19〕會考優秀畢業生免試升學制度實行到 1947 年會考制度廢除。最後，1938～1940 年試行公立各院校統一招生制度，政府基本取代大學成為招生的組織主體。實行統一招生的意義重大，

〔註 14〕《教育部規定各大學招生辦法》，載《中央日報》，1933 年 5 月 21 日，第七版。

〔註 15〕《教育部訓令》，載《教育部公報》，1934 年第 6 卷第 19、20 合期，第 5～6頁。

〔註 16〕《教部通令各大學招生新辦法》，載《申報》，1935 年 4 月 26 日，第 22271號，第四張，第十三版。

〔註 17〕《教部令各校招考新生標準》，載《申報》，1932 年 12 月 25 日，第 21452 號，第四張，第十六版。

〔註 18〕《教育部通令各省市解釋畢業會考規程疑點》，載《中央日報》，1935 年 5 月14 日，第八版。

〔註 19〕《二十七年度各省市高中會考成績優秀學生及國立各中學高中畢業生保送免試升學辦法》，載《教育部公報》，1938 年第 10 卷第 8 期，第 19～20 期。

政府開始全面接管大學招生事務。1937 年教育部開始推動北京大學、中央大學、浙江大學、武漢大學等校試行聯合招生，為統一招生積累經驗。1938 年教育部設立「統一招生委員會」，由教育部指定一人為主席。下設十一招生處，每處設招生委員會。國立各院校統一招生委員會的任務是，「訂定招生規章；規定命題閱卷及錄取標準；解釋有關招生各項法規；覆核考試成績；決定錄取學生；分配取錄學生；其他有關招生事宜。」〔註 20〕從此，教育部牢牢把持了國立大學的招考權，真正成為了招生的組織主體。1939 年，國立各院校統一招生較去年有所改進，參加院校有所增加，考題由教育部統一擬定頒發，免試升學比例降低，國立中學不再允許保送升學，嚴格限制同等學力考生。1940 年，所有國立、省立大學及獨立學院均參加統一招生，公立各院校統一招生委員會成為常設機構，其職能增加了「制定及頒發試題、研究改進招生事項，」其成員由教育部職員、大學教授組成，「分設總務、審核、分發、研究四組。」〔註 21〕其實，教育部不僅成為了國立大學招生的組織主體，甚至開始干預私立大學招生。1940 年，教育部規定私立大學招生必須呈部核定，其入學試驗科目須參照統一招生科目，試題及成績單須報部備核，入學試驗時「本部得派員監試，」且其試卷，「本部得隨時抽閱。」〔註 22〕由此可見，教育部已經完全取代了大學的組織主體地位。

（三）政府作為單獨主體的影響與成效

從成效上來看，政府作為大學招生的組織主體起到了一定的積極作用。招生市場「失靈問題」得到了較好的解決。1940 年統一招生所錄取的新生，「以工科為最多，」「因同等學力限制較嚴，程度較為整齊，」「考生質量當較去年為佳」。〔註 23〕文實科趨於平衡，各校招生標準劃一，新生程度提高，大學與中學的聯繫得到了加強，西部高等教育有所發展，教育不公平問題有所緩解。但是，新的問題再次顯現。許多大學對統考表示不滿，認為這樣會降低入學標準，交通大學曾登報聲明拒絕接收教育部統一招生分發的學生，交通

〔註 20〕《教育部二十七年度國立各院校統一招生委員會組織章程》，載《教育部公報》，1938 年第 10 卷第 7 期，第 9～10 頁。

〔註 21〕《教育部公立各院校統一招生委員會章程》，載《教育通訊》，1940 年第 3 卷第 21 期，第 14～16 頁。

〔註 22〕《本年度私大與獨院及公私立專校招生辦法》，載《申報》，1940 年 6 月 6 日，第 23798 號，第二張，第七版。

〔註 23〕《公立各院校統一招生揭曉》，載《中央日報》，1940 年 9 月 4 日，第三版。

大學一度退出統考。中央大學為抵制統考甚至制定了甄別辦法：新生入校後進行一次甄別試驗，若其學科基礎太差，則需補讀一年至二年。1939 年，中央大學統一分配的 600 名新生中，留級和退學的占三分之一，全部課程及格能升級的僅有 170 人。〔註 24〕此外，破格錄取驟減反映了招生活力的下降。政府作為招生的組織主體，彌補了大學的缺陷，也消弭了其活力，這就像「計劃」與「市場」的關係一樣。二者互補，又互相矛盾，如何協調二者關係成為問題的關鍵。隨著戰爭環境的惡化，統考弊端的暴露，政府作為組織主體的模式終於走到了盡頭。

三、大學與政府作為複合主體

由於戰爭環境的影響，政府不得不與大學共同組織招生，雙方配合較為默契，其實施效果也較好。

（一）大學與政府作為複合主體的形成原因

所謂複合主體指不是單一的大學或政府作為招生的組織主體，而是多種組織主體相互交織的狀況。此時期的組織主體包括多種形式：政府監督下的一所大學作為組織主體；政府監督下的多所大學作為聯合組織主體；政府作為組織主體。這種狀況形成的原因是：第一，戰爭環境日趨惡化，交通異常困難，物價飛漲，各地區聯繫困難，各級教育低落。第二，以政府為組織主體的統一招生制度，日益暴露出嚴重的問題。統一招生降低了名牌大學的新生質量，所分發的學生不能滿足大學個性化的人才需求，許多學者對文科受到貶抑深為不滿，統招達到了劃一標準的目的，但是程度卻不見得提高，統招考試的題目和記分不科學，其信度、效度不足，「統一招生有了上述的幾種缺陷，與他的兩個優點比較起來，可以說得不償失。」〔註 25〕第三，中等教育發展極端不平衡，華北、華東地區人文繁盛，中學教育發達，大學只要在這些地區招生即可滿足需求，既可以節約成本，又可以提高新生程度。第四，大學的自治、自由觀念強烈，打心底裏抵制政府對招生的干預。第五，隨著戰爭的深入，國民政府的統治鬆動，其控制力有所下降。

〔註 24〕曲士培：《中國大學教育發展史》，山西教育出版社，1997 年版，第 544 頁。
〔註 25〕郭祖超：《對於國立各院校統一招生之管見》，載《教與學》，1938 年第 3 卷第 8 期，第 14～19 頁。

（二）大學與政府分享招考權

此時期大學招生主要有五種形式，單獨招生、聯合招生、委託招生、成績審查、保送升學等。雖然政府不再作為單獨的組織主體，但是它依然保留了部分監督、控制的權力。如果說前兩個時期是大學和政府分別作為組織主體的極端狀況，此時期就是政府和大學分享組織主體權力的時期，這不再是非此即彼的問題，而是如何協調二者的權利分配，把握好度的問題。教育部依然控制著招生數量、科系，規定招生方式、考試科目，考試範圍及程度，分發保送學生，審核新生資格。由此可知，政府主要從宏觀方面監督和調控大學招生，具體的招生事宜則交給大學辦理。大學單獨或者聯合作為組織主體，可以有效的發揮招生市場的作用。各大學依法成立招生委員會，其任務為「擬定招生簡章；審定本校招考新生及轉學名額；決定招考地點並推定各地主持招考人員；編定招生經費之預算；推請命題閱卷教員及監試人員；決定取錄新生及轉學生之標準及人數；審核報告新生之資格；決定其他關於招生事宜。」〔註26〕以中正大學為例，其 1941～1942 年間發生的重要招生事件如下：

1941 年 4 月 8 日，舉行草擬招生簡章會議。

1941 年 4 月 11 日，舉行招生委員會簡章起草會議。

1941 年 4 月 15 日，舉行招生委員會第一次會議。

1941 年 5 月 6 日，招生委員會第二次會議。

1941 年 5 月 28 日，第三次招生委員會議。

1941 年 6 月 9 日，第四次招生委員會議。

1941 年 7 月 1 日，編印招生試卷號碼至十日完畢。

1941 年 7 月 15 日，本校各招生分處主試人員分赴各處預定地點。

1941 年 7 月 21 日，廈門大學本日起借本校禮堂教室考試新生並請本校同仁襄助。

1941 年 7 月 23 日，本大學招考新生開始報名。

1941 年 7 月 24 日，廈門大學招生考試完畢。

1941 年 7 月 27 日，本校新生報名截止，中央政治學校開始借本校禮堂教室考試新生並請本校同仁襄助。

〔註26〕《本大學招生委員會規程》，載《國立中正大學校刊》，1941 年第 1 卷第 17 期，第 7 頁。

1941 年 7 月 28 日，中央政治學校招生考試完畢。

1941 年 7 月 31 日，本大學新生考試開始。

1941 年 8 月 2 日，新生考試完畢。

1941 年 8 月 4 日，國立社會教育學院委託本處代招新生本日新生考試開始。

1941 年 8 月 5 日，社會教育學院新生考試完畢。

1941 年 8 月 18 日，開始評閱本大學新生試卷。

1941 年 8 月 26 日，本大學新生試卷評閱完竣。

1941 年 9 月 1 日，第五次招生委員會議。

1941 年 9 月 4 日，公布錄取各院系新生名單及轉學生名單。

1941 年 9 月 5 日，先修班報名開始。

1941 年 9 月 6 日，分別通知錄取各新生。

1941 年 9 月 9 日，先修班報名截止。

1941 年 9 月 11 日，先修班入學試驗開始。

1941 年 9 月 12 日，先修班開始完畢。

1941 年 9 月 13 日，第六次招生委員會議。

1941 年 11 月 3 日，教育部第二次分發本大學免試升學學生計十名名單到校。

1941 年 11 月 4 日，公布代辦暨南大學招考錄取新生八十一名。

1941 年 11 月 14 日，調製本大學新生入學試驗各項統計表。

1941 年 12 月 8 日，下午五時本處代暨南大學宴請評閱試卷諸先生。

1941 年 12 月 11 日，本處代辦暨南大學招生事宜結束招生費用及工作紀要寄建陽分校。

1942 年年 6 月 22 日，布告奉部電三十一年度各大學先修班保送免試升學學生辦法。

1942 年 8 月 13 日，新生入學考試開始。

1942 年 8 月 15 日，新生考試完畢。

1942 年 8 月 25 日，開始評閱新生試卷。

1942 年 9 月 1 日，新生試卷評閱完竣。

1942 年 9 月 15 日，公布取錄各院系及專修科新生名單。

1942 年 9 月 24 日，江西省政府保送師範及行政管理專修科學生開始復試。

1942 年 11 月 3 日，教育部令發三十一年度免試升學學生名單到校分發本校者計二十八名。

資料來源：禮針：《教務處一年來工作紀要》，載《國立中正大學校刊》，1941 年第 2 卷第 4 期，第 18～21 頁。禮針，《教務處一年工作紀要》，載《國立中正大學校刊》，1942 年第 3 卷第 3 期，第 9～10 頁。

由上可知，在招生過程中大學與政府各自分工，政府負責招生的宏觀管理和協調，大學則負責具體的招生事務。雙方分享招考權，密切合作。

另外，還有一種特殊的招生形式，中學畢業會考與大學入學考試聯合舉行。1943 年，贛、黔、甘三省試辦高中畢業生夏令營會考與專科以上學校入學考試聯合舉行，教育部設置會考升學聯合考試委員會，負責一切招生事宜。此委員會由教育部職員、大學校長、中學校長組成，其職能之一是「規劃高中會考升學聯合考試改進事宜。」〔註 27〕貴州的夏令營由三民主義青年團貴州團部主辦，說明政府並未放鬆招生的控制。〔註 28〕1944 年教育部仍積極推進此項試驗，要求「舉辦高中畢業會考各省市之專科以上各學校得斟酌情形用高中會考機會舉辦會考升學聯合考試，詳細辦法由有關各學校與該省教育廳局會商辦理。」〔註 29〕

（三）大學與政府作為複合主體的影響與成效

此時期的招生組織主體較為複雜，教育部握有一部分宏觀控制的招考權，大學單獨或聯合組成組織主體，負責具體的招生事務。這樣既能充分發揮大學的積極性，使招生市場靈活、高效的特點發揮的淋漓盡致，又有宏觀的管理，規範市場規則，防止招生失衡、失序。這種組織主體模式雖然是特殊歷史環境下的產物，但是其積極作用卻不容抹殺。政府負責招生的宏觀指導，大學作為組織主體在招生市場自由活動，是一種理想的招生模式。

〔註 27〕《教育部高中會考升學聯合考試指導委員會組織規程》，載《教育部公報》，1943 年第 15 卷第 6 期，第 7 頁。
〔註 28〕《聯考學生對於畢業升學聯合考試之意見》，載楊學為主編：《中國考試史文獻集成第七卷（民國）》，高等教育出版社，2003 年版，第 229～232 頁。
〔註 29〕《三十三年度公私立專科以上學校招生辦法》，載《教育部公報》，1944 年第 16 卷第 5 期，第 4～6 頁。

第二節　選拔途徑

　　大學招生的目的就是選拔合格新生，選拔目的、選拔內容固然重要，選拔方法也不容忽視。在選拔目的、選拔內容確定的情況下，合理的選拔方法可能會決定選拔的效果。推薦和考試是兩種基本的選拔方法，它們各有其優缺點，在歷史上均發揮過重要作用。民國時期，大學招生主要以考試（指筆試）和保送的方式進行。縱觀民國時期大學選拔新生的方法，具有以下兩個特點。

一、考試佔據主導地位

　　考試是招生的主要選拔途徑，它的主導地位體現在多個方面。考試是一種適合中國國情，且為人才選拔做出了突出貢獻的方式。

（一）考試佔據主導地位的原因

　　考試之所以在大學招生中始終佔據主導地位，主要是以下原因造成的：第一，講關係，重人情的社會現實所致。梁漱溟先生深刻的指出，中國社會早熟，講求調和持中，特別看重人情和關係，拉關係、走後門一類的「人情味」行為極多，極易演化為嚴重的權力和金錢腐敗。「中國人的這個『私心』，既然是不受任何控制的，傾向於化公為私的，因此也就往往是不識大體的。」〔註30〕當個人面對招生這種公共利益時，在監督不力的情況下，難免為了擠入大學而徇私情，因為其收益實在是太吸引人了。第二，考試「衡文定去留」，相對客觀，較少受金錢、權力的干擾，相對公平。考試是中國對人才選拔的一大貢獻，它使人們通過自身的努力而達到升遷的目的，而不必求助於他人。考試的命題、評分、錄取具有一定的客觀性、科學性和公平性，是比較合理的選拔方法。第三，傳統人才觀、考試觀的深刻影響。千餘年的科舉傳統，塑造了考試社會，〔註31〕使國人的人才觀、考試觀畸形化。過於看重教育和考試的作用，迷信聖賢，重視師承，忽視創造，強調整齊劃一，忽視個性創新，重體輕用，鄙視操作性行業。第四，當時的教育落後，人口基數甚大，

〔註30〕　〔美〕孫隆基著：《中國文化的深層結構》，廣西師範大學出版社，2004年版，第289頁。

〔註31〕　考試社會是指考試已廣泛滲透到社會各行各業，並把考試結果作為教育機會獲取和職業准入的重要乃至唯一依據，作為職業升遷的重要乃至唯一參考，考試成為解脫人情困擾、維護社會秩序的有力手段，民眾因強烈而濃厚的「考試情結」而深受其影響的社會。參考鄭若玲：《考試與社會之關係研究》，廈門大學博士學位論文，2001年，第307頁。

希冀升學的人數過多，客觀上需要用考試來篩選人才。

（二）考試佔據主導地位的表現

民國時期考試在大學招生中佔據主導地位主要表現在以下幾個方面。首先，民國時期幾種主要的招生方式都離不開考試的作用。民國時期大學招生的方式多樣，主要有單獨招生、統一招生、聯合招生、委託招生、保送免試升學等。但是，任何一種招生方式都得借助於考試。即便是免試升學，也得以考試為基礎。如高中畢業會考優秀者可免除入學試驗而升學，但是還要參加會考。教會大學、私立大學從「承認中學」免試選拔優秀畢業生，但是這些學生也經歷了大量的在校考試。如前文所述，《大學規程》、《修正大學令》等均已規定，大學新生入學需參加競爭性入學試驗。其次，考試成績是錄取與否的決定性因素。大學招生本應全面衡量考生的素質，但是各大學多以考試成績定去留。關於道德，很少考查考生的品行，個別大學需要填寫保證人，承諾沒有不良的嗜好。如清華大學只要求「品行端正，未經學校開除者為合格。」〔註 32〕關於身體，一般只要求進行體格檢查，只要沒有大的疾病，都不會影響錄取。關於智力，當時已經引入了智力測驗，但是國內大學招生中的應用甚少，只有北京師範大學、浙江大學等少數學校曾經試用。關於性格，性格測驗較智力測驗更少得到人們的關注，更不用說被應用於入學試驗。大學招生中往往只注重學科知識的考查，比較忽視德、體、美等方面，忽視性格、智力、個性，甚至只注重記憶性知識的考查，相對忽視各種能力的考查。考試分數的高低是升學成敗的關鍵。最後，許多名牌大學均以入學考試嚴格著稱，選拔了高水準的新生，博得了良好的社會聲譽，升學主義盛行。北京大學、清華大學、交通大學等名牌大學都以考試嚴格著稱，甚至以難倒學生為能事。如交通大學「歷來重視新生質量，要求高，考題難，堅持『寧缺毋濫』的傳統，」〔註 33〕其入學考試全部用英文，考題難度較大，如 1929 年的「入學考試參加者共有六百餘人，錄取名額為四十人，備取十二人（後來此十二人被准許全部入學）。」〔註 34〕嚴格的入學考試確實能夠選拔出一部分人

〔註 32〕《北京清華大學招生規程》，載楊學為主編：《中國考試史文獻集成》第七卷（民國），高等教育出版社，2003 年版，第 42～43 頁。

〔註 33〕交通大學校史編寫組編：《交通大學校史（1896～1949）》，上海教育出版社，1986 年版，第 334 頁。

〔註 34〕劉曾適：《劉曾適九五自述（上）》，載《傳記文學》，2008 年，第 93 卷第 6 期，第 32～42 頁。

才，甚至迎合了社會的心理，得到大眾的認可，引導中學教學向應試方向發展。最終造成升學主義〔註35〕的盛行。

（三）考試的影響與成效

必須承認，考試是適合中國國情的一種人才選拔方法。從成效上看，以考試為核心的大學招生制度起到了積極作用。在民國政治混亂，經濟頹敗，文化衰微的時代，它很好的摒除了金錢、權力等對招生的侵擾，維護了教育公平。它保證了大學新生基本的文化素質，為教育發展和國家建設做出了貢獻。考試在招生中佔據主導地位主要是社會因素造成的。而如果考試不進行改革，發展僵化，形成升學主義後，其消極作用也很大，其危害主要在教育方面。所以，社會因素決定了考試是招生中必不可少的部分，教育因素提醒我們必須不斷改革考試的內容和形式，使其科學化、現代化。當然也有例外，尤其是許多私立大學和教會大學的入學毋須考試，據楊文達先生回憶，「金陵大學有入學考，不過，他們看過我的中學成績，因為我在班上同學間屬於中等，所以他們覺得還可以，我去見了校長包文，他告訴我說不必考試。」〔註36〕

二、保送是重要的補充

保送是國立大學招生中重要的補充方式，且保送的形式繁多，為大學選拔優秀人才和抗戰建國做出了貢獻。

（一）保送補充地位確立的原因

考試雖然具有諸多優點，但是其不足也是明顯的，於是保送必不可少。民國時期，保送升學成為一種重要的人才選拔方法，主要是以下原因造成的：第一，保送能夠彌補考試的部分缺陷。保送不必耗費大量時間於備考，有利於減輕中學生的負擔。保送能較好的考查學生的平時成績、品行、性格等。保送可節省大量的時間、金錢、物質，尤其是在交通困難，財政拮据的戰爭年代。第二，保送對維持地區教育公平，維護國家穩定具有重要作用。保送

〔註35〕中小學的課程、教學圍著考試轉，一切為考試升學服務，忽視學生的工作能力，忽視教育與社會、生活的聯繫，故稱升學主義，類似於當今的應試教育。參考秦孝儀主編：《先總統蔣公思想言論總集》（第3卷），中國國民黨中央委員會黨史委員會，1984年版，第221頁。

〔註36〕訪問：熊秉真，紀錄：鄭麗榕：《中央研究院近代史研究所口述史叢書：楊文達先生訪問紀錄》，中央研究院近代史研究所，1991年版，第10頁。

是協調不同區域招生數量、科系的手段，是救濟少數民族、邊遠省區考生的工具，是獎勵抗戰有功人員的獎品。第三，保送有利於引導中學教育走出升學主義的誤區，注重培養學生的全面素質。保送升學一方面是獎勵中學優秀畢業生，另一方面是對中學生升學予以便利。教育的目的決不僅在考試，「我們不能從書本的考試中去識別青年的優秀與不優秀，可惜今日的學校考試，大半還是只注重於書本上。只知過分鼓勵青年在書本考試中去求特異，沒有啟發他們自動自發的實際研究精神，勢將發生不良的後果。我們知道有些青年，過去只在死讀書的範圍中討生活，而其天賦的才具或許無形中被考試所戕殺。」〔註 37〕此論表明《中央日報》對升學主義深惡痛絕，對保送辦法拍手稱讚，可見官方對保送制度持積極歡迎的態度。

（二）保送的形式多種多樣

民國時期，大學招生中的保送升學有多種形式。北洋政府時期，保送升學基本是自發形成的，政府較少參與。如清華學校招收中等科學生，歷來由各省咨送，清華對咨送的學生進行復試後再行錄取。教會大學較多實行保送制度，它們選擇水平高的中學作為對口中學，其畢業生質量得到教會大學的承認，故可以免試入學。如前文所述，私立南開大學也設有「承認中學」。它們一般是京、津、滬、杭等大城市的中學，教學水平高，畢業生質量優良。有些國立大學也設有「承認中學」或附屬中學，免試保送其優良畢業生。當然也有例外，由於師範教育具有特殊性，其招生一般採用各省分配名額，選送的方式。教育部較多參與了師範招生的管理。〔註 38〕國民政府成立之後，政府開始主動插手保送升學，制訂保送辦法，審核保送資格，甚至直接參與保送過程。政府有意識的利用保送制度為其政治、教育目的服務。如試行大學院制期間，國立中央大學曾規定，1929 年「允許本大學區立各中學校，每科畢業生，得擇優保送一人，但須經本校審查其成績合格後，方准其免試升大學。」〔註 39〕1932 年，教育部制訂中學畢業生會考辦法，同時開始實行會考優秀畢業生保送免試升學。1938 年，教育部制訂《二十七年度各省市高中會考成績優秀學生及國立各中學高中畢業生保送免試升學辦法》，允許會考及

〔註 37〕《社論：優秀學生升學問題》，載《中央日報》，1943 年 6 月 25 日，第二版。
〔註 38〕《教育部通令各高等師範學校招考學生辦法》，載《教育雜誌》，1918 年第 10 卷第 7 號，記事 48～50 頁。
〔註 39〕《中大免試入學生》，載《中央日報》，1929 年 6 月 29 日，第九版。

格學生前百分之十五，國立中學畢業成績甲等者免試升學，同時制訂了保送程序，並規定由教育部分發。〔註40〕會考優秀畢業生保送辦法一直實行到1947年會考被廢止，而由於流弊較多，國立中學畢業生保送辦法實行不久即告結束。1939 年會考優秀畢業生保送比例也降低為百分之十。抗戰時期，為了救濟失學青年，提高大學新生的程度，教育部設立大學先修班，收容未考入大學，但成績尚可的學生，對其進行補習。教育部頒布《大學先修班保送免試升學學生辦法》，規定了嚴格的保送程序，〔註41〕這種保送辦法一直實行到抗戰勝利。如賈馥茗先生就曾於 1946 年入天津的大學先修班，入學前賈先生僅念到初中一年級，卻要插班到高中三年級，期滿後依然被北師大、河北女師學院等校錄取，〔註42〕可見其混亂與無序。此外，教育部曾制訂對於華僑、邊疆少數民族、黨員、軍人的保送免試升學辦法。〔註 43〕教育部對戰時分發此類學生有所解釋，當時分發的學生主要是青年軍復員學生、抗戰蒙難青年、海外僑生、邊疆學生以及師範畢業服務成績優良學生。教育部認為，「現行辦法意在獎勵，今後更將嚴格審核」，「今後對各種分發入校辦法，原則上逐漸廢止，惟以上五種學生之分發，實含有獎勵之意，暫予保留，分發時均依照所定辦法，嚴格審核辦理。」〔註 44〕抗戰時期的保送制帶有救濟的成分，實行又不十分嚴格，弊病較多。如淪陷區學生到重慶後，可由教育部登記分發。著名作家柏楊此時在教育部工作，他回憶「有時候，沒有證件或證件不全的學生，由岑主任口試盤問後，略微可信，就在調查表上加簽『考核屬實』。有時候，岑主任不在，我就代他簽注意見，而且簽出自己的大名，教育部也不

〔註40〕《二十七年度各省市高中會考成績優秀學生及國立各中學高中畢業生保送免試升學辦法》，載《教育部公報》，1938 年第 10 卷第 8 期，第 19〜20 頁。

〔註41〕《二十八年度各大學先修班保送免試升學學生辦法》，載《教育通訊》，1939 年第 3 卷第 28 期，第 7〜8 頁。

〔註42〕訪問：王萍，紀錄：洪惠麗、蔡說麗：《中央研究院近代史研究所口述史叢書：賈馥茗先生訪問紀錄》，中央研究院近代史研究所，1992 年版，第 25〜29 頁。

〔註43〕參見後文《國立大學招生的照顧政策》。《軍訓部保送特種兵軍官入國立大學深造辦法》，載《教育部公報》，1944 年第 16 卷第 5 期，第 30〜33 頁。《榮譽軍人就學公立中等以上學校辦法》，載《教育部公報》，1946 年第 18 卷第 5 期，第 3 頁。《臺灣省考選公費學生升學內地專科以上學校辦法》，載《教育部公報》，1946 年第 18 卷第 11、12 合期，第 17〜18 頁。《國防部保送軍官入國立大學深造辦法》，載《教育部公報》，1947 年第 19 卷第 8 期，第 13〜16 頁。

〔註44〕《分發學生升學教部有所解釋》，載《中央日報》，1947 年 9 月 26 日，第四版。

問究竟，一律分發。」〔註45〕屢試不爽之後，柏楊突發奇想地把自己分發到了國立東北大學，還洋洋得意的說「這種例子太多，教育部從不追查。」可見登記分發之混亂。

（三）保送的影響與成效

　　從實行的效果上看，保送制度對於引導中學教育健康發展，加強中學與大學的聯繫，保持國家穩定團結，維護各民族對於中央的向心力，起到了積極作用。但是由於難以避免金錢、權力的干擾，其公平性遭到質疑，保送名額時多時少，保送辦法存廢無常，人們對它愛恨交加。曾有之江大學教授鑒於考試對學生健康的不良影響，吸收美國保送招生經驗，建議全國的大學招生均採用保送制。〔註46〕教育部則比較謹慎，並未盲目擴大保送制的實施範圍。保送有時也成為學生要挾的工具。1948 年，河南中等學校學生二三百人屢次赴教育部請願，要求保送入國立大學，教育部一面派員勸導，一面表示「教部不能以大學生資格作為救濟，以至影響大學程度，」〔註47〕學生不願散去，憲兵到場維持秩序，學生則請國大代表及立法委員說情，請求救濟青年。青年因失學、失業請求保送升學，似乎荒唐。但是，保送制不僅受教育因素影響，往往為社會因素所左右。相反，保送也能反映當時的社會狀況，如 1923 年郭廷以先生畢業於南京高師附屬中學，因「智力測驗得分高，各方面也有好的表現」，被保送到東南大學，但是郭想到北京大學讀書。廖世承主任多次挽留，仍無效。直到在北京念書的同鄉對郭說「北大鬧得很，請願、打架，很少上課，學生住在公寓沒人管，又說東南大學怎麼怎麼好，他們想上都不能上，為什麼保送了還不讀？」〔註48〕郭才接受了保送。這反映了文化政治中心由北京到南京的轉移。

〔註45〕柏楊口述，周必瑟執筆：《柏楊回憶錄》，中國友誼出版社，1997 年版，第 97 ～98 頁。

〔註46〕《之江大學教授建議大學採保送制》，載《申報》，1947 年 10 月 31 日，第 25040 號，第二張，第六版。

〔註47〕《請保送國立大學，河南學生再請願，教部表示不能接受》，載《中央日報》，1948 年 7 月 9 日，第四版。

〔註48〕郭廷以：《郭廷以先生訪問紀錄》，中央研究院近代史研究所，1998 年版，第 111～112 頁。

小結

（一）大學擁有相對獨立的招考權

從清末廢科舉之後，教育考試與文官考試分離，政府控制教育的動機不再強烈，招考權下移到了學校，「民國時期政府每一次建立『統一考試』的努力都會招致懷疑、批評甚至抨擊，它反映了人們對考試與教育關係認識進入到一個新的層次，以選官考試統制教育的情形，伴隨著科舉而一去不返。」〔註49〕因此，民國時期大學招考權非為政府所有，而為大學所掌握，這不僅對國立大學招生制度有根本的影響，而且對維護國立大學的「學術獨立、學術自由」具有重大的意義。

北洋政府時期，政府無暇插手大學招考權，只是規定了大學入學的條件，對招生的具體事務並不插手。國民政府成立前，政府對國立大學招生的限制極少，大學自由決定招生的數量、學科、形式、內容以及錄取標準。這種招考權配置下的大學招生具有相當的優點，如招生方式靈活多樣，有利於大學和學生自主雙向選擇，有利於選拔特殊人才等。國民政府成立後，社會上湧動著這樣一股思潮，從民眾到學者，從教育屆到政界，普遍希望建立國家主導的統一的大學招生制度，以促進教育公平，破解招生失衡的問題。〔註50〕但是，許多大學對統一招考分發的學生並不信任，在新生入學後實行甄試或試讀的政策，考試不及格或試讀不合格，同樣會被開除，這反映了招考權的鬥爭。1941～1949年，統一招考再也沒有恢復，招考權的分配趨於均衡，政府主要從宏觀方面把持招考權，大學則從微觀方面擁有招考權。這樣既利於保持大學新生的質量、規模和學科結構，又有利於大學選拔優質生源，辦出特色。

（二）市場機制發揮主導作用，招生形式多樣

1. 國立大學招生機制包括價格機制、供求機制、競爭機制以及政府的宏觀調控機制

民國時期國立大學的招生機制逐漸成熟，形成了以市場機制為主導，以

〔註49〕 胡向東：《民國時期中國考試制度的轉型與重構》，華中師範大學博士學位論文，2006年，第234頁。

〔註50〕 鳴岐：《整頓教育與考試制度》，梅貽寶：《大學招生評議》，方君：《大學總考該麼》，何開：《論大學聯考》等。參見楊學為主編：《中國考試史文獻集成》第七卷（民國），高等教育出版社，2003年版，第315～329頁。

政府宏觀調控機制為輔的招生制度。如圖 3 所示，考試機構指介於政府和大學、考生之間的一種非營利性的社會組織，它向大學、考生提供招生考試的服務，民國時期主要指國立院校統一招生委員會、各大學聯合招生委員會、大學招生委員會等。由此形成了這樣一種局面，在政府的監管下，大學、考生、考試機構為了獲得「最大利益」，必然不斷提高自身的「質量」，抬高自身的「價格」，使自身成為「稀缺資源」，以在相互競爭中獲勝。首先，多家考試機構相互競爭。他們以低成本、高質量、差異優勢和集中優勢為手段提供考試服務。各個聯合招生委員會為了獲得最大化的利益（即以較低的成本獲得優良生源），必然要不斷提高考試的質量，以大學和考生的需求為導向，必然會提供個性化的考試項目。由於大學和考生可以自由的選擇考試服務，那些質量低劣、無個性的考試服務將在激烈的競爭中被淘汰。其次，大學之間存在激烈的生源競爭。由於考生可以同時選擇多所大學，可以同時被多所大學錄取，大學之間的生源爭奪必然激烈。唯有那些學費相對低廉、教育質量較高的大學在招生中能笑傲群雄，那些教育質量低下的大學必將因為生源不足被淘汰。這有利於激勵大學提高教育質量，辦出特色。最後，考生之間也存在激烈的競爭。考生通過不斷提高產品質量（即成績），增加其議價能力，使自身成為稀缺資源，從而獲得最大的收益（即進入理想的大學）。總之，通過教育部的宏觀調控保證國立大學招生的公平性，通過各個主體的自主選擇，考試機構之間、大學之間、考生之間的競爭機制，實現稀缺資源的最優化配置。

圖3：民國時期國立大學招生機制關係圖

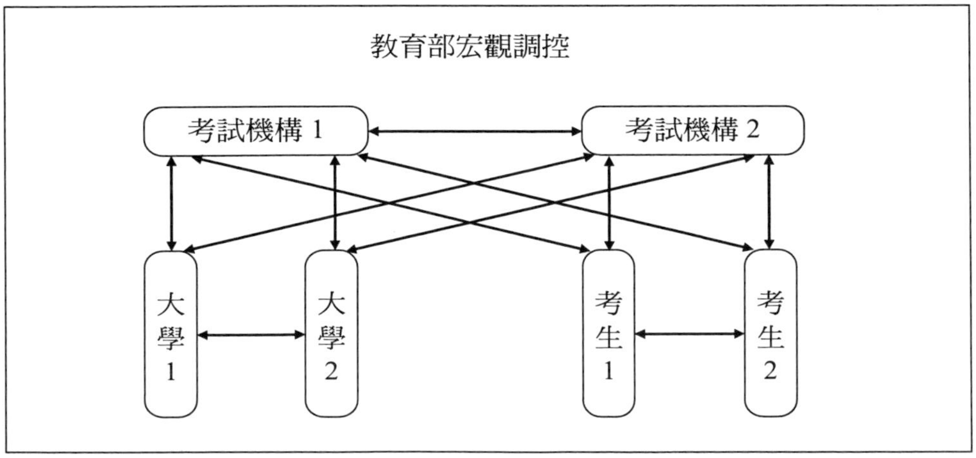

2. 招生形式多樣，錄取嚴格不失靈活

由於市場機制而非計劃機制在國立大學招生中發揮了主導作用，國立大學的招考權相對獨立，每個大學都有其獨特性，其招生形式必然多樣，以滿足各自獨特的生源需求。從宏觀上看，主要的招生形式有單獨招生、捐資入學、聯合招生、委託招生、統一招生、免試升學、高中會考暨升學考試。從微觀上看，大學或看重入學考試成績，或突出高中學業成績，或注重智力測驗，或強調考生的畢業學校，或從本校附中招生，或從發達省份高中招生，或為權貴開闢入學門徑，或為貧寒打開入學通道，或重外語成績，或偏理化成績，不一而足。

雖然大學招生形式五花八門，但是招生程序還是比較規範的，錄取較為嚴格，且不失靈活。各大學一般設有招生委員會，由校長、院長、系主任組成，並頒布有招生委員會章程，全權負責招生事宜。大學招生的一般程序是通過報紙發布招生簡章，接受報名，組織考試，招生委員會組織閱卷、訂定錄取標準，在各大報紙公布錄取結果。且各國立大學並沒有因為招生形式多樣而降低錄取標準，反而能夠堅持較高的標準，寧缺毋濫，抵制不良風氣的影響。如竺可楨長浙江大學時，即使本校教職員、浙江省官員的子女也不能通融。方重夫婦的子女第一次未能考取浙大，次年請求不考而進浙大，竺可楨堅決不同意，認為「如方家子女可以不考而進學校，則任何教職員子女只要中學畢業均可不考進校，我們就戚為特殊階級，安能如此辦理？」〔註 51〕類似的事情也曾發生在薩本棟、熊慶來、羅家倫等國立大學掌舵者的身上，這為招收優質生源奠定了制度和思想基礎。但是國立大學招生並不是僅以入學成績為準，還給那些偏才、怪才、奇才留下了特殊的通道。民國大學破格錄取早已傳為佳話。如 1921 年，年僅 16 歲的盧冀野參加東南大學入學考試，以一篇氣象清新開闊的上佳詩作博得老師們的讚賞，國文得了滿分，而數學零分，未被錄取。第二年盧冀野捲土重來，卻以「特別生」被破格錄取。若非英年早逝，盧冀野的成就應該更高，而他的同班同學唐圭璋等後來都成了當代詞學大師。

〔註51〕竺可楨：《竺可楨日記》（第二冊），人民出版社，1984 年版，第 1163 頁。

第三章　民國時期國立大學招生的考試

　　考試是招生的內核，尤其是在我國這種特別重視考試的國度裏，考試科目與內容的合理性、科學性直接決定了招生的成效。考試主要涉及考試科目、考試內容、考試方式、考試舞弊等。考試科目指各科目在考試中的地位、作用，文理分合模式是其中的典型問題。考試的內容指試題的命題立意、試題編製、題型及題量等，傳統考試在這些方面具有一定的弱點，其科學化的歷程非一朝一夕之事。以什麼形式組織——全國統一招考，分省區招考，還是單獨招考；考試次數——一次考試、二次考試，還是多次考試；考試類型——單一層次的考試，還是多類型的考試。考試舞弊是考試發展中面臨的重大問題，民國時期的大學招生考試中也不例外，通過深入分析可以透視當時的教育和社會狀況。

第一節　考試科目的變遷——以文理分合科發展變化歷程為例

　　歷史會重演，如克羅齊所言：「一切歷史都是當代史」，民國大學招生同樣面臨文理分合的問題。因此，探尋民國大學招生文理分合的歷史，反思其經驗教訓，對於解決當前的文理分科問題有一定的啟發意義。《國家中長期教育改革和發展規劃綱要》徵求意見稿頒布後，「取消高中文理分科的可行性和必要性」迅速成為社會各界討論的熱點話題。兩種觀點針鋒相對，贊成者與反對者勢均力敵。由於高中文理分科與教育目的觀、中學課程和教學、大學

招生有直接的關係，所以片面發展、應試教育、學生負擔過重等問題均聚焦於此，導致該問題異常複雜。當前學界多從教育目的觀、中學課程和教學的視角分析此問題，對大學招生中文理分合的討論尚顯不足，尤其是沒有汲取足夠的歷史經驗，所以說服力不強，缺乏歷史感和可行性。而大學招生具有鮮明的指揮棒作用，且之前我國高中課程標準和教學大綱並沒有明確規定文理分科，可以說文理分科是在大學招生的引導下自然選擇的結果。探討民國時期大學招生中文理分合的演變，具有一定的學術價值。

一、初創期：1912～1926 年三種文理分合模式的鼎立

民國初期大學發展遲緩，到 20 世紀 20 年代快速擴張，各種公私立大學紛紛建立，其招生也是魚龍混雜。中學發展滯後，使民初的大學不得不以招收預科生為主。而中學文理分合不斷調整，對大學招生也產生一定影響。更為關鍵的是大學握有招考權，大學可以自主決定招考中是否文理分科。因此，各個大學出於不同的目的採取文理分合的不同形式，安排不同的考試科目，差異極大，雜亂無序，缺乏規範，是這一時期的顯著特點。

此時期大學招生分為預科和本科兩個層次。預科分為類似於今天文科、理科的兩類，但是這兩類預科在考試時並沒有明顯的區分，顯示出文理不分的現象。如 1913 年北京直轄各校大學預科招生分兩類，但均考國文、英文、數學、歷史、地理、理化、博物、圖畫。〔註1〕預科招生中文理不分科的現象是否具有普遍性呢？答案是肯定的。直到 1923 年國立北京師範大學招收預科生，1925 年國立武昌商科大學招收預科生都是考國文、英文、數學、歷史、地理、物理、化學、博物等科。〔註2〕1924 年國立廣東大學的預科已經分為文法理工農五組，考試科目仍然沒有分化，「初試科目國文、英語、數學，復試科目中外歷史、中外地理、英文默寫、物理、化學、博物。」〔註3〕當然也有例外，1917～1918 年北京大學預科新生試驗分為文法科和理科兩種，且均分為兩場考試，第一場均為國文、外國語、數學，第二場理科考理化、博物大

〔註1〕《北京直轄各校招生一覽表》，楊學為等主編：《中國考試制度史資料選編》，黃山書社，1992 年版，第 593 頁。

〔註2〕《國立北京師範大學招男女生廣告》，載《北京高師週刊》，1923 年第 202 期，第一版。《國立武昌商科大學招收男女新生廣告》，載《現代評論》，1925 年第 1 卷第 33 期，第 19 頁。

〔註3〕《國立廣東大學預科招生簡章》，載《北京大學日刊》，1924 年 7 月 5 日，第 1509 號，第二版。

意，文科則比理科多考中外歷史、地理兩科。且「試驗科目別為主要次要，文法科以國文及外國語為主要，餘為次要。理科以數學及外國語為主要，餘為次要。」〔註4〕這體現了文理分科的思想，且「第一場若不及格即不錄取，毋鏞再考第二場。」〔註5〕但是短暫的文理分科後又迅速取消，1919～1929年北大招收預科生不再文理分科，只分為初試、復試。可以肯定地說，民初大學招收預科生是以文理不分科為主要形式的。這與預科的性質有直接的關係，預科起到了部分代替中學教育的作用，它的目的是為大學教育打基礎，強調基本知識、基本素質、基本能力。因此，北大預科招生文理分科的失敗昭示了中學教育不宜過早分科，中學應以培養學生全面的知識、素質和能力為主。

　　與預科招生不同的是，民國初期的大學本科招生呈現出異彩紛呈的局面。有的大學招生強調文理分科，以北京大學為代表；有的大學強調文理合科；有的大學強調學生的選擇權，並不強制分科或合科，以東南大學、清華學校為代表。1918～1926年北京大學招收本科國文學、英文學、法文學、德文學、史學、法律學、政治學、經濟學諸系學生，其試驗科目為：「國文、外國文、數學、論理學、歷史、地理」，〔註6〕除個別年份對科目進行微調外，基本維持不變。1923～1926年北京大學招收本科數學、物理學、化學、地質學諸系學生，其試驗科目：「國文、英文、數學、物理及實習、化學及實習」。〔註7〕北京大學這種分科模式與當前的高考有幾分相似之處，文科和理科的考試科目做了嚴格的區分，這既有利於降低應考和招生的成本，又有利於考查學生的專業性向。此外，北京大學的分科模式與其「德國式」的改革不無關係，歐洲大學強調學術性、專業性的傳統對北大影響深遠。

　　而強調文理不分科模式的大學招生則是另一種景象。這是一種文理合科模式，文科、商科、理科的考試科目並沒有很大的區別，均須考國文、英文、歷史、地理、物理、化學等。合科模式強調通識教育，與分科模式針鋒相對。其實，還有第三條道路可走，國立東南大學和清華學校大學部招生都突出了

〔註4〕《本年招生辦法》，載《北京大學日刊》第124號，1918年4月30日，第二版。
〔註5〕《北京大學預科招考簡章》，載《北京大學日刊》，1918年5月1日，第125號，第二版。
〔註6〕《北京大學入學考試規則》，載《北京大學日刊》，1926年5月18日，第1910號，第一版。
〔註7〕《國立北京大學招考簡章》，載《北京大學日刊》，1923年5月19日，第1234號，第一版。

考生應考的可選擇性和自由度。1923 年東南大學規定考試科目為,「(一)必考學程——須完全及格。預科國文、預科英文、中學數學。(二)選考學程,至多報考二十學分,至少須有十二學分及格。西洋通史 6 學分,地學通論 4 學分,政治學 4 學分,經濟學 4 學分,日文 4 學分,法文 6 學分,德文 8 學分,大代數 4 學分,解析幾何 4 學分,物理 4 學分,化學 8 學分,動物學 3 學分,植物學 3 學分,本國通史 4 學分。」〔註8〕清華也有類似的規定,必考科目為國文、英文、本國歷史地理,選考科目「(考生須就下列三類選考五科,惟每類至少須各選一科):初級代數、平面立體幾何、平面三角、解析幾何,以上任選一科或二科。物理、化學、生物,以上任選一科或二科或三科。世界歷史、世界地理、經濟學、心理學、政治學,以上任選一科或二科或三科」,〔註9〕更允許學生以其他中學科目作為選考科目,給學生極大的自由度。這種可選擇性的考試模式並沒有嚴格區分文理科,並非強制分科或不分科,優點是學生可以根據自己的能力和需要選擇分科或合科,缺點是提高了大學招生的成本。顯而易見,東南大學、清華學校強調通識、可選擇性、自由度,深受美國大學的影響。

綜上所述,此時期大學招生文理分合的模式還處於引進的初創期,既異彩紛呈又雜亂無章,並未形成占主導地位的模式。同時,並不存在絕對意義上的分科或合科,只有分科基礎上的合科,或合科基礎上的分科,雙方都強調基礎性和專業性,只是側重點不同。

二、調試期:1927~1937 年兩種文理分合模式的並行發展

抗戰前十年是大學招生發展的調試時期,社會穩定,各類教育穩步發展,中學文理不再分科,政府開始控制大學招生,但是大學依然擁有招考權。各大學招生逐漸走出初期的引進階段,開始自主探索、調試文理分合的不同模式,調試和本土化探索是這一時期的顯著特點。

以北京大學為代表的分科模式,向兩個方向改革,一方面強調通識性,向合科方向靠攏,另一方面更強調專業性,不斷深化分科模式。1930 年北大理科招生科目增加了博物,1931 年文科考生須在物理及實習、化學及實習、

〔註8〕《國立東南大學招考本科一年級生簡章》,載《北京大學日刊》第 1274 號,1923 年 6 月 26 日,第二版。

〔註9〕《清華大學新生考試科目單》,楊學為主編:《中國考試史文獻集成》第七卷(民國),高等教育出版社,2003 年版,第 41~42 頁。

博物「三項中擇考一項，」〔註10〕此改革強調考生文理科知識和素質的全面性。其實北大招生向文理分科方向走的更遠。1930 年數學分為 A、B 兩種試卷，且「投考數學系物理系者免考化學及博物。投考化學系者免考數學 B 及博物。投考地質學系生物學系者免考數學 B 及物理，」〔註11〕使得專業考核更加細化。過於細化的專業科目設置，以及過於強調文理知識的全面性，提高了招生的難度，增加了考生的負擔，其可行性受到質疑。於是 1932 年北大招生繼續沿用文理分科的模式，簡化了考試科目，並通過賦予各個科目不同的分值體現文理科的區別。如 1932 北大的考試科目為，「文法學院：黨義（必須及格）、國文（300 分）、外國文（400 分）、數學（200 分）、歷史（100 分）。理學院：黨義（必須及格）、國文（200 分）、外國文（300 分）、數學（300 分）、理化（200 分）。」〔註12〕

　　以東南大學（中央大學）、清華大學為代表的強調學生選擇性的招生模式，逐漸弱化選擇性，向文理融合的縱深發展。從中央大學入學考試的科目上，亦可看出學校重視基礎，旨在引導學生全科發展的教育思想。中央大學建立之初延續了東南大學的傳統，考試科目分通試和選試兩項。通試科目增加了三民主義、常識（國民、史地、理科、博物）和口試，1931 年前為了強調各學院的專業性，考試分「普通考試與分院考試兩項」，〔註13〕後將此項辦法取消，另定考試科目如下：「一、黨義，二、國文，三、算學，四、英文，五、史地，六、理化，七、生物。」〔註14〕南京大學校史資料稱，取消通試和選試後，投考文理法工農醫學院的所有考生都必須參加八門科目的考試：「黨義、國文、英文、算學、物理、化學、生物、歷史地理和軍事訓練。」〔註15〕這「就是比先前更加明確地強調各學科全面發展的『通才教育』了，考生已不能根據自身條件在選試時偏重於文或理了，考生只要精熟各科，才能考出

〔註10〕《國立北京大學入學考試規則》，載《北京大學日刊》第 2643 號，1931 年 6 月 3 日，第二版。
〔註11〕《國立北京大學入學考試規則》，載《北京大學日刊》第 2423 號，1930 年 5 月 30 日，第一版。
〔註12〕《國立北京大學入學考試規則》，載《北京大學日刊》第 2841 號，1932 年 5 月 25 日，第一版。
〔註13〕《中大新生考試改訂試驗科目》，載《中央日報》，1931 年 4 月 28 日，第五版。
〔註14〕《中大新生考試改訂試驗科目》，載《中央日報》，1931 年 4 月 28 日，第五版。
〔註15〕王德滋主編：《南京大學百年史》，南京：南京大學出版社，2002 年版，第 173 頁。

好成績。」〔註16〕清華學校大學部招生也經歷了類似的改革。1927 年清華學校大學部招收新生統一了考試科目,「一、國文,二、英文,三、歷史地理,四、代數平面幾何,五、高中物理學、高中化學、高中生物學,任選一科。」〔註17〕學生不再享有考試科目的選擇權,但清華招生也沒有向文理分科的方向改革,而是向文理融合的方向深化。

這兩種招生的文理分合模式各有優劣點,不能簡單的肯定或否定。北大之所以引領改革的潮流,清華和中央大學之所以在 20 世紀 30 年代一躍而成為國內著名的大學,都與其招生制度有關。另外文理分合模式的選擇,與各大學改革的藍本及任務有關。以德法為改革藍本的大學強調學術研究,必然突出知識的提高,強調專業性;以美國為改革藍本的大學強調教學和社會服務,必然突出知識的普及,強調基礎性。這兩種模式的探索都是有益的,都為招生文理科分合的本土化做出了貢獻,也成為其他大學傚仿的對象。從整體上看,此時期文理融合的模式占主導地位,這和我國大學從模仿日歐轉向模仿美國有關。例如 1927 年國立交通大學理、工學院和管理學院的考試科目區別不大,〔註18〕1934 年國立暨南大學文、理、商學院的考試科目均為「黨義、國文、英文、數學、歷史、地理、物理、化學、生物、軍事訓練、口試、體格檢查」,〔註19〕都體現了文理融合的思想。

三、成熟期:1938～1949 年兩種文理分合模式的融合

此時期中等教育、高等教育制度較為完備,政府開始全面控制大學招考權,大學已經喪失了考試科目設置、文理分合的決定權。不過政府的改革也不是毫無根據的,它是在吸收前期大學招生分科模式和融合模式經驗教訓的基礎上的一種昇華和改進。兩種模式經過政府的改造和協調,走向融合,統一、規範和成熟是此時期的顯著特點。

〔註16〕 王德滋主編:《南京大學百年史》,南京:南京大學出版社,2002 年版,第 173 頁。

〔註17〕《北京清華學校招考大學部學生規程》,載《清華週刊》,1927 年第 28 卷第 14 期,第 747 頁。

〔註18〕《國立交通大學學籍規則草案》,載楊學為等主編:《中國考試制度史資料選編》,黃山書社,1992 年版,第 659 頁。

〔註19〕《國立暨南大學招生簡章》,載《中南情報》,1934 年第 5、6 合期,第 84 頁。

表 9：1938～1949 年大學招生考試科目表

年份	組別	考試科目
1938	第一組文法、商學院各學系師範學院教育、公民訓育、體育、國文、英文、史地、家政等系及藝術專修科，勞作專修科。	公民、國文、英文、本國史地、外國史地、數學丙（代數、平面幾何、三角）；物理、化學、生物三科中任選一門。
	第二組工學院各學系及理學院之數學、物理、化學、天文、氣象、土木等學系及師範學院數學、理化等學系。	公民、國文、英文、本國史地、數學甲（高等代數、平面幾何、解析幾何、三角）、物理、化學。
	第三組醫學院各學系，理學院生物、地理、地質各學系，師範學院博物系及牙醫專科學校。	公民、國文、英文、本國史地、外國史地、數學乙（高等代數、平面幾何、三角）、生物（投考地理系者以外國史地代替生物）；物理、化學兩科中任選一門。
1939	第一組投考文、法、商學院各學系師範學院教育、公民訓育、體育、國文、英文、史地、家政等系及工學院鐵道管理系。	公民、國文、英文、本國史地、數學丙（代數、平面幾何、三角）、外國史地；物理、化學、生物三科中任選一門。
	第二組投考工學院各學系及理學院之數學、物理、化學、天文、氣象、土木等學系及師範學院數學、理化等學系。	公民、國文、英文（德文、法文）、本國史地、數學甲（高等代數、解析幾何、三角）、物理、化學。
	第三組投考醫、農學院各學系，理學院生物、地理、地質各學系，師範學院博物系。	公民、國文、英文（德文）、本國史地、數學乙（高等代數、平面幾何、三角）、生物／外國史地（投考地理系者改考外國史地）；物理、化學兩科中任選一門。
1940	第一組：文法商（管理學院各系包括在內）教育學院師範學院文組（教育公民訓育、國文、外國文、史地、家政、文史、音樂、體育各系）。	公民、國文、英文、數學（高等代數、平面幾何、三角）、中外歷史、中外地理、理化、生物。
	第二組：理工各學院，師範學院理組（數學、理化、博物各學系）。	公民、國文、英文（或德文）、數學（高等代數、解析幾何、三角）、物理、化學、中外史地。
	第三組：醫農各學院。	公民、國文、英文（或德文）、數學（高等代數、平面幾何、三角）、物理、化學、中外史地、生物。

1941	第一組：文、法、商（管理學院各系包括在內）、教育各學院及師範學院文組。	公民、國文、英文、數學（高等代數、平面幾何、三角）、中外歷史、中外地理、理化、生物。
	第二組：理工各學院及師範學院理組。	公民、國文、英文（或德文）、數學（高等代數、解析幾何、三角）、物理、化學、中外史地、生物。
	第三組：醫農各學院。	公民、國文、英文（或德文）、數學（高等代數、平面幾何、三角）、物理、化學、中外史地、生物。
1942	第一組：文、法、商（管理學院各系包括在內）、教育各學院及師範學院文組。	公民、國文、英文、數學（高等代數、平面幾何、三角）、中外歷史、中外地理、理化、生物。
	第二組：理工各學院及師範學院理組。	公民、國文、英文（法文或德文）、數學（高等代數、解析幾何、三角）、物理、化學、中外史地、生物。
	第三組：醫農各學院。	公民、國文、英文（法文或德文）、數學（高等代數、平面幾何、三角）、物理、化學、中外史地、生物。
1943	第一組：文、法、商（管理學院各系包括在內）、教育各學院及師範學院文組，醫農各學院。	公民、國文、英文（法文或德文）、數學（高等代數、平面幾何、三角）、中外史地、物理、化學、生物。
	第二組：理工各學院及師範學院理組。	公民、國文、英文（法文或德文）、數學（高等代數、解析幾何、三角）、物理、化學、中外史地、生物。
1944	第一組：文、法、商（管理學院各系包括在內）、教育各學院及師範學院文組，醫農各學院。	國文、英文（德文或法文）、數學（高等代數、平面幾何、三角）、公民史地、理化生物。
	第二組：理工各學院及師範學院理組。	國文、英文（德文或法文）、數學（高等代數、解析幾何、三角）、公民史地、理化生物。
1945	第一組：文法商師範學院文組及地理系。	國文、英文、數學（高等代數、平面幾何、三角）、公民、中外歷史、中外地理、理化。
	第二組：理工師範學院理組及統計系。	國文、英文、數學（高等代數、解析幾何、三角）、公民、物理、化學、史地。
	第三組：醫農學院及博物生物等系。	國文、英文、數學（高等代數、平面幾何、三角）、公民、史地、理化、生物。

1946	第一組：文法商師範學院文組及地理系。	國文、英文、數學（高等代數、平面幾何、三角）、公民、中外歷史、中外地理、理化（投考統計系各生應考第二組數學）。
	第二組：理工師範學院理組。	國文、英文、數學（高等代數、解析幾何、三角）、公民、物理、化學、史地。
	第三組：醫農學院及博物生物等系。	國文、英文、數學（高等代數、平面幾何、三角）、公民、史地、理化、生物。
1947	第一組：文法商師範學院文組及地理系。	國文、英文、數學（高等代數、平面幾何、三角）、公民、中外歷史、中外地理、理化（投考統計系各生應考第二組數學）。
	第二組：理工師範學院理組。	國文、英文、數學（高等代數、解析幾何、三角）、公民、物理、化學、史地。
	第三組：醫農學院及博物生物等系。	國文、英文、數學（高等代數、平面幾何、三角）、公民、史地、理化、生物。
1948	第一組：文法商師範學院文組及地理系。	國文、英文、數學（高等代數、平面幾何、三角）、公民、中外歷史、中外地理、理化（投考統計系各生應考第二組數學）。
	第二組：理工師範學院理組。	國文、英文、數學（高等代數、解析幾何、三角）、公民、物理、化學、史地。
	第三組：醫農學院及博物生物等系。	國文、英文、數學（高等代數、平面幾何、三角）、公民、史地、理化、生物。
1949	第一組：文法商及師範文組地理組。	國文、英文、數學（高等代數、平面幾何、三角）、公民、中外歷史、中外地理、理化。
	第二組：理工及師範學院理組。	國文、英文、數學（高等代數、立體幾何、三角）、公民、物理、化學、史地。
	第三組：醫農及博物系。	國文、英文、數學（高等代數、平面幾何、三角）、公民、史地、理化、生物。

資料來源:《二十七年度國立各院校統一招生簡章》,載《教育部公報》,1938 年第 10 卷第 7 期,第 36 頁。《二十八年度國立各院校統一招生簡章》,載《福建教育通訊》,1939 年第 4 卷第 1 期,第 19 頁。《教育部核定本年統一招生要點》,載《教育通訊》,1940 年第 3 卷第 20 期,第 4~5 頁。《三十年度公立各大學及獨立學院自行招生辦法要點》,載《國立四川大學校刊》,1941 年第 10 卷第 4 期,第 6~7 頁。《教育部令發 1942 年度公私立專科以上學校招生辦法》,中國第二歷史檔案館藏;全宗號六四八,案卷號 2912,載楊學為主編:《中國考試史文獻集成第七卷(民國)》,高等教育出版社,2003 年版,第 175~176 頁。《專校以上本年招生辦法》,載《中央日報》,1943 年 6 月 5 日,第三版。《三十三年度公私立專科以上學校招生辦法》,載《教育部公報》,1944 年第 16 卷第 5 期,第 4~6 頁。《專科以上學校本年招生辦法》,載《中央日報》,1945 年 7 月 2 日,第三版。《三十五年度專科以上學校招生辦法》,《教育通訊》復刊,1946 年第 1 卷第 10 期,載楊學為等主編:《中國考試制度史資料選編》,黃山書社,1992 年版,第 678 頁。《三十六年度公私立專科以上學校招生辦法》,載《國立山西大學校刊》,1947 年第 4 卷第 8、9 合期,第 2~3 頁。《三十七年度專科以上學校招生辦法》,《安徽教育通訊》1948 年第 1 卷第 8 期,載楊學為等主編:《中國考試制度史資料選編》,黃山書社,1992 年版,第 680 頁。沈雲龍主編:《近代中國史料叢刊三編第十一輯第二次中國教育年鑒》第五編:高等教育,文海出版社,1973 年版,第 66 頁。

　　表 9 顯示,民國最後十年大學招生考試的科目較為規範,大學招生考試呈現以下特點:首先,公私立大學招生均受制於政府,大學不能自主安排文理分合。其次,大學招生考試的科目和類別變動不大,顯得規範、有序。再次,大學招生考試科目設置在總體分科的基礎上,體現出文理融合的特點。所有考生都要考國文、英文、數學、公民、歷史、地理、物理、化學,這保證了學生基礎牢固,但是文理科在不同科目上又各有所偏向,這有利於選拔專才,且有利於不同性向學生的發展。最後,文理分科和文理融合都是大學招生考試發展的趨勢。越是發展到高級階段,兩種模式越是互相學習,而不是互相排斥。民國後期大學招生考試走向成熟,文理分科基礎上的合科模式值得高考改革借鑒。片面的強調分科和片面的強調合科都是危險的,其實分科與合科並不矛盾。在大學沒有自主招考權的情況下,分科基礎上的合科模式可能更適合高考。將來大學完全擁有自主招考權之後,其招考的分科或合科模式可以允許自由探索,大學和考生也會有更大的選擇權。我們相信將來的大學招生考試仍會沿著文理分科和文理融合兩個方向演進。

第二節　考試內容的初步科學化

　　大學入學試題是為了選拔合格新生,將各種問題組織在一起形成的題目載體。它是實現考試測量、評價、甄別人才功能的核心環節。試題的科學性、

客觀性是其存在的基礎,是其發揮功能的前提。試題主要包括以下幾個方面:命題立意、試題編製、題型及題量。民國時期,大學入學考試處於由傳統向現代轉變的過渡階段。雖然我國大學是西方文化擴散的結果,但是入學考試卻深受科舉傳統的制約。考試觀念、考試內容、考試運行無不受科舉制的影響。這一方面說明文化傳統的阻力十分強大,對考試現代化造成一定的妨礙,另一方面說明考試是適合中國國情的,具有頑強的生命力。但是,傳統考試有相當的優點,但弊端也很大,現代化的潮流滾滾而來,考試改革勢在必行。20 世紀 20、30 年代,現代考試理論傳入中國,心理和教育測驗風行一時。現代考試理論使考試的科學性大為提高,大學入學試題也隨之發生變化。大學入學試題的現代化是傳統考試與現代考試融合的過程,它不是線性的替代過程,而是二者相互借鑒、去粗取精、去偽存真的過程。

一、入學試題的特點

　　總體上看,民國時期大學入學試題具有較高的信度、效度,為選拔合格的大學新生做出了貢獻。但是當時的試題仍處於經驗命題階段,有一定的缺陷。「命題工作主要依據命題人員的經驗,在短時間內完成。試題使用前缺乏各項分析指標,由此導致試題水平不夠穩定,屢有過難或過易的現象。此外,題型較為簡單,多為主觀性試題,題量少,覆蓋面窄,不能全面反映學科測量的目標,且評分誤差比較大。」〔註20〕

(一)注重命題者的水平,保證命題質量,但程序不盡科學

　　民國時期,除 1938～1940 年統一招考外,大學單獨招生佔據主導地位。大學入學考試命題的程序為:由校務會議組織招生委員會;招生委員會的重要職權之一,便是「推請命題閱卷教員及監試人員。」〔註21〕招生委員會議決命題委員(一般為某學科領域有威望的教授);命題委員根據學校的招生要求和經驗出題。如北京大學著名教授胡適就曾多次「擬入學考試題目。」〔註22〕1922 年北京大學入學考試的國文題是「救國莫忘讀書論」,這個題目是

〔註20〕 鄭若玲等著:《苦旅何以得紓解:高考改革困境與突破》,江蘇教育出版社,2011 年版,第 49 頁。

〔註21〕 《本大學招生委員會規程》,載《國立中正大學校刊》,1941 年第 1 卷第 17 期,第 7 頁。

〔註22〕 胡適:《胡適日記全編》(六),安徽教育出版社,2001 年版,第 530 頁。

胡適出的。〔註23〕1932年,清華大學國文入學試題由陳寅恪教授所出。〔註24〕
由表10可知,由知名教授命題有一定的權威性,可以較好的考查學生的理解
和分析能力。但是,也存在一定的缺陷,沒有明確的命題目的,命題範圍廣
大,憑主觀選擇材料,未經試測和修正,其信度和效度難以把握。科學的命
題程序是,「目的的決定,材料的準備和選擇,材料的組織,編製說明的原則,
預試,校閱與修正,正式測驗,校正機遇,量表,決定可靠性、客觀性和常
模。」〔註25〕因此,知名教授靠經驗命題有一定的優點,但不符合科學程序,
也有一定的缺陷。靠經驗命題曾遭到時人的質疑,民國後期命題委員逐漸增加,
說明招生委員會也認識到了個人命題經驗的有限性。初期每科由一名委員命
題,後期由一名主要委員帶領幾名次要委員共同命題,提高了命題的科學性。

　　1919年北京大學預科國文題,有作文一篇「學問當以實驗為基礎說」,
四小句解釋文義,要求解釋《左傳》、《孟子》裏的兩句話,考查代詞的使用。
〔註26〕而1921年北京大學預科國文試題,有一大段文言譯白話,一大段白話
譯文言,一大段文言加標點,並無作文。〔註27〕這兩年的國文題不僅題型不
同,命題所考查的內容也大相徑庭,給人以迷茫、不可捉摸之感。1932年清
華大學的國文試題,有對對子兩道,「少小離家老大回」,「孫行者」,作文題
「夢遊清華園記」,以及一大段文言加標點。〔註28〕由此可見,不但不同大學
的試題差異極大,而且同一大學不同年份的試題也無統一的規範。陳寅恪所
出的對對子題和作文題甚至引起了風波,遭到時人的非議。有人懷疑對對子
題沒有明確的評判標準,有人認為「學生入學試驗科目,無論何門,程度上
都該有相當的標準,不當任意亂來。」〔註29〕「夢遊清華園」的作文題對外

〔註23〕程厚之:《回憶我在北大的一段學生生活》,載中國人民政治協商會議全國委
　　　　員會文史資料研究委員會編《文史資料選輯》第15卷第43輯,中國文史出
　　　　版社,2000年版,第174～185頁。
〔註24〕羅志田:《無名之輩改寫歷史:1932年清華大學入學考試的作文題爭議》,載
　　　　《歷史研究》,2008年第4期,第71～83頁。
〔註25〕史美煊:《教育測驗編造法的理論與實際》,載《教育雜誌》,1929年第21卷
　　　　第11～12號,第31～40,39～49頁。
〔註26〕《新生入學試驗之試題》,載《國立北京大學日刊》,1919年7月23日,第
　　　　421號,第一版。
〔註27〕《國立北京大學預科入學試驗國文題》,載《石室學報》,1921年創刊號,第
　　　　124頁。
〔註28〕《國立清華大學入學考試》,載《清華週刊》,1935年響導專號,第69頁。
〔註29〕傑:《對對子》,載《世界日報》,1932年8月10日,第十二版。

來者似乎不公平，窮學生沒有夢遊的機會，只有「許多未得其門而入的小資產階級的學生」〔註30〕才有夢遊的閒心。這些指責不無道理，點出了經驗命題的缺陷。

表 10：北京大學部分入學考試命題委員

1918 年		1919 年		1921 年		1929 年	
科目	命題委員	科目	命題委員	科目	命題委員	科目	命題委員
本科國文	朱希祖	本預科國文	朱逷先	本預科國文	錢玄同、沈兼士	本預科國文	劉復、錢玄同、馬裕藻
本科文字學	錢玄同	本科論理	陳大齊	本科論理	胡適之	本科論理	樊際昌等2人
本預科英文	胡適	預科英文	胡適	本預科英文	楊子餘、郭汝熙	本預科英文	溫源寧、關應麟等5人
本預科西洋史	陶履恭	本預科外國歷史	張祖訓	本預科外國史	何柏臣	本預科外國史	朱希祖等3人
本預科中外地理	錢振椿	本預科地理	錢振椿	本預科地理	錢秣陵	本預科地理	朱希祖等3人
文理法預科國文	馬裕藻	預科博物	龔安慶	預科博物	譚仲逵	預科博物	經利彬等4人
本科數學	胡濬濟	本預科數學	馮漢叔	本預科數學	程振鈞、顏任光	本預科數學	王仁輔、秦汾等4人
本預科法文	賀之才	本預科法文	賀之才	本預科法文	李景忠、賀培之	本預科法文	賀之才等4人
預科化學	陳世璋	預科化學	俞星樞	預科化學	王撫五、丁庶為	本預科化學	胡壯猷等4人
本預科中國歷史	黃人望	本預科中國歷史	朱逷先	本預科中國史	朱逷先	本預科中國歷史	朱希祖、王桐齡

〔註30〕振凱：《由清華大學考試技術所引起的我的幾句話》，載《世界日報》，1932年8月8日，第十二版。

預 科 物理 及 博物	張大椿	預科物理	張菊人	預科物理	顏任光	本預科物理	文範村等4人
本 預 科 德文	朱家驊	本預科德文	顧兆熊	本預科德文	楊丙辰	本預科德文	楊丙辰等4人
預 科 數學	馮祖旬	預科俄文	張裴青	—	—	—	—

資料來源:《本校入學試驗委員會組織業已就緒》(續)(續),載《北京大學日刊》,1918年 6 月 14 日,第 162 號,第二、三版。《入學試驗委員會出題委員》,載《北京大學日刊》,1919 年 7 月 12 日,第 419 號,第二版。《北京大學考試委員會啟事》,《入學考試委員會第二次會議》,載王學珍、郭建榮主編:《北京大學史料》第二卷(1912~1937)中冊,北京大學出版社,2000 年版,第 852~857 頁。

(二)命題特別重視基礎知識、基本能力的考查

命題立意決定試題的目的和方向,制約著命題的程序、題型等。它是整個試題編製的總中樞。命題立意與教育目的、教育內容呈現出相互制約的關係。大學所需人才的規格,中學畢業生的素質,制約著命題立意;而命題立意影響著大學發展的趨勢,指揮著中學教學的方向。教育目的、教育內容對命題立意起決定作用,命題立意對前者有相當的反作用。其實,「中國教育傳統以及國外的標準化考試都偏向於考查知識,存在明顯的知識立意傾向。」〔註 31〕民國時期的大學入學考試,學業成績的考查占統治地位,特別重視基礎知識、基本能力的考查,不太重視對德、體、美的考查。學業成績的考查以學科知識為核心。如 1918 年北京大學文本科入學試驗科目及程度,「一、國文:各門應試程度略通中國學術及文章之流變,可參考《文史通義》、《國故論衡》等書;二、外國語:曾讀過數種文學書能列舉其內容評其得失,曾讀過一種修詞學,能作文無文法上之謬誤;三、數學:代數、平面幾何、平面三角;四、論理學:須習過一種論理學如陳文《名學教科書》或張子和《新論理學》之類;五、歷史:須習過中國通史及西洋通史;六、地理:本國人文地理。」〔註 32〕當然北大也要求體格檢查,只要身體重要臟器正常,即可通過。由此可見,北大的入學考試非常重視學科基本知識和能力的考查,相對不重視對道德、體質、智力、性格的考查。北京大學並非孤立的個案,以

〔註 31〕 彭擁軍:《考試立意與人才選拔》,載《湖北招生考試》,2003 年第 20 期,第 46~48 頁。
〔註 32〕《本校招考簡章》,載《北京大學日刊》,1918 年 6 月 5 日,第 155 號,第四版。

學科知識立意命題的大學並不在少數，〔註33〕甚至可以說是一種通行的模式。知識立意傾向具體表現為：試題主要是高中課程標準中的知識性內容；主要考查學生對所學知識的記憶情況，而對學生應用知識解決問題的能力考查不夠；試題大多建立在虛擬的客觀世界中，脫離社會，疏離生活。知識立意傾向的命題有一定的合理性，但也有一些缺陷。就教育的本質而言，「教育是人的靈魂的教育，而非理智知識和認識的堆集。」〔註34〕

（三）注重綜合素養的考核，題型相對單一，題量較少

縱觀民國時期各大學的入學試題，大多採用傳統論文式考試。這種考試有利於考查學生的綜合素養，對學生能力的考查較為深入，但也有一定的缺陷。「舊法或論文式考試乃是比較問題少，取樣狹，答案長而無標準，評判偏於主觀，記分不能用機械式，甚費被試者與閱卷者時間，」「其結果往往不足以表現被試者對於某科目之整個有組織的智識。」〔註35〕例如1930年中央大學的國文入學試題，有文言作文一題，《漢書》裏的一段話，加標點並解釋之。物理試題為14選8的問答題。〔註36〕1930年國立暨南大學入學國文試題甚至只有一道作文題。〔註37〕題型以問答或論文式試題為主，題量一般不多於十道。這就造成了試題的覆蓋面狹窄，難以全面考查學生知識掌握的情況。雖然這種命題有一定的考查深度，但是廣度不足，容易給考生以投機取巧的機會。「一個學生平日成績很壞，但在準備應試時，剛剛預備到這一個題目，他

〔註33〕如廣東大學、清華大學、北平師範大學、同濟大學、政治大學、南開大學等。參見《國立廣東大學預科招生簡章》，載《北京大學日刊》，1924年7月5日，第1509號，第二版。《國立清華大學本科招考簡章》，載《清華週刊》，1934年第41卷第13～14期，第203～213頁。《國立北平師範大學招考簡章》，載《國立北平師範大學校務彙報》，1935年第125期，第2～3頁。《本校二十五年度招生簡章》，載《國立同濟大學旬刊》，1936年第100期，第3～5頁。《國立政治大學卅七年度招生簡章》，載《國立政治大學校刊》，1948年第292期，第7～8頁。《國立南開大學三十七年度招考一年級新生簡章》，載王文俊等選編：《南開大學校史資料選（1919～1949）》，南開大學出版社，1989年版，第323～326頁。

〔註34〕〔德〕雅斯貝爾斯：《什麼是教育》，鄒進譯，三聯書店，1991年版，第4頁。

〔註35〕吳南軒：《什麼是新法考試》，載《測驗》，1932年第2期，第1～6頁。

〔註36〕《國內各大學十九年度入學試題調查》，載《學生雜誌》，1930年第17卷第10期，第121～128頁。

〔註37〕《國文試題》：1.「華僑教育應特別注意者何事？」2.「略述中學時代研習國文之經過。」（任作一題文言白話不拘）《國內各大學十九年度入學試題調查》（續），載《學生雜誌》，1931年第18卷第4期，第111頁。

的成績就非常好；另一個學生平日成績很好，但是剛剛沒有預備到這一題目，他的成績就很壞，這樣的考試，顯然是不精確的，為了求取樣廣博起見，命題的範圍寧願較小，而題目數量應該增加。」〔註38〕時人很早就指出了這種考試的缺陷，「範圍太小，比較的瑣屑。」〔註39〕有人研究認為民國時期的數學試題具有幾個特點，「題型單一；題量小；難易程度不等；英文試題佔有很大比重，男女生在數學學習中的區別。」〔註40〕改進的方法是增加題型，如選擇、判斷、填空等客觀題，加大題目的數量，使容易和困難的題目都包括在內。改進的原則是，「範圍要廣；力避隱秘與瑣屑；題目須多；題目須簡；出題不可以自己好尚為這材料標準須合於現今一般中學所使用者；題目的材須為重要的；題目須清楚，無有疑義，或學生不能了然之弊。」〔註41〕

（四）測驗運動推動大學入學試題的初步科學化

如前所述，民初時人就認識到了舊式考試的弊端。但是苦於技術和方法的制約，很難對其進行改良。但是，19 世紀末測驗運動在歐美興起，心理測驗、教育測驗得到快速發展，並應用於各類教育活動。20 世紀 20、30 年代，科學教育思潮在國內興盛一時，測驗理論引入國內。隨後國內的教育測驗研究開始興盛，成立了心理學會、測量學會，定期召開學術會議，發布測量研究成果。測驗運動風靡一時，對大學入學試題的科學化改造起到了積極的作用。

測驗與舊式考試的最大區別在於，測驗以科學精神為依託。測驗是靠科學而不是靠經驗命題，力主客觀公正，排除主觀因素的干擾。可以說，「測驗是一種進步的考試，它比較它所代替的考試法，要好得多。」〔註42〕測驗運動對舊式考試的批判，以及其科學精神和方法的引入，都對大學入學試題產生了積極的影響。如蕭孝嶸曾用心理測驗測量中大、武大、浙大的新生，得出結論，「倘若大學入學試驗的分數確為預測將來的大學成績之可靠的根據，

〔註38〕龔啟昌：《論入學考試——為千萬中學畢業生請願》，載《教育通訊》1948 年復刊第 5 卷第 9 期，第 8～10 頁。

〔註39〕楊廉：《大學入學試題之改良》，載《晨報副刊》，1924 年 9 月 3 日，第 208 期，第一版。

〔註40〕韓斌：《民國時期大學入學數學考試研究》，內蒙古師範大學碩士學位論文，2010 年，第 83～84 頁。

〔註41〕楊廉：《大學入學試題之改良（續）》，載《晨報副刊》，1924 年 9 月 4 日，第 209 期，第一版，第二版。

〔註42〕桑代克著，牟永錫譯：《測驗運動的新進步》，載《教育雜誌》，1929 年第 21 卷第 4 號，第 45～47 頁。

則大學心理測驗在價值上等於許多學科的總分之百分之四十。」〔註43〕北京師範大學也曾長期使用心理測驗對新生進行選拔。〔註44〕沈有乾曾對浙江大學新生試用「學力測驗」，認為「測驗目的本在補充各科考試，然其信度與效度較費時十倍以上之各科考試為高，即完全取而代之，亦有利無弊。」〔註45〕有些大學即便是沒有完全採用「測驗」，也對舊式考試進行了改革。1929年，武漢大學的黨義試題增加了判斷題和填空題；1930年，中央大學的「歷史測驗」為二十五道填空題，地理為二十道填空題，生物為十道判斷題和三十九道填空題；中山大學國文題有「測驗」部分；同濟大學則有「理化大意測驗」、「本國史測驗題」。〔註46〕教會大學和私立大學走的更遠。1937年金陵大學編製了《新生測驗題》，試題類似於美國的 SAT 和 ACT，是不折不扣的標準化測驗，試題融合了國文、英文、數學、自然科學和社會科學常識，主要對學生的語言、運算、分析、閱讀、推理、邏輯思維等方面進行考查。〔註47〕

二、入學試題的缺陷引發部分教育問題

　　民國時期，大學入學試題的改造是極其粗糙和有限的，舊式考試依然佔據著主導地位。這種中西合璧的考試有相當的優點，但也有一定的問題。這容易造成考試內容、命題方式、考試方法以及記分方法的不科學，由此直接或間接引發了一些教育問題。

（一）助長升學主義，學生負擔過重

　　舊式考試以學科知識考查為中心，又以記憶性、理解性知識為主，能力

〔註43〕蕭孝嶸：《大學入學心理測驗之編製及其應用》，載《教育通訊》，1938年第17期，第2～8頁。

〔註44〕《國立北京師範大學招生簡章》，載《北京高師週刊》，1923年第202期，第一版，第二版。

〔註45〕沈有乾：《大學入學考試中學力測驗之試用》，載《測驗》，1935年第2卷第2期，第1～11頁。

〔註46〕《國內各大學十八年度入學試題調查》（續），載《學生雜誌》，1930年第17卷第7期，第107～114頁。《國內各大學十九年度入學試題調查》，載《學生雜誌》，1930年第17卷第10期，第121～128頁。《國內各大學十九年度入學試題調查》（續），載《學生雜誌》，1931年第18卷第1期，第137～141頁。《國內各大學十九年度入學試題調查》（續），載《學生雜誌》，1931年第18卷第3期，第103～110頁。

〔註47〕《金陵大學新生測驗題》，載楊學為主編：《中國考試史文獻集成》第7卷（民國），高等教育出版社，2003年版，第256～259頁。

的考查只占一部分。勢必導致學生投入大量的時間和精力於「應試」，應試技巧成為中學教育的核心內容，也是大學考試的主要部分。加之命題和考試方法的不科學，對考生應試產生誘導。隨著考生投入時間和精力的增加，競爭愈加激烈，大學不得不加高難度，擴大考查的範圍。這樣大學保持了較高的錄取分數，考生又進一步增加投入。如此不斷往復，惡性循環。而我國的中等教育，「更富於抄襲的色彩，」「從而選擇的性質更濃，」「他們（或她們）入中學之始，家長就決定了子女他日升入大學的計劃，這更注定了中學校升學準備的一任務。」因此，「一時社會人士乃至輿論界往往因學生的考試負擔過重，而有從健康方面『救救中學生』的呼籲。」〔註48〕甚至連國民黨官方報紙《中央日報》也發表社論稱，「測驗學生成績，除考試以外，固少良法，但無論如何，儘量減輕學生的考試負擔，這是今日學校中亟不容緩之事。」〔註49〕可見問題之嚴重。過重的考試負擔影響了學生的身心健康，甚至有人將考試舞弊的責任推給考試，認為考試養成學生的競爭心，一旦名列前茅便「趾高氣昂」，名落孫山便「志氣頹喪」〔註50〕，學生因害怕而產生羞恥心，故作弊較多，這就把因作弊而產生的道德責任強推給了考試。

單一的升學預備式學制下，國人一向不重視職業教育，視大學為正途，加之科舉傳統的影響，使得民國時期的「升學主義泛濫」。大學教育的供給與需求嚴重失衡，造成大量的學生不能升學，也難以就業，這就是民國時期的中學生升學與就業問題。蔣介石敗退臺灣後，認為教育問題是失敗的主因之一。教育的根本缺點就是升學主義。「小學的課程是為了升入中學作準備；中學課程是為了升入大學作準備。中小學課程沒有幫助中小學生教他們在家庭中怎樣做子弟，更沒有教那些不能升入中學和大學的中小學生到社會去求生活。」〔註51〕

（二）試題難易不一，與中學課程有所脫節

舊式考試沒有明確的命題目標和標準，沒有固定的範圍，記分方式不科學，分數的可比性較低，沒有經過試測，缺乏比較常模。著名的大學便提高難度，

〔註48〕沈灌群：《論中等教育與高等教育的聯繫》，載《高等教育季刊》，1942 年第 2 卷第 4 期，第 20～27 頁。

〔註49〕《社論：優秀學生升學問題》，載《中央日報》，1943 年 6 月 25 日，第二版。

〔註50〕列悲：《學生解放問題》，載《北京大學日刊》，1920 年 3 月 31 日，第 576 期，增刊第二版。

〔註51〕秦孝儀主編：《先總統蔣公思想言論總集》（第 3 卷），中國國民黨中央委員會黨史委員會，1984 年版，第 221 頁。

擴大考核範圍，嚴格錄取標準；一般的大學便不斷降低標準，甚至濫收學生以斂財。因此，不同學校的試題，甚至同一學校不同年份的試題難度相差極大。大學入學試題遠遠超出了中學的課程範圍，出偏題、怪題的現象屢見不鮮，甚至有的大學要求學生用英文答題。教育部察閱 1917 年大學入學試卷時就發現，「有數學英文一科甚至與中學一年級生程度相同，命題如此淺易，在現在既無以辨別中學畢業生程度日趨日下。」〔註 52〕因此，1919 年的《教育部公布各專門學校大學校中學校招生辦法訓令》指示，大學須按照中學畢業程度招生，勿使太過或不及。全國中學校長會議議決的辦法是，「各高等專門及大學校招考新生。除外國語外，其他各種科學，應以本國文命題；生徒答案，應用本國文，其能以外國文答者聽；請部通令各高等專門學校及大學校預將招生程度詳細昭示，其一年級生或預科生所讀何書，以若何程度為課程之開始。」〔註 53〕雖然教育部有法令限制命題範圍和程度，但是似乎並未起到多大作用。1932 年教育部不得不再次重申命題標準，「專科以上學校自二十二年度起，應照高中課程暫行標準，自二十五年度起，應照新頒標準。」〔註 54〕但是，試題難易懸殊，與中學課程相脫節的現象依然廣泛存在。到 1938 年國立各院校統一招生時，教育部甚至嚴格規定了命題的範圍和程度，考試時間、題目類型、難易試題的比例、記分方法，並強調「不宜空泛或偏重記憶。」〔註 55〕此後教育部多次發令指示大學招生務必按照高中課程標準命題，〔註 56〕可見此問題的嚴重性。

〔註 52〕咨各省省長專校招生宜切實整頓文》，載國家圖書館歷史檔案文獻叢刊：《（民國）教育部文牘政令彙編》（第三冊），全國圖書館文獻縮微複製中心，2004年版，第 1389～1391 頁。

〔註 53〕《教育部公布各專門學校大學校中學校招生辦法訓令》，載《教育雜誌》，1919年第 11 卷第 3 號，法令第 11～12 頁。

〔註 54〕《教部令各校招考新生標準》，載《申報》，1932 年 12 月 25 日，第 21452 號，第四張，第十六版。

〔註 55〕《二十七年度國立各院校統一招生命題及評分標準的規定》，載楊學為等主編：《中國考試制度史資料選編》，黃山書社，1992 年版，第 674～675 頁。

〔註 56〕《為本年各校招生考試科目務按高中課程暫行標準命題並將試題送部備查由》，載《教育部公報》，1935 年第 7 卷第 13、14 合期，第 11～12 頁。《各校入學試題應依據課程標準》，載《中央日報》，1936 年 2 月 21 日，第八版。《各校招生考試科目應按高中課程暫行標準命題》，載《中央日報》，1935 年 3 月 28日，第八版。《專科以上學校招生應依照高中課程標準命題》載《中央日報》，1936 年 4 月 19 日，第八版。《三十年度公立各大學及獨立學院自行招生辦法要點》，載《國立四川大學校刊》1941 年第 10 卷第 4 期，第 6～8 頁。1942～1948年教育部公布的《招生辦法》，都要求大學招生嚴格按照高中課程標準命題。

（三）效度、信度總體較高，但也存在一些缺陷

雖然民國時期的大學入學試題有一定的缺陷，但是其總體效度、信度較高，為大學選拔了大量合格人才。但是，由於大學入學試題在命題的目的、範圍、程序，以及題型、題量、計分方法等方面存在一定缺陷，難以科學客觀地對考生的學業成績、智力、人格等進行量化比較。因此，民國時期大學入學試題的效度、信度也不可能達到百分之百，有部分考生靠運氣被錄取。時人評價其為「考試是斷命不衡文的」，「科場不論文」，「考上的未必都會做文章，落第的未必都不會做文章。」〔註57〕有的人批評考試，「雖然也有一部分可靠，但是可靠的程度很少。所以現在學校裏名次低的，並不見得就是壞學生，考的高的，他的學問並不一定好，乾脆說，教員取分數是有點賭高興，學生得分數也是帶點碰運氣罷。」〔註58〕這種評價較為偏頗，但是也有一定的道理。其實，優秀的和劣等的考生受運氣影響較小，中間部分的考生，「其能否錄取則全憑運氣了，在大學中常發現不少的學力很差的學生，其原因就不難明白了。」〔註59〕因此，許多大學都實行嚴格的淘汰機制，能順利畢業的學生已屬不易，這或許是一種抵消入學考試運氣成分的機制。

三、對入學試題的評價

綜上所述，民國時期大學入學試題總體上以舊式考試為主，並實現了初步的科學化。一方面，命題目標不明確，命題範圍大大超出高中課程，命題程序主要靠經驗，題型、考試方法單一，題量小，覆蓋面窄，未經過試測和修訂，沒有可比較的常模；另一方面，心理測驗、學業成績測驗已經開始引入大學招生考試，測驗理論得到廣泛宣傳，舊式考試的缺點得以暴露，大學入學試題向科學化方向改革得到認同。部分測驗理論得到實踐。楊廉曾發表《大學入學試題之改良》〔註60〕，應用測驗理論分析了舊式考試的缺點，指

〔註57〕楊廉：《大學入學試題之改良》，載《晨報副刊》，1924年9月3日，第208期，第一版。

〔註58〕孫德中：《對於考試問題一點平庸的意見》，載《新教育評論》，1926年第1卷11期，楊學為主編：《中國考試史文獻集成》第七卷（民國），高等教育出版社，2003年版，第94～95頁。

〔註59〕齊泮林：《論大學入學考試》，載《中央日報》，1948年8月10日，第三版。

〔註60〕楊廉：《大學入學試題之改良》，載《晨報副刊》，1924年9月3日，第208期，第一版。楊慶：《大學入學試題之改良》（續），載《晨報副刊》，1924年9月4日，第209期，第一版，第二版。

出了改進的方法。華北大學教務長馮農應用楊廉的辦法於新生入學考試，得出了一些有益地經驗。但是楊廉對其觀點並不認同，同時對其不科學的使用測驗提出了改進的建議〔註61〕，這些討論和試驗對大學入學試題的改進是有益的。如前所述，心理測驗在北師大、中央大學、武漢大學、浙江大學等校都有應用。較為普遍的變化是各大學入學試題的題型逐漸豐富，選擇、判斷、填空等客觀題增多，題量大幅增加，覆蓋面較以往為廣，同時記分也注意了去除主觀因素。國立各院校統一招生曾應用常模計算考生的相對分數，使分數更有可比性。這些改進對於抵消經驗命題的主觀性起到了很大的作用，有益於科學選才。但是我們也不能對大學入學試題的初步科學化估計過高，尚有許多需要改進的方面。如命題人的選定，命題程序、範圍，題型、題量、常模的測算等等。總之，大學入學試題離科學化、客觀化尚有很大距離，還處於過渡階段。

但是，我們也不能完全否定舊式考試。舊式考試也有自身的優點，它優於考查學生的分析思維、邏輯思維等能力，側重於學識深度而非廣度的考查。如果得到適當合理的應用，也能選拔出優秀人才，尤其適於選拔傳統學術人才。民國時期，學貫中西的大師級人物輩出並非偶然，與當時的大學入學試題有一定的關係。1932 年，清華大學陳寅恪教授出國文入學試題，曾以對聯為題，一時群起詰難。陳寅恪命題的旨趣是，「其形式簡單，而涵義豐富，又與華夏民族語言文字之特徵有密切關係者」，使「應試者無甚僥倖或甚冤屈之事，閱卷者良心上不致受特別痛苦而時間精力俱可節省。」〔註62〕由著名學者命題雖然有一定的缺陷，但是也有相當的優點。如陳寅恪就認為，「對子可以測驗應試者能否知分別虛實字及其應用；對子可以測驗應試者能否分別平仄聲；對子可以測驗讀書之多少及語藏之貧富；對子可以測驗思想條理。」〔註63〕從當時的歷史條件下看，這種命題、考試方式能夠保證命題質量，實際上也選拔了大量優秀人才。中西合璧的命題方式和考試內容值得借鑒。中西考試方法兼容的入學試題，同時具有兩種考試的特點，一方面注重傳統文史知識

〔註61〕楊廉：《與華北大學教務長馮農先生討論入學試驗底報告》，載《晨報副刊》，1924 年 11 月 14 日，第三版，第四版。

〔註62〕陳寅恪：《陳寅恪與劉叔雅論國文試題書》，載《青鶴》，1932 年第 1 卷第 3 期，第 1～5 頁。

〔註63〕陳寅恪：《陳寅恪與劉叔雅論國文試題書》，載《青鶴》，1932 年第 1 卷第 3 期，第 1～5 頁。

和邏輯思維，另一方面注重科學知識和科學方法，這對人才的培養和選拔起到了獨特的作用。純粹的舊式考試和完全的標準化考試都不一定有好的效果。舊式考試不適合科學知識、方法、精神的培養，客觀性較差，科學性不足。而標準化考試不適合傳統文史知識和思維的考查，完全客觀的試題易於造成「死記硬背」，助推「應試教育」。萃取兩種考試模式的優點，既保證試題的科學性、客觀性、全面性，又有益於考查各種能力，還有利於考生全面素質的提高，或許民國時期的經驗值得借鑒。

第三節　考試方式的多樣性

本文的考試方式不取微觀的視角，如筆試、口試、操作等，而專以宏觀的視角審視考試方式，如統一考試、聯合考試與單獨考試，單一層次考試與多層次考試，單一類型考試與多類型考試。民國時期，大學招生中的考試方式異彩紛呈，為當今的考試改革提供了有益的借鑒。

一、統一、聯合與單獨考試

（一）影響考試方式的因素

大學招生採取何種考試方式主要由以下因素決定：第一，誰是招生的組織主體，誰擁有招考權。如上所述，1912～1932 年大學是招生的單獨組織主體，大學擁有完全的招考權，政府無權、無能力對招生進行干涉，因此單獨考試是主導模式。1933 年，當教育部開始握有招生數量及科類等部分招考權時，組織主體開始由大學向政府過渡，統一考試逐漸取代單獨考試的地位。第二，中學學制、課程、教學的一致性。中學入學年齡、修業年限、性質、任務、課程、教學的一致性，是實行統一考試的前提條件。北洋政府時期，中學發展雜亂無章，各省、各校的課程駁雜，教材五花八門，教學水平參差不齊，根本不可能拿一把尺子量所有的學生。抗戰勝利後，南京市準備採用畢業升學聯合考試，六百餘高中畢業生以罷課對抗，並到教育部請願，他們提出的八大理由之二便是，「各校教材不統一，設備更缺乏；師資不齊，標準不一。」〔註64〕第三，文化歷史傳統。科舉考試是統一考試的典型，它深刻

〔註64〕《畢業升學聯合考試，本市將效上海辦法，教部並允降低取錄標準，中學生仍堅請收回成命》，載《中央日報》，1947 年 5 月 10 日，第四版。

影響了人們的心理和教育需求，甚至使人們迷信統一考試的魔力。統治者歷來重視通過統一考試來加強思想控制，提高民眾對中央的向心力，此種傳統的影響力也不可低估。1938～1940 年實行統一招生，以及 20 世紀 50 年代大陸和臺灣不約而同的採用統一考試，絕非偶然。第四，招生管理人員的素質。民國時期的大學校長、教授以及教務長等主要成員大多有留學經歷，其中西學術根基牢固，熟悉招生規範，不為權貴折腰，抱定教育救國的信念。如此高素質的招生管理人員，是單獨考試科學、公平運行的有效保障。第五，科學與公平的矛盾。從大學的視角看，不同學校，不同院系對招生有個性化的需求，單獨考試似乎更適合大學多樣化的發展趨勢，有利於科學的選拔人才。從社會的視角看，不同地區，不同階層的考生有相同的教育需求，統一考試似乎更能滿足公平的需要，有利於公平的選拔人才。

（二）單獨考試是主流

　　民國時期，各大學以單獨招生為主要的招生形式，因此單獨考試也是主要的考試方式。聯合招生中的聯合考試是一種過渡形式，這種考試形式從抗戰爆發到全國解放一直存在。統一招生中的統一考試雖然延續時間較短，但是其意義重大。統一考試對於矯正單獨考試的弊端有一定的作用。1938～1940年，教育部曾實行統一招生，嚴格的說，1938 年是各招生區單獨出題，因此只有 1939～1940 年是統一考試。聯合考試是單獨考試的變種，統一考試是戰爭環境下的特殊選擇，單獨考試才是民國時期大學招生的主流形式。民國時期，國立大學招生中的單獨考試具有以下特點：首先，由本校知名教授負責命題，出題水平較高。考試目的、考試內容、考試方法、題型均由大學自主決定，甚至是由命題教授決定，其主觀性強，但也突出了特色和個性。這就要求命題者的學術能力超強，職業道德絕對可靠。其次，試卷印刷、保密、監考均由本校職員負責，權威性較高。如 1947 年山西大學新生入學試驗較往年更加鄭重，「命題印題之嚴守秘密，考均之監視嚴格，」「一切公開，絕無私情之弊，」〔註65〕甚至連閱卷都在校長辦公室進行。再次，閱卷評分由本校教員負責，嚴格而不失靈活。最後，民國時期各大學的單獨考試由招生委員會負責。招生委員會選舉產生命題委員、閱卷委員、監考等考務委員，並

〔註65〕《招生委員會紀錄二則》，載《國立山西大學校刊》，1947 年第 4 卷第 8、9
　　　　合期，第 27 頁。

負責對各種委員進行監督。有時委員的名單會公布，如北京大學一般把委員的名單登錄於《北京大學日刊》等，以供社會監督。

單獨考試更能滿足大學的需要，統一考試更能迎合社會和政府的需求，科學性與公平性的矛盾始終存在。解決之道在於科學性優先，兼顧公平性，優先滿足大學發展的需求，適當照顧社會和政府的呼聲。絕對化的公平是自掘墳墓，我們不能為了公平而泯滅大學的發展，磨滅人才的個性。過於強調公平只會帶來死氣沉沉，個性化、多元化、科學化的單獨考試是改革的方向。也有研究者有不同的意見，認為單獨考試存在諸多弊端，聯合考試是歐美的辦法，只有統一考試才適合中國國情。〔註66〕如何化解這一矛盾值得深思。

二、多次數、多層次、多類型考試

（一）多樣性

民國時期，大學招生考試的一個鮮明特點是，多次數、多層次、多類型。1.多次數考試。1938～1940 年短暫實行統一招生，專修科、本科等均參加一次同樣的入學考試，但是單獨招生是主流模式。在這種模式下，如果一次招生沒有足額，大學可以自行組織第二次甚至第三次招生，形式較為靈活。應考者少，或考生成績差，或戰爭影響，都可能導致招生不足額，二次甚至三次招生並不新鮮。也有因特殊原因進行二次招生的，如羅家倫為了實施招收女生的計劃，雖然「清華招考期已過，但羅校長仍決定在十月份舉行第二次招生，並首次開始招收女學生。」〔註67〕據季羨林回憶，「為了得到更多的錄取機會，我那八十多位同班畢業生，每人幾乎都報七八個大學。」〔註68〕這或許不能大幅提高錄取機會，但是能較好地紓緩應考的壓力。2.多層次考試。大學設有預科、先修班、專修科、本科、研究生等不同層次，其考試也各不相同，不同的考試目的、科目、內容、題型、方法，適合不同層次考試的需要。預科制度在民國初期甚為流行，當時合格的中學畢業生少，各大學均辦理預科，自行培養合格生源。1915 年北洋大學總結招生經驗時談到，「近年來

〔註66〕房列曙：《南京國民政府的高等學校考試制度初探》，載《安徽師範大學學報》，1992 年第 2 期，第 220～227 頁。

〔註67〕謝詰平、張小勁：《葉琴：起步清華，歸心清華》，載《傳記文學》，2011 年，第 99 卷第 2 期，第 83～90 頁。

〔註68〕季羨林：《季羨林教授自傳》，載《傳記文學》，1998 年，第 73 卷第 4 期，第 15～22 頁。

各處學生投考本校，本科程度多不及格。」〔註 69〕故北京大學、北洋大學以補習班、臨時預備班、預科等名義招收預科生。預科生入學考試多分文實兩科，一般都要考國文、英文、數學，文科加考歷史、地理，實科加考物理、化學、生物等。預科生畢業後毋須考試直接升入相應的大學，這種方式因流弊甚多而遭到時人批評。如教育部調閱山西大學預科生試卷，「國文門全體明順者約居半數，其餘各科試卷亦瑕瑜互半。聞該省學界人云，有高等小學校肄業生亦僥倖考入該校大學部預科者。」〔註 70〕1922 年新學制頒布後將中學教育定為 6 年，為提高教育效率，限令逐步取消預科。但是預科制度也有其合理性，尤其是一些名校嚴格辦理，如北洋大學「每次預科一年級有一百二十人。六年之後畢業時(經常三個系)，只不過五六十人，淘汰率高達 50～60%。」〔註 71〕因此許多大學仍然長期沿用了預科制度。直到 1930 年，大學預科才完全取消。抗戰時期，大學生源質量受到嚴重挑戰，教育部一方面為救濟失學學生，另一方面為提高大學新生質量，決定設立先修班。大學先修班的招收對象是統一招生未升學但分數不太低的學生，經考試合格後補習一年，其成績最優之 25%由教育部免試分發各公私立大學。1939 年底，共設有大學先修班 20 班，容納學生 1200 多人。先修班收容了一批因戰爭而失學的青年，為他們提供學習的機會，為提高大學新生質量起到了積極地作用，實質上是一種變相的預科。國民政府建立後，教育部為學術發展著想大力推動各國立大學設立研究所。各大學也有發展研究機構的動力，研究生招生遂應運而生。

3.多類型考試。此外，民國時期大學招生的類型也是多樣化的，有正式生、轉學生、試讀生、借讀生等，這滿足了考生和大學雙方多樣化的需求，適應了社會的需要。多類型的考試迎合了多類型的需求。如中央大學學則規定學生的類型有，正式生、試讀生、借讀生、旁聽生、研究生，〔註 72〕其他大學也類似於此。借讀生、轉學生、旁聽生經考試合格後轉為正式生。以中正大學為例，「凡在其他公立或曾經立案之私立大學本科修滿一年或兩年之學生，攜

〔註 69〕《北洋大學校預備班招生廣告》，載《政府公報》，1915 年 12 月 1 日，第 1281
　　　 號，廣告欄。
〔註 70〕《教育部視察山西省立大學校報告》，載《教育公報》，1915 年 8 月，第 4 期，
　　　 報告第 1～2 頁。
〔註 71〕魏壽崑：《嚴格——北洋的學風》，載鍾叔河編：《過去的學校》，湖南教育出
　　　 版社，1982 年版，第 186 頁。
〔註 72〕《國立中央大學學則》，載國立中央大學學生自治會編印：《國立中央大學概
　　　 況》，1944 年，第 8 頁。

有原校之修業證書及學業成績證明書，經本大學審查合格准予參加轉學考試，經錄取後得入本大學肄業」，「借讀生經轉學考試及格後得轉為正式生。」〔註73〕有學者研究認為，「在非特殊時期，借讀及轉學的學生很少，不成規模。」〔註74〕但是以筆者目力所及，即便是抗戰爆發以前，轉學生、旁聽生、試讀生數量也不在少數。如田培林先生民國初年考入私立民國大學（朝陽大學前身），後因不滿學校名稱的緣故，轉學到北京大學。〔註75〕雖然教育部早有規定不准未立案私立大學轉學公立大學，但是例外者也屢見不鮮，可見大學轉學之靈活。再如饒漱石為了到東北進行革命工作，編造一套假話，博得其老鄉暨東大教授李正剛的同情，校長也認為「這類旁聽生是常有的事，我們有教無類看李正剛教授的情面就把饒漱石收為旁聽生了。」〔註76〕再以北京大學為例，「本科附設選科生及旁聽生，此項選科，與將來施行選科制之選科不同，入學之時，雖經考試，但亦有經校長特許，不加試驗者。」〔註77〕北京大學對轉學生、旁聽生、試讀生均頒布有相應的章程。北京大學良好的聲譽吸引了大量的旁聽生和試讀生，北大以兼容並包的心態容納之，有時課堂中旁聽生的數量遠超過正式生。北京大學經常「有一部分『偷聽生』是以此為一階段，藉此準備考試或升學。」〔註78〕因旁聽而受益的青年不在少數，如瞿秋白因付不起學膳費，在北大文學院旁聽求真知。此時期的轉學也較為便利，各大學有缺額時均以嚴格的考試招收轉學生。其考試科目一般為國文、數學、外語和數門專業科目，轉學考試一般與招生考試同時舉行。如初期的清華對英文要求較高，其學生大部分是直接考選的插班生，「其中有不少是南洋、約翰等大學的轉學生。」〔註79〕

〔註73〕《國立中正大學學則》，載《國立中正大學校刊》，1940年第1卷第5期，第7～8頁。

〔註74〕王延強：《抗戰時期高校學生管理研究——以國立大學為中心》，西南大學博士學位論文，2013年，第33頁。

〔註75〕訪問：郭廷以，紀錄：謝文孫：《從高小到北大的求學生涯：田培林先生訪問紀錄》，載《口述歷史》，1991年第2期，第27～44頁。

〔註76〕寧恩承：東北大學話滄桑（下），載《傳記文學》，1989年，第55卷第2期，第81～88頁。

〔註77〕靜觀：《國立北京大學之內容》，載《東方雜誌》，第16卷第3號，第163～166頁。

〔註78〕朱海濤：《北大與北大人》，載鍾淑河編：《過去的大學》，長江文藝出版社，2005年版，第79～81頁。

〔註79〕潘光旦：《清華初期的學生生活》，載《文史資料選輯》第10卷第31輯，中華書局，1962年版，第79～104頁。

可以說民國時期大學生轉學、旁聽、借讀只須通過嚴格的考試，是比較靈活的，是一種常態化的機制。抗戰時期，轉學、借讀作為一項救濟政策逐漸正規化了。如果說戰前轉學、借讀等具有更多的教育意義，那麼戰時就具有較多的社會救濟意義，它從自發走向自為。1938 年教育部頒布了《專科以上學校收受借讀生辦法》，轉學、借讀更加規範，數量也較多。1943 年，作為大後方基地的四川大學僅招收轉學生就多達 675 人。〔註 80〕這種靈活的招生方式也有一定的優點，如吳貽芳便是經過推薦作為特別生進金女大讀書半年後，經測試轉為正式生的。〔註 81〕當時的軍政要人子弟或關係戶，許多不經過考試就進入大學，但是要繳加倍的費用，且僅取得試讀資格，如考試不及格依然不能畢業。這種半公開的「走後門」既給部分大學帶來了資金和人脈，又在一定程度上維持了教育水準。旁聽制度和轉學制度的受益者為數極多，著名的如錢偉長、何兆武、季羨林、曹禺、何炳棣、宗璞、於光遠、朱光亞、李政道。「就本質言，轉學制度是對升學制度的救濟，對不少優秀學子而言，即便高考因故受挫，仍有望通過轉學考試進入理想學府，而不至於因環境埋沒人才，這在客觀上亦促進了資源的良性互動。」〔註 82〕其實，旁聽制度、轉學制度都是對升學制度的救濟。

（二）多樣性考試的影響與成效

民國時期大學招生考試的數量多，種類雜。考生參加考試的機會多，這在心理上減輕升學的壓力，彷彿增加了升學的機會。教育部認為聯合招考可以提高學生程度，劃一水平，學生則認為「如不用聯合招考的辦法，同時可以報名投考兩校，在一個暑假裏面，如考一校不取，還有再考一校的希望，不必等到來年。再說，即使投考甲校失敗，便多了一次失敗的經驗，到了投考乙校也許有錄取的希望。」〔註 83〕多層次的考試使考生的壓力分散化，考

〔註 80〕李有為：《黃季陸略歷及長川大建樹》，載四川省成都市政協文史資料研究委員會編：《成都文史資料》第十九輯，成都市政協文史資料辦公室，1988 年版，第 12～26 頁。

〔註 81〕程斯輝：《中國近代大學校長研究》，華中師範大學博士學位論文，2007 年，第 243 頁。

〔註 82〕劉超：《中國大學的去向——基於民國大學史的觀察》，載《開放時代》，2009年第 1 期，第 47～68 頁。

〔註 83〕宏：《國立大學聯合招生》，載《國民週刊》，1937 年第 1 卷第 10 期，第 218頁。

試失敗使考生把失敗原因歸結於自身，大大緩解了社會的壓力。多層次、多類型的考試最大的優點是滿足了考生和大學多樣化、個性化的需求，其缺點是標準混亂、程度不齊，加重學生的負擔。多類型、多層次的考試效果較好，但是學生和大學投入的精神、物質成本很高，負擔較大。多次參與大學入學考試工作的朱光潛就認為，「現行的考試辦法對青年加以精神與物質的戕賊，只有愚蠢和殘忍能容許它繼續下去」，教授和行政人員也不得閒，「許多可做學術工作的教授們費去唯一可利用的光陰於印發試題、監考、閱卷及其他有關的瑣屑事務上去。」〔註84〕但是，我們認為單獨考試的收益還是大於其成本的，高投入依然值得。大學招生不能只以經濟成本來衡量，人才的培養與成長具有長期性，人才評價具有模糊性，無論何時人的價值都大於物的價值。大寫的人應該成為招生的核心價值。

第四節　招生考試舞弊及其防控

考試舞弊也稱「作弊」，「指在考試過程中採取欺騙、蒙混、串通等手段以達到取得好成績的行為。也是考場中諸如抄襲、偷看、傳遞、替考、換考等違規行為的統稱。」〔註85〕舞弊與考試總是相伴而行，它猶如蛀蟲一樣侵蝕著考試。處理不當，會造成巨大的社會危害，甚至導致整個考試制度崩潰。大學招生考試舞弊指參考人員、考試工作人員以及社會其他人員在考試過程中，為謀取不正當利益，採取欺瞞、弄虛作假等手段實施違反入學考試規則的行為。舞弊行為貫穿於命題、報考、測試、閱卷、記分、公布成績等各個環節，它破壞考試秩序，損害考試的公正性和科學性。民國時期的大學招生考試的舞弊也是十分嚴重的，理清並分析其表象、危害、處理方式及原因，具有一定的理論價值和現實意義。

一、招生考試舞弊亂象

民國時已有人觀察到，「青年學生，從初中起，幾乎十分之五六（也許還要多一點！）是慣於在考試時作弊的。從初中作弊做到大學畢業，踏進社會，

〔註84〕朱光潛：《改善大學入學考試的建議》，載《中學月刊》，1947年第8期，第2～3頁。
〔註85〕楊學為主編：《中國考試大辭典》，上海辭書出版社，2006年版，第475頁。

舞起弊來，真可以說是□□老手了。這是一個可怕的現象。」〔註 86〕大學招生考試當然也不能例外，甚至其嚴重性有過之而無不及。

（一）民國前期「假文憑」現象屢見不鮮

大學僅招收具有中學畢業或同等學力者，而中學發展遲緩，大量自修者、未立案私立中學學生或未畢業中學生通過假借、偽造中學畢業證書，以獲得報考資格。早在 1918 年教育部「審核各校所送名冊」，認為「所謂中學同等程度者大半為中學修業學生，夫中學修業生亦可以當中學同等程度，則中學生若欲升入專校何必待至畢業？」〔註 87〕到 30 年代，浙江省教育廳發現學生畢業後，「其入學時冒用他人畢業證書情弊」，〔註 88〕教育部重申，「近查各校呈報新生，各機關查詢學生畢業資格」，「時有偽造證書，企圖蒙混情弊」。〔註 89〕以上官方文件證明了「假文憑」現象嚴重，但沒有實例說服力強。著名教授黃侃的一兒一女，投考武漢高等師範學校，二人均未在中學畢業，「居然每人拿一個假文憑來校投考。其後閱卷員有評判他們程度不夠者，黃侃拍桌大罵，並以將實行三不主義相恐嚇。結果大家調解，錄取其女了事。」〔註 90〕這並不是個別現象，當時的教育官僚化、商業化嚴重，故學校對於考生，來者固然是不拒，可是往者卻還是要追。「學生以贗品文憑投考，學校憑贗品文憑收生，你入學時用的是偽造紙幣，你畢業時給你的是不兌現的支票。」〔註 91〕即使是品學很好的學生也可能造假文憑，倘使有人去調查，「教育局已經疏通好了，所以回電來，承認有這樣一個學生」，如果僅有學力而無學歷是不會被錄取的，「成績非常好，可惜你們學校沒有立過案，所以不

〔註86〕何其外：《切勿作弊》，載《新學校月刊》，1943 年第 3 卷第 4～5 期，第 19～20 頁。

〔註87〕《咨各省省長專校招生宜切實整頓文》，載國家圖書館歷史檔案文獻叢刊：《（民國）教育部文牘政令彙編》（第三冊），全國圖書館文獻縮微複製中心，2004 年版，第 1390 頁。

〔註88〕《冒用他人畢業證書於核准畢業後始行發覺者應撤銷其畢業資格並追繳證書》，載楊學為等主編：《中國考試制度史資料選編》，黃山書社，1992 年，第657 頁。

〔註89〕《令為學生偽造證書應予開除學籍偽造官廳印信者應送法院究辦》，載《國立同濟大學校刊》，1933 年第 3 期，第 1～2 頁。

〔註90〕劍公：《教授形抑流氓耶？》，載《現代評論》，1925 年第 2 卷 42 期，第 22頁。

〔註91〕象山：《商業式的學校》，載《現代評論》，1928 年第 8 卷第 196 期，第 9 頁。

曾取」,「因了資格和文憑,品行好的學生也只好忍了良心上的責備去偽造。」
〔註 92〕著名作家柏楊曾經花五塊銀元買了一張甘肅省天水中學二年級肄業
期滿證書,並順利被省立甘肅學院錄取,後終被學校發現,學校開除了他,
並通知了警察。〔註 93〕造假文憑還給大學帶來了許多奇怪的問題。1930 年清
華大學發覺新生劉歷榮的文憑為偽造,「校務會議議決除名」,「劉君以數陳
苦況,迄未邀准;且不勝經濟環境二者之交襲,遂行自殺以殉!」〔註 94〕這
是比較極端的現象,另外大學新生要求改名字的現象非常普遍,如北京大學
日刊屢有報導,理由多是犯了祖先的諱。仔細調查才發現,「原來十有八九
都是借別人的文憑來投考的。」〔註 95〕

(二)民國中後期「盜賣、洩露試題」現象時有發生

　　20 世紀 30 年代盜題事件零星發生,「某大學因為題賣了出去,後來被考
的人多半都把題答對了,這種額數超過了所要收的數額,於是不得已又考了
第二次。去年某大學的預科題又丟了,不得已臨考時有更換了題,到了復試
時竟把印刷工人鎖到屋內,哎,這不是怪現象嗎,當局是幹嗎的,考試委員
會是幹嗎的,不都是貪婪無恥的東西嗎?」〔註 96〕大學入學考試的嚴肅性、
公正性受到了金錢、關係的嚴重挑戰,妖魔各顯神通,有的是用金錢買來的
──「對此我不能不佩服金錢的魔力之偉大」;有的是用親戚關係偷來的──
「於此我又不能不佩服國人之篤於私情。」〔註 97〕當潘多拉的盒子打開之後,
便一發不可收拾。30 年代盜賣試題多為零星的散發狀態,且多限於一校,到
了 40 年代逐漸蔓延到大學聯考,甚至會考也不能幸免,其危害範圍和程度明
顯擴大。

〔註 92〕劉薰宇:《教育漫談(四)──從官僚化到商業化》,載《教育雜誌》,1926
　　　　年第 18 卷第 10 號,教育評壇第 1～3 頁。
〔註 93〕柏楊口述,周必瑟執筆:《柏楊回憶錄》,中國友誼出版社,1997 年版,第 88
　　　　～96 頁。
〔註 94〕蔣壽駿:《清華大學校長問題》,《清華週刊》,1930 年第 34 卷第 9 期,第 1
　　　　頁。
〔註 95〕劉薰宇:《教育漫談(四)──從官僚化到商業化》,載《教育雜誌》,1926
　　　　年第 18 卷第 10 號,教育評壇第 1～3 頁。
〔註 96〕任範:《暴露與揭發!!!入學試驗的怪現象替考、盜題、偽造證書》,載《大
　　　　公報》,1930 年 7 月 25 日,第一張,第三版。
〔註 97〕柏:《入學試驗與作弊》,載《現代學生》,1932 年第 2 卷第 1 期,第 13～14
　　　　頁。

表 11：20 世紀 40 年代典型的盜賣、洩露大學招生考試試題事件

時間	事件	詳情
1942	西南聯大、浙江大學與武漢大學之新生聯考，成都區漏題。	這件事曾發現於成都的聯考，這可影響重慶了，重慶區本沒有泄題情事，而許多考生卻疑神疑鬼，硬說也漏了題。
1944	西北大學招生敷衍及盜賣試題。	據聞確實消息，今年一份試題賣法幣十五萬元，如此考試投機取巧者，何可勝數。考生上書教育部長。
	西北農學院盜賣招生試題。	註冊組織長劉子長欲離職，至他方偕職員王治清、唐永福等七人，將全部試題盜賣。此次國立西北農學院，託西北大學代招生，西大註冊組織賣題共計五次，合計六十七萬，由職員王治清及城固縣城關鎮鎮長苑仲先二人為接洽人。考生上書教育部長。
1947	山東大學新生考試發現盜賣試卷情事。	考生包圍質問，發生風潮，題目究如何漏出，□尚未悉，該校註冊組及印刷所關係重大。
	北大、清華、南開、中大四校聯考北平區漏題案。	考生組成「匯文抗議國立四校走漏入學試題委員會」，「部分正義同學」稱試題走漏是因為三青團想打入大學。據記者觀察，考生方面所提的五證據相當脆弱，而完全確實的證據恐難提出。北大等三校聲明否認試題走漏，同時校方所提出的反證亦均不夠強有力，難塞悠悠之口。
1948	重大、中大、武大、浙大、川大、貴大六校聯合招生重慶區漏題。	發生罷考風潮。有一說法是這樣的，有人想加強學生問題的控制，本年擬大批保送「青年」入學，但恐因而引起各校同學的反感，故令他們也來參加考試；這次漏題，是由重大訓導長主持的，他把題目拿出來教給□□中學的負責人，要他如此這般，此外也有憑私人關係看到題目的。

資料來源：何鬨：《論大學聯考》，載楊學為主編：《中國考試史文獻集成》第七卷（民國），高等教育出版社，2003 年版，第 325～329 頁。《嚴究漏題事件》，載楊學為主編：《中國考試史文獻集成》第七卷（民國），高等教育出版社，2003 年版，第 286 頁。《部分西北青年為西北大學招生敷衍及盜賣試題等致教育部長陳立夫函》，載楊學為主編：《中國考試史文獻集成》第七卷（民國），高等教育出版社，2003 年版，第 254 頁。《周傳儒等為西北農學院註冊組織長劉子長等盜賣此次招生試題請予法究致教育部長陳立夫呈》，載楊學為主編：《中國考試史文獻集成》第七卷（民國），高等教育出版社，2003 年版，第 254～255 頁。《山大考試發現盜賣試卷情事》，載《申報》，1947年 8 月 15 日，第 24964 號，第二張，第六版。《北大行政會議決議》，載《申報》，1947 年 9 月 4 日，第 24984 號，第二張，第六版。張漢清：《記四大學北平區聯考漏題案》，載《觀察》，1947 年第 3 卷第 1 期，第 18～19 頁。楊祖之：《洩露試題・沙坪壩六千學生罷考》，載《時與文》，1948 年第 3 卷第 16 期，第 15 頁。

（三）出現了「護航」、「公司」、「作弊委員會」等集團舞弊新現象

所謂「護航」，〔註98〕就是保護航行安全，是多人維護一人考試通過的集團化作弊方式，成員間一般以某種利益為交換條件。比「護航」組織性、針對性更強的是「公司」，「有許多學生，異想天開，將題目先期設法弄出，合組公司，專司其事，是以口節漏題，時有所聞。」〔註99〕「公司」不僅具有集團化的特徵，甚至延伸到盜買試題，專業化程度高，涉及範圍增大。除此之外，還有些考生追隨潮流，「『讀活書，活讀書，讀書活』，而融會貫通，成了『作弊委員會』。」〔註100〕它借鑒了合議民主制，發揮了考生的創造性，只是用錯了方向。以上三種作弊新現象都表現出了集團化、組織化、專業化的特點，這降低了作弊風險，提高了作弊成功率，同時削弱了作弊者心理上的罪惡感，作弊範圍和程度均大大擴展。

（四）夾帶、槍替、換卷子等傳統舞弊方式依然普遍

如 1924 年某大學招考考場內，「我認識二十六個，中有三個是某『最高學府』的，兩個是某『貴族學校』的，七個是某『教員養成所』的，一個是某『工頭大學』的，一個是某學院的，一個是天津某『化緣大學』的，二個是天津城外某大學的，這十七人大約也是和我一樣，——為人幫忙的。」〔註101〕筆者猜測「最高學府」指北大，「貴族學校」指清華，「教員養成所」指北師大，「工頭大學」指北京工業大學或北洋大學，「化緣大學」指南開大學，如此多名校在校生參與替考，令人瞠目。另據某位自稱已被「全國最老而最有名的一所大學」錄取的考生爆料，P 大學招考新生座椅未分開，監考不嚴，抄襲成風，以致懷疑「她所取的學生，真的都是成績優良的學生嗎？」〔註102〕全國最好的大學尚且如此，其他大學的狀況可想而知了。

〔註98〕心絲：《招考與投考》，載《中央日報》，1945 年 7 月 23 日，第五版。

〔註99〕柯育甫：《廢除大學入學試驗之商榷》，載《中國青年》，1945 年第 12 卷第 1 期，第 25～27 頁。

〔註100〕山湖：《「跳樓自殺」和「作弊委員會」》，載《學生月刊》，1940 年第 1 卷第 6 期，第 55 頁。

〔註101〕陳一偉：《某大學招考一幕》，載《晨報副刊》，1924 年 8 月 18 日，第 194 期，第四版。

〔註102〕YY：《對於 P 大學招生委員會的忠告》，載《晨報副刊》，1925 年，第 1248 期，第八版。

二、各方對招生考試舞弊的防控

舞弊的危害是很嚴重的，誠如陶行知所言：「欺親師」、「自欺」、「違校章」、「辱國體」、「害子孫」。〔註103〕輿論、大學、教育當局、考生，乃至社會各界為了消除舞弊，必然採取相應的措施。

（一）輿論抨擊舞弊

雖然宣傳並不能直接消除舞弊，但是可以使人們知道其不合理性，警示考生違反規則會付出代價，是一種預防性措施。當時各大報刊報導舞弊事件，刊載研究舞弊的論文，批判舞弊醜聞，闡發國家相關政策，是非常普遍的。輿論製造一種以作弊為恥的社會氛圍，給考生以心理壓力，是一把懸在考生頭上的道德利劍。

表 12：民國時期部分大學招生考試舞弊相關報導

時間	作者及文章標題	報刊
1913	陶行知：《為考試事敬告全國學子》	《金陵光》，1913 年第 4 卷第 4 期。
1920	顏保良：《我們對於廢止現在學校考試制度的意見》	《北京大學日刊》，1920 年 1 月 23～31 日，第 522～529 期。
	《北京大學招考餘聞》	《申報》，1920 年 7 月 23 日，第 17034 號，第三張。
1924	陳一偉：《某大學招考一幕》	《晨報副刊》，1924 年 8 月 18 日，第 194 期，第 4 版。
1925	YY：《對於 P 大學招生委員會的忠告》	《晨報副刊》，1925 年第 1248 期，第 8 版。
	劍公：《教授形抑流氓耶？》	《現代評論》，1925 年第 2 卷第 42 期。
1926	劉薰宇：《教育漫談（四）——從官僚化到商業化》	《教育雜誌》，1926 年第 18 卷第 10 號。
	宇文：《高等教育談（五）——夾帶》	《現代評論》，1926 年第 3 卷第 56 期。
1928	象山：《商業式的學校》	《現代評論》，1928 年第 8 卷第 196 期。
1930	任範：《暴露與揭發！！！入學試驗的怪現象替考、盜題、偽造證書》	《大公報》，1930 年 7 月 25 日，第一張，第三版。
	蔣壽駿：《清華大學校長問題》	《清華週刊》，1930 年第 34 卷第 9 期。
1932	柏：《入學試驗與作弊》	《現代學生》，1932 年第 2 卷第 1 期。

〔註103〕陶行知：《為考試事敬告全國學子》，載楊學為主編：《中國考試史文獻集成》第七卷（民國），高等教育出版社，2003 年版，第 73～74 頁。

1933	《令為學生偽造證書應予開除學籍偽造官廳印信者應送法院究辦》	《國立同濟大學校刊》，1933 年第 3 期。
	端木凱：《考試舞弊刑法上應有規定》	《不忘》，1933 年第 1 卷第 8 期。
1935	澤家：《論考試作弊——其方法及是非》	《宇宙風》，1935 年第 1 期。
1936	孟和：《偽造與抄襲》	《獨立評論》，1936 年第 214 期。
1940	山湖：《「跳樓自殺」和「作弊委員會」》	《學生月刊》，1940 年第 1 卷第 6 期。
1941	《自我招供：考試頂替記》	《申報》，1941 年 7 月 1 日，第 24179 號，第三張，第十一版。
1943	何其外：《切勿作弊》	《新學校月刊》，1943 年第 3 卷第 4～5 期。
1944	驪：《本年大學招生感言》	《文化先鋒》，1944 年第 4 卷第 4 期。
1945	心絲：《招考與投考》	《中央日報》，1945 年 7 月 23 日，第五版。
	柯育甫：《廢除大學入學試驗之商榷》	《中國青年》，1945 年第 12 卷第 1 期。
1947	《山大考試發現盜賣試卷情事》	《申報》，1947 年 8 月 15 日，第 24964 號，第二張，第六版。
	《北大行政會議決議》	《申報》，1947 年 9 月 4 日，第 24984 號，第二張，第六版。
	張漢清：《記四大學北平區聯考漏題案》	《觀察》，1947 年第 3 卷第 1 期。
1948	楊祖之：《洩露試題・沙坪壩六千學生罷考》	《時與文》，1948 年第 3 卷第 16 期。

（二）大學和教育部門壓制、打擊舞弊

1.以「假文憑」現象為例，教育部為加強管理而採取了一系列措施。1922 年要求各大學呈報新生名冊時，將新生的中等學校畢業證書「一併匯送備案」，〔註 104〕這種「防止冒濫的方法」並沒有奏效，教育部「發現者如同一學校而證書式樣甲乙不符，或同一證書而校長私章彼此互異，作偽僥倖於教育前途大有妨害，」進而規定，「以後各大學或專門學校招收新生時對於未經蓋印之中學畢業證書即不得收考。」〔註 105〕但是前文提到的清華大學發現新生

〔註 104〕《咨各省區各專門以上學校招收新生應將各生中等學校畢業證書匯送備核》：載國家圖書館歷史檔案文獻叢刊：《（民國）教育部文牘政令彙編》（第六冊），全國圖書館文獻縮微複製中心，2004 年版，第 2747 頁。
〔註 105〕《以後各大學各專門學校對於未經主管官廳蓋印之中學畢業證書不得收考》：載《教育公報》，1924 年第 3 期，第 33 頁。

劉歷榮文憑造假後，劉以經濟、環境原因相推脫，並以自殺相威脅，最後「蒙救之後，校務會議為適應環境計，乃復許劉君留校，並力言後不援例云云。」〔註106〕再如《北京大學日刊》刊載了20世紀20～30年代大量新生改名的事例，這足以說明大學針對「假文憑」所採取的開除、限制等措施並沒有奏效，甚至處於放任和默許的狀態。教育部不得不制定更嚴格的措施，先後頒發《冒用他人畢業證書於核准畢業後始行發覺者應撤銷其畢業資格並追繳證書》、《計檢發修正限制學生更改姓名辦法》。〔註107〕2.其實大學對於一般的夾帶、替考也沒有好辦法，無非是口頭警告，「下次不許如此，這樣是犯考規的！」〔註108〕最嚴重的也不過是「當即扣考、令其出場。」〔註109〕3.盜賣、洩露試題事件，最令大學和教育當局撓頭。1947年山東大學發現試題走漏，「召集緊急校務會議，商對一切。」〔註110〕同年北平四大學聯考漏題，北大校長胡適、北大教務長鄭華熾先後出面澄清，後北大、清華、南開召開緊急會議會商，最終北大當局抱定「心定自然涼」〔註111〕的態度，事情不了了之。1948年聯考重大考點漏題，除召開緊急會議外，「南開的主試想抓幾個質詢的最厲害的學生來『彈壓』，反被考生群□了回去」，「重大理學院試場的主試想把最先離開試場的人關在門外，再繼續考試，門窗玻璃就被打壞了幾塊，考試仍未能進行。重大當局拿不出辦法」，〔註112〕最終動用軍警予以彈壓。盜賣、漏題事件一般都涉及權錢交易，為考生深惡痛絕，學校當局也難辭其咎，而又拿不出證據，面對罷考、鬧風潮的考生，大學僅靠澄清、開會討論等被動手段，

〔註106〕蔣壽駿：《清華大學校長問題》，載《清華週刊》，1930年第34卷第9期，第1頁。
〔註107〕《冒用他人畢業證書於核准畢業後始行發覺者應撤銷其畢業資格並追繳證書》，載楊學為等主編：《中國考試制度史資料選編》，黃山書社，1992年版，第657頁。《計檢發修正限制學生更改姓名辦法》，載《教育部公報》，1933年第5卷第25、26合期，第15～16頁。
〔註108〕YY：《對於P大學招生委員會的忠告》，載《晨報副刊》，1925年第1248期，第八版。
〔註109〕《北京大學招考餘聞》，載《申報》，1920年7月23日，第17034號，第三張。
〔註110〕《山大考試發現盜賣試卷情事》，載《申報》，1947年8月15日，第24964號，第二張，第六版。
〔註111〕張漢清：《記四大學北平區聯考漏題案》，載《觀察》，1947年第3卷第1期，第18～19頁。
〔註112〕楊祖之：《洩露試題·沙坪壩六千學生罷考》，載《時與文》，1948年第3卷第16期，第15頁。

而沒有查清事實，反而採取一種息事寧人的策略，不僅不利於問題的解決，反而會損害學校名譽。

（三）考生以上書、罷考、鬧風潮等方式應對舞弊

雖說舞弊者是少數，但多數人發現夾帶、偷看等抄襲者時，一般不會報告主考，而是假裝沒看見，甚至懷有一種羨慕、嫉妒、恨的態度。主要是因為一方面自身的利益並沒有受到根本損害，另一方面害怕因舉報而帶來打擊報復。而當面對盜賣、漏題事件時，考生的反應則強烈得多。這時大多數考生的利益受到了威脅，考試的公平性難以維持，群體從眾心理，以及法不責眾的觀念驅使他們採取上書、罷考、鬧風潮等極端手段。如前文提到的成都聯考漏題、西北大學盜賣試題案，考生均上書教育部申訴：《嚴究漏題事件》、《部分西北青年為西北大學招生敷衍及盜賣試題等致教育部長陳立夫函》、《周傳儒等為西北農學院註冊組織長劉子長等盜賣此次招生試題請予法究致教育部長陳立夫呈》。其言辭懇切，且切中要害，生等「孜孜不倦，每日辛勤，求得真切之學，而竟不取埋沒人才，專以金錢為標準，生等苦痛傷悲，哀難訴情，國家若不設法救濟，不知其禍害伊於胡底，非怪青年思想歧途行動赤化，由於環境強使然也。如此貪污，惡流，竟能存於高等教育機關」，〔註113〕「故為保護將來不再有此類事件發生計，我們亦有理由主張嚴究此次泄題事件。」〔註114〕如果得不到公正解決，考生還可能採取進一步的措施，如北京匯文中學成立「匯文抗議國立四校走漏入學試題委員會」，發表宣言，陳述漏題的證據，向大學提出徹查真相的要求。考生最為激烈的反應就是鬧風潮，如山東大學漏題、重大漏題事件，考生們「紛紛跑到『主考休息室』去質問」，「在群情激憤下，五千九百多考生罷考了」，「一大堆考生圍著重大張洪沅校長的小汽車」。〔註115〕

（四）最為嚴酷的方式是追究刑事責任

1933 年面對嚴重的上海市中學畢業會考漏題抗考事件，有人提出「考試

〔註113〕《周傳儒等為西北農學院註冊組織長劉子長等盜賣此次招生試題請予法究致教育部長陳立夫呈》，載楊學為主編：《中國考試史文獻集成》第七卷（民國），高等教育出版社，2003 年版，第 254～255 頁。

〔註114〕《嚴究漏題事件》，載楊學為主編：《中國考試史文獻集成》第七卷（民國），高等教育出版社，2003 年版，第 286 頁。

〔註115〕楊祖之：《洩露試題·沙坪壩六千學生罷考》，載《時與文》，1948 年第 3 卷第 16 期，第 15 頁。

舞弊刑法上應有規定」，〔註116〕但不主張嚴刑峻法。教育部認為「有他處學生事前來慫煽惑罷課罷考」，「對於彭煽抗考及在試場行兇之人從嚴究辦」，而對於漏題事僅「令一併嚴密查明處理具報」。〔註117〕隨後制定了較為嚴厲的刑法，如《考試舞弊中央決定科刑原則》、《令為學生偽造證書應予開除學籍偽造官廳印信者應送法院究辦》、《教部嚴令取締學生偽造文憑》〔註118〕，均要求對作弊者開除學籍，移送法院，依法究辦。動用司法手段打擊考試舞弊可能是最嚴厲的手段了，但是其效果如何，值得懷疑，民國後期大量的盜賣、洩露試題事件即是明證。而不問青紅皂白，對抗考者一律施以嚴刑峻法，似乎不妥。不思究查舞弊真相，僅以刑罰相威脅，彷彿給人避重就輕之感。

三、招生考試舞弊的深層分析

（一）多視角的透視

從本質上說，舞弊就是參與主體以違反招生考試規則的行為為手段，進而獲取入學資格的行為。因此舞弊的根本原因在於大學招生供給不足與考生入學需求過旺之間不可克服的矛盾。舞弊頻發的直接原因有兩個方面。一方面是參與主體主觀上的原因，比如價值觀、世界觀、道德觀低下，舞弊成性。另一方面是客觀原因，考試制度不合理，招生規則違背規律，令考生不得不「舞弊」。從經濟學的視角看，人是以利益最大化為追求目標的，當面對大學入學資格這樣的高回報時，低成本的舞弊似乎是值得的買賣；長達十幾年的艱辛學習歷程較之舞弊一時的風險投入，其成本差距是如此之大，收益卻相差無幾，如何抉擇不言自明。從社會學的視角看，社會道德淪喪，個人主義、拜金主義、腐朽思想均不同程度的腐蝕著學生，學生的社會化不僅表現在正向方面；「破窗理論」說明「壞的會越來越壞」，初期的舞弊沒有得到很好的矯正，將會加劇惡化。從心理學的視角看，從眾心理、僥倖心理，反感考試、虛榮心和自尊心都會促進舞弊的發生。從教育學的視角看，中小學教師沒有

〔註116〕端木凱：《考試舞弊刑法上應有規定》，載《不忘》，1933 年第 1 卷第 8 期，第 47～54 頁。

〔註117〕《教育部指令》，載《教育部公報》，1933 年第 5 卷第 25、26 合期，第 19～20 頁。

〔註118〕《考試舞弊中央決定科刑原則》，載《中央日報》，1933 年 10 月 8 日，第三版。《令為學生偽造證書應予開除學籍偽造官廳印信者應送法院究辦》，載《國立同濟大學校刊》，1933 年第 3 期，第 1～2 頁。《教部嚴令取締學生偽造文憑》，載《申報》，1947 年 3 月 2 日，第 24798 號，第二張，第五版。

把學生的舞弊扼殺在搖籃裏，監考者執行規則不嚴；考試內容和方式偏重於死記硬背；教學方式多為填鴨式，一味迎合「應試」。這些因素不可避免地加劇了舞弊的風行。

（二）舞弊背後的教育與社會問題

其實，民國時期大學招生考試的舞弊現象反映出了許多問題。其一，「假文憑」泛濫說明了民國初期中學教育發展遲緩，且未立案中學龐雜，水平參差不齊。但是大量中學未畢業者能夠考上大學，並順利改名，說明了「限制文憑」政策不完全合理，教育當局和大學對此都採取了默許的態度。其二，夾帶、槍替等傳統作弊手法甚為流行，一方面說明考生的科舉老傳統沒有丟，另一方面說明「應試教育」在民國已經形成。中學填鴨式教育，大學招考以記憶性知識為主，「升學主義」初露端倪。其三，盜賣、洩露試題多發於單獨招生、聯合招生，反證了統一招生具有更大的權威性。統一招生雖只有短短三年，但具有重大的意義，統一出題、印刷、運送、審閱、榜示，以國家權威把權錢交易的風險降到最低。這說明當時各大學的考試規則和國家考試制度均不完善。其四，集團化作弊的新現象，是現代社會所特有的，專業化、制度化甚至民主化的運作方式令人歎服考生的創造力，現代社會孕育了現代化的舞弊。其五，一有風吹草動考生就抗考、罷考、上書，甚至鼓動風潮。深刻反映了新文化運動以後，學生的思想大大解放，考生爭取民主、自由、權力的意識得到強化。另外考生也容易聽信漏題的謠言，採取非理性化的暴力應對方式，既反映了其思想的不成熟，也給當局武力鎮壓以口實。其六，民國後期大量的盜賣、洩露試題現象說明社會腐敗加劇，向上層社會流動的狹窄渠道走向封閉。其七，洩露試題事件往往夾雜著黨派鬥爭。北平區聯考漏題，「目的是為了三青團員的打入北大清華二校」。〔註119〕重慶區聯考漏題，「有一說法是這樣的，有人想加強學生問題的控制，本年擬大批保送『青年』入學，但恐因而引起各校同學的反感，故令他們也來參加考試；這次漏題，是由重大訓導長主持的，他把題目拿出來教給□□中學的負責人，要他如此這般，此外也有憑私人關係看到題目的。」〔註120〕兩起事件都若隱若現國民

〔註119〕張漢清：《記四大學北平區聯考漏題案》，載《觀察》，1947年第3卷第1期，第18～19頁。

〔註120〕楊祖之：《洩露試題‧沙坪壩六千學生罷考》，載《時與文》，1948年第3卷第16期，第15頁。

黨三青團的身影，其中夾雜著國共兩黨的鬥爭，及國民黨內部派系鬥爭。當局指責有「職業學生」運動風潮，暗指共產黨製造事端。另外也說明了國民黨對大學的控制力較弱，學生運動加速了舊政權的滅亡。其八，拋開政治糾葛和利益紛爭，將舞弊概念泛化，似乎中國社會文化早已習慣了這種行為。日本學者清水安三氏說：「支那人的舞弊是有名的。讓聽差買物，假定是兩毛錢的東西，那他只給買一毛八的，盜取兩分。假定讓他去買牛肉，分量一定不夠；分量要是夠數，價錢則必然高。不但聽差老媽子如此，就是經營學校的，也莫不設法偷盜。譬如買煤，總要運多少到自己家去。本人住這國度，前前後後已住過二十多年了，卻還沒有遇見過一個不舞弊的支那人。」〔註121〕這種佔便宜、揩油的貪污小事不斷塑造著國人的性情，這恐怕是社會腐敗的文化根基。考生不講誠信，大學輕易變通規章，監考敷衍了事，不都是國人特有性情的表現嗎？其九，大學針對盜賣、洩露試題事件往往採取「心定自然涼」的態度，企圖用拖延來消弭矛盾。不是認真的查明真相，抓出腐敗者，堵上漏洞，而是怕事態擴大影響學校聲譽。殊不知這樣就縱容了舞弊，給社會和考生以錯誤信號，彷彿「嚇死膽小的，撐死膽大的」。從長遠上看，這樣會使考生對大學失去信心，損害公平的價值，其社會危害更大。其實，我國公共部門面對醜聞時，歷來秉承「家醜不可外揚」的精神，全力掩蓋之。民國時期大學卻把這種權謀之術應用的如此嫻熟，其客觀的科學精神何在？其十，人情社會締造了考試這種至公之物，同時孕育了舞弊，最終使考試走向僵化，惡性循環不能自拔。極為重視個人關係的社會，在選拔人才的過程中，為了摒棄關係和金錢的干擾不得已使用考試制度，否定推薦制。人們迷信考試的公平性，關係和金錢卻以舞弊的方式腐蝕考試。「在舞弊不公與僵化刻板之間，人們往往寧願公平競爭而接受死板的考試，從而使考試制度走向選才的反面。」〔註122〕應試教育的僵化和舞弊的腐朽最終會埋葬考試。科舉制、民國時期大學招生考試、高考都是例證，難道考試是必要的罪惡，如何才能掙脫這一惡性循環呢？

小結

民國時期，國立大學招生的考試具有以下特點：

〔註121〕芸蘇：《亂談舞弊》，載《中國公論》，1943年第10卷第3期，第40～41頁。
〔註122〕劉海峰等著：《高校招生考試制度改革研究》，經濟科學出版社，2009年版，第6頁。

（一）以「智」的考查為核心

根據教育學的基本原理，基於人的全面發展的需要，理想的人應該是一個德、智、體、美全面發展的人。因此，大學所要培養和選拔的也應該是一個全面發展的人。它的心理學基礎是，「認知與知識、智慧相聯，追求的是『真』；意志與思想品德等相聯，追求的是『善』；情感與情緒、態度等相聯，追求的是『美』；而身體則主要與體格、健康等相聯，是作為知、情、意的載體而出現的。」〔註123〕因此，理想的大學招生內容應該考查德、智、體、美所有方面，選拔具有真、善、美品質的人。但是，現實與理想相距甚遠。民國時期，各大學招生以考試為核心，以智的考查為重點。對於德的考查，有的大學要求「請常川在京現有職業而能負責者二人為正副保證人出具保證書」，須「品行端正」，「向未經學校開除者為合格」〔註124〕，但並無實際的考查方法。對於體的考查，多數大學僅要求「無危險及傳染病」，經過西醫檢查無重要臟器疾病，如1920年北大對新生的體格檢查就發現「患肺病者二人、血液病三人、肺癆病一人、患花柳病兩腺腫大、發現第三期症狀者則有四人」〔註125〕，並無專門的體格測試。其實，時人已經指出這種片面化的考查內容的弊端，「不知於平居考察生徒之學問品行，徒恃考試以為標準者，視昔日之考試有何軒輊於其間哉。」〔註126〕1948年，教育部甚至通令，「國立專科以上學校，招收新生時必須特別注意學生之品行行為」〔註127〕，可見各校並不重視新生品行的考查。因此，民國時期大學的招生內容以智為主，相對忽視德、體、美等方面。但是，民國時期大學的招生內容也不失靈活。如浙大、北師大曾試行智力測驗，中央大學等校注重附中學生平時成績和品行的考察，從中保送優秀學生。有的私立大學和教會大學的招生內容較國立大學更全面、更靈活，它們注重「承認中學」在校生平時成績、品行的考查，對於某方面素質突出的考生可以降分錄取，甚至只須名家推薦即可錄取。這在一定程度上糾正了偏重「智」的招生方向。

〔註123〕鄭金洲著：《教育通論》，華東師範大學出版社，2000年版，第208頁。

〔註124〕《北京清華學校招考大學部學生規程》，載《清華週刊》，1927年第28卷第14期，第744～748頁。

〔註125〕《北京大學招考餘聞》，《申報》，1920年7月23日，第17034號，第三張。

〔註126〕邢定雲《學校考試之害及補救之法》，載《教育雜誌》，1914年第6卷第12號，第217～232頁。

〔註127〕《國立大學招收新生教部嚴令注意品行，未立案私校即予取締》，載《中央日報》，1948年7月11日，第四版。

（二）中西知識兼顧，注重考試科目的全面性

　　現代大學以傳播和發展科學為己任，與傳統書院和太學區別甚大。近代以來，發源於西方的科學才逐漸引入中國。民國時期，科學已在中國確立了地位，而中國大學是科學的家。從大學的招生內容來看，經史子集已失去主體地位，被西方科學所取代。數學、物理、化學、生物、英文、外國歷史、外國地理在招生中的作用日漸突出。因此，現代科學和學科知識是招生的關鍵內容。傳統文史知識不再是大學選拔人才的主要內容，但是經史子集以國文、中國歷史、中國地理的形式出現。經過現代化改造的傳統學術重新煥發了活力，它仍是招生內容中不可或缺的部分。一方面，這種中西兼顧的招生內容，有效地引導考生學習科學和傳統人文知識，有利於學貫中西式人才的培養。民國時期學貫中西的大師級人物不斷湧現，與這種過渡式、融合式的招生內容不無關係。另一方面，在中西兼顧基礎上的偏向化，有利於特殊人才的選拔。如北大、清華的破格錄取，以國文、英文、歷史等學科突出者為主。東南大學、交通大學、北洋大學則重視科學知識的考查。這裡是國學大師和科學家的搖籃。或許是歷史的偶合，招生內容中科學與傳統學術的這種結合恰到好處。

　　通過對民國時期大學考試科目的考察，可知全面性是其重要特點。考試科目中既有工具性學科（國文、英文），也有科學學科（數學、物理、化學、生物），也有人文學科（公民、歷史、地理）。文實科考生均須考試所有學科，重視考生學科知識的全面性和基礎性。同時，各考試科目在各科類招生中的內容和比重也不盡相同，這又體現了差異性。此種考試科目設置，既重視全面性上的差異性，又強調專業性下的基礎性，真乃恰如其分。

　　當然考查內容不僅包括考試科目與試題，其他如體格檢查、道德考查、智力測驗、性格測驗等都是應有之義，政治檢查也是重要內容，如 1927 年公布的《國立中山大學入學政治檢查條例》要求考生效忠國民黨，不得有任何反動言論和行動，「政治檢查的目的，在識別學生的政治思想及過去的行為。1.凡與一切反動派有關係者，不得錄取。2.凡從前與一切反動派發生關係，現已覺悟者，須得所在黨部證明，或本黨忠實同志二人以上之保證。3.凡有反動行為之嫌疑者，須有本黨內合法機關，具函蓋章擔保。4.免考入學學生，亦須受同樣之檢查。」〔註128〕再如早期各大學招生並無體格檢查，白雄遠在北大

〔註128〕黃福慶著：《國立中山大學（1924～1937）》，中央研究院近代史研究所專刊，1988 年版，第 173 頁。

教務會議上建議：今後北大招生，須先檢查體格，然後才能報名。這個建議得到了蔡校長的支持，經教務會通過後執行。〔註 129〕體格檢查遂成為各大學入學的必須程序。

〔註 129〕孫存昌：《中國近代大學教師專業素質研究——以大學職能演化為視角》，蘇州大學博士學位論文，2009 年，第 134 頁。

第四章　民國時期國立大學招生的錄取

　　當前，重點大學入學機會是一個關係重大的問題，它關涉各方的根本利益，關乎社會的核心價值，甚至影響社會穩定。而重點大學入學的區域不平等和階層不平等長期得不到有效解決，似乎陷入了困境。民國時期國立大學面臨同樣的難題，歷史或許沒有解決問題的成功經驗，但至少可以提供失敗的教訓。這裡僅以民國時期國立大學在校生的籍貫、家庭出身為主要指標，來分析國立大學入學的公平性。通過對民國時期破格錄取的考察，探析特殊人才的錄取路徑。

第一節　國立大學招生的錄取標準

　　錄取標準是招生的核心環節之一，它是決定錄取與否的準繩，其重要性不言而喻。由於國立大學對邊遠地區少數民族、華僑、國民黨員、軍人、教職員、偏才怪才有特殊的錄取標準，另有專門討論，這裡僅探討一般的錄取標準。民國時期國立大學招生劇烈變革，錄取標準變幻莫測。不同學校，不同時期的錄取標準有較大差異。由於相關的資料缺乏，這裡僅選取代表性的大學，對其錄取標準作概貌性的分析。民國時期，法律法規對錄取標準並未有明確的規定，並未說明錄取所需考核的項目及考試程度。僅有《國立大學校條例》規定，「國立大學校錄取學生，以其入學試驗之成績定之。」〔註1〕

〔註1〕《國立大學校條例》，載楊學為等主編：《中國考試制度史資料選編》，黃山書社，1992 年版，第 575 頁。

時人對大學招生的錄取標準有一段精彩的描述：

> 一年一度的大學入學考試又將來臨。關於錄取標準，有的主張
> 嚴格，有的主張寬容，有的主張各院系同一標準，有的主張各院系
> 分別計算。大概這種種主張都得在各校招生委員會中提出討論。也
> 許由於各校傳統的習慣，主張一經決定，便須硬性執行。而各校所
> 採用的考試方法，大概還是舊式考試。所謂舊式考試，便是出幾個
> 題目，讓考生自由發揮。因為時間限制，題目不會出得多，十個題
> 目已經可以說最多了。至於記分方法，大概把每科考卷隨意地分成
> 幾疊，這一疊另甲教員批閱，那一疊令乙教員批閱，並且出來沒有
> 考慮到互相校核，互相比較，就這麼把每個人的各科分數評定了。
> 於是再在招生委員會裏討論各科最低限度的標準。大概認為各科分
> 數，係天平一樣地準確，不管批閱者的主觀成分如何，不管各科題
> 目的難易如何。總之這一科的一分等於那一科的一分，便這樣的把
> 考生命運決定了。

> 資料來源：曹飛：《大學入學考試取錄標準之商榷》，載《教育
> 雜誌》，1948 年第 33 卷第 9 號，第 16～18 頁。

一、單獨招生的錄取標準

民國時期單獨招生佔據主導地位。各大學一般以校內的招生委員會為確定錄取標準的主體，招生委員會組織討論、議決錄取所要達到的身體、品德、智力、學科分數標準。從錄取標準所涵蓋的範圍來看，包括了體、智、德三個方面。要求考生無重要臟器損害，無傳染性疾病，需西醫體檢合格證明。有的大學僅要求考試無不良嗜好，無違法亂紀行為，有的大學則要求有正當職業的保證人以保證書的形式，擔保考生品行無問題。各大學最為看重考生入學考試的成績，考試成績是錄取標準中的關鍵部分。各大學對考試成績的要求五花八門，其標準各異，總分、總平均分、三科平均分、兩科平均分、單科最低分都可能成為錄取標準。從錄取標準的深度來看，國立大學較國立學院、省立大學的標準為高。尤其是一些著名的國立大學較普通的國立大學要求為高，不同國立大學的錄取標準差距也較大。名牌國立大學寧缺毋濫，其錄取分數很高。

以北京大學為例，1929 年新生錄取標準如下：

考試委員會第五次會議

時間：十八年七月二十四日

到會者：徐寶璜胡代　關應麟　劉 復馬代　馬裕藻　王烈　胡壯猷

何基鴻　王仁輔　樊際昌

議決案：

預科新生初試錄取標準

甲、三門均在六十分以上　　　　　　　　　　　　　　33（名）

乙、三門均在五十分以上　　　　　　　　　　　　　　51（名）

丙、兩門在六十分以上一門在四十分以上　　　　　　　39（名）

丁、兩門在七十分以上一門在三十分以上　　　　　　　2（名）

戊、兩門在八十分以上一門在二十分以上　　　　　　　1（名）

己、一門在四十分以上一門在五十分以上一門在六十分以上27（名）

庚、三門總分在一百五十分以上，每門不得少過二十分　91（名）

辛、有特殊情形者　　　　　　　　　　　　　　　　　33（名）

（二）本科新生錄取標準（十八年度）

乙部：

（A）國文、外國文在六十分以上，他科在三十分以上　　5名

（B）國文、外國文在五十分以上，他科在三十分以上　　2名

（C）國文、外國文在六十分以上，他科在二十分以上　　3名

（D）國文、外國文總數（分）在一百分以上他科在二十分以上7名

（E）國文、外國文總數（分）在一百二十分以上他科無一科在十分

　　以下者　　　　　　　　　　　　　　　　　　　　2名

（F）國文、外國文總數（分）在一百分以上其他科目合計在一百二

　　十分以上而無一科在十分以下者　　　　　　　　　7名

（G）有特殊情形者　　　　　　　　　　　　　　　　4名

總共三拾名（取消相片不符者1名）

甲部：

（A）國文在二十分以上，外國文在四十分以上，其他科目合計在

　　一百分以上而而無一科在十分以下者（惟化學除外）　4名

（B）有特殊情形者　　　　　　　　　　　　　　　　3名

總共七名

考試委員會第六次會議

時間：十八年七月三十日

到會者：胡壯猷　王烈　徐寶璜胡代　王仁輔　馬裕藻　關應麟
何基鴻　樊際昌

預科新生復試錄取標準（共取二百五十名）

五門中有一門零分者不取

總分不及一百五十分者不取

具上列兩項情形之一而第一試特別優良者，亦可酌量錄取（a 一門
在九十分以上，b 二門在七十分以上，c 三門在六十分以上）

上海招考預科新生錄取標準（前三門標準）

（A）三門均在六十分以上　　　　　　　　　　　　　　　　　　（1）

（B）三門均在五十分以上　　　　　　　　　　　　　　　　　　（3）

（C）兩門在六十分以上一門在四十分以上　　　　　　　　　　　（3）

（D）兩門在七十分以上一門在三十分以上　　　　　　　　　　　（2）

（E）兩門在八十分以上一門在二十分以上　　　　　　　　　　　（0）

（F）一門在四十分以上一門在五十分以上一門在六十分以上　　　（4）

（G）三門總分在一百五十分以上每門不得少過二十分　　　　　　（3）

（H）有特殊情形者　　　　　　　　　　　　　　　　　　　　　（1）

（共 17 人）

（後五門標準）

依照北平復試標準俱及格，共取十七人。

上海招考本科新生錄取標準：

乙部：

國文、外國文在六十分以上，他科在三十分以上　　　　　　　　（0）

國文、外國文在五十分以上，他科在三十分以上　　　　　　　　（0）

國文、外國文在六十分以上，他科在二十分以上　　　　　　　　（1）

國文、外國文總數（分）在一百分以上，他科均在二十分以上　（3）

國文、外國文總數（分）在一百二十分以上，他科無一科在十分
以下　　　　　　　　　　　　　　　　　　　　　　　　　　　（0）

國文、外國文總數（分）在一百分以上，其他科目合計在一百二十
分以上，而無一科在十分以下　　　　　　　　　　　　　　　　（0）

有特殊情形者　　　　　　　　　　　　　　　　　　　　　（0）

共取四名。

甲部：

國文在二十分以上，外國文在四十分以上，其他科目合計在一百分

以上，而無一科在十分以下者　　　　　　　　　　　　　（0）

有特殊情形者　　　　　　　　　　　　　　　　　　　　　（0）

無一人被取者。

　　　資料來源：王學珍、郭建榮主編：《北京大學史料》第二卷（1912

～1937）中冊，北京大學出版社，2000 年版，第 855～856 頁。

　　表面上看，北京大學的錄取標準不算高，但是與一般的國立大學相比，
還是可以看出差距的。如 1934 年教育部視察國立暨南大學，「該校錄取新生
標準，普通以四十五分為及格，華僑以三十分為及格，而錄取名額，較以前各
年度為多，殊與選令嚴格招生，減少名額，以求改進質量之旨不合。」〔註 2〕
與北京大學嚴格限制招生名額，劃定較高的錄取分數線相比，暨南大學的錄
取標準實在是寬濫。但是，總體上看，雖然都是單獨招生，南京國民政府時
期較北洋政府時期的大學錄取標準有了較大幅度的提高。教育部曾統計 1936
年大學新生的考選狀況，有輿論作此評價，「收錄新生各科總平均成績之次數
分□全國平均分數為 59.9 分，眾數為 61.9 分，中數為 60.5 分，低四分位數為
53.7 分，高四分位數為 66.6 分，故錄取水準均甚高。」〔註 3〕官方媒體的自我
評價不免有誇大之嫌，但是錄取水準的提高是可以確定的。

　　抗日戰爭和解放戰爭時期，中學教學質量深受影響，各大學的錄取標準
維持在較低的水平。1939 年，四川大學接收統一招生分發的新生未能滿額，
遂自行組織二次招生。1939 年 12 月 12 日，由校長程天放主持，各院院長參
加的第十一次行政會議議決新生錄取標準案。標準如次：1.總平均分數在 45
分以上。2.國文分數須在 45 分以上。3.英文分數須在 45 分以上。4.報考數學
系學生數學分數須在 50 分以上。〔註 4〕抗戰時期，大學損失慘重，高校內遷，

〔註 2〕《教育部訓令》，載教育部編訂：《教育部改進專科以上學校訓令彙編》，中華
　　　　書局，1935 年版，第 27～29 頁。

〔註 3〕《全國大學招考新生，私立高中獲選最多，各校取錄水準亦均甚高》，載《中
　　　　央日報》，1937 年 1 月 16 日，第八版。

〔註 4〕《本大學二十八年度第十一次行政會議記錄》，載《國立四川大學校刊》，1939
　　　　年 12 月 21 日，無卷期，第 11 頁。

失學青年甚眾，「招生錄取標準難免降低。」抗戰勝利後，逐步復員恢復常態，教育部要求各大學「將錄取標準儘量提高，俾入學後研究高深學術及專門技能，均能勝任，以鞏固教育基礎。」〔註5〕各國立大學接到教育部的通令後照章辦理，如國立山西大學就從監考、閱卷、記分、錄取、口試等多個環節嚴格辦理。雖然其錄取標準從 1946 年的 24 分提高到 1947 年的 35 分，但是其程度如何，值得懷疑。

> 每系以開課為原則，如錄取名額不足時續招一次；每系超出之名額，按第二志願錄取之；請求更換志願者，在未寫榜前准許之；總均分在三十五分以上者為正取（上年為二十四分），三十分以下者為備取；續招新生以名額不足十人之系為標準，醫學院按兩系計之；從軍學生依照部定優待辦法總均分在三十分以上者得錄取之；同等學力按部章錄取百分之五；被突擊之考生，如在錄取名額內，再予審查。
>
> 資料來源：《招生委員會紀錄二則》，載《國立山西大學校刊》，1947 年第 4 卷第 8、9 期合刊，第 27 頁。

二、統一招生的錄取標準

統一招生的錄取除要求體檢合格、口試合格外，主要取決於考試成績。1938～1940 年的錄取標準如下。

1938 年國立各院校統一招生錄取標準規定：（一）各地所定考生成績，其分數有寬嚴不同者，以十二處成績中數與各地中數之差，分別就各地總分數加減調整之。（二）凡投考學生考試成績具有下列二項標準之一經覆核錄取之：（甲）筆試七科目總分數經調整後在二百八十分以上，但（1）投考第一組國文、英文（或德文）二科目均非零分者；（2）投考第二組及第三組國文、數學二科目均非零分者。（乙）筆試七科目總分數經調整後在二百十分以上，但（1）投考第一組國文在三十分以上，英文亦非零分，或英文在三十分以上國文在十分以上而數學非零分者；（2）投考第二組國文在十分以上數學在三十分以上，而英文（或德文）非零分者；（3）投考第三組國文在十分以上，物理、化學、生物三科目中有一科目在三十分以上而數學、英文非

〔註5〕《部令提高大學新生錄取標準》，載《教育通訊》，1947 年第 3 卷復刊第 11 期，第 30 頁。

零分者。（三）有加試科目者，以加試科目之分數代替計入總分數內，再按上述標準辦理。〔註6〕

　　1939 年國立各院校統一招生錄取標準與去年不同：（甲）投考學生筆試七科目總分數，經調整後在二百三十分以上，而國文、外國文、數學均非零分者，經覆核後錄取之。（乙）有加試科目者，以加試課之分數代替計入總分數內，再依前項辦理之。（丙）同等學力學生之錄取，並須依照辦法大綱十二條（即百分之十，並以每區錄取總名次前半為限）辦理。……（己）蒙藏生及海外僑生筆試七課目總分數，經調整後在二百分以上，而國文、外國文、數學皆非零分者，經覆核後錄取之。（庚）大學先修班錄取標準有二：一為筆試七課目總分數經調整後在二百三十分以上，而外國文或數學僅有一門為零分者（國文必須非零分）；一為筆試七課目總分數經調整後在二百二十分以上，而國文、外國文、數學均非零分者，以同等學力投考，雖合於前二項標準，亦不得錄入大學先修班。〔註7〕

　　1940 年統一招生錄取標準與前兩年又有所不同：（甲）第一組報考生學科總分數經調整後在二百八十分以上，而國文、英文、數學非零分者，經覆核後錄取之。（乙）第二組報考學生八學科總分數經調整後在二百六十分以上，而國文、英文、數學非零分者，經覆核後錄取之。（丙）第三組報考生八學科總分數在二百四十分以上，而國文、英文、數學非零分者，經覆核後錄取之。（丁）第二三組報考生數學為零分者，而其總成績在二百八十分以上者，經覆核後改取第一組。……（己）蒙藏及海外僑生八學科成績第一組在二百四十分以上，第二組在二百二十分以上，第三組在二百分以上，且國文、英文、數學均非零分者，經覆核後錄取之。（庚）有加試科目者，以加試科目之分數代替計入總分數內，再依以上各項辦理之。……（癸）大學先修班錄取標準為二百四十分。〔註8〕

　　實施統一招生的重要目的之一就是整齊大學新生程度，提高錄取標準。但是從實施的情況來看，整齊的目的達到了，但是水平較低，甚至比統一招

〔註6〕沈雲龍主編：《近代中國史料叢刊三編第十一輯第二次中國教育年鑒》第五編高等教育，文海出版社，1973 年版，第 44 頁。

〔註7〕沈雲龍主編：《近代中國史料叢刊三編第十一輯第二次中國教育年鑒》第五編高等教育，文海出版社，1973 年版，第 46 頁。

〔註8〕沈雲龍主編：《近代中國史料叢刊三編第十一輯第二次中國教育年鑒》第五編高等教育，文海出版社，1973 年版，第 48 頁。

生實施前還低。「非零分者」即可被錄取，遭到了許多學者的批判，潘光旦認為這樣「錄取的標準太低」，「低的劃一，直不如不劃一。很不幸的，二十七年度所得的劃一是一種很低的劃一。」教育部為了救濟考生不斷降低錄取標準的做法確有「苦衷」，但是「這種苦衷我們是不能不原諒的。」〔註9〕

三、國立大學錄取標準的特點

通過梳理國立大學招生的錄取標準的發展史，發現它具有如下幾個特點：1.確定錄取標準的主體隨著招考權的轉移而變化。招考權在誰手中誰就有權確定錄取標準，即確定錄取標準的權利是招考權的重要內容之一。從自由招生到控制招生，再發展到調控招生。確定錄取標準的主體，從大學向政府轉移，再回歸大學，這與招考權的變化是一致的。我們認為錄取標準主要是教育問題，應該主要由大學來主持。當然它也牽涉到國家整體發展的需要和社會公正，這就需要政府來協調，政府應是確定錄取標準的次要主體。2.從錄取標準涵蓋的範圍來看，較為全面，但也有一些缺陷。錄取標準對德、智、體均有所涉及，但是仍以考試成績為核心。時人已經認識到這種錄取標準的狹隘性，認為多方面的招生方法是取材之道：「一、知識考試；二、中學成績及班中等次之審查；三、智力測驗；四、操行調查；五、直接接觸。」〔註10〕民國時期的國立大學較少用後四種方法進行招生。對以考試成績為唯一錄取標準持懷疑態度的人也不在少數，有人認為「考試──尤其是入學考試並非一種測驗成績的盡善盡美的標準，過度繁難的考題與過度嚴格的錄取也不見得能夠收到程度極好的學生。」〔註11〕激進的學生更是認為以考試成績為錄取標準是靠不住的，算學理化等科的評閱較為客觀，而國文史地等較為主觀，易受人為因素的干擾，「依這種心理的好惡作標準來收錄學生，被取上的不過是僥倖。落名的實在是冤枉。」〔註12〕其實，由於考試技術的限制，考試題

〔註9〕 潘光旦：《讀二十七年度統一招生報告》，載《今日評論》，1939 年第 2 卷第 9 ～10 合期，第 135～138 頁。

〔註10〕 梅貽寶：《大學招生評議》，載《國聞週報》，1934 年第 11 卷 32 期，第 1～ 4 頁。

〔註11〕 大同：《本校今年招生問題》，載《清華週刊》，1930 年第 33 卷第 6 期，第 66 ～69 頁。

〔註12〕 顏保良：《我們對於廢止現在學校考試制度的意見》，載《北京大學日刊》，1920 年 1 月 23～31 日，第 522～529 期，第三、四、三、四、四、四、三、四、 三、四、三、四、三、四版。

目、閱卷、記分等因素都可能使分數的可比性大大降低。因此，許多人提出擴大錄取標準的涵蓋範圍，包括新式測驗、智力測驗、中學時期成績、年齡等。〔註13〕3.從錄取標準的程度上看，總體程度較高，但各大學的要求寬嚴不一。從相對意義上說，國立大學的分數線較高，從絕對意義上說，其分數線又不算高。國立大學的錄取標準遠遠高於大多數考生的水準，但是由於考生整體的學術水準較低，國立大學的錄取標準也不見得高。20世紀30年代，北平幾所較好的國立大學的錄取標準為總平均分50分左右，清華為47分。研究者認為47分實在是太低，考生的答案盡是些笑話，「不是問題太難而實是程度過差。」〔註14〕有的人甚至認為統考和聯考的錄取標準也不高，統考第一屆平均分最低須在30分以上，第二屆為33分以上，「這個取錄標準，也許令人失望，認為距離理想太遠」，而聯考更為可憐，「在題目的改易下，在五年的提高中，其錄取標準也不過由30分升到36分，五年6分的進步，真難叫我們滿意！」〔註15〕4.總體上看，各大學堅持了寧缺毋濫的錄取標準。各國立大學規模較小，設備有限，大多秉持精英教育的理念。到解放前，「清華因受宿舍及教室的限制不得不從嚴錄取凡六門科目總分滿三百四十分者始予取錄。總計僅取了六百二十四名。平均每十九考生中錄取一人。」〔註16〕教育部秉持了重質不重量的原則，多次強調「錄取標準酌予提高。」〔註17〕各大學也能堅持基本的學術標準，盡力選拔英華之輩。

第二節　所錄取學生的地域分布

　　民國時期國立大學招生並未採取分省錄取的方式，各大學一般按照所有考生的分數從高到低依次錄取，也就是說按照分數而不是按照籍貫來分配錄

〔註13〕趙廷為：《關於大學招生問題的幾點感想》，載《教與學》，1938年第3卷第12期，第11～13頁。齊泮林：《論大學入學考試》，載《中央日報》，1948年8月10日，第三版。

〔註14〕楊遵儀：《中學地理成績》，載《獨立評論》，1934年第5卷第116號，第19～21頁。

〔註15〕何開：《論大學聯考》，載楊學為主編：《中國考試史文獻集成》第七卷（民國），高等教育出版社，2003年版，第325～329頁。

〔註16〕吳澤霖：《大學入學考試的可靠性》，載《周論》，1948年，第1卷第20期，第4～8頁。

〔註17〕教育部教育年鑒編纂委員會編：《第三次中國教育年鑒》第七編：高等教育，正中書局，1957年版，第66頁。

取名額。如上所述，各大學擁有招考自主權，且多實行單獨招生，加之國立大學區域分布失衡，這加劇了內地考生的應試成本。因此，我們推斷沿海、沿江的東部省份考生在大學錄取中佔據優勢。

一、全國在校大學生籍貫分布

如表 13 所示，1931～1934 年全國大學生籍貫分布呈現出分化的特點。（1）籍貫為江蘇、浙江、河北、廣東的學生共占約百分之五十，各省所佔比例都在百分之十左右，有的甚至超過百分之十五。（2）占百分之一到百分之五的省份較多，即遼寧、四川、福建、山西、安徽、山東、湖南、江西、湖北、河南、廣西、吉林，共占百分之四十多。（3）占百分之一以下的省份為陝西、雲南、黑龍江、貴州、甘肅、察哈爾、綏遠、熱河、新疆、西藏、寧夏、青海、西康、蒙古，共占不到百分之十。有些年份大學中甚至沒有來自甘肅、西藏、西康等省的學生。因此，各省之間的大學入學機會是極其不平等的。華北、華東地區佔據了大部分的高等教育資源，而廣大的西南、西北、華中、東北地區所分享的高等教育資源較為匱乏。歸其原因，經濟和社會發展狀況是決定性的因素，而國立大學的地理分布、招生政策也是重要影響因素。長途跋涉應考需消耗大量的人、財、物資源，令邊遠地區考生望而卻步。以分數高低錄取，而不考慮不同省份的具體情況，使得文教不發達的省份難以與文教繁盛的華東、華北省份競爭。因此，可以初步斷定浙江、江蘇、廣東、河北為第一集團，它們處於沿江、沿海的東部地區，或經濟文教發達，或處於政治中心，其考生被大學錄取的機會最大。福建、湖南、江西、湖北、安徽、河南、山東、山西、四川等省屬第二集團，它們多處於沿江的中部地區，或人口眾多，或文教興盛，其考生被大學錄取的機會較大。東三省、西南、西北諸省處於第三集團，位於內陸，經濟、文教均落後，其考生被大學錄取的機會較小。西藏、新疆、青海、西康、蒙古等省處於第四集團，其考生被大學錄取的機會最小。其實早在教育部第十屆教育會聯合會中，就有人提出此問題，並提交《國立專門以上學校招生宜酌定各省區名額建議案》，只是沒有引起足夠的重視，教育部也未採取任何應對措施。

理由：國立專門以上學校近年錄取新生，有數省額數極少或竟無人者，在學校亦以有此覺悟，復假交通便利之區招考新生，而所有錄取新生幾全為交通便利地方之學生。查國立學校原為造就全國

人才而設，俾於學成後各回本地，興發一切事業。今所取學生，多偏一隅，已非國家設立學校之本旨。然此項畢業學生，果肯效力於各地亦未始非救濟之一道。乃考之現在情形，實又不然。交通便利，文化發達之區人才如鯽，而偏遠省份百方羅致亦不可得，就中尤以女子人才尤甚。在主持國立教育者，純以考試時程度為標準，藉以提高教育程度。殊不知偏遠省份學生程度本非資質不良，只以教育頹敗，程度遂覺稍差，而其所以頹敗者，即因缺乏人才。苟不於此時開其方便之門，則偏遠地方之教育，將永無進展之期，而學生程度永無提高之望，亦即永無升入國立學校之機會。互為因果，所謂提高教育程度者，亦只提高一地方之教育，不能普遍於全國也。本會考慮再三，認為應照從前北京高等師範招生辦法，各自酌定專額，由教育廳出示招考，所取學生額數加倍，再由學校按照額定人數錄取。庶幾各有一切事業不患缺乏人才，而學子亦得售其所學。茲擬辦法如左：辦法：一、請教育部行知各國立專門以上學校，招生時宜將名額之一部，酌定為各省區專額。二、各省區所送學生經校錄取者，應由各本省區酌給津貼。三、學校所設之學系或分科，應由各該省區初試時布告分別錄取，各省區得就目前所急需某科人才選送。

　　資料來源：《教育部第十屆教育會聯合會議建議案》，中國第二歷史檔案館藏：全宗號一零五七，案卷號574，載楊學為主編：《中國考試史文獻集成》第七卷（民國），高等教育出版社，2003年版，第43頁。

二、國立大學在校生籍貫分布

　　那麼，國立大學的情況是否也和全國一樣呢？表13還呈現了一個奇怪的現象，即國立大學以所在省份的學生為主，如20～30年代的北京大學，40年代的中正大學、雲南大學、山西大學分別以河北籍、江西籍、雲南籍、山西籍學生為最多。國立大學並沒有因為其國立性質而在全國平均分配錄取名額。這是否具有代表性呢？如表14、表15、表16所示，1931～1934年13所國立大學，除北平師範大學、清華大學外，其他大學均以所在地生源為主。北平師範大學和清華大學的生源較為平均，顯示了這兩所大學入學的相對公

平。北平師範大學因其師範性質，並不完全依靠單獨招生，大部分名額分配到各省，以保送的形式招生。清華大學本是預備留美學校，有分省保送的傳統，且十分看重英文，與江浙一帶的教會學校關係密切。「清華學生中還有相當一部分是來自南洋、聖約翰等教會學校。因為學校對英文程度的要求高，所以錄取的學生中教會學校學生占的比例較大。也還有一些大學生為了獲取清華留美的權利，而寧願降級插班進入清華，讀兩三年就留洋的。」[註 18]雖然 30 年代清華實行單獨招生，但在上海、南京等地均有對口學校，設置多個考點，故江浙一帶超過河北的考生也屬正常現象。如表 14、表 15、表 16所示，從總體上看，30 年代的國立大學在校生籍貫具有以下特點：1.各國立大學生源均以所在省份為主。當然所在省份生源所佔比例又有所不同，如四川大學、山東大學、中山大學、中央大學所在省份生源均接近或超過半數。如中山大學到 1937 年共畢業學生 4005 人，「合計兩廣學生即佔了 91%。」[註 19]北平師大和清華大學生源較為平均，其餘 7 所國立大學處於中間狀態。2.無論哪所國立大學，江蘇、浙江、廣東、湖南、江西、安徽等沿江、沿海省份生源均較多，雲貴、西藏、青海、西康、新疆、蒙古等內陸省份生源均較少。這種現象和全國大學生源情況基本相同。這說明國立大學並未如其國立性質一樣，在招生中權衡全國情況，且這種錄取機會不平等的狀況在 40 年代也沒有得到根本改善。

表 13：部分國立大學歷年在校生籍貫比較

年份 省市	北京大學				中正 大學	雲南 大學	山西 大學	全國高校 學生		全國高校 學生		全國高校 學生	
	1922	1926	1933	1935	1940	1946	1947	1931		1932		1934	
河北	321	235	318	298	1	9	28	4268	9.60	4142	9.70	3701	9.69
山東	147	125	122	116	—	1	4	2857	4.20	1659	3.88	1674	4.38
浙江	197	114	55	49	33	24	1	37417	7.70	3582	8.35	2972	7.78
廣東	231	147	24	28	42	34	—	5844	13.30	6072	14.21	7168	19.56
安徽	102	72	15	18	21	8	1	1916	4.30	1901	4.45	1291	3.38

〔註 18〕清華大學校史編寫組編：《清華大學校史稿》，中華書局，1981 年版，第 67頁。

〔註 19〕黃福慶著：《近代中國高等教育研究——國立中山大學（1924～1937）》，載《中央研究院近代史研究所專刊》，1988 年，第 194 頁。

河南	153	75	73	60	2	6	25	1236	2.80	1338	3.12	1238	3.24
四川	139	160	37	36	3	10	—	2885	6.60	2853	6.07	2144	5.61
湖北	104	68	23	29	—	16	—	1302	3.00	1350	3.16	1190	3.12
江西	106	69	27	23	177	11	—	1346	3.10	1376	3.21	1186	3.11
山西	111	49	57	43	—	3	445	2387	5.40	2250	5.27	1946	5.10
湖南	114	138	52	·	55	25	—	1592	3.60	1811	4.24	1721	4.51
遼寧	142	48	75	55	—	4	—	3003	6.80	1756	4.12	1407	3.68
廣西	32	11	3	—	1	4	—	1073	2.40	1274	2.98	1192	3.12
福建	31	22	—	19	14	10	—	2609	6.90	1846	4.37	1665	4.36
江蘇	184	113	55	53	8	33	1	6647	15.10	7122	16.67	5902	15.46
甘肅	12	5	2	—	—	—	1	164	0.40	199	0.47	119	0.31
吉林	27	19	34	32	—	1		865	2.00	567	1.32	297	0.78
黑龍江	12	5	13	7	—	—		327	0.70	338	0.79	106	0.28
雲南	17	19	3	2	—	638	—	329	0.70	320	0.75	219	0.57
陝西	48	41	11	10	—	—	5	361	0.80	236	0.55	229	0.60
貴州	23	15	8	9	1	7	—	184	0.40	204	0.48	189	0.58
熱河	3	1	4	—	—	—	—	84	0.19	69	0.16	36	0.09
綏遠	1	—	9	6	—	—	5	104	0.20	78	0.18	86	0.23
察哈爾	3	2	12	10	—	—	—	133	0.30	132	0.31	92	0.24
蒙古	3	1	4	4	—	—	—	2	0.01	11	0.03	12	0.03
臺灣	4	5	—	—	—	—	—	—	—	—	—	—	—
北京	—	41	—	—	2	1							
上海	—	—	—	—	3								
南京	—	—	—	—	3								
天津	—	—	—	—	1	1							
寧夏				1	—	—	—	25	0.06	20	0.05	28	0.07
新疆	—	—	—	—	—	—	—	54	0.12	55	0.13	55	0.14
青海	—	—	—	—	—	—	—	7	0.02	42	0.10	19	0.05
西康	—	—	—	—	—	5	—	6	0.01	7	0.02	2	0.01
西藏	—	—	—	—	—	—	—	51	0.11	51	0.12	—	—
外籍	—	6	2	10	—	—	—	37	0.08	54	0.13	124	—
合計	2267	1606	—	—	353〔註20〕	858	518	44167	100	42710	100	41768	100

〔註20〕原文為853，疑為錯誤，應為353。

資料來源：王學珍、郭建榮主編：《北京大學史料》第二卷（1912～1937）上冊，北京大學出版社，2000 年版，第 594 頁，596～597，608，611 頁。《國立中正大學學生籍貫統計表》，載《國立中正大學校刊》，1941 年第 1 卷第 11 期，第 14 頁。《國立雲南大學三十五學年度第二學期學生數目（籍貫別）》，載國立雲南大學編：《國立雲南大學一覽》，國立雲南大學出版組，1947 年版，第 70 頁。《國立山西大學三十六學年度第一學期各年級院系科暨籍貫學生人數統計表》，載國立山西大學編：《國立山西大學一覽》，出版社不詳，1947 年版，第 84 頁。教育部高等教育司編：《二十年度全國高等教育統計》，編者印行，1933 年版，第 25～26 頁。教育部編：《二十一年度全國高等教育統計》，商務印書館，1935 年版，第 89～90 頁。教育部統計室編：《二十三年度全國高等教育統計》，商務印書館，1936 年版，第 36 頁。

表 14：1931 年各國立大學學生籍貫

省市 ＼ 大學／人數	北平大學	中央大學	四川大學	中山大學	北平師大	北京大學	暨南大學	交通大學	清華大學	浙江大學	武漢大學	同濟大學	山東大學
總計	2152	2146	1436	1379	1288	941	731	710	664	614	571	281	260
江蘇	104	990	1	16	44	34	177	333	142	234	36	71	16
浙江	91	256	1	26	39	42	53	144	64	243	12	35	5
安徽	65	203	—	1	33	19	19	35	40	23	48	13	4
湖北	54	30	—	12	13	13	10	8	23	3	151	7	1
湖南	119	14	—	16	47	38	5	22	39	13	133	9	5
江西	75	98	—	13	31	31	31	23	15	24	112	6	8
福建	49	48	—	29	23	14	93	38	32	17	5	7	1
廣東	113	97	—	1073	32	36	243	53	57	10	7	43	12
廣西	43	14	—	74	58	4	47	10	9	10	12	10	2
貴州	27	17	3	—	10	12	—	—	6	—	—	2	—
雲南	21	19	12	2	16	11	5	2	5	4	4	4	7
四川	159	158	1418	14	77	51	38	19	31	22	27	38	6
西康	—	6	—	—	—	—	—	—	—	—	—	—	—
新疆	1	—	—	—	—	—	—	—	1	—	—	—	—
寧夏	7	2	—	—	—	—	—	—	—	—	—	—	—
甘肅	21	3	—	—	4	3	—	—	—	—	—	—	—
陝西	77	3	1	—	27	27	1	—	3	1	2	—	1

山西	104	4	—	—	55	55	—	1	20	1	2	1	5
河南	113	28	—	2	50	65	4	1	22	1	16	24	11
山東	218	44	—	—	136	103	2	7	31	3	—	19	149
河北	366	9	—	—	447	292	2	7	78	2	2	5	12
遼寧	93	2	—	—	31	20	1	5	22	8	—	4	7
吉林	101	3	—	—	31	42	1	1	14	—	1	2	8
黑龍江	40	1	—	—	22	11	—	1	2	—	—	—	—
熱河	11	1	—	—	1	2	—	—	—	—	—	—	—
綏遠	20	2	—	28	6	—	—	2	—	—	—	—	—
察哈爾	18	—	—	—	20	10	—	—	—	—	—	1	—
蒙古	—	1	—	—	—	—	—	—	—	—	—	—	—
青海	—	2	—	—	—	—	—	—	1	—	—	—	—
西藏	—	—	—	—	—	—	—	—	—	—	—	—	—
外籍	—	1	—	1	—	1	—	—	1	—	—	1	—
未詳	1	—	—	—	—	—	—	—	1	—	—	—	—

資料來源：教育部高等教育司編：《二十年度全國高等教育統計》，編者印行，1933年版，第90～91頁。

表 15：1932 年各國立大學學生籍貫

省市＼大學人數	中央大學	北平大學	北京大學	北平師大	清華大學	中山大學	浙江大學	武漢大學	暨南大學	同濟大學	山東大學	四川大學	交通大學
總計	1878	1981	944	830	623	1824	605	615	739	472	218	1459	675
江蘇	883	98	39	25	121	14	229	50	181	209	14	1	314
安徽	181	49	14	19	40	3	25	55	39	13	6	1	31
浙江	210	79	14	24	54	23	212	13	60	105	4	2	130
福建	30	40	12	12	32	37	18	5	53	7	3	—	38
廣東	80	76	29	18	57	1286	10	6	175	37	5	—	60
廣西	12	35	12	26	9	365	8	12	10	10	2	—	12

雲南	17	32	6	8	5	2	3	4	17		2	14	2
貴州	16	24	6	7	6	—	—	—	11	1	1	4	—
湖南	92	75	35	28	39	29	13	147	11	10	9	—	22
江西	92	71	24	10	15	30	23	122	60	7	11	1	23
湖北	24	55	15	12	23	11	3	149	15	6	1	—	6
四川	151	108	44	36	31	18	23	29	78	36	—	1431	17
西康	6	1	—	—	—	—	—	—	—	—	—	—	—
青海	2	1	—	—	1	—	—	—	—	—	—	—	—
新疆	1	1	—	—	1	—	—	—	—	—	—	—	—
甘肅	2	13	4	3	—	—	—	—	2	—	—	1	—
寧夏	2	1	—	—	1	—	—	—	—	—	—	—	—
陝西	1	23	20	15	3	—	1	3	—	1	—	3	—
山西	3	145	57	38	20	—	1	2	2	1	3	1	1
河南	21	77	49	29	22	1	1	13	3	1	13	—	1
山東	26	190	107	95	31	1	3	2	2	15	123	—	9
河北	8	444	244	29	67	—	—	2	2	5	12	—	4
遼寧	1	113	90	26	25	—	2	—	13	5	5	—	4
吉林	3	114	52	15	14	—	—	1	3	1	4	—	—
黑龍江	1	40	14	9	2	—	—	—	—	—	—	—	1
熱河	1	8	2	—	—	—	—	—	—	—	—	—	—
察哈爾	—	23	16	20	—	—	—	—	—	1	—	—	—
綏遠	2	37	7	19	2	—	—	—	—	—	—	—	—
蒙古	1	8	1	—	—	—	—	—	—	—	—	—	—
西藏	—	—	—	—	—	—	—	—	—	—	—	—	—
外籍	—	—	1	1	2	4	—	—	2	1	—	—	—

資料來源：教育部編：《二十一年度全國高等教育統計》，商務印書館，1935 年版，第 89～90 頁。

表 16：1934 年各國立大學學生籍貫

省市 ＼ 大學人數	中山大學	北平大學	清華大學	北京大學	中央大學	暨南大學	北平師大	四川大學	交通大學	浙江大學	武漢大學	同濟大學	山東大學
總計	2315	1451	1154	1001	932	851	847	724	687	681	563	428	336
江蘇	11	74	205	54	417	227	35	—	287	286	53	146	36
浙江	22	60	111	49	88	56	19	—	162	261	15	72	4
安徽	4	39	40	19	78	61	38	1	28	45	44	19	14
江西	28	63	41	23	40	40	16	—	18	26	98	21	14
福建	27	23	62	19	21	54	18	—	38	15	9	12	5
廣東	1938	46	87	28	41	251	15	—	63	12	5	32	6
廣西	200	21	12	—	7	19	12	—	12	2	6	9	2
湖南	27	54	63	60	57	18	40	—	26	13	145	20	11
湖北	11	52	37	29	20	13	15	1	9	2	128	12	2
四川	17	71	49	36	45	39	34	704	17	28	27	32	1
西康	—	—	—	—	—	—	2	—	—	—	—	—	—
貴州	6	21	7	9	7	2	4	6	1	1		1	3
雲南	6	29	10	2	9	14	9	11	3	1	6	6	2
遼寧	3	93	64	56	11	2	20	—	4	3	2	9	8
吉林	—	64	19	33	1	1	16	—	—	—	—	3	2
黑龍江	—	22	5	7	—	—	7	—	1	—	—	—	1
河北	—	295	146	302	4	—	302	—	5	1	1	5	23
河南	—	70	52	70	13	—	53	—	2	1	10	3	26
山東	1	249	74	117	25	5	91	—	9	3	6	19	159
山西	—	132	41	43	1	4	44	—	1	—	5	1	13
陝西	—	11	6	10	2	—	18	—	1	1	2	3	—
甘肅	—	6	1	—	—	2	7	—	—	—	—	—	4
寧夏	—	3	3	1	6	1	1	—	—	—	—	—	—
綏遠	—	30	4	6	2	—	14	—	—	—	1	—	—
察哈爾	—	20	2	10	1	—	11	—	—	—	—	1	
熱河	—	3	—	4	—	—	2	—	—	—	—	—	—
青海	—	1	3	—	4	—	—	—	—	—	—	—	—
新疆	—	—	—	—	2	—	1	—	—	—	—	—	—

蒙古	—	4	—	4	—	—	2	—	—	—	—	—	—
西藏	—	—	—	—	—	—	—	—	—	—	—	—	—
外籍	14	2	4	1	—	1	1	1	—	—	—	2	—

資料來源：教育部統計室編：《二十三年度全國高等教育統計》，商務印書館，1936年版，第100～101頁。

　　抗戰時期國立大學生源出現了一些變化。如表 17 所示，全國大學生源的基本面貌沒有改變。1.江蘇、浙江、河北、山東、山西等省的錄取率遠高於其他省份，應考者、被錄取者也最多。廣東、湖北、湖南、江西、福建雖然應考者很多，但是錄取率不是很高，故被錄取者占其次。西南、西北邊遠省份的錄取率不低，但是參考人數和被錄取者均少。說明邊遠省份能參加考試的學生均不是一般家庭出身。2.抗戰時期，四川、貴州、雲南、湖南等未遭受嚴重戰事侵擾的省份，考生明顯增多，被錄取者也大幅增加。因戰爭影響，華北、華東地區青年大批湧入雲、貴、川，故這並不能說明西南諸省教育已有大發展。3.北平、上海、天津、南京、青島等大城市由於受到戰爭的影響，投考者、被錄取者均不多，錄取率也一般，並未呈現出錄取機會向大城市傾斜的現象。4.總錄取率有逐年下降的趨勢，各省錄取率逐漸較為接近，但是各省的錄取機會差距依然巨大。這說明考試競爭越來越激烈，被淘汰者分布較為平均化，但是各省錄取份額差別依然很大。之所以出現這些變化，主要是抗戰引發的。抗戰之前，國立大學分布嚴重失衡，大學採取單獨招生的形式，國家干預甚少，各省錄取數額完全由分數決定，故戰前各省錄取率、錄取機會差別甚大。國民政府建立後開始調節文實科的招生數量，穩定國立大學的數量，提高質量。尤其是抗戰爆發後，教育部通過內遷、新建或改建私立、省立大學為國立大學，使內地國立大學迅速發展。鑒於戰時交通困難和考生的應考成本高昂，1938～1940 年教育部組織了國立各院校統一招生，這在一定程度上有利於各省錄取幾率的平均化。雖然統一招生只維持了三年，但其意義重大。以四川大學為例，抗戰前川大偏於一隅，交通不便，歷史較短，「一般人士，對國立四川大學，殊少注意。肄業學生，十分之八九，籍隸川省，外省來川就學者甚少。故戰前本校所培養者，純為川省青年，實無普遍之全國性。」〔註21〕抗戰爆發後大量學生湧入四川，1938 年新生籍貫遍及二十四

〔註21〕國立四川大學出版組編：《國立四川大學簡況》，國立四川大學出版組印，1942年版，第 8 頁。

省，「彼等來自全國各省，率為聰秀穎異之英才，與川省學生熔冶一爐，遂打破川大歷來之閉塞風氣，反映中華民族共同精神，使戰前富有濃厚地方色彩之川大，一變而為名副其實之國立大學。」〔註22〕統一招生與單獨招生相比，更有利於國家綜合考慮考生、大學和國家的需要，實施招生的宏觀調控。當然單獨招生或統一招生並不必然導致各省錄取機會不平等或平均化，只是兩種招生形式各有不同的自然發展傾向。如民國前期的清華大學沿用了單獨招生，但由於其考點分布廣，考試內容合理，各省錄取機會的差別相對較小。另外1938～1940年的統一招生，國家並沒有嚴格分配各省招生名額，而只是出於交通的考慮，要求報考就近的大學。雖然1941～1949年大學不再採用統一招生的形式，採取單獨招生、聯合招生、委託招生、保送招生等多種形式，但是國家對招生考試科目、招生數量的控制依然嚴格，要求各大學招生多設考點。這在一定程度上抵消了由於單獨招生自然發展所帶來的各省錄取機會嚴重失衡的狀況。但是各省的錄取機會依然嚴重不平等。整個民國時期各省錄取機會不平等的狀況均比較嚴重，而受到的非議並不多，以分數為絕對準繩的錄取原則可能抵消了部分反對力量，當時並不存在各省因戶籍不同而錄取名額不同，導致錄取分數線不同的現象。這與當代「傾斜的高考錄取分數線」形成鮮明的對比，而當代的高考卻遭到了不少責難，令人難以捉摸。

表 17：1938～1943 年大學招生分省錄取率

省市	1938 應考生／錄取生	錄取率	1939 應考生／錄取生	錄取率	1940 應考生／錄取生	錄取率	1941 應考生／錄取生	錄取率	1942 應考生／錄取生	錄取率	1943 應考生／錄取生	錄取率
總計	11119／5460	49.11	20006／5731	26.85	18151／7024	38.70	22410／9142	40.79	27404／10394	37.93	30114／9395	31.19
江蘇	656／427	65.09	2501／922	39.87	1975／903	45.72	1494／849	58.17	1146／534	46.60	1839／675	36.70
浙江	534／340	63.70	1441／521	36.16	1442／680	47.16	1309／711	54.32	953／531	55.72	2182／857	39.28
安徽	354／182	51.41	898／256	28.51	887／393	44.31	1068／498	46.63	1138／483	42.44	1209／363	30.02
江西	420／190	45.24	794／232	29.22	1058／401	37.90	1206／422	34.99	1533／488	31.83	582／190	32.65
湖北	591／290	49.07	1051／278	26.45	934／309	33.08	1046／505	48.25	984／402	40.85	1399／401	28.66

〔註22〕國立四川大學出版組編：《國立四川大學簡況》，國立四川大學出版組印，1942年版，第8～9頁。

湖南	1170/525	44.87	2082/605	29.06	2367/922	38.95	2686/1226	45.64	4032/1734	43.01	2889/855	29.60
四川	2489/1167	46.89	3632/726	19.99	2624/883	33.65	4331/1515	34.50	5616/1859	33.10	9412/2388	25.38
西康	—	—	37/8	21.62	29/18	62.07	68/27	39.71	86/17	19.77	100/26	26.00
河北	176/117	66.48	448/168	37.50	373/174	46.65	423/194	45.86	465/251	53.98	689/221	32.08
山東	112/72	64.29	346/117	33.82	267/128	47.74	429/221	51.52	409/187	45.72	731/202	27.63
山西	110/75	68.18	318/105	33.02	243/116	47.73	222/101	45.50	280/167	59.64	452/235	52.21
河南	241/142	58.92	1049/269	25.64	857/357	41.66	1213/462	38.09	1979/747	37.75	1650/432	26.18
陝西	172/85	49.42	346/61	17.63	323/75	23.22	328/61	18.60	718/255	35.52	749/128	17.09
甘肅	19/11	57.89	87/15	17.24	99/51	51.52	92/48	52.17	322/154	47.83	118/37	31.36
青海	—	—	—	—	—	—	22/9	40.91	15/12	80.00	13/4	30.77
福建	372/215	57.80	579/186	32.12	547/208	38.03	794/375	47.23	1475/669	45.36	1287/732	56.88
廣東	2549/1146	44.96	2429/530	21.82	2335/851	36.45	3623/942	26.00	3879/907	23.38	2265/914	40.35
廣西	250/100	40.00	371/74	19.95	433/168	38.80	491/265	53.97	1072/458	42.72	690/168	24.35
雲南	344/113	32.85	446/34	7.62	400/71	17.75	527/177	33.59	399/207	51.88	505/150	29.70
貴州	198/81	40.91	266/32	12.03	251/40	15.94	345/182	52.75	552/206	37.32	522/149	28.72
遼寧	165/84	50.91	243/67	27.57	219/89	40.64	229/111	48.47	142/57	40.14	285/84	29.47
吉林	30/14	46.67	52/11	21.15	40/14	35.00	49/15	30.61	26/8	30.77	46/14	30.43
黑龍江	12/3	25.00	16/1	6.25	16/3	18.75	16/7	43.75	4/2	50.00	10/4	40.00
熱河	4/1	25.00	9/2	22.22	7/2	28.57	15/9	60.00	6/3	50.00	5/2	40.00
察哈爾	5/3	60.00	18/8	44.44	14/8	57.14	10/4	40.00	3/1	33.33	10/—	0
綏遠	4/3	75.00	19/3	15.79	5/1	20.00	17/5	29.41	26/8	30.77	32/12	37.50

寧夏	4／2	50.00	4／1	25.00	2／—	0	1／—	0	4／1	25.00	6／2	33.33
新疆	1／—	—	1／—	0	1／1	100.00	1／1	100.00	1／—	0	2／—	0
蒙古	—	—	5／1	2.00	2／—	0	—／—	—	—／—	—	174／54	31.04
南京	77／36	46.75	160／43	26.88	126／56	44.44	138／67	48.55	55／12	21.82	—	—
上海	26／18	69.23	192／16	8.33	163／68	41.72	104／64	61.54	42／14	33.33	100／40	40.00
北平	18／10	55.56	98／54	55.10	37／9	24.32	44／26	59.09	20／10	50.00	78／19	24.36
天津	10／5	50.00	38／15	39.47	44／18	40.91	30／18	60.00	7／4	57.14	72／35	48.61
青島	2／—	0	5／3	60.00	7／1	14.29	4／1	25.00	3／2	66.67	6／—	0
東特區	1／1	100.00	1／—	0	8／4	50.00	—	—	—	—	—	—
威海衛	3／2	66.67	7／4	57.14	—	—	8／4	57.14	—／—	—	2／1	50.00
西藏	—	—	—	—	—	—	—	—	3／—	0	—	—
外籍	—	—	—	—	—	—	—	—	—	—	2／—	0
未詳	—	—	—	—	—	—	27／20	74.75	9／4	44.44	1／1	100.00

資料來源：沈雲龍主編：《近代中國史料叢刊三編第十一輯：第二次中國教育年鑒》第十四編：教育統計，文海出版社，1973 年版，第 22～30 頁。

再從個案來分析，以北京大學為例，如表 18 所示，北京大學錄取率向來較低。1928 年錄取率突然升高，可能因戰爭影響，考點減少，應考者寥寥，招生範圍縮小所致。浙江、河北歷年錄取率均遠高於平均錄取率，雲南、察哈爾、新疆等省偶而錄取率很高，前者是投考者、被錄取者均多，後者是投考者、被錄取者均少，故二者錄取率均高。所以錄取率高並不能代表其被錄取機會大，要具體分析各省的情況。但是，錄取率低一定代表著被錄取的機會小，如西藏、青海、西康、蒙古等省。所以，北京大學的狀況與全國的基本情況相吻合。

表 18：北京大學歷年招生分省錄取率

年份 錄取率 省市	1922	1924	1928	1931
臺灣	50.0	—	—	0
浙江	12.5	9.4	41.7	24.0
河北	12.4	—	42.7	8.8
吉林	10.0	—	36.7	7.9
北京	8.8	—	—	—
安徽	8.6	14.9	0	13.3
江蘇	7.2	13.8	66.7	20.0
河南	6.7	—	37.5	8.8
湖北	6.5	10.9	25.0	6.3
四川	6.0	5.3	13.2	7.1
遼寧	5.3	—	16.7	3.5
湖南	5.2	10.5	60.0	13.8
山東	4.3	—	25.8	9.8
山西	4.0	—	40.7	11.8
陝西	3.6	—	16.7	0
廣西	3.3	—	50.0	0
江西	3.2	9.1	33.3	4.5
貴州	3.1	—	20.0	7.1
廣東	2.8	—	16.7	17.1
雲南	0	—	100.0	14.3
福建	0	0	66.7	28.6
甘肅	0	—	—	0
黑龍江	0	—	75.0	0
熱河	0	—	0	0
綏遠	0	—	10.0	16.7
察哈爾	0	—	100.0	0
寧夏	—	—	—	0
朝鮮	0	—	—	0

蒙古	0	—	—	—
新疆	—	—	100.0	—
總計	6.5	—	33.1	10.4

資料來源：《北京大學本年度招生統計》，載《教育雜誌》，1923 年第 15 卷第 12 號，第 6～7 頁。《各省區十三年度升學人數調查表》，載《教育雜誌》，1925 年第 17 卷第 12 號，補白。王學珍、郭建榮主編：《北京大學史料》第二卷（1912～1937）上冊，北京大學出版社，2000 年版，第 597，605 頁。

最後，以北京大學、清華大學為個案，從新生籍貫和畢業生籍貫上分析其錄取機會的公平性。如表 19～22 所示，從北京大學新生籍貫上來看，河北最多，依次為山東、湖南、河南、江蘇、浙江、四川、山西、遼寧、湖北等，寧夏、新疆僅為 1 人，青海、西康更是無入北大者。而清華大學新生籍貫，以江蘇為最多，其次為河北、浙江、廣東、湖南、山東、福建、遼寧、安徽等，熱河、察哈爾、寧夏、新疆均為 1 人，蒙古、西藏、西康、青海均為 0 人。從北京大學畢業生籍貫上看，最多的是河北，其次為浙江、廣東、江蘇、山東、湖南、河南、四川等，青海、西藏、新疆、西康均為 0 人。而清華大學的畢業生籍貫，以江蘇人為最多，依次為河北、浙江、廣東、湖南、福建、山東、安徽、遼寧、四川、河南、湖北與江西等，包括了沿海、沿江地區。形成這種狀況的原因正如蘇雲峰對清華大學的分析，「河北因有天津為對外口岸，北平為政治及文化中心，所以高居第二位。其他內陸及邊疆地區的學生，多是隨家長在上述沿江、沿海省份就學，所以能有機會考入清華，真正在內陸及邊區讀完高中，遠道到北平、上海、武漢與廣州應考者，為數極少。值得指出的是，江蘇、河北、浙江與廣東 4 省，始終居於領先地位，證明凡經濟與文教愈發達的地區，所出人才亦愈多。」〔註23〕北大與清華的區別在於，北大以河北、河南、山東、山西人為主，清華以江蘇、浙江、廣東、湖南人為主。北大招生的地域性較清華嚴重。這與兩校的風格有關，兩校分別代表了「京派」和「海派」，北大更注重傳統文史及西方理科知識的考查，清華則注重外語的考查。從新生和畢業生籍貫的對比來看，清華各省的排名基本一致，而北大差別較大。如山東、河南籍入北大者較多，而畢業率不高。這說明了山東、河南的生源並不能完全滿足大學的需求，亦意味著北大的入學考

〔註23〕蘇雲峰著：《從清華學堂到清華大學 1928～1937》，三聯書店，2001 年版，第 155 頁。

試沒有達到預期的效果。相反，清華大學的入學考試的信度和效度較高。這說明廣設考點，注重外語和文理科知識，而不以狹窄的地域為限制，可能更有利於大學選拔合適的生源。其實從現代化發展程度上來看，沿海地區，如江蘇、浙江、福建、廣東，及沿江地區如湖北、湖南、四川、安徽，因地理位置好，人口多，資源較為豐富，經濟文教較為發達，接受西方文化影響較早，現代化的動力較其他內陸各省強，成績也較顯著，其大學入學機會較高也屬正常現象。這種因現代化程度不同而造成的大學錄取機會不平等是絕對的，是難以根本解決的，西南、西北各省由於交通、經濟、觀念等原因，其入學機會肯定會低於東部地區。但是國家一味地放任這種狀況惡化，不加以協調，甚至會影響到新疆、西藏、蒙古、青海人的國家觀念，不利於當地的發展，不利於大學招生的多樣化。這種因錄取方式不合理而造成的大學錄取機會不平等是相對的，是可以解決的。基於此，國家一方面需要發展內陸的經濟、文教，推進西部的現代化程度，這是根本解決之道。另一方面國家需要協調國立大學在各省的招生名額，適當考慮內陸的需要。其實政治形勢的發展對大學招生也有一定的影響，1928 年國民政府定都南京後，「北平不再是全國的政治中心，北大也不再是全國唯一的學術文化中心，而南方各大學也在較穩定的政治局勢下努力發展，聲望日蒸，沿海各省學生大失負笈遠行北上之動機。」〔註24〕

表 19：北京大學歷年新生籍貫統計

級別＼籍貫	1916	1922	1928	1931	1934	1935	1936	合計
江蘇	8	15	11	7	29	12	31	113
河北	32	34	116	2	72	65	104	425
浙江	12	13	5	9	18	10	22	89
廣東	9	6	3	6	20	11	6	61
湖南	5	14	3	5	38	26	50	141
福建	7	—	5	—	6	6	3	27
山東	8	8	10	8	34	43	40	151

〔註24〕楊翠華：《蔣夢麟與北京大學 1930～1937》，載《中央研究院近代史研究所集刊》，1988 年，第 17 期下，第 261～305 頁。

安徽	5	13	—	2	12	5	17	54
遼寧	19	3	6	3	15	16	11	73
四川	3	16	8	—	14	22	18	81
河南	19	10	8	7	22	25	44	135
湖北	1	7	2	6	21	9	26	72
江西	3	4	1	3	18	6	13	48
山西	1	4	23	4	11	17	15	75
吉林	5	3	19	2	9	12	7	57
廣西	—	1	1	—	—	2	3	7
陝西	3	3	3	—	1	1	—	11
貴州	—	1	2	1	4	—	4	12
雲南	—	—	1	1	1	1	3	7
甘肅	1	—	—	—	—	—	1	2
寧夏	—	—	—	—	1	—	—	1
綏遠	—	—	1	—	1	—	5	7
青海	—	—	—	—	—	—	—	
新疆	—	—	1	—	—	—	—	1
西康	—	—	—	—	—	—	—	
黑龍江	—	—	9	—	2	2	1	14
熱河	—	—	—	—	1	—	1	2
察哈爾	1	—	1	—	—	—	2	4
北京	10	3	—	32	—	—	—	45
上海	—	—	—	6	—	—	—	6
天津	—	—	—	5	—	—	—	5
蒙藏	—	—	—	—	—	—	3	3
臺灣	—	2	—	—	—	—	—	2
合計	153	163	237	109	350	291	433	1736

資料來源：《國立北京大學歷年新生籍貫統計》，載王學珍、郭建榮主編：《北京大學史料》第二卷（1912～1937）上冊，北京大學出版社，2000年版，第533～537，597～598，607，609，614，616頁。《北京大學本年度招生統計》，載《教育雜誌》，1923年第15卷第12號，第6～7頁。

表 20：1925～1933 年清華大學新生籍貫統計

省市＼年度人數	1925	1926	1927	1928	1929	1930	1931	1932	1933	合計
江蘇	30	28	21	43	48	73	48	64	60	425
河北	12	7	28	23	34	20	34	61	44	263
浙江	8	13	10	11	25	27	29	36	34	193
廣東	8	9	11	11	21	16	15	13	15	119
湖南	10	15	8	12	13	7	11	22	16	114
安徽	12	9	8	7	10	14	14	6	13	93
福建	6	8	10	12	14	9	10	11	20	100
山東	7	4	4	8	13	14	9	33	17	108
四川	10	7	6	7	6	18	7	18	12	91
湖北	6	5	5	9	8	9	3	9	10	64
遼寧	1	5	8	10	5	4	9	38	15	95
河南	3	7	2	1	6	7	12	17	16	71
江西	5	5	2	2	8	4	5	9	17	56
山西	4	—	3	4	9	4	8	14	10	56
吉林	1	—	3	2	3	5	4	9	2	32
廣西	3	—	3	3	3	5	2	4	7	28
貴州	1	—	1	1	3	5	1	2	3	19
陝西	3	2	—	2	2	1	1	5	1	17〔註25〕
雲南	2	1	1	1	—	3	—	3	1	12
黑龍江	—	1	1	1	1	1	—	3	—	8〔註26〕
綏遠	—	—	—	—	—	2	—	—	2	4
熱河	—	—	1	—	—	—	—	—	—	1
新疆	—	—	—	—	1	—	—	—	—	1
察哈爾	—	—	—	—	—	—	—	1	—	1
朝鮮	—	—	—	—	1	—	—	—	—	1
寧夏	—	—	—	—	—	—	—	1	—	1
合計	132	136	136	170	234	249	222	379	315	1973

資料來源：《國立清華大學歷年錄取本科學生省別統計表》：載《清華週刊》，1934 年第 41 卷第 13～14 合期，第 154～155 頁。

〔註25〕原文為 16，懷疑統計錯誤，應為 17。
〔註26〕原文為 7，懷疑統計錯誤，應為 8。

表 21：北京大學歷年畢業生籍貫統計

級別 籍貫	1919	1920	1936	1937	1938	1939	1940	1941	1942	1943	1944	合計
江蘇	26	24	10	6	6	5	3	1	—	—	1	82
河北	35	42	69	9	9	18	6	4	3	—	—	195
浙江	38	31	12	8	5	5	3	1	—	—	—	103
廣東	30	34	4	6	5	2	1	—	1	—	—	83
湖南	7	11	10	11	16	14	9	1	1	—	—	80
福建	4	6	6	3	3	2	—	—	—	—	—	24
山東	7	10	20	11	14	8	7	4	—	—	1	82
安徽	12	11	—	2	3	3	3	1	—	—	—	35
遼寧	13	18	10	4	3	2	1	3	—	—	—	54
四川	16	16	12	7	8	6	4	—	—	—	—	69
河南	19	15	7	7	4	6	6	4	2	1	5	76
湖北	6	9	4	3	8	8	2	1	—	—	—	41
江西	10	6	6	2	3	11	1	—	—	—	—	39
山西	5	1	7	2	1	4	3	2	—	—	—	25
吉林	—	—	2	3	1	1	—	1	1	—	—	9
廣西	7	—	—	—	—	—	—	—	—	—	—	7
陝西	5	4	—	1	—	—	—	—	—	—	—	10
貴州	2	1	2	2	—	1	—	—	—	—	—	8
雲南	—	—	—	—	—	1	1	—	—	—	—	2
甘肅	—	2	—	—	1	1	—	—	—	—	—	4
寧夏	—	—	—	—	—	—	—	—	—	—	—	—
綏遠	—	—	3	—	—	—	1	—	—	1	—	5
青海	—	—	—	—	—	—	—	—	—	—	—	—
西藏	—	—	—	—	—	—	—	—	—	—	—	—
新疆	—	—	—	—	—	—	—	—	—	—	—	—
西康	—	—	—	—	—	—	—	—	—	—	—	—
黑龍江	3	1	—	—	1	—	—	—	—	—	—	5

熱河	—	1	—	—	—	—	—	—	—	—	—	1
察哈爾	—	—	3	—	—	—	—	—	—	—	—	3
北京	2	2	—	—	—	—	—	—	—	—	—	4
蒙古	—	—	—	—	—	1	—	—	—	—	—	1
合計	247	245	187	87	91	99	51	23	8	2	7	1047

資料來源:《國立北京大學畢業生名單》，載王學珍、郭建榮主編:《北京大學史料》第二卷（1912～1937）上冊，北京大學出版社，2000年版，第721～740，762～767頁；王學珍、郭建榮主編:《北京大學史料》第三卷（1937～1946），北京大學出版社，2000年版，第198～209頁。

表22：1929～1938年清華大學畢業生籍貫統計

級別＼籍貫	1929	1930	1931	1932	1933	1934	1935	1936	1937	1938	合計
江蘇	18	19	20	28	31	24	33	37	48	46	304
河北	7	4	14	19	17	16	17	39	35	12	180
浙江	9	7	6	5	19	20	17	28	24	27	162
廣東	7	5	7	10	19	8	8	15	23	13	115
湖南	6	3	10	9	10	6	8	13	15	14	94
福建	8	8	3	5	10	5	5	10	15	16	85
山東	4	5	1	4	11	7	3	18	14	15	82
安徽	7	4	3	5	12	10	10	5	16	8	80
遼寧	1	1	10	6	5	4	12	15	17	8	79
四川	6	2	3	10	7	2	11	7	9		61
河南		1	4	2	5	4	8	8	11	10	53
湖北	1	3	6	5	6	5	3	7	7	8	51
江西	2	4	2	2	5	3	4	7	4	12	45
山西		2	2	4	5	4	5	10	6	1	39
吉林	1	—	3	2	3	2	4	4	2		21
廣西	2	—	1	2	1	3	1	2	6	1	19
陝西	3	—	1	1	1	1	—	3	—	3	13
貴州	—	1	—	2	2	3	1	1	1	1	12
雲南	—	—	1	—	—	2	1	3	1		8

甘肅	—	—	—	—	—	—	—	1	—	—	1
寧夏	—	—	—	—	—	1	—	1	—	—	2
綏遠	—	1	—	—	—	—	—	1	2	—	4
青海	—	—	—	—	—	—	—	1	—	1	2
黑龍江			1	1	—	—	—	3	—	1	6
察哈爾	—	—	—	—	—	—	—	1	—	—	1
朝鮮	—	—	—	1	—	—	—	—	—	—	1
合計	82	69	96	116	172	134	143	243	257	208	1520

資料來源:《國立清華大學歷居畢業生一覽》,1939 年版:載清華大學校史研究室編《清華大學史料選編》第二卷（下）,清華大學出版社,1991 年版,第 782～864 頁。

　　總體上看,漢唐以後中國的文人才智多在三江兩湖,民國時期大學生多出於東南諸省。然而拋開學業成績,僅從學生的品行上看,南方的學生多不及北方的學生,「紀律訓練道德標準更望塵莫及。例如不抽煙,不喝酒,十時以後熄燈就寢,安靜無華,南開學生行之有素,奉行已久,是天經地義平常的事。上海來的少數浪漫派以為很不方便,很不舒服,於是發生紀律問題。」〔註 27〕可見,僅以考試成績為錄取的唯一標準,容易造成學生地域分布的不平衡,也不利於選拔不同品行的學生。其實,科舉時代已經形成了按省分配名額的制度,「主要通過把參加科舉考試的名額平均地分配給全國各地區的方式,來使整個帝國的學校分布達到平衡的狀態。」〔註 28〕這種按省分配名額的方式對平衡各方的利益起著十分重要的作用。

第三節　所錄取學生的階層分布

　　民國時期,尤其是國民政府建立後,十分注意貧寒子弟升學問題,1935年的中國國民黨第五次全國代表大會宣言專門強調,「中學應為升學與不升學兩種學生同謀利益為前提,使貧寒子弟有普受教育之機會,學生獲立身致用之實學。」〔註 29〕

〔註 27〕寧恩承:《張伯苓與南開大學（中）》,載《傳記文學》,1991 年,第 58 卷第 6期,第 94～100 頁。

〔註 28〕〔加〕許美德著:《中國大學 1895～1995:一個文化衝突的世紀》,教育科學出版社,2000 年版,第 58 頁。

〔註 29〕李國鈞主編:《中國教育大系:歷代教育制度考》（下）,湖北教育出版社,1994年版,第 2167 頁。

一、全國在校大學生家庭出身

　　有研究者推算認為，「中等以上家庭出身的學生，至少在 90%以上。直迄抗戰前夕，情況依舊。」〔註30〕如表 23 所示，全國專科以上學校學生的家庭出身具有以下幾個特點。（1）總體上看，家庭出身為商、學、政界的學生在專科以上學校中佔據主導地位。1935 年，同濟大學商、學、政界家庭出身的學生共占 69.86%，而 1931 年、1932 年、1934 年全國值分別為 57.6%、59.6%、62.46%。（2）農、工界家庭出身的學生在專科以上學校中平均占 20%左右，這與工農龐大的人口數字不成比例。1935 年，同濟大學農工出身的學生占 13.85%，北平師範大學占 38.67%。農工出身的學生在北平師大所佔比例較高，應該和該校的師範性有較大關係。當時師範生免學費，畢業後工作穩定，令農工階層出身的學生心嚮往之。如周予同 18 歲考入北京高等師範學校，這是「當時向窮學生開門的極少數大學之一。」〔註31〕而國立大學中師範性的學校只占少數，所以不能代表全體情況。總之，我們可以推算農工等階層出身的學生在大學中僅占 30%～40%，而商、學、政、法、軍、警等階層出身的學生在大學中所佔的比例高達 60%到 70%。大學入學機會在各階層之間的分配極其不平等。1933 年的教育調查顯示，「國內 39 所大學的學生，多數出身中等以上家庭，其中被視為貴族學校的燕京和清華大學，尤其顯著。」〔註32〕這一方面是受各階層間不同文化資本積累情況的影響，另一方面是受國立大學招生政策的影響。後者更為重要，因為它是主觀性的，可以改變的因素。據吳大猷先生回憶，當時的入學考試並不十分困難，競爭也不太激烈，但是「只有少數家庭才負擔得起子女到外地讀大學，對鄉村子弟而言，大學費用相當高的。」〔註33〕

〔註30〕劉超：《中國大學的去向──基於民國大學史的觀察》，載《開放時代》，2009年第 1 期，第 47～68 頁。

〔註31〕張豈之主編：《民國學案》（第 3 卷），湖南教育出版社，2011 年版，第 249頁。

〔註32〕蘇雲峰著：《從清華學堂到清華大學 1928～1937》，三聯書店，2001 年版，第143 頁。

〔註33〕訪問紀錄：史耐德，翻譯整理：楊翠華：《我的科學心路歷程：吳大猷先生訪問紀錄》，載《口述歷史》，1989 年第 1 期，第 7～42 頁。

表 23：部分國立大學學生家庭職業統計

年份　數量　家庭職業	南京高師	同濟大學		北平師大		廣西大學	中正大學	復旦大學	全國高校		
	1918	1934	1935	1935	1919	1936	1940	1946	1931	1932	1934
總計	357	417	497	838	641	359	358	3175	44167	42710	35391
商界	99	160	183	97	115	62	126	1029	5411	6499	10304
學界	205	83	89	212	305	21	78	445	5039	6358	7554
農界	31	57	70	320	160	226	34	527	5880	5374	7444
政界	10	49	60	71	17	34	53	281	2599	3035	4243
工界	2	16	10	4	2.5〔註34〕	2	7	58	668	670	904
醫界	8	26	31	12	9	1	12	—	571	623	910
法界	—	10	15	13	—	5	11	—	551	635	820
軍警界	—	10	13	11	10	4	9	70	586	799	1059
交通界	—	2	9	8	—	—	5	—	—	—	298
宗教界	—	—	—	—	—	—	—	—	—	113	164
賦閒	—	—	—	55	—	3	—	614	—	—	—
其他	2	4	17	35	—	1	23	151	1384〔註35〕	2621	1691

資料來源：《代理校長郭秉文關於本校概況報告書》（1918 年 10 月），南京大學校史資料編輯組編：《南京大學校史資料選輯》（內部發行），1982 年版，第 54 頁。《二十四年度上學期學生家庭職業統計表》，載《國立同濟大學旬刊》，1936 年第 84 期，第 10 頁。《北京高等師範學校十週年紀念錄》，朱有瓛主編：《中國近代學制史料》第三輯下，華東師範大學出版社，1992 年版，第 610 頁。《二十三年度上學期各科學生家庭職業統計》，載《同濟大學旬刊》，1935 年第 46 期，第 16 頁。《本學年第一學期全校學生家庭職業統計》，載《國立北平師範大學校務彙報》，1935 年第 109 期，第 7 頁。《廣西大學理工農學院二十五年度上學期學生家庭職業統計表》，載《西大農訊》，1937 年第 3 期，第 3 頁。《國立中正大學學生家長職業統計表》，載《國立中正大學校刊》，1941 年第 1 卷第 15 期，第 7 頁。《國立復旦大學三十五年學年度春季學期學生家長職業統計表》，載國立復旦大學編：《國立復旦大學一覽》，出版社不詳，1947 年版，第 134 頁。教育部高等教育司編：《二十年度全國高等教育統計》，編者印行，1933 年版，第 25～26 頁。教育部編：《二十一年度全國高等教育統計》，商務印書館，1935 年版，第 89～90 頁。教育部統計室編：《二十三年度全國高等教育統計》，商務印書館，1936 年版，第 36 頁。

〔註34〕懷疑原文錯誤，應為 25。
〔註35〕其他為宗教、新聞界等。

二、國立大學在校生家庭出身

國立大學學生家庭出身與全國專科以上學校狀況是否相同，需要進一步的分析。如表24～26所示，學、商、政界等優勢階層的子弟在大多數國立大學中佔據支配地位，農工階層的子弟所佔比例較小，與其龐大的人口不成正比。且優勢階層與弱勢階層所佔的比例相差懸殊，農工階層子弟只占10～20%，學、商、政界佔據絕對優勢。由此可知，國立大學中優勢階層子弟所佔比例較全國平均水平為高。國立大學能帶來更多的權、名、利，因此成為優勢階層爭奪的主戰場。當然也有例外，如山東大學、廣西大學中農工階層子弟占多數，可能與其招生範圍狹窄，學科偏於農工有關。山東、廣西以農業為主，且兩大學招生都限於本地，學校聲譽不大，也難以吸引外地優秀考生。而優勢階層子弟大多選擇文法科，較少選擇理工農科，兩校的學科設置吸引力不大。另外中山大學軍界較農工界子弟為多，可能因為中山大學與國民黨的關係密切。基於以上分析，可以斷定優勢階層子弟在國立大學中佔據了支配地位，他們擁有文化資本、經濟資本和社會資本優勢，而農工界子弟處於弱勢地位，其向上層社會流動的渠道甚為狹窄。從文化資本理論來分析，統治階層總是將各種優勢資源轉化成文憑優勢，進而獲得更多的榮譽、金錢和地位，最終來加強自身的統治。因此，國立大學錄取機會的階層不均衡較區域不平衡更難解決，它屬於社會問題，只能通過提高弱勢階層的教育水準，增加其收入來解決。當然，這與國立大學的錄取政策有一定的關係。此外，這還與大學高昂的費用和嚴格的入學門檻有關。時任浙大校長的竺可楨曾痛陳：「今日高等教育，幾乎全為中等以上子弟所享，則因經濟關係不能享受高等教育之子弟，實占全數90%以上，埋沒英才，至為痛惜。」〔註36〕國立大學均為名校，大多重視招生，百里挑一，民國初能考入交通大學的「也只有上海、江蘇、浙江等幾所名牌中學的少數優秀學生。」〔註37〕而民國時期大學招生較少考慮工農階層的利益訴求，這與新中國的大學招生政策形成了顯明的對比。如哲學家嵇文甫出身小工業者家庭，考入北大預科，因家庭拮据而輟學，若不是他意志堅定，兩年後再次考入北大，恐怕日後會損失一位學術大師。〔註38〕此

〔註36〕竺可楨：《浙江大學設置公費生》，載《申報》，1936年5月9日，第22637號，第四張，第十五版。
〔註37〕交通大學校史編寫組：《交通大學校史1896～1949》，上海教育出版社，1986年版，第90頁。
〔註38〕張豈之主編：《民國學案》（第1卷），湖南教育出版社，2011年版，第403頁。

問題得不到很好的解決會引發一系列的社會問題，如「清華大學亦以出身中產階級以上家庭者居多，貧困學生很少。經濟因素正是造成中學生升學困難的主因之一。其影響之巨，已逸出單純教育層面，甚至涉及社會公平與正義等重要價值。大學學費偏高，窮人子弟無法就讀，導致許多邊緣知識分子的產生，形成民初社會的特殊現象，這從中共早期發展的脈絡可尋出端倪。」〔註39〕而根據臺灣學者呂芳上的統計，「中學發動學潮的數量遠高於其他兩級學校，」〔註40〕這與低階層子弟升學困難有一定的關係。

表24：1931年國立大學學生家庭職業統計

大學 數量 家庭職業	中央大學	北平大學	北平師大	同濟大學	山東大學
商界	452	345	156	93	44
學界	658	635	374	36	62
農界	281	326	402	33	95
政界	286	387	153	93	26
工界	20	76	7	9	3
法界	40	161	18	2	—
醫界	40	75	15	11	4
軍界	29	72	17	2	3
警界	3	30	2	—	—
其他	370	5	72	2	23
總計	2179	2112	1216	281	260

資料來源：教育部高等教育司編：《二十年度全國高等教育統計》，編者印行，1933年版，第92～93頁。

〔註39〕蔣超主編：《中國高考史》（創立卷），中國言實出版社，2008年版，第221頁。

〔註40〕轉引自蔣超主編：《中國高考史》（創立卷），中國言實出版社，2008年版，第223頁。

表 25：1932 年國立大學學生家庭職業統計

家庭職業＼大學數量	中央大學	北平大學	北平師範大學	中山大學	武漢大學	暨南大學	山東大學	四川大學
農界	252	396	319	38	110	238	88	258
工界	11	70	4	121	1	2	6	6
商界	270	330	101	464	154	305	35	371
學界	339	519	191	776	226	116	58	547
軍界	16	39	6	128	11	6	1	37
警界	1	24	3	6	—	1	—	—
政界	122	324	65	147	70	62	24	149
法界	11	99	15	96	16	5	1	—
醫界	23	56	7	48	12	4	4	13
宗教	—	—	—	—	—	—	1	—
其他	833	124	119	—	12	—	—	78
總計	1978	1981	830	1824	615	730	218	1459

資料來源：教育部編：《二十一年度全國高等教育統計》，商務印書館，1935 年版，第 91～92 頁。

表 26：1934 年國立大學學生家庭職業統計

家庭職業＼大學數量	中山大學	北平大學	清華大學	北京大學	中央大學	暨南大學	北平師大	四川大學	交通大學	浙江大學	武漢大學	同濟大學	山東大學
商界	709	296	281	175	226	421	100	188	257	199	133	152	60
學界	898	293	242	239	287	183	212	250	159	179	196	69	103
農界	56	413	147	384	174	85	322	148	71	67	97	71	105
政界	248	235	153	89	117	111	71	63	122	72	93	47	42
醫界	48	42	28	10	21	12	12	9	13	13	5	27	4
工界	70	32	25	9	1	9	6	1	28	7	5	8	3
軍界	182	38	22	8	27	12	9	26	11	9	7	9	2
法界	97	39	39	14	16	10	13	1	24	16	20	12	5
交通界	—	—	47	—	—	2	8	—	—	—	—	11	11

警界	7	3		1	1	—	2	—	2	—	—	2	—
宗教	—	—	4	—	—	—	—	—	—	—	—	—	—
其他	—	60	165	72	53	6	92	38	—	119	7	20	1
總計	2315	1451	1154	1001	932	851	847	724	687	681	563	428	336

資料來源：教育部統計室編：《二十三年度全國高等教育統計》，商務印書館，1936年版，第102～103頁。

三、國立學院、省立學院在校生家庭出身的對比

　　從國立大學與國立學院和省立學院的對比來看，各階層子弟所佔比例有一定的變化。如表27所示，北洋工學院、河北省立農學院、臺灣省立工學院中工農階層的子弟所佔比例明顯較國立大學為高，北洋工學院的農界學生甚至超過商界，與學界持平。這說明國省立學院不論吸引力還是畢業後的待遇，都難與國立大學相比，因此它們不是優勢階層的子弟爭奪的主要對象。再有工農學院學科聲譽和前途都不太好，優勢階層子弟也很少以其為職業歸宿。省立學院的招生範圍有限，沒有在全國設考點的資本，多限於本地狹窄的農工生源。因此，工農階層子弟在國省立學院的入學機會較國立大學為大。

表27：部分公立學院學生家庭職業統計

學院 數量 家庭職業	北洋工學院 1936	河北省立農學院 1935	臺灣省立工學院 1947
商界	21	16	187
學界	31	19	18
農界	31	161	64
政界	12	12	43
地主	—	—	63
自由職業	—	—	65
醫界	3	—	—
工界	3	1	41
軍界	2	—	—
法界	5	—	—
交通界	8	—	5
宗教	—	—	2

其他	—	—	3
賦閒	—	—	35
不詳	7	—	20
總計	123	121	546

《臺灣省立工學院本科學生家庭職業統計表》，載《臺灣省立工學院院刊》，1947 年第
1 卷第 2 期，第 57 頁。《考取新生家庭職業統計表》，載《北洋週刊》，1936 年第 131
期，第 18 頁。《二十四年度學生家庭職業統計表》，載河北省立農學院編，《河北省立
農學院一覽》，出版社不詳，1936 年版，第 143 頁。

　　其實，時人已經認識到並試圖解決這些問題，如孫科就曾指責大學「學
費浩繁，貧寒子弟無力負擔，程度愈高費用愈大，僅資產階級之子弟有能力
可以繼續，而事實貧寒學生多努力向上，不乏英才，膏粱子弟大半驕怠成性，
轉為庸流，國家設學育才之結果適得其反。」〔註41〕再如國民黨要員陳誠認
為新教育最為一般人所詬病者，「其一是聰明而可造就的青年，往往因限於家
境不能入學深造；而富有之家的子弟，縱然才質庸碌，亦可由中學而大學而
留學，得到充分受教的機會。這不僅是社會上的一大不平，也是國家的一大
損失。」〔註42〕他在湖北推行「計劃教育」，制訂了《湖北省中等以上學校學
生就業實施辦法》，頒布了《升學就業分發辦法》，升學分發時，一方面注意
學生的智慧、籍貫、家世及會考成績等項，另一方面亦須注意與社會需要相
配合。大學招生中一直存在數量與質量的矛盾，向普通民眾開放可能導致教
育質量的下降。1968 年瑞典 U68 改革，「將其大眾化功能和精英化功能安排在
同一所大學內，實行均質化過程，結果削弱了傳統大學培養精英分子的功能。」
〔註43〕大眾化與精英化的矛盾難以調和。孟憲承就提出「不必人人皆進大
學」，反對「大量生產似的大學教育」〔註44〕，大學的學術追求和學生自由發
展，高於功利的社會需求。國立大學如何開放才不至於降低學術水準？我們
認為國立大學作為本國最高學術水平的代表，應優先培養學術精英，兼顧大
眾需求。學術精英與社會精英不存在對等關係。

〔註41〕《國民黨四屆六次中央全會通過的教育改革案》（1935 年 11 月 5 日），載中國
　　　　第二歷史檔案館編：《中華民國史檔案資料彙編》（第 5 輯第 1 編教育 2），鳳
　　　　凰出版社，2010 年版，第 1052～1060 頁。
〔註42〕陳誠：《陳誠回憶錄——抗日戰爭》，東方出版社，2009 年版，第 247 頁。
〔註43〕吳巋明：《美國高等院校招生制度研究》，中國社會科學出版社，2008 年版，
　　　　第 107 頁。
〔註44〕孟憲承著：《大學教育》，商務印書館，1934 年版，第 34，103～104 頁。

第四節　破格錄取

　　一提到國學大師，人們往往會神往於民國的學人；一談到高考改革，人們不禁會津津樂道於民國大學單獨招考的方式；一說起破格錄取，人們不由地會想起錢鍾書、臧克家、吳晗等。許多破格錄取案例都被神話了，有的傳說錢鍾書「算學零分，按例不得錄取，而羅志希校長因他英文特優，所以力爭破格准其入學。因此他到清華時，文名已滿全校。」〔註45〕據楊絳回憶錢鍾書的算學並非零分，而是十五分，吳晗的入學考試也並非一般人所謠傳的那樣。許多大學都有破格的傳統，「北大有一種特別規定，入學考試如果有一兩門驚人的出色，則即使總平均不及格，仍舊可以取錄的。」〔註46〕現在學術界對於民國大學破格錄取有兩種基本觀點：一種認為民國大學破格錄取是特殊歷史條件下的產物，不具有推廣的一般性，且有些事例遭到誤傳，盲目借鑒甚至可能影響教育公平；另一種認為民國大學破格錄取的事例是真實可靠的，可以為高考改革所借鑒，具有相當的意義和價值。雙方爭辯不休，焦點在於民國破格錄取的真實情況，及破格錄取的可行性。

一、破格錄取歷史真相的考察

　　廣為傳頌的破格錄取故事摻雜了許多傳奇的成分，理清歷史真相是分析事實，總結經驗教訓的前提。有的學者認為，「『錢、吳』〔註47〕被『破格』錄取並非『因材選考』，而只是自主招生的特例。能否將這樣的『特例』推而廣之，確立為高考之一項制度，這是值得深入探析的。」〔註48〕還有學者認為「吳晗被清華大學破格錄取這一『佳話』雖『佳』，但不是歷史事實」，這恰恰相反，說明了「民國時期的清華大學在選拔人才之時，是有規可循、有律可依、有格可守的，對於特殊人才的選拔也是如此。」〔註49〕按照以上這種觀點，民國時期大學破格錄取只是特例，且有格可收，不僅不算破格，更不具有推廣性？

〔註45〕鄭文海：《憶錢鍾書》，載《傳記文學》，1962 年第 1 卷第 1 期，第 21～22 頁。

〔註46〕朱海濤：《北大與北大人》，載鍾叔河編：《過去的大學》，長江文藝出版社，2005 年，第 79～81 頁。

〔註47〕「錢、吳」指錢鍾書、吳晗。

〔註48〕張亞群，劉毳：《也談大學破格招生》，載《考試研究》，2011 年第 1 期，第 3～8 頁。

〔註49〕劉惠莉：《「吳晗『數學考零分、破格進清華』說辨析」》，載《清華大學學報（哲學社會科學版）》，2010 年第 4 期，第 154～158 頁。

　　破格錄取是指考生的某些方面（包括德智體美等方面，不專指考試成績）沒有達到學校的錄取標準，而另一些方面又特別優秀和突出，學校打破常規，將其視為特殊人才予以錄取。首先，一段流行至今的佳話，吳晗於 1931 年先是報考了北京大學歷史系，文史和英文都考了滿分，而數學卻考了零分，結果名落孫山。接著報考清華大學，考試成績和北大完全一樣。而兩校都有規定，有一門成績得零分即不能錄取。結果清華大學卻以文史成績優秀為由錄取了他。〔註50〕其實，吳晗參加的是轉學考試，《1932 年國立清華大學本科招考簡章》規定「轉學學生皆須受本大學轉學試驗，此項試驗，與一年級入學試驗，同時舉行。歷史學系二年級考：一、黨義，二、國文，三、英文，四、中國通史，五、西洋通史，六、大學普通物理學、大學普通化學、大學普通生物學、論理學任擇一門。」〔註51〕由此可知，清華並不考數學，吳晗數學得零分的說法不攻自破。再看 1931 年清華大學轉學生的錄取標準，「總平均分 60 分以上，歷史系國文、英文二門均須在 50 分以上。轉學生特別錄取標準：1931 年規定各科總平均在 50 以上專門科目平均在 65 分以上而國文英文不及 50 但在 40 分以上者得由系主任提出討論特別錄取。」〔註52〕雖然沒有找到吳晗報考清華的成績，但是從其報考北大時優秀的文史成績來看，吳晗考清華時的黨義、國文、英文、中國通史、西洋通史、論理學成績足以達到正常錄取的標準，不必通過特別錄取。因此，吳晗考清華數學得零分，被破格錄取確屬失實。但是不能因此否定清華破格錄取，重視偏才的傳統。早在 1912 年清華學校時期，聞一多參加入學考試，「初試在武昌舉行，科目有歷史、地理、算學、英文。他的這些成績都較平平，但是一篇《多聞闕疑》的作文卻得到考官的驚異。這篇題目與聞一多的姓名有關，好像曾經練習過，關鍵是他模仿梁啟超的文筆——那是最為時髦的筆法，竟出自一個少年之手。結果，這篇出類拔萃的作文使他獲得備取第一名，有了入京復試資格。復試時，他以鄂籍第二名被正式錄取。」〔註53〕如果沒有破格，聞一多恐怕連復試的

〔註50〕蘇雙碧，王宏志著：《吳晗傳》，上海人民出版社，1998 年版，第 18 頁。黃延　　　　復著：《梅貽琦教育思想研究》，遼寧教育出版社，1994 年版，第 133 頁。

〔註51〕《國立清華大學本科招考簡章》，載《清華週刊》，1931 年第 35 卷第 11～12　　　　期，第 188～190 頁。

〔註52〕《國立清華大學歷年招考大學本科學生錄取標準》，載《清華週刊》，1934 年　　　　第 41 卷第 13～14 期，第 156～159 頁。

〔註53〕聞黎明著：《聞一多傳》，人民出版社，1992 年版，第 8～9 頁。

資格都沒有。聞一多不僅是破格錄取的受益者，他也延續了這一傳統。1930年臧克家報考青島大學，因為青島大學的招生很嚴格，當他接到通知書時，感到十分意外。他的成績是國文 98 分，數學 0 分。臧克家猜想：「一定是自己寫的三句雜感受到聞一多的青睞。在《雜感》這個題目下，他寫道：人生永遠追逐著幻光，但誰把幻光看作幻光，誰便沉入了無底的苦海。聞一多一眼就看中了臧克家的《雜感》，他相信自己發現了一個優秀的學生，一個可堪造就的人才。」〔註 54〕不僅清華大學有優良的破格錄取傳統，北京大學也不甘示弱。胡適特別注意文史方面突出的學生，如羅家倫、吳晗、張充和、葉曼等（詳見表28），而北大的這一傳統也經由羅家倫、蔣夢麟〔註 55〕等發揚光大。

其次，從北大和清華的招生標準衡量以上事例。1929 年北京大學考試委員會制定的本科新生標準為：「國文、外國文總數（分）在一百二十分以上他科無一科在十分以下者；預科新生復試錄取標準(甲)五門中有一門零分者不取。(乙)總分不及一百五十分者不取。」〔註 56〕以此標準衡量，羅家倫的數學成績為 0分，張充和的數學為 0 分，顯然不能滿足「無一科在十分以下」，他們在正常情況下不可能被錄取。因此，這幾人被北大錄取確屬破格，而不是特例。再看清華大學招考大學本科學生錄取標準，「1929 年新生錄取標準：總平均分 40 分以上，國文、英文、算學三門平均 40 分以上；1930 年新生錄取標準：總平均分45 分以上，國文、英文、算學三門平均 49 分以上；轉學生特別錄取：1929 年規定總平均在 40 分以上專門科目特優而國文英文有一門不及 50 分但在 40 分以上者得由系主任提出討論特別錄取；1930 年規定總平均在 50 分以上專門科目特優而國文英文有一門不及 50 分但在 40 分以上者得由系主任提出討論特別錄取。」〔註 57〕以此標準衡量，錢鍾書數學成績 15 分，季羨林數學 4 分，雖然他們的數學未達到 40 分，但其國文英文俱佳，其三科平均分應在 60 分以上。因此，他們的成績並沒有突破清華的招生標準，確實不屬於「破格錄取」。但是清華的招生標準沒有限制單科的最低分，這在制度上為偏才留下了生存空間。

〔註 54〕孫晨著：《世紀詩星：臧克家傳》，山東大學出版社，2000 年版，第 86 頁。
〔註 55〕羅家倫在長清華大學和中央大學時幾次破格錄取偏才，蔣夢麟也曾破格選拔華羅庚等。
〔註 56〕王學珍，郭建榮主編：《北京大學史料》第二卷（1912～1937）中冊，北京大學出版社，2000 年版，第 855～856 頁。
〔註 57〕《國立清華大學歷年招考大學本科學生錄取標準》，載《清華週刊》，1934 年第 41 卷第 13～14 期，第 156～159 頁。

　　其實，北大的破格錄取突破了學校的最低錄取標準，而清華的「破格錄取」看似沒有突破學校的錄取標準，實質上是從制度上為偏才留下了生存空間。二校殊途同歸，一個為了人才的發展打破了舊制度的限制，一個為了人才的發展建立了新制度，其出發點均在於全力促進人才的發展。清華大學劉超教授對此評價極高，「破格乃『特事特辦』，意在『突破格套』，故其本身即意味著對『格』的否定，是在更高層次上對制度的揚棄，以便為拔尖人才預留寶貴的空間。因此，越是名校越敢於破除成見，不拘一格招人才。」〔註58〕

表 28：民國時期破格錄取典型事例

時間	偏才	伯樂	考試成績	錄取學校	附注
1912	聞一多	—	國文獨佔鰲頭，歷史、地理、算學、英文平平	清華學校	初試被錄取為試讀生
1917	羅家倫	蔡元培 胡適	國文滿分，數學零分	北京大學	
1929	錢鍾書	羅家倫	國文優秀，英文滿分，數學 15 分	清華大學	
1930	季羨林	—	國文、英文俱佳，數學 4 分	清 華 大 學、北京大學	被北大、清華同時錄取
1930	臧克家	聞一多	國文 98 分，數學 0 分	青島大學	借別人的文憑應考
1931	吳晗	胡適	—	清華大學	應考北大、清華的轉學考試
1931	錢偉長	—	國文、歷史滿分，數、理、化、英文一共考了 25 分	清華大學	同時被清華、中央、唐山鐵道學院、廈大等五校錄取
1934	張旋（即張充和）	胡適	國文滿分，數學零分	北京大學	持假文憑應考，被錄取為試讀生
1935	葉曼（即劉世綸）	胡適	國文甚佳，其他科都不理想	北京大學	被錄取為試讀生

資料來源：聞黎明著：《聞一多傳》，人民出版社，1992 年版，第 8～9 頁。羅久芳：《羅家倫與張維幀》，百花文藝出版社，2006 年版，第 15 頁。張文江：《營造巴比塔的智

〔註58〕劉超：《中國大學的去向——基於民國大學史的觀察》，載《開放時代》，2009 年第 1 期，第 47～68 頁。

者：錢鍾書傳》，上海文藝出版社，1993 年版，第 13，213 頁。季羨林：《清華園日記》，遼寧美術出版社，2002 年版，第 6 頁。臧克家：《悲憤滿懷苦吟詩》，載《新文學史料》，1980 年第 3 期，第 55～72 頁。蘇雙碧，王宏志著：《吳晗傳》，上海人民出版社，1998 年版，第 17 頁。祁淑英：《錢偉長傳》，山西人民出版社，2010 年版，第 20～21 頁。陳平原：《尋找「系友」張充和的故事》，載《新京報副刊》，2009 年 11 月 5 日，第 C14－15 版。

二、破格錄取的深層探析

（一）破格錄取的特點

民國時期大學破格錄取具有以下幾個特點：1.破格錄取的都是文史方面的特殊人才。民國時期大學破格錄取的偏才都是文史方面優秀的人才，絕少有數理化等自然科學方面的人才。這是當時的學術水平和教育發展水平所決定的。現代科學是從西方引進的，而當時的基礎教育不甚發達。許多偏才都是幼年在私塾接受傳統文化的薰陶，然後進入西式現代學校，學習了簡單的自然科學和外國文，甚至有的並未進入現代學校，全靠自學成材。數理化等自然科學很難自學成材，中國傳統學術則不然。另外，傳統學術也不適合在現代學校傳播發展，所以只能以特殊形式選拔這類人才。2.破格錄取都是以考試的方式進行的。民國大學破格錄取都是通過考試的方式，且偏於選拔智者，絕少有德、體、美突出者被保送進大學。這反映出了民國大學招生繼承了科舉考試的傳統，人們依然相信考試的客觀公平性，害怕保送等方式損害公平。從這方面看，民國大學破格錄取，甚至其招生也不是完美的，其考查範圍過於狹窄。當然，很難以客觀的標準來衡量考生的德、體、美也是限制大學招考範圍的一個原因。3.破格錄取往往留有餘地，一定的試讀期保證了錄取的質量。以試讀生的方式錄取偏才，一方面給偏才提供了進大學的機會，另一方面給其「糾偏」限定了期限，保證了錄取的質量。4.破格錄取事例集中在 20 世紀 20、30 年代的北大、清華，破格錄取具有彌散性。這一時期大學經過新文化運動，思想異常活躍，且大學單獨招生，自主決定錄取，教育行政機關並不過多干預。蔡元培、胡適、聞一多、羅家倫等都是新文化的旗手，他們把這種關注人，給人以自由的西方文化注入招生過程，並代代傳遞。

（二）民國破格錄取頻發的原因

1. 大學擁有招考權。1938 年之前民國大學基本推行單獨招生制度，國家只對入學資格作一些原則規定，監管甚少。招考權下放給大學是民國大學招

生的根本特點。大學全權負責招考事宜，如制定招生計劃，發布招生廣告，組織命題，組織考試，劃定錄取標準，發榜等。大學為什麼沒有藉以尋租呢？其中一個重要的原因在於其公開、公平的招生制度。各大學一般設立入學考試委員會負責招考事宜，其招考簡章、錄取標準、錄取名單都會在各大報刊公布。如《國立中正大學招生委員會規程》規定，「第一條本委員會依照本大學規程第二十八條之規定組織之。第二條本委員會以校長，教務長，訓導長，總務長，各學院院長，各學系主任，及註冊組主任，組織之，校長為主席，校長缺席時，由教務長代理主席。第三條本委員會之任務如左：一、擬定招生簡章。二、審定本校招考新生及轉學名額。三、決定招考地點並推定各地主持招考人員。四、編定招生經費之預算。五、推請命題閱卷教員及監試人員。六、決定取錄新生及轉學生之標準及人數。七、審核報告新生之資格。八、決定其他關於招生事宜。第四條本規程經校務會議通過施行修改時間。」〔註59〕因此，獨立的招考權使大學獨立自主選拔適合自身發展需求的人才，且符合公平原則，這是民國時期大學各具特色且水平較高的一個重要原因。

2.當時的教育發展尚未定型。民國時期基礎教育發展相對薄弱，中小學生數量和質量都不足，其學科知識水平也較低。參加大學入學考試得零分的大有人在，不及格也被錄取屬於正常現象。考生的數理化知識尤顯缺乏。其實大學教育也存在類似的問題，自然科學發展相對滯後，利用西方人文社會科學理論重新詮釋中國傳統學問，成了許多大學「振興中華」的使命。且人文社會科學需要投入的成本和設備較少，對社會的影響也大，故破格錄取文史偏才便成為風尚。3.大學能堅持獨立自由之精神。蔡元培、胡適、羅家倫等學人通過新文化運動，將西方大學獨立自由的精神灌輸於中國大學，實現了本土化。他們視人才為大學發展的根本，無論熟識與否，只要有真才實學都會極力推薦。如胡適之於吳晗，胡適之於羅家倫，羅家倫之於錢鍾書。並且他們不會因為私人關係而徇私舞弊。這樣以來形成了一種破格錄取的傳統，北大、清華均將這一傳統發揚光大。另外破格錄取依賴於教授治校、民主管理的制度。教授治校而非官僚治校，保證了大學選拔特殊人才的科學性和民主性。〔註60〕

〔註59〕《國立中正大學招生委員會規程》，載《國立中正大學校刊》，1941年第1卷第17期，第7頁。

〔註60〕史建國：《破格錄取與清華傳統》，載《粵海風》，2006年第3期，第25～28頁。

4.考試制度發展尚未完善。首先，中學會考制度沒有完全推行，這就造成了中學畢業生質量難以得到保證，同等學力報考大學的比例過高，甚至許多人偽造中學文憑應考大學。從積極的方面看，這也給偏才留下了機會，如臧克家、張充和都沒有正規的中學畢業文憑，這一漏洞也是歷史的機緣。這種現象並不少見，如「1930 年秋，青島大學開學後不久，學校當局查出了有不少學生是用假文憑報考錄取的」，「被勒令退學的學生，數目相當多，」〔註61〕由此還造成了學生罷課風潮。其次，大學入學考試的出題、閱卷均沒有實現標準化，其信度、效度等相對不足。往往一科試卷由某一個知名教授命題，如 1935 年胡適在日記中寫道「擬入學考試題目，」〔註62〕1932 年陳寅恪出清華大學入學考試國文試題。他們所出的試題往往只有作文和古文翻譯，覆蓋面甚低，難度也不易控制，總體效度不高。這種試題雖然有較大的缺點，難以適應西方科學發展的需要，但是它適宜選拔傳統學術人才。許多人鼓吹以「新法考試」取代這種論文式的考試，也有人反對之，「1932 年清華大學入學考試的對對子風波」〔註63〕很好的說明了這一矛盾。其實，舊式考試在選拔傳統人才方面自有其優勢。

小結

憑才取人還是逐路取人，是科舉時代遺留下來的千古謎題，表面上是憑才錄取還是分省錄取的矛盾，根本上反映了效率和公平的矛盾。國立大學招生也存在類似的問題，有的人認為憑分錄取更公平、合理，有的人認為分省錄取更公平、合理。廈門大學劉海峰教授認為，憑分錄取與分省錄取的矛盾越是發展到後來，越趨向於分省錄取。這一問題形成的原因是多方面的，如大學的地域分布不平衡，各地基礎教育發展失衡，國家以及各大學招生政策的失誤等，但是根本的原因在於各省區經濟社會文化發展的不均衡。民國時期國立大學招生，不論是單獨招生還是聯合招生，或統一招生，基本上堅持了憑分錄取的原則。由此造成不同省區、不同階層入學機會的不平等。

〔註61〕李林，王弢：《青島大學兩年三次罷課鬥爭簡述》，載《山東大學校史資料》1983 年第 6 期，第 60～78 頁。
〔註62〕胡適：《胡適日記全編》（六），安徽教育出版社，2001 年版，第 530 頁。
〔註63〕羅志田：《斯文關天意：1932 年清華大學入學考試的對對子風波》，載《近代史研究》，2008 年第 3 期，第 4～23 頁。

　　如前所述，各省區間的大學入學機會，尤其是國立大學的入學機會是極其不平等的。華北、華東地區佔據了大部分的高等教育資源，而廣大的西南、西北、華中、東北地區所分享的高等教育資源較為匱乏。歸其原因，經濟和社會發展狀況是根本性的因素，而國立大學的地理分布、招生政策也是重要影響因素。長途跋涉應考消耗大量的人、財、物資源，令邊遠考生望而卻步。憑分錄取，而不考慮各省區的具體狀況，使得文教不發達的省份難以與文教繁盛的華東、華北省份競爭。如前所述，農工等階層出身的學生在國立大學中僅占 20%～30%，而商、學、政、法、軍、警等階層出身的學生在國立大學中所佔的比例高達 70%～80%。大學入學機會，尤其是國立大學入學機會在各階層之間的分配極其不平等。這一方面是受各階層間不同文化資本積累情況的影響，另一方面是受到國立大學招生政策的影響。後者更為重要，因為它是主觀性的，可以改變的因素。

　　因此，我們可以推知民國時期國立大學學生主要來自於東南、華北等東部省份，西南、西北等西部省份較少；主要來自於商、學、政等上等階層，農、工等階層較少；甚至主要來自於一些大學附中、大城市的名牌中學，普通中學、地方中學較少。故絕對憑分錄取顯失公平，但是絕對的分省錄取也是不公平的。現實的應對策略就是考慮各省區的人口數量，國立大學分布狀況，基礎教育發展狀況，協調分數與省區在錄取中的作用，調整招生人數在各省的分配，使其達到相對平衡；在招生政策上對工農等弱勢階層予以照顧，甚至優先錄取。根本解決之道在於發展落後地區的經濟和文化，使國立大學、中小學均衡發展和配置，通過發展使工農階層的經濟資本和文化資本得到大幅提升。考試公平和區域公平是對立統一的，絕對偏於任何一方都不能解決問題，根本之道在於二者兼顧，把握好度。

第五章　民國時期國立大學招生的
　　　　照顧政策

　　民國時期，政府根據形勢的發展，針對大學招生頒布了一系列的照顧政策。由於華僑子弟語言不通，且文化程度之低淺，為鼓勵華僑子弟回國升學，政府制定了相應的照顧政策。邊遠省份少數民族地區經濟文化落後，如不在政策上予以照顧，其子弟很難有升入國立大學的機會，針對邊疆少數民族的照顧政策是補償性的。針對軍人、國民黨黨員、教職員以及公務員的照顧政策，主要是獎勵其在戰爭期間對國家所做出的貢獻，另外也含有救濟的意味。

第一節　對華僑的照顧政策

　　由於華僑對辛亥革命有特殊貢獻，且華僑有送子弟回國升學的傳統，加之戰爭時期海外華僑教育遭到巨大破壞，故民國時期回國升學的華僑子弟甚多，政府也十分重視華僑子弟回國升學。政府專門設立了管轄華僑教育的機構，多次頒布促進華僑教育發展的規程，對華僑子弟回國升學給予了較大的優惠和照顧。民國前期華僑教育的管理機構較為簡單，照顧政策也不完善，回國升學的華僑子弟逐漸增多，國民政府成立後才得到改善。1929 年教育部設立華僑教育設計委員會，1931 年國民政府直轄的僑務委員會正式成立，抗戰時期華僑教育設計委員會由教育部和僑務委員會會同組織。1940 年國民黨第五屆中央全會通過《推進僑民教育方案》，1945 年國民黨六全大會通過《改進僑務方案》。這為華僑子弟順利回國升學提供了管理保障和政策支持。

一、北洋政府時期對華僑的照顧政策

民國前期雖然管理機構和政策都不完善，但是依然對華僑子弟回國升學予以了照顧。1914 年新加坡曾要求教育部為南洋華僑設置清華學校專額，以咨送內地升學，方便南洋華僑留美。教育部與外交部會商後答覆，「欲職校為南洋僑生撥出專額二名，為數有限，自當遵設專額以副獎勵僑學之至意」，「至此項學生既生長南洋，其程度年齡想難與各省一律規定，茲特另定規約數條。」〔註 1〕北洋政府隨即頒布了《僑民子弟回國就學規程》，確定了從寬錄取的原則，「但以試驗成績所差十分以內為限，」且「僑民回國後，其入學事宜，應由所在教育官廳介紹之。」〔註 2〕到 20 世紀 20 年代歸國升學的華僑子弟有所增加，政府的政策變化不大，只有原則性規定，並無統一的入學辦法，但是有的大學單獨制訂了華僑學生入學辦法。如 1919 年北京大學為體恤華僑起見，特訂通融辦法：華僑子弟已中學畢業，或在國外大學肄業，可入北大為旁聽生，待補考入學試驗及格後，即為正式生。〔註 3〕但是，1922 年華僑旁聽生達百人之多，遠遠超過北大的收容能力，且其程度不一，故北大欲舉行甄別試驗，但仍規定「考試成績太低者，本校當為酌量開特別補習一年。」〔註 4〕然而考試結果令人意外，國文、英文、數學成績低劣，不及格者甚眾，故「此項學生程度太低，在本校實無法補習，」〔註 5〕對部分學生不予錄取。北大為補救華僑學生程度不齊的問題，遂修改了入學辦法，增加了資格審查，並規定面試合格方能獲得旁聽資格。〔註 6〕北大的舉措起到了示範作用，如中國大學就仿照北大的規定制訂了《華僑學生入學變通辦法》。〔註 7〕

〔註 1〕《飭南洋各埠總領事／領事飭知商準外交部訂定清華學校招考南洋學生規約仰尊辦文》：載《國家圖書館歷史檔案文獻叢刊：(民國)教育部文牘政令彙編》(第三冊)，全國圖書館文獻縮微複製中心，2004 年版，第 1091～1092 頁。

〔註 2〕《教育部公布僑民子弟回國就學規程令》，載中國第二歷史檔案館編：《中華民國史檔案資料彙編》(第 3 輯教育)，鳳凰出版社，1991 年版，第 522 頁。

〔註 3〕《華僑學生入學通融辦法》，載《北京大學日刊》，1920 年 12 月 17 日，第 771 號，第八版。

〔註 4〕《教務處布告》，載《北京大學日刊》，1922 年 9 月 16 日，第 1073 號，第一版。

〔註 5〕《教務處布告》，載《北京大學日刊》，1922 年 9 月 23 日，第 1074 號，第一版。

〔註 6〕《國立北京大學華僑學生入學特別辦法》，載王學珍，郭建榮主編：《北京大學史料》第二卷 (1912～1937) 中冊，北京大學出版社，2001 年版，第 891 頁。

〔註 7〕《批中國大學華僑學生入學變通辦法應暫準備案惟收受此項學生應報部核備》，載《教育公報》，1922 年第 5 期，第 29～30 頁。

二、國民政府前期對華僑的照顧政策

國民政府時期，華僑教育的管理機構專門化，華僑學生回國升學政策制度化，預示著照顧政策向正規化方向發展。此時期，僑務委員會和教育部均有管理華僑教育的職責，但僑務委員會僅負「指導介紹」〔註8〕之責，教育部承擔了主要職責。政府逐漸出臺了華僑教育整體發展計劃〔註9〕和華僑學生回國升學的統一辦法。

在政府出臺統一的照顧政策之前，各大學依然各自處理僑生入學問題。如中山大學對入學試驗不及格的華僑學生進行補習，年終時按程度，分別予以留級或插入相當班次，以示優待。〔註10〕而1928年投考中央大學的華僑學生請求免試入學，學校體念其求學心切，予以通融，「專為華僑學生，特別補行入學試驗一次，作試讀生例。」〔註11〕1929年中央訓練部召集華僑教育會議，曾決議：凡國立與省立學校，有華僑子弟回國就學，經華僑公團證明確係貧苦者可由各校酌量情形，予以免費待遇。僑生在所報考之國內學校，不能錄取者，即由該校自行設法予以補習之機會。此時，暨南大學已是華僑最高學府，中山大學也是僑胞群集之所。但是回國升學的華僑學生日多，「顧升學之地過少常令多人望洋，此後國內各大學必須一律開放。」〔註12〕1931年菲律賓、美國等國的華僑學生要求報考清華大學、燕京大學，教育部指示，其入學資格准予變通辦理，按華僑教育會議的決議案予以優待。〔註13〕

形勢的發展迫切需要教育部制訂統一的華僑學生入學辦法。教育部隨即公布了《修正華僑子弟回國就學辦法》，規定了報考資格，要求教育廳局介紹

〔註8〕《國民政府僑務委員會組織法》，載《國民政府交通部交通公報》，1928年第1卷第17期，第8～10頁。

〔註9〕1931年8月20日《教育部訂定的華僑教育實施原則》，載中國第二歷史檔案館編：《中華民國史檔案資料彙編》（第5輯第1編教育2），鳳凰出版社，1994年版，第922～924頁。

〔註10〕《中山大學優待華僑學生條例》，載《國立大學聯合會月刊》，1928年第1卷第6期，第110頁。《中山大學華僑學生入學須知》，載《國立大學聯合會月刊》，1928年第1卷第6期，第111頁。

〔註11〕《中大商學院優待華僑學生》，載《中央日報》，1928年9月20日，第六版。

〔註12〕《國民黨中央民眾訓練部華僑教育會議宣言》，載中國第二歷史檔案館編：《中華民國史檔案資料彙編》（第5輯第1編教育2），鳳凰出版社，1994年版，第984～988頁。

〔註13〕《教育部指令》，載《教育部公報》，1931年第3卷第3期，第18～20頁。《教育部指令》，載《教育部公報》，1931年第3卷第9～10合期，第38～39頁。

投考學校，予以切實指導，華僑子弟回國較多的城市應指定專人負責。如華僑學生程度過低不能錄取，應「由該校自行設法，予以補習之機會，」家庭貧苦者，「得由所肄業之學校酌量情形，予以免繳學費之優待。」〔註14〕僑務委員會則制訂了《保送及介紹僑生升學規程》，要求被保送者有當地本國領事館黨部、商會或經向本會立案之文化機關的證明書或介紹書，需呈交畢業文憑、成績單等等，家境困難者亦可申請免費。〔註15〕

雖然政府公布了華僑學生入學和照顧辦法，但也暴露出一些問題。如作為華僑最高學府的國立暨南大學，本應入學嚴格，程度較高，但事實並非如此。1933年12月，教育部視察後訓令暨南大學，「招收新生應嚴格審查其資格，並認真舉行入學考試。」〔註16〕但是該校未有改進，半年後教育部再次訓令，「查該校近年辦理未善，積弊甚深，歷經本部督促改進，迄鮮成效。限制招生，今後該大學各院招收新生，華僑子弟至少應占三分之一。本年度招收新生應嚴格考試並酌減錄取名額。」〔註17〕可見該校招生寬濫，程度難以達到基本要求。1934年12月，教育部似乎對該校忍無可忍，痛批「該校學生程度參差不齊，入學試驗及平時考核成績，殊欠嚴格，據報本年該校錄取新生標準，普通以四十五分為及格，華僑以三十分為及格，而錄取名額，較以前各年度為多，殊與迭令嚴格招生，減少名額，以求改進質量之旨不合。嗣後招收新生，務須提高標準，從嚴選錄，原有學生，並應隨時認真考核，嚴行甄別。」〔註18〕如上所述，華僑學生回國升學一直存在著成績照顧與保持程度的矛盾，二者兼顧，把握好度是問題的關鍵所在。

三、國民政府後期對華僑的照顧政策

抗日戰爭和解放戰爭時期，僑生生活異常艱苦，他們或為了生存，或為

〔註14〕《修正華僑子弟回國就學辦法》，載《教育部公報》，1931年第3卷第27期，第37～39頁。

〔註15〕《僑生升學規程》，載《中央日報》，1932年7月14日，第七版。

〔註16〕《教育部改進國立暨南大學訓令》，載中國第二歷史檔案館編：《中華民國史檔案資料彙編》（第5輯第1編教育2），鳳凰出版社，1994年版，第1002～1005頁。

〔註17〕《教育部訓令》，載教育部編訂：《教育部改進專科以上學校訓令彙編》，中華書局，1935年版，第26頁。

〔註18〕《教育部訓令》，載教育部編訂：《教育部改進專科以上學校訓令彙編》，中華書局，1935年版，第27～29頁。

了響應抗戰來到大後方。華僑為抗戰捐資，出力頗多，而東南亞華僑受日人欺凌，華僑子弟回國升學者驟增。教育部和僑務委員會通力合作，共同辦理僑生的救濟和照顧工作。政府曾設立「回國升學華僑學生接待所」，根據戰爭的變化來調整和完善僑生升學政策。戰時僑生升學照顧政策較為靈活，很好的適應了特殊的社會狀況。總體上看，照顧力度較以往為大，程度自然降低不少。從為戰爭和政治服務的角度看，當然需要加大照顧力度，從教育發展的角度看，則不盡然。當天平過於偏向照顧一側時，大學的正常發展勢必受到干擾。所以，戰時僑生升學照顧政策的整體成效如何，尚待研究。

1940 年國立各院校統一招生對於海外僑生，仍予優待，嗣後每年教育部頒布的招生辦法都規定應照向例，從寬錄取，此制遂成為定規。〔註 19〕教育部對於清貧僑生給予了特殊的優待，1940 年通過考試錄取清貧僑生十四名，享有公費待遇。〔註 20〕戰時失學僑生迅速增多，教育部令中山大學盡力收容，指定其設大學先修班兩班，「其高中畢業者准予免試入該校先修班。」〔註 21〕隨著失學僑生的增多，教育部不得不加大救濟力度。教育部為便利僑生升學，曾編印《華僑學生回國升學指導》，其救濟可謂細心至極。1942 年僑生先修班繼續擴大，教育部「著令國立復旦大學增設僑生先修班二班，國立中山大學國立廣西大學及廣東省立文理學院，各增設僑生先修班一班」，並通令各校從寬錄取，且設保送名額，「三十一年度由僑務委員會保送經教育部分發入學僑生，計有六百四十一名。三十二年度則有七百零九名，共計有一千三百餘名。」〔註 22〕

抗戰最艱難的時期，教育部為便利僑生升學，指定福建建陽的暨南大學、廣東坪石的中山大學登記僑生，「參加甄別試驗或新生入學試驗及格者，由各該校予以錄取，其不及格者分發先修班肄業，登記合格學生經濟特殊困難者，

〔註 19〕《統一招考仍優待海外僑生》，載《中央日報》，1940 年 6 月 12 日，第二版。《專科以上學校本年招生辦法》，載《教育通訊》，1943 年第 6 卷第 19 期，第 15～16 頁。《教部令各大學從寬錄取僑胞子弟》，載《申報》，1947-3-20，第 24816 號，第二張，第五版。《部令僑生升學從寬錄取》，載《教育通訊》，1948 年復刊第 5 卷第 12 期，第 35 頁。

〔註 20〕《考選清貧僑生回國升學》，載《教育通訊》，1940 年第 3 卷第 46 期，第 2 頁。

〔註 21〕《教部分發失學僑生就學》，載《教育通訊》，1940 年第 3 卷第 3 期，第 6 頁。

〔註 22〕沈雲龍主編：《近代中國史料叢刊三編第十一輯：第二次中國教育年鑒》第十一編：華僑教育，文海出版社，1973 年版，第 1270 頁。

在集中及考試期間，得由校供給膳食，所需費用得呈請教育部轉發。」〔註23〕
戰時被保送僑生甚至不能提供畢業證書、高中成績單等身份證明，僑委會不
得不變通辦法，規定由校長、當地華僑參政員或教育視導員開證明書，亦可
獲得保送資格。〔註24〕到後來形勢更加惡化，許多僑生甚至沒有學籍，「茲
經僑務委員會商得教育部同意，凡是項學生回國升學，經領事館證明屬事實
者，可以同等學力投考，且不受同等學力之限制云。」〔註25〕僑生證件缺失
問題較易解決，生活困難則不易處理。教育部與僑務委員會共同組織「回國
中學華僑學生獎金委員會」，給予優異僑生以經濟援助，此後歷年均有類似
補助。〔註26〕

　　1947年教育部公布《華僑學生優待辦法》，規定保送機關為僑務委員會、
國內外重要華僑團體、我國駐外使領館，升學方式為教育部保送，保送名額
由保送機關與教育部商定，「各校對於教育部分發之華僑學生，應從寬甄試，
成績合格者作為正式生，不及格者作為特別生，其國文、國語程度較差者，
由校設法另予補習。」〔註27〕辦法還提出各校應指定專人負責指導，注意僑
生學習和生活狀況，每學期列表呈報教育部。由於南洋華僑較多，僑生回國
升學路途遙遠，且川資浩大。1947年，經僑委會申請，教育部令飭各大學增
設南洋考區，廈門大學、暨南大學都曾遵令執行。〔註28〕1948年教育部更要
求各大學在南洋設考區，「並儘量採用成績審查及委託招生辦法」〔註29〕因
此，僑生升學有教育部分發、入學考試從寬錄取、公費及獎學金待遇等照顧
政策，〔註30〕政策較為完善。

　　但是，成績照顧與保持程度的矛盾再次突顯。教育部為維持僑生的程度也
採取了一些辦法。1947年，教育部增加一項限制，對於1936以前畢業的僑生，

〔註23〕 仙：《戰區學生及僑生升學辦法》，載《高等教育季刊》，1943年第3卷第3
　　　　 期，第129頁。
〔註24〕 《僑委會訂定僑生升學辦法》，《中央日報》，1944年9月24日，第三版。
〔註25〕 《無學籍僑生返國升學辦法》《中央日報》，1947年2月21日，第五版。
〔註26〕 《回國升學華僑學生獎學金辦法》，載《教育通訊》，1946年復刊第1卷第9
　　　　 期，第24頁。
〔註27〕 《華僑學生優待辦法》，載《教育部公報》，1947年第19卷第5期，第10頁。
〔註28〕 《教育部訓令》，載《教育部公報》，1947年第19卷第4期，第32頁。沈雲
　　　　 龍主編：《近代中國史料叢刊三編第十一編：第二次中國教育年鑒》第十一編：
　　　　 華僑教育，文海出版社，1973年版，第1275頁。
〔註29〕 《教育部代電》，載《教育部公報》，1948年第20卷第5期，第13頁。
〔註30〕 《僑生回國升學辦法》，載《中央日報》，1947年12月21日，第四版。

一律不予保送。〔註31〕隨後，教育部解釋僑生分發原則，「現行辦法意在獎勵，今後更將嚴格審核。今後對各種分發入校辦法，原則上逐漸廢止。」〔註32〕可見，教育部也意識到了過於照顧僑生將導致大學程度的下降，必須保持最低標準。但是，現實的阻力似乎很大。僑生對於各項限制反應強烈，等候分發者對教育部大失所望，稱自己是無辜的受害者。他們認為這種規定實欠公允，並要求「為了學業與前途，更為了國家的教育與國家對僑胞的愛護，切勿輕便打緊僑生歸國求學的熱望，」「教部應負這責任」，〔註33〕為其解決升學問題，僑生因此發生升學「障礙」，請求放寬尺度。〔註34〕面對著僑生和輿論的強大壓力，教育部不得不再次通融。1947 年，僑委會提出改善辦法：「（一）僑生分發，不限於本年度畢業者；（二）曾在先修班肄業者，不加限制；（三）已有畢業證書者，不必再繳驗成績單；（四）交通不便遲到之僑生，□保留學額；（五）滯留京滬未能入學者，請設法□□安置；再僑生回國後之住宿與補習等問題，該會亦已請教部注意。」〔註35〕這使得此前的限制措施形同虛設。隨後的限制措施較為寬泛，如「華僑學生之保送，以最近兩年內海外僑校高中畢業學生為限，」「保送學生學業成績須在八十分以上，操行成績應為甲等，每校最多不得超過五名，」「香港、九龍、澳門三地之高中畢業生，回國升學較便，不得申請保送。」〔註36〕教育部一方面提出較弱的限制措施，另一方面卻不斷放寬入學標準，加大照顧力度。這對成績較差的僑生升學幾乎沒有什麼限制作用。

第二節　對邊疆少數民族的照顧政策

　　政府針對少數民族的照顧政策，大有「夫如是，故遠人不服，則修文德

〔註31〕《回國升學僑生全部分發暨大》，載《中央日報》，1947 年 10 月 15 日，第四版。

〔註32〕《分發學生升學教部有所解釋》，載《中央日報》，1947 年 9 月 26 日，第四版。

〔註33〕《華僑教育會港九分會要求頒發僑港各高中畢業生升大學辦法呈》，載中國第二歷史檔案館編：《中華民國史檔案資料彙編》（第 5 輯第 3 編教育 1），鳳凰出版社，2000 年版，第 524 頁。

〔註34〕《僑生升學發生障礙請求教部放寬尺度》《中央日報》，1947 年 10 月 9 日，第十版。

〔註35〕《便利僑生升學僑委請教部改善優待辦法》，載《中央日報》，1947 年 10 月 2 日，第四版。

〔註36〕《保送僑生升學注意事項五點》，載《中央日報》，1948 年 4 月 7 日，第四版。

以來之」的意思。面對新疆、西藏、蒙古等內外分裂勢力的挑戰，政府想以人文教化之。此外，大學單獨招生制度的長期運行，以分數為絕對的錄取標準，客觀上造成了邊疆和少數民族地區很難有升入大學的機會，這就需要政府加以調節。

一、管理機構與總體規劃

清末，中央政府就設有專門管理少數民族事務的機構理藩院，民初北洋政府改理藩院為蒙藏院，國民政府建立後在行政院下設蒙藏委員會，專司蒙藏事務，蒙藏教育當然也包括在內。1929 年 6 月 17 日，國民黨三屆二中全會通過《關於蒙藏之決議案》，從發展教育著手，推動蒙古西藏等少數民族地區的經濟文化發展，要求：特定國立及省立之學校，優遇蒙藏新疆西康等地學生之辦法。〔註 37〕隨後教育部根據行政院的訓令，增設蒙藏教育司，自此蒙藏教育由教育部和蒙藏委員會共同管理。國民黨三屆二中全會為此後的邊疆教育發展規劃了藍圖，設置了組織機構，頒布了原則。1931 年 9 月國民黨中常會通過的《三民主義教育實施原則》專列第六章蒙藏教育，為邊疆教育確立了原則。《蒙藏教育實施方案要目》提出，「於最近期內，將新頒之待遇蒙藏學生章程，完全實行於全國各校；於最近期間，在中央北平兩大學內，成立蒙藏班。」〔註 38〕1939 年第三次全國教育會議通過了《推進邊疆教育方案》。1941 年 11 月行政院頒布《邊地青年教育及人士行政實施綱領》，規定「邊地學生升入專科以上學校者，應令參加普通入學考試，但得從寬錄取之。各專科以上學校，為培養建設邊地之專才起見，得在適當地點之專科以上學校設置是項科系。」〔註 39〕

二、保送、蒙藏班與經濟補助

1929 年蒙藏委員會頒布了《待遇蒙藏學生章程》規定蒙藏學生來內地升學由各蒙藏地方行政機關和學校保送，並不採用考試的方式。由於蒙藏學生

〔註 37〕《國民黨三屆二次中央全會通過的蒙藏決議案中有關教育部分》，載中國第二歷史檔案館編：《中華民國史檔案資料彙編》（第 5 輯第 1 編教育 2），鳳凰出版社，1994 年版，第 815 頁。

〔註 38〕吳相湘主編：民國史料叢刊第一種《第一次中國教育年鑒》第二冊丙編：教育概況上，傳記文學出版社，1971 年版，第 511 頁。

〔註 39〕沈雲龍主編：《近代中國史料叢刊三編第十一輯：第二次中國教育年鑒》第十編：邊疆教育，文海出版社，1973 年版，第 1212 頁。

程度較低，一律收為旁聽生，學年考試及格方可改為正式生。在公立學校應免全部學費，甚至在私立學校也應酌量減免。各保送機關須向蒙藏委員會提交學生之姓名、性別、年齡、籍貫、學歷、品行評語、所通語言文字各項，並附送該生二寸半身照片二張，如發現有冒充者，除將該生斥革外，並向原送機關或其保證人追繳因該生所費之一切費用。〔註40〕同年教育部頒布《蒙藏學生就學國立中央北平兩大學蒙藏班辦法》，其目的是獎勵蒙藏學生研究高深學術，特在中央、北平兩大學設蒙藏班，學額則由兩大學自行酌定，入學程度相當於大學預科，入學方式仍為保送，且其修業期滿後免受入學試驗，直接升入大學本科，且均免學費。〔註41〕同時新疆西康也要求與蒙藏相同待遇，教育部遂指示「新疆西康等省同在邊陲，其學生在京及各省求學者，在未特定辦法以前，得適用待遇蒙藏學生章程辦理。」〔註42〕1930 年教育部頒布了《實施蒙藏教育計劃》，再次重申了《待遇蒙藏學生章程》和《蒙藏學生就學國立中央北平兩大學蒙藏班辦法》中對於蒙藏學生升學內地的照顧政策，並提出「中央北平兩大學務於本年秋季分別成立蒙藏班，由蒙藏地方機關保送蒙藏學生入學。」〔註43〕雖然頒布了法令，但是由於種種原因，大學蒙藏班直到 1931 年才開始辦理。隨後教育部頒布了《蒙藏學生就學國立中央、北平兩大學蒙藏班辦法》，規定蒙藏各盟旗選送學生入兩大學蒙藏班，均免學費，畢業後免受入學試驗，直接升入兩大學本科。〔註44〕1930 年中央大學訂立了《國立中央大學蒙藏班招生辦法》，其中規定蒙藏學生各二十名，入學資格以年在十八歲以上，三十歲以下，曾在高級中學畢業或具有同等學力，並品行端正身體強健之蒙、藏人為合格。除由蒙藏委員會對其資格進行審查外，再由蒙藏委員會、教育部、中央大學會同測驗被錄取者，只是測驗不決定錄取與否，程度低者只須入中央大學附中學習，畢業後免試升入中央大學。其

〔註40〕《待遇蒙藏學生章程》，楊學為等主編：《中國考試制度史資料選編》，黃山書社，1992 年版，第 691～692 頁。

〔註41〕《蒙藏學生就學國立中央北平兩大學蒙藏班辦法》，楊學為等主編：《中國考試制度史資料選編》，黃山書社，1992 年版，第 692 頁。

〔註42〕《優待新疆西康學生辦法》，楊學為等主編：《中國考試制度史資料選編》，黃山書社，1992 年版，第 692 頁。

〔註43〕《教育部實施蒙藏教育計劃》，載《湖北教育廳公報》，1930 年第 1 卷第 6 期，第 65～74 頁。

〔註44〕《教育部公布蒙藏學生就學國立中央、北平兩大學蒙藏班辦法》，載中國第二歷史檔案館編：《中華民國史檔案資料彙編》（第 5 輯第 1 編教育 2），鳳凰出版社，1994 年版，第 833 頁。

學宿膳、制服、書籍、雜用等費由學校供給。〔註 45〕這些蒙藏學生升學的照顧政策頒布後,青海、寧夏等省的學生也紛紛要求援例免試入學,並免學膳宿等費,教育部訓令清華大學、北京大學、北平師範大學等校,「比照待遇蒙藏學生章程准予免試入學,令各大學遵照辦理」〔註 46〕西南夷族文化促進會也提出類似呈請,教育部答覆「查苗夷各族,□為邊疆民族散佈區域,至為廣泛,其文化程度,較之蒙藏各族,尤為低落,在此推廣邊疆教育之際,所有苗夷學生來中央及各省求學者,自宜格外優待,以示提倡」,「其來中央或各省求學者,比照蒙藏學生章程辦理。」〔註47〕

1931 年大學蒙藏班計劃正式進入實施階段。教育部會同蒙藏委員會訂定了中央大學蒙藏班辦法,其主要困難是蒙藏學生程度不齊,經費捉襟見肘。「為即須開設本班起見,不得不撙節辦理,乃將原定學額六十名減為四十名,並將合班教授改為分別編入中大各科系一年級隨班上課,免另設置教室以資節省,至於學生膳宿制服書籍零用等費,仍由學校供給之。」〔註 48〕每人每月發大洋三十元,可謂待遇優厚,但是教育部和蒙藏委員會並不負責支付,由中央大學自行負擔。因此,學校積極性自然受到打擊。另外,辦法規定由專人負責管理學生宿舍以防不良品行,但是其有效性值得懷疑。從招生的實際效果來看,「要求入學者甚眾」,「其入學資格,准予變通辦理。」〔註49〕此後,教育部對於各邊疆省份學生升學內地的照顧政策更加具體化,1933 年教育部「通令各省市教廳局、遵照優待蒙藏及青海學生辦法各公私立大學及專校每年收受寧夏省免試入學學生一名至三名、以資造就、而利教育。」〔註50〕1934年邊疆省份保送學生共四十二人,具體分布如下:「計中央大學青海籍二人、新疆籍二人、寧夏籍二人、中央陸地測量學校、青海籍十一人、西康籍八人、內蒙籍二人、熱河籍二人、甘肅籍三人、寧夏籍四人、北平大學內蒙籍三人

〔註45〕 《國立中央大學蒙藏班招生辦法》,楊學為主編:《中國考試史文獻集成》第七卷(民國),高等教育出版社,2003 年版,第 233 頁。

〔註46〕 《寧夏青海兩省學生得比照待遇蒙藏學生章程准予免試入學》,楊學為等主編:《中國考試制度史資料選編》,黃山書社,1992 年版,第 693 頁。

〔註47〕 《教部優待苗夷學生》,載《申報》,1936 年 11 月 10 日,第 22820 號,第四張,第十四版。

〔註48〕 《教育部訓令》,載《教育部公報》,1931 年第 3 卷第 36 期,第 15~16 頁。

〔註49〕 《中大華僑及蒙古生入學資格已規定》,載《中央日報》,1931 年 4 月 28 日,第五版。

〔註50〕 《教部令各校優待寧夏生,得免試入學》,載《中央日報》,1933 年 11 月 29日,第七版。

云。」〔註51〕

　　越來越多的邊疆學生升學內地大學，各大學在經費和管理上面臨愈來愈大的問題。教育部不得不在邊疆教育補助費內撥專款應對之〔註52〕，1936年「補助名額共十五名，每名補助三百元。」〔註53〕抗戰前，國民政府針對邊疆少數民族升學的照顧政策已經比較完善。之後，沒有大的變動，只做了局部修改。如1947年《邊疆學生待遇辦法》，修正的部分主要是，對邊疆學生界定更清晰，家庭居住於內地和在內地學校肄業或畢業者，不得申請保送；除保送之學生外，其餘志願升學內地中等以上學校者，應自行報考，學校應酌予從寬錄取；邊疆學生家境確屬清寒者，准予核給獎學金，不受名額限制，如遇特殊事故或經濟情形確實困難，得由學校轉呈教育部請發特別補助費。〔註54〕

表29：蒙藏迴學生保送及補助人數

年限 ＼ 類別	保送人數〔註55〕	補助大學學生數	補助大學學生金額
1936	189	28	2800
1937	165	18	1850
1938	124	15	523
1939	135	17	1190
1940	199	11	2030
1941	116	21	2880

資料來源：《蒙藏迴學生保送人數》，載《統計月報》，1942年第77期，第37頁。《蒙藏迴學生補助》，載《統計月報》，1942年第77期，第38頁。

　　由表29可知，首先，被保送升入內地大學的邊疆少數民族學生，總體數量較少，補助總金額較小。1934年中央大學和北平大學共九人（如前所述），其餘年份都徘徊在二三十人。其次，受戰爭的影響，無論被保送升學的人數，還是補助金額，都有一個逐漸下降，又穩步回升的過程。僅從量的方面看，

〔註51〕《二十三年度邊省保送學生》，載《中央日報》，1935年1月7日，第八版。
〔註52〕《推進邊疆教育，補助蒙藏迴學生升學》，載《中央日報》，1936年11月5日，第八版。
〔註53〕《蒙藏迴學生升學辦法大綱》，載《中央日報》，1936年10月23日，第八版。
〔註54〕《邊疆學生待遇辦法》，載《教育部公報》，1948年第20卷第1期，第5頁。
〔註55〕保送者除入大學外，尚有專門學校、中學、小學等。

對邊疆少數民族升學的照顧政策有一定的成效，但作用有限。除中央大學、北平大學專設蒙藏班外，一般的大學對邊疆少數民族學生也有相應的照顧，且其政策一直在調整。如 1935 年北京大學由考生委員會對保送而來的邊疆少數民族考生進行資格審查，合格後經過口試即可成為旁聽生，當年錄取十一人。1936 年以後則增加了考試，「考試課目，亦大致與一年級新生相同，否則不予考核。」〔註 56〕此外，1938～1940 年國立各院校統一招生，對於蒙藏學生給予優待。1939 年的錄取標準是，蒙藏學生筆試七科目達到 200 分，而國文、外國文、數學均非零分者，經覆核後亦錄取之，華僑學生錄取標準以此為準。1940 年，對於蒙藏及歸國僑生錄取特予優待，各組錄取標準依次降低 40 分，但國文、英文、算學仍須為非零分。

　　總之，大學招生對於邊疆學生給予了相當的照顧，雖然要參加考試，但「從寬錄取，入學試驗不及格者得收為旁聽生，其不能旁聽者，得呈請教育部指定學校補習。」〔註 57〕入大學者則免收學費，享受公費待遇，或發給補助費、旅費等。雖然說保送、從寬錄取的邊疆學生不是很多，享受補助也不多，但是相對於貧弱的邊疆教育來說，這也是一大進步。應該承認國民政府的照顧政策符合國家的長遠利益，如國民黨要員鄒魯在辦理廣東大學時就注意招收臺灣、朝鮮學生，免除學費並提供生活用品，「以便將來共負維持遠東和平的責任。」他招收廣東的黎、苗、瑤等族學生，「我感到他們是中國民族的一分子，開化他們，使之共同進步，實我們應盡的責任。所以在廣東大學時代，我早就訂定優待辦法，鼓勵黎、苗、瑤青年來校就讀，造成開化的幹部。所有黎、苗、瑤學生畢業回去後，對於開化工作，都能各盡其力。」〔註 58〕當然保送入學也暴露出新生質量難以得到保證的問題，如經過幾年試行後，1935 年中央大學規定被保送來的蒙藏學生，「必須經過本大學的編級試驗，」如其程度不夠必須補習，「凡經兩屆規定之試驗，其不及格學分逾學則規定數目者，應即令其離校。」〔註 59〕

〔註 56〕《北大蒙藏華僑生招考與新生同時舉行》，王學珍，郭建榮主編：《北京大學史料》第二卷（1912～1937）中冊，北京大學出版社，2001 年版，第 895 頁。

〔註 57〕《邊疆學生待遇辦法》，載中國第二歷史檔案館編：《中華民國史檔案資料彙編》（第 5 輯第 2 編教育 2），鳳凰出版社，1997 年版，第 113～115 頁。

〔註 58〕鄒魯：《回顧錄》，嶽麓書社，2000 年版，第 315 頁。

〔註 59〕《中央大學關於蒙藏及邊遠省份學生入學辦法決議案》，載中國第二歷史檔案館編：《中華民國史檔案資料彙編》（第 5 輯第 1 編教育 2），鳳凰出版社，1994 年版，第 840～841 頁。

第三節　對國民黨黨員、軍人、教職員、公務員（包括官員）的照顧政策

一、對國民黨黨員、軍人的照顧政策

　　國民政府建立伊始，就希望通過培養忠於國民黨的高級人才而鞏固政權。1930 年，國民黨中央執行委員會第八十二次常會通過《黨員請求升學處理辦法》，〔註60〕「凡入黨已滿三年，曾任黨務工作二年以上，並有相當成績，確屬經濟困難，致於失學，而志願升學之黨員，得依照本辦法，請求中央資助升學」，「資助名額，暫以三百名為限」，「資助分為三級，第一級每年四百元，第二級每年三百元，第三級每年二百元，」〔註61〕主要資助升學於公私立大學及專門學校的黨員。資助黨員的數量遠遠大於資助邊疆少數民族考生的數量，平均資助金額卻大體相當，從這一層面看，針對黨員的資助政策似乎過於優惠。黨員升學須照常參加大學入學試驗，並無邊疆少數民族的保送免試政策，這在相當程度上保證了所資助黨員的質量。但是用國家的財政資源為一黨服務，培養私黨人才，對於非黨員的一般民眾來說，有失公平。

　　國民政府時期長期處於革命和戰爭狀態，軍人對於保衛國家做出了貢獻和犧牲，有必要補償之，且戰時經濟凋敝，部分軍人的家庭也相當困難，急需國家補助。國民政府針對軍人升學制訂了花樣繁多的照顧政策。早在 1928 年大學院就頒布了《革命功勳子女就學免費條例》，其要點主要是，凡革命功勳子女已入公立學校者，如果家庭貧困可申請免費；免除學費、實驗費、講義費等；革命功勳指參加革命為敵人所害或殘疾之軍人或同志。〔註62〕九一八事變發生後，行政院核准了《全國對於抗日陣亡將士遺族予以優待免費求學案》，「以抗日陣亡遺族，予以優待，應照革命功勳子女就學免費條例辦理，准予免費求學。」〔註63〕全面抗戰爆發後，國土淪喪，大量官佐士兵傷亡。

〔註60〕《中執會八十二次常會通過黨員請求升學處理辦法》，載《中央日報》，1930 年 3 月 28 日，第三版。

〔註61〕《資助黨員升學辦法》，載《中央日報》，1930 年 3 月 28 日，第八版，第二張，第四面。

〔註62〕《革命功勳子女就學免費條例》，載《大學院公報》，1928 年第 1 卷第 2 期，第 1～3 頁。

〔註63〕《抗日陣亡將士遺族准免費入學》，載《中央日報》，1932 年 8 月 11 日，第七版。

1938 年，行政院再次細化了針對抗戰功勳子女就學免費的規定，公布了《抗戰功勳子女就學免費》〔註 64〕，其內容與《革命功勳子女就學免費條例》大體相當，只是將革命功勳換成了抗戰功勳，其餘免費種類，免費條件等均相同。抗日戰爭進入艱苦的相持階段後，教育部會同軍政部先後公布了《現職軍官佐屬在抗戰期間無力求學子女救濟辦法》〔註 65〕、《榮軍升學免繳學雜各費》〔註 66〕，分別免除其學雜等各項費用。雖然國家先後頒布了種類繁多的關於軍人升學的照顧政策，仍然有退役軍官「家人流離失所，淪得無家可歸」，其「欲升學，以求深造，□報效黨國，奈因家境貧困，餐粥□□，更無力讀書，志願不能達到，常流淚歎息。……今抗戰勝利，不想落得如此境地」，「跪求教育當局，准予免費升入大學攻讀。」〔註 67〕

抗戰勝利，國共兩黨又展開了內戰，國民政府延續了對抗戰功勳、革命功勳、榮譽軍人及其子弟的升學照顧政策，另外出現了新的變化，開始保送各類軍人入學。1946 年，教育部頒布《關於退役學生升學辦法》，要求「一、專科以上學校請求轉學生除原校業已停辦者外依照規定回原校復學如原校早已停辦入伍時非在校生不予分發轉學。二、高中畢業請求免試升學學生分發原則：1、志願各校容量無問題者儘量依志願分發；2、籍貫志願學校發生困難者改分籍貫附近學校；3、部隊所在地學校（二項發生困難時）；4、成績志願集中學校容量有限時得依成績酌分發一部分。」〔註 68〕教育部曾直接分發青年軍到交通大學和復旦大學，但是兩校對於所分發之學生並不滿意，「（一）校方解釋公費待遇僅限於復學青年軍，升學者不在其內。（二）校方表示必須考試，□標準與新生同，不合格者即入先修班，□一年級仍須參加入學考試，如不能取錄，□有失學之虞。（三）教部分發名單，因筆誤者校方拒絕其報□，如……。（四）年限方面，教部原條例□定三十四年度畢業高中之復員軍，享有優先被分發，但其他年限畢業者亦有分發權利，現校方□更為只有三十四

〔註 64〕《抗戰功勳子女就學免費》，載《申報》，1938 年 11 月 6 日，第 23235 號，第二張，第八版。

〔註 65〕《現職軍官佐屬在抗戰期間無力求學子女救濟辦法》，載《教育部公報》，1942 年第 14 卷第 1、2 合期，第 5 頁。

〔註 66〕《榮軍升學免繳學雜各費》，載《中央日報》，1943 年 1 月 25 日，第五版。

〔註 67〕《讀者之聲：退役青年軍官希望免費升學》，載《中央日報》，1946 年 12 月 25 日，第七版。

〔註 68〕《電覆關於退役學生升學辦法》，載《教育部公報》，1946 年第 18 卷第 6 期，第 13 頁。

年度畢業者始能入學。」〔註 69〕教育部面對來京請願的學生，答覆稱學籍、公費及年限均無問題，並要求兩大學承認其學籍，毋須進行考試。可以說兩大學的做法不無道理，一味遷就軍人免試分發，肯定會降低生源質量，但是為了國家大局著想，也不得不為之。類似的免試分發辦法還有 1946 年頒布的《榮譽軍人就學公立中等以上學校辦法》，1947 年公布的《國防部保送軍官入國立大學深造辦法》。《榮譽軍人就學公立中等以上學校辦法》規定「具有高中畢業資格者並能提出證件者准入大學先修班旁聽或試讀；曾在專科以上學校肄業並能提出證件者准入大學或專科學校旁聽或試讀；各校收受榮譽軍人入學旁聽或試讀以各校所有缺額為限；榮譽軍人入各校就學無論為正式或旁聽試讀生一律免收學膳宿雜等一切費用。」〔註 70〕

二、對教職員、公務員（包括官員）的照顧政策

　　國民政府時期，大學招生除了對華僑子弟、邊疆少數民族和軍人有照顧外，對於教職員子弟、公務員子弟也制定了照顧辦法。如果說邊疆少數民族是因為自然條件和社會條件的制約而受照顧，軍人是因為保衛疆土而受優惠，那麼教職員、公務員子弟僅因為經濟原因就受照顧，似乎有失公允。因為戰時國家經濟凋敝，各行各業都遭受重大打擊，甚至農民、工人等比教職員、公務員更加貧困。僅因為他們是享有公權力的階層就予以照顧，似乎有以權謀私之嫌。抗戰相持階段，內地生活異常艱苦。1940 年教育部根據地方的呈請公布了《小學教員子女入學免費辦法》，「小學教員服務滿二十年者，其子女肄業於公立專科以上學校，免其學宿各費。各省市縣施行貸金制或專為小學教員子女設置入學貸金者，並得依照規定，申請貸金。」〔註 71〕1942年面對「今生活費用高漲、一家數口、左右支絀、為家長□於兒女教育問題、均感心有餘而力不足、故當局深感□苦、不久當再行改善之辦法公布。」〔註 72〕9 月 22 日行政院會議鑒於教職員、公務員因生活費用高漲，子弟培養費用無法負擔，致子弟失學頗多，殊非國家培養青年之至意，原則上予以一律免費，

〔註 69〕《教育部分發入學青年軍》，載《中央日報》，1946 年 10 月 18 日，第五版。
〔註 70〕《榮譽軍人就學公立中等以上學校辦法》，載《教育部公報》，1946 年第 18卷第 5 期，第 3 頁。
〔註 71〕《小學教員子女入學免費辦法》，載《教育通訊》，1940 年第 3 卷第 30 期，第7 頁。
〔註 72〕《公務員教職員子弟入學改善優待辦法》，載《中央日報》，1942 年 10 月 23日，第六版。

並令教育部草擬實施辦法。〔註73〕除中央政府頒布救濟政策外,地方政府如南京市政府也曾頒布類似法規,要求「市府員工子女免費入學」。〔註74〕除了國家撥款直接救濟外,教育部還曾創新救濟辦法,要求「公私立專科以上學校及國立中等學校均分別組織『學校公利互助社』,公利互助社之主要任務為辦理信用貸款及生產事業及協助教職員子女之求學並資助貧苦學生解決生活上之困難。」〔註75〕

小結

(一)制定照顧政策的動機

民國時期,政府針對不同對象頒布了相應的照顧政策,其原因和出發點是多方面的。首先是鞏固政權的需要。資助黨員升學直接培養忠誠於國民黨的人才,照顧軍人、公務員子弟升學,可以起到穩定社會的作用。其次,籠絡邊疆少數民族,維護國家統一。西藏、新疆等邊疆歷來為外國侵略勢力所慫恿,其內部亦有分裂勢力活動,利用文教方面的優惠政策可以使當地民眾心悅誠服,受資助的學生將來畢業後也是各地方的精英,其對中央政權的向心力自然較強。再次,給予天生遭受不平等的階層以救濟。邊疆少數民族出生於自然環境、社會環境較惡劣的地區,這是他們無法選擇的,這也是天然的不平等,但是按照羅爾斯的差別原則,對其進行補償是正義的。通過發展邊疆的文教以推動其經濟社會發展,應該說國民政府的目光並不短淺。最後,國民政府利用公權為黨員、公務員和教職員謀取升學免費待遇,無論其出於穩定政權的目的,還是藉口培植青年人才,都是違背羅爾斯的機會平等原則的。這樣一來,其他階層將失去公平享有基本權利的機會。

(二)照顧政策的特點

縱觀民國大學招生照顧政策,具有以下幾個特點:首先,各項政策出臺的程序較為規範,其法治化程度較高,具有一定的民主性。其中大多數法規

<hr/>

〔註73〕《教職員公務員子弟可望免費入學,孔副院長向政院會議提出,原則通過正擬具實施辦法》,載《中央日報》,1942年9月24日,第六版。
〔註74〕《市府員工子女免費入學》,載《中央日報》,1947年7月27日,第四版。
〔註75〕《貧苦學生及教職員子女求學救濟辦法要點》,載《教育部公報》,1943年第15卷第11期,第9頁。

都經過了行政院或立法院的討論，作為法規頒布試行，又根據運行情況不斷修正。當然其民主性也不完全，不然很難出臺公務員子弟免費升學政策。其次，基本形成了大學招生照顧政策的體系，以照顧性為主，優惠性為輔的特點。基本形成四大類照顧體系，華僑升學照顧體系，邊疆少數民族升學照顧體系，黨員、軍人升學照顧體系，教職員子弟及公務員子弟升學照顧體系。並且其中大部分以經濟補助為主，很少有加分或降分的照顧，尚未見有對於優秀生或天才的加分政策，突顯了此政策對「劣者」的照顧性，而不是對「優者」的獎勵性。可以說民國大學招生照顧政策體系對新中國大學招生照顧政策的形成有一定的影響。其次，從質和量的方面看，此時的大學招生照顧政策力度很小，難以取得較大的成效。尤其是每年保送和資助百十來名邊疆少數民族學生，簡直是杯水車薪。而戰時面對飛速上漲的物價，幾百元的經費補助更是無濟於事。最後，大學招生照顧政策的出臺多是基於社會和國家利益的考慮，很少從「教育本身」出發。這勢必將一些不太合格的學生強塞給大學，此時「教育」和「國家」的矛盾表現為「大學」和「教育部」的衝突。但是利遠大於弊，照顧政策的代價還是值得的。

（三）照顧政策的成效

客觀地說，政府根據時局的變化，頒布不同的大學招生照顧政策，對於政權的穩定，國家統一和領土完整，起到了相當的作用。政府對於少數民族考生的關照無微不至，如1939年學生胡繼成本計劃赴西北大學應入學考試，但由於交通不便，登記候車耽誤時間，遂請求教育部分發中央大學或四川大學。教育部長陳立夫訓令四川大學：「查該生所呈各節尚屬實情，准予依照修正待遇蒙藏學生章程第四條第二項之規定，分發該校為旁聽生，候學年考試及格後，再行改為正式生。」〔註76〕這在感情上加強了少數民族同胞與中央政府的聯繫。邊疆少數民族的分裂力量得以削弱，與內地保持文化向心力，軍隊或因此在一定程度上穩定軍心，公職人員因此而安心工作，都為社會的穩定做出了貢獻。抗戰時期，國民政府偏於重慶一隅，各民族團結一致，各階層一致對外，最終取得抗戰的勝利，與此不無關係。另外，由於此時期大學招生照顧的範圍、數量以及質量都非常有限，對其成效不應估計過高。其

〔註76〕《教育部訓令》，載《國立四川大學校刊》，1939年12月1日，無卷期，第6頁。

對於邊疆的開發作用也不應誇大，其對於提高大學教育質量，培養高素質人才的影響甚微，當然這也不是此政策制定的主要目的。並且不得不說的是許多照顧政策並非完全從公共利益出發，如對國民黨黨員的照顧政策，對公務員的照顧政策等，顯然有以權謀私之嫌，其正面影響大大小於負面影響。這損害了國民政府的信譽，破壞了教育公平。

第六章　民國時期國立大學單獨招生中的失調與整頓

　　民國時期，雖然經歷了 1938～1940 年短暫的統一招考，但單獨招生是大學招生的主導模式。在單獨招生中，大學握有招考權，教育行政部門只起監督作用。招考一般由大學組織實施，大學自主決定招考事宜。大學設立招生委員會，議決有關招生考試的一切事宜。大學根據本校的學科發展需要，以及設備、師資等情況，決定招考事宜，很少考慮中學的教學實際和利益訴求，更難照顧到國家發展的整體需要。單獨招生是市場模式，統一招生是計劃模式。在市場模式中，價格機制、競爭機制、供求機制共同發揮作用，使產品的產量和質量不斷提高。但是當市場發育不完全，法制不健全時，就會出現市場失靈問題。民國時期，大學招生「市場」發育不完全，規則、制度不健全；大學壟斷了招生信息，存在較嚴重的信息不對稱；招生具有半公共產品的性質。因此，大學招考經常發生「市場失靈」現象。這突出的表現為：大學招生標準混亂，與中學教學相脫節，入學資格模糊，文實科失衡。其危害十分嚴重，導致了招考的不公平，不利於中學教育健康發展，甚至引起嚴重的失業問題。因此，急需教育部對招生進行「宏觀調控」。北洋政府時期，教育部對招生的管理相對鬆散，整體成效也不大。國民政府時期，教育部不但制定了完善的招生規則，而且加強了操作層面的監管。可以說，教育部掌握了部分招生權，各大學招生的「計劃」性有所增強。尤其是中學課程標準的頒布，會考、統一招考的試行，進一步整齊了新生程度，提高了錄取標準，規範了中學生的入學資格，加強了大學與中學的聯繫，平衡了文實科的發展。

總體上看，國民政府的調控措施平衡了大學、中學、國家的利益訴求，有利於教育的健康發展，有利於滿足國家發展的需要，利大於弊。〔註1〕民國時期大學單獨招生中也存在一定的「腐敗現象」，這也是一種失調現象，但是其整體環境是良好的，分析其成因與本質具有一定的價值。國立勞動大學停招風波是教育部整頓大學招生的典型事例，反映了招生失調背後的社會問題。

第一節　招生標準混亂，與中學教學相脫節

一、混亂的招生標準及其整頓

（一）招生標準混亂的表現

從閱卷與評分標準上看，各大學標準寬嚴不一，或者擇優錄取、百里挑一，或者魚目混珠、良莠不分。1922 年北大招生，投考者達 2488 人，前所未有，錄取與評分甚為嚴格，英文、數學零分者分別有 67 人、310 人，結果只錄取了 163 人，錄取率為百分之六點五。〔註2〕1925 年以後，清華大學部採取公開招考的辦法錄取新生，「報考的人很多，幾千人中才取幾十人。」〔註3〕再如交通大學「為使學生在校時程度相齊，入學考題的難度較大，中學生投考交大十分困難，」「由於取分嚴格，能被錄取者卻是少數。」〔註4〕許多學生考了交大一次不取，隔了一年甚至兩年再來投考〔註5〕，其錄取率低可見一斑。北大、清華、交大等名牌大學是從嚴錄取、寧缺毋濫，但一些二三流的大學，為了招攬生源，大肆降低標準，錄取較為寬濫。1918 年，教育部調閱 1917 年的新生入學試卷，發現「各科佳卷頗少，試題不獨淺易，且亦不類學校中科學答案，英文題有僅造句者，地理題非類於歷史，即類於科舉時代之

〔註1〕李濤：《民國時期大學單獨招生中的失調與整頓》，載《高等教育研究》，2014 年第 7 期。

〔註2〕陳東原：《北京大學本年度招生統計》，載《教育雜誌》，1923 年第 15 卷第 12 號，教育界消息，第 6～7 頁。

〔註3〕清華大學校史編寫組編：《清華大學校史稿》，中華書局，1981 年版，第 67 頁。

〔註4〕交通大學校史編寫組：《交通大學校史（1896～1949）》，上海教育出版社，1986 年版，第 166 頁。

〔註5〕凌鴻勳：《交通大學十年憶舊》，載《傳記文學》，1962 年，第 1 卷第 3 期，第 10～12 頁。

策問，歷史一科亦皆類於史論者多。」〔註6〕1925 年，交通大學的錄取率只有7.9%，北京大學的錄取率為 9%，北京師範大學的錄取率為 10.6%，而廣東大學的錄取率為 34.9%，南方大學錄取率高達 64%，華北大學錄取率為 62%，錄取標準差異之大，令人咋舌。〔註7〕

其實，時人已意識到了此問題。如一位自稱投考失敗者的考生「古月」認為，「在中國，有二種情形：（一）優等學校，如交大等，入學考試是非常之難，決非一般學生所能考取的，可是考的人越多。（二）劣等學校，即所謂野雞大學，入學考試是非常之容易，甚至可以免考，可是考的人除大少爺小姐外，簡直沒人。」〔註8〕僅以國立大學為例，「各校學生程度懸殊很甚，也是不可不知和不必諱言的事實」，「無論何校，程度已有不小差異。」〔註9〕他認為這種招生辦法是極不恰當的，其唯一的產物就是學生的失學。

（二）教育部的督察

北洋政府教育部對此問題並無良方。國民政府教育部遵循「暫從質的方面力求改進，不急急謀數量方面之擴充」〔註10〕的方針，厲行整頓。1932年國民黨第四屆中央執行委員會第三次全體會議通過《關於整頓學校教育造就適用人才案》，強調大學尤其是私立大學任意招生，管理訓練課程均極鬆懈，必須改良。〔註11〕教育部認為大學新生的程度低下，且混亂不堪，必須整齊劃一之。以招考嚴格著稱的清華大學為例，其考試競爭異常激烈，但是新生的歷史、地理成績，「不是可笑，是可痛了」，其成績之低落又何止此二

〔註6〕《咨各省省長專校招生宜切實整頓文》，載國家圖書館歷史檔案文獻叢刊：《（民國）教育部文牘政令彙編》（第三冊），全國圖書館文獻縮微複製中心，2004年版，第 1389～1391 頁。

〔註7〕《各省區十三年度升學人數調查表》，載《教育雜誌》，1925 年第 17 卷第 12號，補白。

〔註8〕古月：《從入學考試談到整頓教育》，載《人言週刊》，1934 年第 26～50 期下冊，第 598～599 頁。

〔註9〕宋懋炎：《大學地理的分配和合併問題》，載《獨立評論》，1935 年第 7 卷第 161號，第 18 頁。

〔註10〕《教育部高等教育司十九年份重要工作報告》，載《教育部公報》，1931 年第3 卷第 3 期，第 98～99 頁。

〔註11〕《國民黨第四屆中央執行委員會第三次全體會議通過的〈關於整頓學校教育造就適用人才案〉》（1932 年 12 月 31 日），載中國第二歷史檔案館編：《中華民國史檔案資料彙編》（第 5 輯第 1 編教育 2），鳳凰出版社，2010 年版，第1049～1052 頁。

科。〔註12〕於是教育部派員對各大學的招考進行視察，對辦理不善者予以訓飭，對優良者予以嘉獎。結果佳者殊少，教育部對交通大學、中央大學、武漢大學比較滿意，稱交通大學「招考新生，嚴格辦理，良用嘉慰」，〔註13〕贊中央大學「入學考試之嚴格，均係成績之表現。」〔註14〕而因入學考試辦理不善，受到訓飭的大學較多。教育部對大學招生的視察和監督，有利於整齊新生程度，提高錄取標準。時任教育部長的王世杰的日記中記錄道：

> 在過去兩月間，予在教部之工作以取締不良學校為首要：公私立專科以上之學校，依部令停止招生或立即結束者達十餘校，而以上海之江南學院，法學院，法政學院，北平之北平大學，華北學院，民國學院，郁文學院，南京之文化學院為最。此係消極工作，然要學風之傳播，與教育界不能吸收社會或政府真篤的同情心，大半由於此類學校之存在，故整頓教育之初步工作，不能不於此努力。至於反抗與攻擊則予固已預料，當不能影響予之決意。八月廿二日

> 資料來源：王世杰：《王世杰日記（手稿本第一冊）》，中央研究院近代史研究所，1990 年版，第 7～8 頁。

表 30：教育部視察部分大學簡況

時間	大學	批語
1930	勞動大學	學生入學時，程度相差太遠，有初中畢業之學生，一躍而為大學本科之學生者。
1933	暨南大學	招收新生，應嚴格審查其資格，並認真舉行入學考試。
1934	暨南大學	本年度招收新生應嚴格考試並酌減錄取名額。
1934	暨南大學	該校學生程度參差不齊，入學試驗及平時考核成績，殊欠嚴格，據報本年該校錄取新生標準，普通以四十五分為及格，華僑以三十分為及格，而錄取名額，較以前各年度為多。
1934	東北大學	限制招生，各院系招收新生，應注意事實需要、學校容量、學生程度及學生籍貫等項，妥加限制，入學後並應認真教學，切實訓導。

〔註12〕 何魯成：《提高中學程度的方法》，載《獨立評論》，1934 年第 6 卷第 127 號，第 13 頁。
〔註13〕 《教育部訓令》，載教育部編訂：《教育部改進專科以上學校訓令彙編》，中華書局，1935 年版，第 29～30 頁。
〔註14〕 《教育部訓令》，載教育部編訂：《教育部改進專科以上學校訓令彙編》，中華書局，1935 年版，第 1～3 頁。

1935	北平師範大學	停止招生一次。
1935	浙江大學	該校招收新生，有平均僅三十分即予錄取者，頗嫌寬濫。
1935	四川大學	農學院暫停招生。
1935	復旦大學	招生考試，殊嫌寬濫
1935	之江文理學院	該院招生，免試一部分科目之規定，殊屬不合，嗣後自應一律全部考試。
1935	光華大學	招考新生，仍嫌程度低淺，嗣後應提高標準，嚴格錄取。
1935	光華大學	招生考試，未見嚴格，嗣後應提高標準，從嚴取錄。
1935	大夏大學	該校招生，仍嫌寬濫，嗣後應提高標準，從嚴取錄。
1935	震旦大學	該校學生國文成績大都低弱，應於招考時，特加注意。
1935	齊魯大學	招考新生應酌量增加學額，並不得側重教會學校出身之條件。
1935	上海法政學院	本年招收新生，至多應以上年度所招新生總額之半為限。入學考試應認真舉行，並提高錄取標準，寧缺毋濫。
1947	東北大學	學生程度尤幼稚。從試題及考卷可見一斑，殊嫌程度太低。提高教程水準，嚴格淘汰濫竽取巧升入大學之學生。

資料來源：《視察國立勞動大學報告》，載《教育部公報》，1930 年第 2 卷第 27 期，第 48 頁。《教育部訓令》，載教育部編訂：《教育部改進專科以上學校訓令彙編》，中華書局，1935 年版，第 15～17，24，26，27～29，31，32 頁。《教育部訓令》，載《教育部公報》，1935 年第 7 卷第 25、26 合期，第 44，46 頁。《教育部訓令》，載《教育部公報》，1935 年第 7 卷第 27、28 合期，第 46，47 頁。《教育部訓令》，載《教育部公報》，1935 年第 7 卷第 29、30 合期，第 32～33，37～38，38 頁。《私立上海法政學院，教部令切實改進，入學考試提高錄取標準》，載《中央日報》，1935 年 7 月 20 日，第八版。《教育部督學黃曾樾視察東北各大學情況報告》（1947 年 7 月 15 日），載中國第二歷史檔案館編：《中華民國史檔案資料彙編》（第 5 輯第 3 編教育 1），鳳凰出版社，2010 年版，第 266～270 頁。

二、與中學教學的脫節及其調整

（一）與中學教學相脫節的表現

大學招考與中學教學相脫節也是一個重要問題。招考權在大學，大學在確定考試科目、考試內容、命題程度時較少考慮中學的教學需要和利益訴求。因此，各大學的考試科目、考試內容千差萬別。簡而言之，大學只從自身發展的需要出發確定考試的科目、內容、程度，勢必與中學教學不銜接。這客觀上對中學教學產生強大的導向作用，不僅影響學生的學，也制約教師的教。問題主要為：一是命題難易不定，超過或低於中學畢業生程度；二是命題範

圍大大超越中學課程，令考生捉摸不定；三是入學考試往往以英文命題，要求用英文作答，給考生帶來很大困難。當時的社會輿論傾向於責備中學教學質量差，希望提高中學生程度解決升學難的問題。有的人認為問題的產生有兩方面的原因：「其一是中學畢業生程度不齊一；其二是專門學校招生辦法不統一。」〔註 15〕中學方面認為問題是大學入學考試命題不合理造成的，大學方面則認為問題是中學教學水平低下造成的，教育部只能扮演協調的角色。

（二）改進措施

1. 限制以外語命題，公布入學程度，平衡供求狀況

北洋政府時期，此問題得到了部分解決。各大學入學試題的程度難易不一。北大、清華等名牌大學出題較難，大大超過中學程度，而普通大學，考題又過於淺易。1918 年，教育部覆查 1917 年新生入學試卷，發現「各校試題淺易者多，」「佳者殊屬無多，別字謬句觸目皆是。」〔註 16〕1918 年全國中學校長會議議決《大學變通招生辦法並宣布招生程度》，要求「除外國語外，其他各種科學，應以本國文命題；生徒答案，應用本國文，其能以外國文答者聽；請部通令各高等專門學校及大學校預將招生程度詳細昭示，以便銜接。」〔註 17〕1919 年教育部訓令，大學招生「命題概須依照中學畢業程度，勿使太過不及，致於學校銜接有所妨礙。至各中學校尤須鄭重招生，認真授課，俾畢業時適合相當程度，似此雙方並進，庶可交相獲益。」〔註 18〕另一方面，由中學校長會議議決，教育部訓令各省市中學增進國文、數學、外國文、理科教育程度。〔註 19〕不久，教育部又公布了《各專門學校大學校中學

〔註 15〕 于欽波、楊曉主編：《中外大學入學考試制度比較與中國高考制度改革》，四川教育出版社，2000 年版，第 69 頁。

〔註 16〕 《咨各省省長專校招生宜切實整頓文》，載國家圖書館歷史檔案文獻叢刊：《（民國）教育部文牘政令彙編》（第三冊），全國圖書館文獻縮微複製中心，2004 年版，第 1389～1391 頁。

〔註 17〕 《教育部公布各專門學校大學校中學校招生辦法訓令》，載《教育雜誌》，1919年第 11 卷第 3 號，法令，第 11～12 頁。

〔註 18〕 《教育部咨各省區、交通總長各專門學校大學校中學校應各依相當程度招生文》，載《政府公報》，1919 年第 1078 號，第 18 頁。

〔註 19〕 《教育部咨各省區摘錄中學校校長會議議決增進中學校國文數學外國語程度辦法應飭各校照辦文》，載《政府公報》，1919 年第 1077 號，第 15 頁。《教育部咨各省區摘錄中學校校長會議議決中校應增進理科教育辦法案應飭各校照辦文》，載《政府公報》，1919 年第 1091 號，第 15～16 頁。

校招生辦法訓令》，對考試科目及程度作了說明，「國文程度：大學預科為解釋文義，作文及句讀。大學本科是略通中國學術及文章演變。外語程度：大學預科是文法和翻譯，大學本科為曾讀過數種文學，能列舉及批評其內容，能以中外文互譯，能作文無文法上之謬誤。」〔註20〕另外，大學招生數量與中學畢業生數量，常有供不應求的現象。全國專門以上學校校長會議議決，「增加中學校人數，應統計各省所有專門以上各校每年應招新生若干，分配各省中學，務令供求相應，中學校數過少之省分應酌量添設；按照規定課程，令各生確有中學畢業程度；於一省區內暫不添設科目重複之專門學校；各專門以上學校，應於每次招生試驗後，將各中學畢業生報考人數及取錄人數列表報部。」〔註21〕

2. 頒布課程標準，實行會考、統考制度

為了整頓混亂的考試科目與命題標準，1922年和1936年教育部先後兩次頒布高中課程標準，要求各大學入學考試命題以此為準，但各校試題仍過難或過易。教育部查閱試題後認為，「或較寬易，未能達到規定標準，自係不合，而若干學校試題，復有超越標準者，尤以算學等科為甚，或於外國文以外之科目全用外國文命題，並限用外國文作答，亦均屬失當」，〔註22〕重申各校須按課程標準命題。此後教育部多次發文強調按高中課程標準命題。〔註23〕又如1936年高中課程暫行標準改「黨義」為「公民」，但是同年各校入學試驗，或考「黨義」，或考「公民」，難以統一。〔註24〕考試科目和命題標準不統一，既給考生帶來很大不便，中學教學也無所適從。1933年開始實行中學畢業會考制度，會考合格才有資格報考大學。這在一定程度上保證了中學畢業生的

〔註20〕 薛成龍：《近代高校招生考試研究》，廈門大學碩士學位論文，1999年，第34頁。

〔註21〕 《咨各省長送專門以上學校招生對於中學畢業升學各生辦法請查照遵辦》，載國家圖書館歷史檔案文獻叢刊：《（民國）教育部文牘政令彙編》（第四冊），全國圖書館文獻縮微複製中心，2004年版，第1799～1800頁。

〔註22〕 《教育部訓令》，載《教育部公報》，1935年第7卷第13、14合期，第11～12頁。

〔註23〕 《各校招生考試科目應按高中課程暫行標準命題》，載《中央日報》，1935年3月28日，第八版。《各校入學試題應依據課程標準》，載《中央日報》，1936年2月21日，第八版。《專科以上學校招生應依照高中課程標準命題》，載《中央日報》，1936年4月19日，第八版。

〔註24〕 《大學入學考試試題黨義公民應並列由投考學生任選一種以便與高中程度銜接》，載《中央日報》，1936年6月12日，第八版。

質量,「使之與大學等學校的招生銜接起來。」〔註25〕「它有利於彌補單獨招考對教育教學導向的缺陷,」「它在高考與中學教育教學之間,架起了一座橋樑,是有效的中介。」〔註26〕1938～1940年的統一招生有統一的命題範圍和程度、評分標準、錄取標準、考試程序、考試時間,大大加強了招考與中學教學的銜接。教育部推行的畢業會考制度和統一招生制度對大學與中學的銜接起到了一定的積極作用。這些措施既有利於中學按照相關課程標準組織教學,又有利於檢驗中學辦學水平,督促中學不斷提高自身水平。

第二節　入學資格模糊,文實科失衡

一、模糊的入學資格及其調整

(一)對同等學力的限制

由於對同等學力者的入學資格規定比較模糊,有些大學在招生時,往往借同等學力一語,有所遷就,致使程度不齊的學生受相同的教育,流弊不可勝言。許多不具備高中畢業資格的考生以同等學力身份應考,導致新生程度參差不齊。各大學之所以踴躍招收同等學力者,主要是因為:民國初期,新教育尚不發達,中學畢業生較少,各大學生源不足;大量青年未曾系統的接受新式教育,自學成才者多,為了給予其入學機會,選拔特殊人才,故允許應考。1914年,教育部通令,「除於應行升學之畢業學生仍應照章甄拔外,其遇有同等學力之學生,應責成各該校校長嚴格取錄,以杜冒濫,毋得稍涉瞻循致妨學務。」〔註27〕1915年,教育部規定專門以上學校招收同等學力者不得逾中學畢業生的十分之二。〔註28〕1919年,教育部仍制訂了變通辦法,「如畢業生人數太少,不得已,可酌收數名,但其額數仍不得逾十分之二。」

〔註25〕張亞道:《中國招生考試制度研究》,南京大學出版社,1994年,第297頁。

〔註26〕劉清華:《高考與教育教學的關係研究》,華中師範大學出版社,2007年版,第33頁。

〔註27〕《通咨各省區專門以上學校以後招收新生遇有同等學力之學生應責成各校長嚴格取錄文》,載國家圖書館歷史檔案文獻叢刊:《(民國)教育部文牘政令彙編》(第一冊),全國圖書館文獻縮微複製中心,2004年版,第459頁。

〔註28〕《通咨各省區嗣後各專門以上學校招生同等學力者不得逾中學畢業生十分之二希轉飭遵照文》,載國家圖書館歷史檔案文獻叢刊:《(民國)教育部文牘政令彙編》(第二冊),全國圖書館文獻縮微複製中心,2004年版,第663頁。

〔註29〕1921 年，教育部再次重申了 1915 年和 1919 年的舊令，但仍有違章情況發生，遂規定專門以上學校一律以中學畢業者為限，不得再收同等學力學生。
〔註30〕1935 年國民黨第五次全國代表大學提出，「嚴厲限制各專科以上學校濫收中等教育不完全之學生。」〔註31〕1938 年規定招收同等學力學生，錄取比例不得超過錄取總數的 10%。1939 年規定更為嚴格，須於報名時填具詳細履歷書，以資核查。1940 年統一招生時又有下列各項限制：1、同等學力學生錄取人數，不得超過錄取總額百分之五。2、報名同等學力學生，以二十八年暑假前修滿高中二年級學業，因戰事關係未能修畢高中學業在家自修之學生，繳驗原肄業學校成績單經審查合格者為限。3、高級職業學校及師範學校學生，雖於二十八年暑假前修滿二年級學業者，亦不得以同等學力投考。1942 年，由於戰爭影響，流亡學生增多，對同等學力考生的限制有所放鬆。1947 年，教育部規定：1、專科學校招收同等學力學生，名額不得超過新生總百分之十。2、公私立大學與國立學院招收同等學力學生，不得超過百分之五。3、凡以同等學力報考專科以上學校者，必須為已失學一年以上，而失學前已修畢高中二年級學程者。曾在職業學校或師範學校畢業，或現在普通中學肄業者，皆不准報考。〔註32〕

　　其實，對於嚴格限制同等學力的做法，許多人提出異議。1935 年孫科認為，同等學力限制太嚴不利於貧寒學子升學，不利於矯正敷衍泄沓的學風，不利於養成良好的社會風氣。他建議以考試成績為錄取標準，提高同等學力考生的比例到二分之一，由教育部每年舉行甄拔考試，以鑒別同等學力之資格。〔註33〕1937 年，胡適在北大的一次茶話會上主張恢復同等學力入學的辦

〔註29〕《咨各省長專門以上學校招收同等學力學生以十分之二為限應於民國十年秋季招生截止》載國家圖書館歷史檔案文獻叢刊：《（民國）教育部文牘政令彙編》（第四冊），全國圖書館文獻縮微複製中心，2004 年版，第 1805 頁。
〔註30〕《訓令各省教育廳／專門以上學校申明明年秋季各專校招收新生一律以中學畢業者為限》，載國家圖書館歷史檔案文獻叢刊：《（民國）教育部文牘政令彙編》（第五冊），全國圖書館文獻縮微複製中心，2004 年版，第 2519 頁。
〔註31〕《國民黨第五次全國代表大會通過確定今後教育改進方針案》（1935 年 11 月 19 日），載中國第二歷史檔案館編：《中華民國史檔案資料彙編》（第 5 輯第 1 編教育 2），鳳凰出版社，2010 年版，第 1060～1062 頁。
〔註32〕《同等學力報考大學》，載《申報》，1947 年 4 月 11 日，第 24838 號，第二張，第五版。
〔註33〕《國民黨四屆六次中央全會通過的教育改革案》（1935 年 11 月 5 日），載中國第二歷史檔案館編：《中華民國史檔案資料彙編》（第 5 輯第 1 編教育 2），鳳凰出版社，2010 年版，第 1052～1060 頁。

法,「以救濟天才,以阻止作偽犯罪。」〔註34〕胡適所提的「作偽犯罪」指未獲得中學畢業資格的學生為了參加大學入學考試,借用、偽造畢業證書的行為。這種現象並不少見,如教育部核查清華大學新生入學資格時發現,有一名學生的畢業證書與其他同校的畢業證書的形式、印章皆不同,且無相片印花,令清華大學查實,「如係偽造,應即勒令退學。」〔註35〕即便是統一招生時,仍間有「入學資格不合」的新生在校肄業,教育部為救濟是項學生曾制定救濟辦法,要求其「應一律參加二十九年度統一招生考試」,〔註36〕合格後可追認其資格,否則不准其繼續入學,偽造證件者則開除之。大學方面出於選拔優秀人才考慮,力主放寬同等學力報考。教育部認為各大學借同等學力之名濫收學生,主張嚴格同等學力報考。1947 年,制訂《大學法》中「同等學力」一條時,雙方爭執激烈,「教部原擬草案,僅限於有中學畢業及同等學校畢業者。政院審查時,加入同等學力。立院法制委員會及小組審查時接受教部代表之說明,已將同等學力刪去。但大學為此爭辯甚烈,卒將同等學力重行加入。」〔註37〕教育部最後之所以允許同等學力投考,只是對於少數天才及刻苦自修者的變通辦法,而無救濟或放寬入學條件之意。

(二)對未立案私校學生的限制

民國時期中學教育魚龍混雜,許多學校幾近營業,收費昂貴,濫收學生,教學質量低下,畢業生參差不齊。這些「商業式」的中學多是私立中學,且未在教育部立案。未立案中學不僅貽誤學生學習,也給大學招生帶來很大的困難。如果說同等學力學生是合法的違規,未立案學生就是違法的違規。教育部鑒於其危害招生的事實,重申未立案私立學校學生不得與已立案學校學生享受同等待遇。訓令自 1930 年起,各大學不得收受未立案之高中生,如有招生,不予認可。〔註38〕教育部對於未立案中學的態度是堅決的,但是其解

〔註34〕 胡適:《胡適日記全編(六)》,安徽教育出版社,2001 年版,第 693～694 頁。
〔註35〕 《教部令清大斥退資格不合之新生》,載《申報》,1930 年 12 月 20 日,第 20737 號,第三張,第十一版。
〔註36〕 《教部救濟大學入學資格不合之在校生》,載《教育通訊》,1940 年第 3 卷第 15 期,第 3～4 頁。
〔註37〕 《大學入學資格列入同等學力》,載《申報》,1947 年 12 月 25 日,第 25095 號,第二張,第六版。
〔註38〕 《自十九年度起各大學不得再收未立案之專科以上學校轉學生及未立案之高中升學生》,載教育部編:《教育法令彙編》(第一輯),商務印書館,1936 年版,第 143～144 頁。

決辦法不無變通之處。教育部屢次訓令不准招收未立案中學生，但仍有違規者，教育部對其予以嚴厲打擊。1930 年，清華大學、燕京大學不顧教育部「一再通令告誡」，仍分別招收有兩名、七名私校學生，教育部認為「與定章不符，應令其退學」，不予備案，〔註39〕教育部厲行整頓私立中學，對其畢業生絕不手軟，這有利於劃一大學新生程度。

而未立案私立中學畢業生也並非盡是不學無術之徒，其中也不乏英才。如一味禁止、打擊，可能有礙於英才的發展，勢必造成損失。尤其是大學方面，剖蚌求珠，搜岩採幹，故力主未立案私校學生投考大學。上海各大學專門討論此事，「以為學校不良，因應嚴格取締，但其責不在學生，即未立案學校，其中亦不乏優秀份子，苟不加救濟，玉石俱焚，未免不公，抑亦非國家作育人才之道，因此一致主張，聯合呈請教育部，變更辦法，准予國立或已立案學校，嚴格考試收錄未立案私校學生。」〔註40〕而教育部鑒於私立高中頗多，其畢業生亦多，且成績低劣者固多，但學行優良者亦不乏人，若一律不准升學，「似嫌太惬。」故教育部允許各省市教育行政機關舉行試驗，其及格者發給升學證明書，准予投考公立或已立案之私立專科以上學校；其不及格者，依照程度，分別降低年級，給予轉學證明書。至此，未立案高中畢業生升學預試制度開始實行，教育部本打算只舉行一次，但是由於未立案高中及其畢業生太多，不得不多次舉辦之。〔註41〕未立案高中畢業生升學預試的實行，對中學教育的健康發展，對整齊大學新生水平，都起到了很好的推動作用。但是，仍有大學頂風作案，1930 年大同大學仍然招收有未立案私立高中畢業生數名，呈請教育部准予變通。教育部認為，「所陳各節，不無可原」，對於其學生，「暫准隨班旁聽」，待其參加未立案私立高級中學畢業生升學預試及格後，「追認其入學資格。」〔註42〕

〔註39〕《未立案私中畢業不能升學》，載《申報》，1931 年 1 月 22 日，第 20761 號，第三張，第十二版。《教部令清大斥退資格不合之新生》，載《申報》，1930 年 12 月 20 日，第 20737 號，第三張，第十一版。

〔註40〕《請准收考未立案私校學生》，載《申報》，1931 年 1 月 24 日，第 20763 號，第四張，第十四版。

〔註41〕《布告》，載《教育部公報》，1930 年第 2 卷第 28 期，第 11 頁。

〔註42〕《教育部訓令》，載《教育部公報》，1931 年第 3 卷第 8 期，第 17～18 頁。

二、失衡的文實科及其調整

（一）文法科泛濫

清末法政學堂迅速崛起，已有文實失衡的?象。民國初創，法政專門學校依然保持了旺盛的生命力，尤其是「別科」、「速成科」招生別具特色。民初法政人才缺乏，教育部暫准設置別科，但各校往往借別科之名濫收學生，「別科入學不拘資格」。教育部對別科的界定十分模糊，各校經常對「別科」學生稍加補習，改為本科。而別科的入學資格極為寬泛，別科畢業即為本科，實為「因陋就簡」。1913 年，教育部規定別科生合格者，入預科，之後才能升入本科。〔註43〕1931 年，教育部斥責私立大學，「往往濫設專門速成等科部，藉以招攬學生，殊足滋生流弊。自本年度起，各校應停止招收前項附設各科部學生，以杜冒濫。」〔註44〕北洋政府時期，大學設置標準較寬。法政等科是一項成本低、收益高的招生科目，且法政科在人們的心目中地位較高，畢業後待遇也好。因此，民國前期文法科大學迅速崛起，文法科招生迅猛擴張，文實科比例失衡問題逐漸突出。此外，造成文法科泛濫的原因還有：北洋政府教育部對大學招生疏於管理，令其自由擴張；社會環境不穩定，經濟發展滯後；大學招生科類及數量缺乏計劃性。

（二）文實科的調整

國民政府時期，教育部加強了對大學的控制，且掌握了部分招考權。實科對社會經濟發展和抗戰均有實際效用，且文科畢業生失業嚴重。蔣介石的教育理念是，注重教育對生活、社會的作用，反對升學主義、形式主義、孤立主義。他反問道：「從小學到中學再升大學花了十六年的光陰，究竟對於他在家做子弟，到工廠做職工，對國家做公民，在社會上適於生存或更進一步從舊社會的瓦解中建設新社會的事業，有什麼實際的幫助？」〔註45〕國民政府無論為了建設現代化的國家，加強思想控制，還是贏得抗戰，都急需大量的實科人才。1943 年，國民黨中央機關報《中央日報》發表題為《暑假期間的學生——論青年就業升學自修問題》社論。社論強調，「今後青年的升學就

〔註43〕《記事》，載《教育雜誌》，1913 年第 4 卷第 12 號，第 81～82 頁。
〔註44〕《教育部訓令》，載《教育部公報》，1931 年第 3 卷第 30 期，第 10 頁。
〔註45〕秦孝儀主編：《先總統蔣公思想言論總集》（第 3 卷），中國國民黨中央委員會黨史委員會，1984 年版，第 223 頁。

業，斷不是個人的問題，而是國家的問題。青年的升學就業，必須考慮國家的需要，必須適應國家建設的需要。」〔註46〕社論抨擊了一般青年陞官發財的思想，引用蔣介石在《中國之命運》中的觀點，希望青年立志做中小學教師，做飛行員，做鄉社自治員，做邊疆屯墾員，做工程師。最後號召高中學校當局、家長、青年自己為此目標的達成共同努力。這篇社論體現了國民政府對青年升學和擇業問題的基本觀點，其從國家和社會的需要出發，限制文法科，發展實科的意圖非常明顯。

　　1932年，中委陳果夫提出《改革教育方案》，企圖糾正大學教育「重文輕實」的狀況。他的改革方案是，「全國各大學及專門學院自本年度起，一律停止招收文、法、藝術等科學生，暫定以10年為限」，「在各大學中如設有農、工、醫等科，即將其文、法等科之經費移作擴充農、工、醫科之用；其無農、工、醫科者，則斟酌地方需要，分別改為農、工、醫等科，就原有經費，盡量劃撥應用。」〔註47〕此方案一經拋出就引起了很大的爭論，認同者很多，反對者也不少。《大公報》發表了題為《大學教育政策之轉變》的社論，對教育部提早結束淘汰文法院校政策表示擁護〔註48〕，支持限制文法科。有的人認為，「有所偏枯，終非社會之福，」「若徒憑少數人之主張，率加變革，危險何堪設想？」〔註49〕蔣廷黻先生也承認陳氏提出的問題，但是人和社會都是整個的，文法科自有存在的價值，盲目的停止文法科招生，會使社會更亂。文實科的經費和數量是否過多還需要調查，缺乏全面調查的改革，「不是計劃化，反是義氣化。」政府在制定教育政策的時候，「不能輕舉妄動」，「教育改良是可以的，因改良而摧殘是不可以的。」〔註50〕時任教育部長的王世杰的日記中記錄，「詳訂限制全國各大學（包含各獨立學院）招生辦法，務使各校自本年起招收文科新生，嚴守一定之限制，其不遵守此項限制者，教部即不

〔註46〕《社論：暑假期間的學生──論青年就業升學自修問題》，載《中央日報》，1943年6月10日，第二版。

〔註47〕《陳果夫氏改革教育方案》，載《教育週刊》，1932年第124期，第14~16頁。

〔註48〕宋薦戈著：《中華近世通鑒（教育專卷）》，中國廣播電視出版社，2000年版，第313頁。

〔註49〕程其保：《致陳果夫先生商教育改革方案書》，載《時代公論》，1932年第1卷第12號，第43~44頁。

〔註50〕蔣廷黻：《陳果夫先生的教育政策》，載《獨立評論》，1932年第1卷第4號，第6~8頁。

審定其新生之學籍。」〔註51〕1933～1937年，教育部多次頒布了限制文科招生的辦法，〔註52〕雖未能達到十年內不招收文法學生的程度，但卻合理可行。從限制文法科招生辦法實施的效果來看，「二十二年度各大學及獨立學院招生數額之限制，缺乏有關資料以查核期間執行情形，僅在教育部檔案中曾見有暨南大學，及中山大學招生有違背該命令者。」〔註53〕中山大學辯稱，大量高中學生準備應考文法科，突然宣布不能升學，失學青年會大量增加，有失有教無類之旨，最後教育部「故准通融。」1934年文法科限制招生辦法實行後，根據《二十三年度全國高等教育統計》可知，「北京、北師、東北、勤勤、嶺南、金陵、南開、廣東國民及廣州等九校未遵部令，占全數大小的四分之一弱，而北京、勤勤及廣東國民大學不符尤多。」〔註54〕由此可知，除個別違反規章者外，該限制招生辦法得到了較好的執行。

　　限制招生辦法實施後，社會各界爭論仍然激烈，雙方各執一詞。大學界的反對最為激烈，上海各大學教職員聯合會提出五項理由：1、我國學術文化歷史發展悠久，若偏重理工科，既不利於文化傳承，又會使學術畸形發展。2、吾國社會發展滯後，盲目禁止文法科招生，不僅無益於理科設備和經費的改善，還會使已有一定師資、教材基礎的文法科土崩瓦解。3、各大學設備、招生情況各有不同，不能一刀切的禁止，恐帶來不公。4、我國經濟社會發展落後才是青年失業的根本原因，若一味擴展實科，是舍本逐末，問題會更加複雜化。5、政府欲借限制文法科而實現控制學生思想的目的是不可能實現的。〔註55〕最後，上海各大學教職員聯合會認為，「此中頗多扞格之難關，不易收

〔註51〕王世杰：《王世杰日記（手稿本第一冊）》，中央研究院近代史研究所，1990年版，第1～2頁。

〔註52〕關於1933～1937年「計劃招生」辦法及其實行前後文實科學生比例的研究較多，此處不再贅述。如陳能治：《戰前十年中國的大學教育（1927～1937）》，商務印書館，1990年版，第50～100頁。薛成龍：《近代中國高校招生考試研究》，廈門大學碩士學位論文，1999年，第30～32頁。劉海峰等著：《中國考試史》，華中師範大學出版社，2002年版，第228～232頁。楊學為主編：《中國考試通史》，首都師範大學出版社，2008年版，第320～322頁。樊本富著：《中國高校自主招生研究》，華中師範大學出版社，2010年版，第68～87頁。

〔註53〕陳能治：《戰前十年中國的大學教育（1927～1937）》，商務印書館，1990年版，第94頁。

〔註54〕陳能治：《戰前十年中國的大學教育（1927～1937）》，商務印書館，1990年版，第98～99頁。

〔註55〕《大學教聯會呈教部請免文法科招生限制》，載《申報》，1933年6月28日，第21626號，第四張，第十五版。

推行之效果，」「伏乞鈞部伏鑒苦衷，收回成命，從長計議，另訂新章，教育前途幸甚，弊會同人代為陳情乞命之苦衷亦幸甚。」〔註56〕也有相當多的輿論對上海各大學教職員聯合會表示同情和支持。有論者認為，「社會的現狀倘若沒有徹底的改變，無論學的是文法科，或是理科，都大多數要走上死路一條的，」有人把「畢業」和「畢命」相提並論；又有人把「畢業」和「無業」聯貫起來，「現實情形如此，要想用一紙命令強迫服從，辦得到嗎？」〔註57〕這種限制政策無非是增加失業者的數量，再沒有別的效果。更有激進者指出，研究文法科的人多了，就喜歡分析社會問題，喜歡多嘴，不能服從「御意」，會給他們帶來麻煩，解決之道無非是建立「御用」的社會科學，以實現「奴化」思想的目的。〔註58〕大學屆對停止文法科招生反對尤甚，上海一帶的反對最為激烈。葉同、秉仁、許欽文等文人在《自由談》、《中學生》等雜誌發表大量反對文章。論者認為文法科人才狀況缺乏全面調查，不能盲目下結論，工農業破產崩潰才是青年失業的根本原因，「只要是稍明事理的人，就可見得這是本末倒置的滑稽辦法」，「拆穿西洋鏡來說，提倡科學注重實科的本意，就同前清的獎勵樸學、詞章差不多。」〔註59〕一面提倡實科，一面提倡文言文，鼓吹讀經，這難道不矛盾嗎？反對意見一方面擊中了國民政府的要害，指出了其政策的真是意圖，另一方面也反映了大學的利益訴求。反對者還爭取道德上的制高點，以國家前途、教育發展、文化傳承為支點，為文法科存在的合理性進行論證。針對社會激烈的反對意見，政府也不示弱。《中央日報》把反對者稱為「大小文人」，並說「他們自然是反對停止招生的，他們的理由似乎很多，並且似乎都很好聽。」〔註60〕此文用語極具污蔑、諷刺和調侃之意，但是作者並沒有提出令人信服的證據，只是泛泛地說，「我們是反對全部的停止文法科招生的，同時，我們也是反對那些陋敗的文法科再繼續予他存在的。」〔註61〕作者指責「大小文人」為了「私人的地盤，私人的飯碗」而反對文法科停止招生，而不是「憑著良心，為國為民著想。」可見，政府除了用道德和強權壓制反對聲音外，並無有效、合理的應對措施。

〔註56〕《大學教聯會呈教部請免文法科招生限制》，載《申報》，1933年6月28日，第21626號，第四張，第十五版。
〔註57〕《限制文法科招生》，載《生活》，1933年第8卷第27期，第537～538頁。
〔註58〕《限制文法科招生》，載《生活》，1933年第8卷第27期，第537～538頁。
〔註59〕秉仁：《限制文法科招生》，載《中學生》，1933年第37期，第3～4頁。
〔註60〕東：《文法科的招生問題》，載《中央日報》，1933年8月12日，第八版。
〔註61〕東：《文法科的招生問題》，載《中央日報》，1933年8月12日，第八版。

　　此外，教育部開始調查人才狀況，統計大學文實科人數，預測社會所需人才情形。以此為基礎，教育部對同一區域重疊的文法科院系進行合併、整頓。1932 年，教育部長朱家驊給行政院的提案稱，「查京滬兩地國立各校、所設院系、頗多重疊」，議決北平師範大學停止招生，暨南大學教育學院「擬令取消」，法學院「擬令裁撤」，中央大學醫學院、商學院「均擬令獨立」。〔註62〕同年改組北平大學，令女法俄三院不招生，到 1934 年仍限制女法兩學院招生。〔註63〕關於國民政府對大學文科院系的調整和整頓已有相關研究，〔註64〕此處不再贅述。國民政府限制文法科招生，大力發展實科的政策，收到了一定的成效。1942年西北區聯合招生，考生多不願學文理科，趨向於實用科學，工學院尤其受歡迎。其原因有三：抗戰造成理論學科發展困頓，大學教授生活清苦；應用學科時間短、出路快、待遇好；銀行界、實業界、工業界生活較好。〔註65〕三民主義青年團中央團部青年工作管理處曾對青年進行調查，結果顯示，「願做工程師者最多」。〔註66〕

第三節　單獨招生中的腐敗

　　近年來自主招生成為高考改革的熱點之一。有人將自主招生看作高考改革的希望，也有人質疑其公平性，懷疑此舉會引發招生腐敗。更有人評價自主招生為「改革進展緩，成本高而滿意度低，難以普遍推廣。」〔註67〕近年來自主招生腐敗案屢有發生，尤其是 2013 年中國人民大學自主招生腐敗事件震驚全國。一時間懷疑、批判甚至否定自主招生之聲不絕於耳，人們懷疑自

〔註62〕《行政院決議整頓北平大學》，載《中央日報》，1932 年 7 月 23 日，第三版。
〔註63〕《平大代理校長夏元瑮視事》，載《中央日報》，1932 年 8 月 5 日，第二版。《平大改組後女法兩學院限制招生》，載《申報》，1934 年 5 月 7 日，第 21928 號，第三張，第十二版。
〔註64〕田正平、陳玉玲：《國民政府初期對北平高等教育的整頓》，載《高等教育研究》，2012 年第 33 卷第 1 期，第 91～99 頁。田正平、陳玉玲：《國民政府初期對高等教育的整頓（1927～1937）》，載《河北師範大學學報（教育科學版）》，2012 年第 14 卷第 1 期，第 27～34 頁。
〔註65〕《西北區聯合招生多不願學文理，群趨向實用科學》，載《中央日報》，1942年 9 月 4 日，第六版。
〔註66〕《青年升學就業志趣調查》，載《中央日報》，1943 年 12 月 28 日，第二版。
〔註67〕張亞群著：《高校自主招生與高考改革》，中國社會科學出版社，2012 年版，第 303 頁。

主招生的公平性，但不能因此而否定自主招生改革的價值。民國時期，國立大學自主招生是否也存在類似的現象呢，問題的癥結在哪裏？我們認為自主招生腐敗源於現代大學制度不完善，傳統糟粕文化（當然專指傳統文化中不良的部分）的制約。

莊澤宣認為民國大學的缺點有兩點：精神方面的科舉化；形式方面的商業化。〔註68〕當升學主義與商業化結合起來時，大學招生就完全畸形了。時人對個別利用招生謀取私利現象的描述入木三分：

> 現今各大學在招考的前後，有那一種活動是在指導學生的？登得大大的廣告，印得好好的章程，無非是一種引誘，一種宣傳；充其量，不過一些循例的具文，差不多千篇一律，乾燥無味的幾條規程，幾項統計，和大批設而不開的學程，戴著一長串頭銜的校董教職員一覽罷了。試問這於學生的擇校何補！至於索章程要收郵費，用來抵償印刷費；報名又須納費，合成一筆額外的進項。「利之所在，人爭趨之，」可以不必說他了。

資料來源：董任堅著：《大學教育論叢》，新月書店，1932 年版，第 11 頁。

一、民國時期大學單獨招生中的「腐敗」現象

我國當代大學自主招生與民國時期大學單獨招生有許多相似之處，通過比較可以得到有益地啟示。

（一）民國時期大學單獨招生也有「腐敗」

民國時期大學也是在中國文化環境下推行自主招生，是否也存在大量的腐敗現象呢？如果沒有，其原因何在呢？當然這種現象也不能避免，如 1924 年，「武高招考新生時，黃侃的一兒一女，雖是未在中學畢業，居然每人拿一個假文憑來校投考。其後閱卷員有評判他們程度不夠者，黃侃拍桌大罵，並以將實行三不主義相恐嚇。結果大家調解，錄取其女了事。」〔註69〕託關係，靠熟人介紹而未經考試進大學的也時有發生。據鄒魯回憶，「到了暑假，招考新生的困

〔註68〕莊澤宣：《高等教育革命》，載《東方雜誌》，1933 年第 30 卷第 12 期，第 1～7 頁。

〔註69〕劍公：《教授形抑流氓耶？》，載《現代評論》，1925 年第 2 卷第 42 期，第 22 頁。

難便立刻發生了。當時奔競的風氣，學校亦被波及，一班有力量的人都請託人出來說情面，要我收容他們的子弟入學；更直接與主持招考的教授說通，從寬品評。結果錄取的學生非常複雜，程度也不合標準。」〔註70〕據袁同疇先生回憶，他之所以能進復旦大學，全靠邵力子出力，「日久獲其提攜，關係益深」，邵力子見李登輝校長說：「這些青年半工半讀，極為勤奮，希望能在貴校獲一求學機會。」〔註71〕因此，袁同疇先生未經考試便插班到復旦大學，並免除了學費。在入學前袁同疇只是未畢業的半工半讀的中學生。〔註72〕此例一方面說明李登輝校長愛惜特殊人才，不拘一格選拔人才，但是另一方面也說明人情關係在入學中的作用，為招生腐敗留下了可乘之機。「關係」在入學中的作用是十分明顯的，吳晗參加清華大學轉學考試，其恩師胡適先生專門寫信推薦此得意門生。歷史證明胡適的行為是純粹的教育行為，也選拔了優秀人才，但仍然有「腐敗」的風險。可以說選拔特殊人才（或破格錄取）與自主招生腐敗之間只有一牆之隔。特殊人才所特有的素質使得現有的考核方法（以考試為核心的考核方式）難以奏效，而特殊的選拔方法（面試、口試等）與腐敗有著天然的聯繫。20世紀30年代就曾多次發生盜賣大學入學試題事件，時人評價道，「傳說是這樣說，這試題是這般人用錢購買來的——對此我不能不佩服金錢的魔力之偉大。據說另有某大學，它這次的試題的一部分也在考期之前為人得知，據說這人並非用錢買來的，卻是他的親戚，也就是某大學的職員，偷來給他的——於此我又不能不佩服國人之篤於私情。」〔註73〕人們對接二連三的賄賂盜題事件深惡痛絕，「哎！這不是怪現象嗎，當局是幹嗎的，考試委員會是幹嗎的，不都是貪婪無恥的東西嗎？這不能不說是中國教育的危機。」〔註74〕20世紀40年代的盜賣、洩露試題事件也不少，甚至西南聯大、西北大學、山東大學、重慶大學、中央大學、武漢大學等名校也未能幸免。〔註75〕考生氣憤地指責這種行

〔註70〕鄒魯：《回顧錄》，嶽麓書社，2000年版，第307頁。

〔註71〕訪問：張朋園，紀錄：陳三井：《中央研究院近代史研究所口述史叢書：袁同疇先生訪問紀錄》，中央研究院近代史研究所，1988年版，第9頁。

〔註72〕據袁先生回憶，當時他在船山中學讀書，差一個學期即可畢業，因罷課未畢業，但學校因為他成績好，以後仍然承認其畢業。

〔註73〕柏：《入學試驗與作弊》，載《現代學生》，1932年第2卷第1期，第13～14頁。

〔註74〕任範：《暴露與揭發！！！入學試驗的怪現象替考、盜題、偽造證書》，載《大公報》，1930年7月25日，第一張，第三版。

〔註75〕詳見本書第三章國立大學招生中的考試，第四節考試舞弊，表：《20世紀40年代典型的盜賣、洩露大學招生考試試題事件》。

為是，「以人情金錢為活動，將全部試題盜賣，」破壞國家考試制度，釀成混亂狀態，「天理何在？國法傾頹，有錢有面情者，均有學校可入，有公費可享。生等流離窮困，既無面情，又無金錢，雖有才能，而竟不取，國家以考試取人，轉為以錢取人。高等教育機關，猶貪污如此，其他何敢論哉！」〔註76〕考生們對於腐敗事件的氣氛、無奈、祈求之情溢於言表。教育部和大學對此類事件一向採取「寬容」的態度，以大事化小的一貫作風化解之，保持了息事寧人的傳統。

　　但是大多數走後門都被拒之門外，如竺可楨長浙大時就多次拒絕浙江省長官的請託。據千家駒回憶，「北大的入學考試是比較嚴格的，杜絕走後門、講人情之風。」〔註77〕廈門大學校長薩本棟自家的親屬報考廈門大學，因分數不夠，照樣未被錄取。「駐長汀的國民黨某軍軍長親自登門找他，要求讓其兒子免試入學。薩本棟嚴詞拒絕，但表示歡迎他的兒子通過考試錄取後到廈大學習。」〔註78〕像薩本棟這種絕不拿學校的規章制度做交易的校長比比皆是。民國時期，大學單獨招生的整體環境還是良好的。破格錄取大多是教育行為，較少出於私人利益和關係的考慮，歷史證明大部分的破格錄取確實選拔了優秀人才。同時大學的主政者剛正不阿的態度，以教育前途為己任的責任感，使得單獨招生並未發生大面積的腐敗現象。

（二）民國時期大學單獨招生「腐敗」較少的原因

　　民國時期，大學單獨招生並未發生大面積腐敗現象，其原因何在？第一，大學自治，學術自由，現代大學制度較為完善。各大學設有招生委員會，由教授而不是行政人員把持。大學握有招考權，在招生人數、結構、標準、方式等方面有話語權。各大學招生規則明確，監督機制完善。我國當代大學自主招生制度與之相比，並非真正的自主招生。第二，招生數量較少，參與招生者多為歐美留學生。招生數量較少便於監督，而歐美留學生不僅熟悉單獨招生的程序，並且崇尚個性，易於接受新思想，能更好的適應「西化的」單

〔註76〕《周傳儒等為西北農學院註冊組織長劉子長等盜賣此次招生試題請予法究致教育部長陳立夫呈》，載楊學為主編：《中國考試史文獻集成第七卷（民國）》，高等教育出版社，2003年版，第254～255頁。

〔註77〕千家駒：《我在北大》，載中國人民政治協商會議全國委員會文史資料研究委員會編《文史資料選輯》第32卷第95輯，中國文史出版社，2000年版，第28～57頁。

〔註78〕穆子月、許畢基編著：《大學校長記》，濟南出版社，2010年版，第119頁。

獨招生，秉持剛正不阿，不為金錢和權貴折腰的品性。第三，大學不能很好的實現社會流動的功能，學生轉學方便。科舉制崩潰後大學並沒有很好的起到推動社會流動的作用，大學生畢業即失業現象普遍存在，有權有勢者通過留學鍍金或賄賂陞官，並不十分依賴大學。而民國時期大學轉學機會較多，學生可以輕易的實現轉專業、轉大學，這在一定程度上減輕了入學考試的壓力。第四，「新文化運動」後社會各界崇尚科學、民主，追求新思想，嚮往歐美現代社會，對傳統的「關係」、「後門」等予以批判，在學生群體中產生廣泛的影響。

二、博弈論視角下的單獨招生：權利與利益

單獨招生與統一招生根本的區別在於招考權的轉移，各利益主體博弈關係的轉變，增加了招考權尋租的可能性。

（一）單獨招生的招考權

招考權指招收新生的權利，核心是確定招生標準、招生形式與內容的權利，具體包括招生的數量與結構、考試與面試的內容與形式、考試的組織與實施、錄取的標準等方面。招考權是確定誰有權利決定「招收誰」、「怎麼招」的關鍵。招考權存在三種主要形態。第一，政府（包括教育行政部門）把持招考權。招考權在政府有一定的優點：方便劃定統一的招生標準，降低招生的成本，協調各地區招生數量，提高招生的公平性和權威性。但是缺點也是明顯的：整齊劃一難以照顧學生的個性，不能體現各地區、各大學的差異性，減少了考生和大學的選擇性。第二，大學把持招考權。大學作為具有獨立法人資格的團體，本應具有包括招考權在內的辦學自主權。大學自治、學術自由是大學存在的基礎，而招考權是大學自治、學術自由的前提和體現。招考權在大學有利於學生和大學個性化發展，使大學充滿活力，恰恰能彌補招考權在政府的缺陷。民國大部分時期「招生權在各校」，〔註79〕充分證明了其優越性。第三，大學與政府共同掌握招考權。這種形態比較特殊，是一種過渡形態，或是一種均衡形態。如果把握好度，這種形態可以發揮前兩種形態的優點，克服其缺點。前兩種形態的優缺點正好相剋，理想的狀態是招考權主要由大學把持，政府起到監督和協調作用。不同形態招考權的形成與歷史文

〔註79〕高耀明：《民國時期高校招生制度述略》，載《高等師範教育研究》，1997年第4期，第69～74頁。

化傳統、經濟形態、政治權利集中程度相關。專制歷史較長，市場經濟不發達，政治權利較為集中的國家更傾向於招考權在政府。相反則傾向於招考權在大學。第一種形態是統一招生的典型，後兩種形態代表了單獨招生。招考權的不同形態是大學與政府長期博弈的結果。

（二）單獨招生的利益主體

雖然在不同的招考權形態下，各利益主體的利益訴求及其相互關係有一定的相似性，但其區別也是明顯的。我們將招考權在政府的統一招生和招考權在大學的單獨招生作為典型代表來分析。一方面，統一招生和單獨招生條件下所包含的利益主體的種類及其利益訴求有一定的相似性。相關的利益主體主要是政府、大學、考生及家長、高中。政府希望通過招生劃一新生程度，控制思想意識，推進素質教育，選拔創新人才，促進學術發展，最終推動社會進步。當然政府在某些特殊環境下也會有特殊的利益訴求，如通過擴大招生緩解就業壓力，拉動內需以促進經濟發展，通過對招生的控制達到鉗制思想，增強國家的凝聚力，打擊反政府勢力的目的。大學則主要通過招生選拔各類高素質的人才，推動學術進步，但有時也會考慮經濟收益問題。考生希冀通過進入高水平的大學學習，促進自身的發展，同時實現社會流動，為獲得名譽、金錢、權力打下基礎。高中較看重本校的升學率，希冀以此獲得良好的聲譽，從而獲得大量物質的和非物質的收益。因此，大學主要考慮的是教育利益，高中、考生及家長則是經濟利益和教育利益兼顧，但偏重於經濟利益，政府作為間接利益相關者，主要是從國家整體利益的角度來協調各方的利益訴求。另一方面，統一招生和單獨招生條件下的各利益主體間的關係不同，相應的利益訴求有一定的區別。如圖4、圖5所示，統一招生是政府作為大學招生的代理人，與高中、考生及家長發生雙向互動的關係，大學則需要向政府提出利益訴求，並且接受政府的招生結果。而大學、高中、考生及家長間的直接聯繫較少。單獨招生則以大學為核心，大學直接與高中、考生及家長發生關係，如大學需要高中提供考生的各種信息，高中則通過促進學生個性化發展適應大學的需要，考生與大學可以互相選擇。因為高中與大學的關係更加緊密，考生家長與高中間的關係也會直接化。政府只起監督作用。這兩種關係形成的內在機制是什麼，各自又會帶來怎樣的結果呢？在統一招生中，政府是招生的核心，它直接與其他三個利益主體發生互動關係。相對

於龐大的高中、考生及家長群體，大學是弱勢的。因此，政府在招生利益的協調中更多的是考慮強勢群體的利益訴求。高中、考生及家長的經濟利益和升學利益訴求不斷被放大，大學的教育利益訴求則被壓縮，結果就是學術進步相對遲緩，基礎教育應試化，整體教育向應試方向發展。政府、高中、考生及家長、大學在博弈中獲得了畸形的均衡。在單獨招生中，大學是招生的核心，它直接與其他三個利益主體發生互動關係。這樣就可以充分體現大學的教育利益訴求，大學所需人才的規格直接反映給高中和考生，高中和考生為了獲得經濟利益和升學利益不得不迎合大學對人才的需求。為了警惕大學過於忽視高中和考生的利益，政府有必要監督大學招生。最終，大學、高中、考生及家長、政府在博弈中取得均衡，教育利益、經濟利益、升學利益都得到了合理的滿足，學術進步加速，基礎教育健康發展。

圖4：統一招生利益主體關係圖　　　**圖5：單獨招生利益主體關係圖**

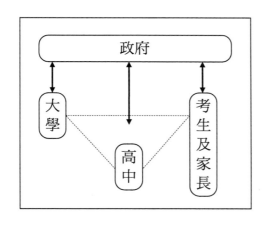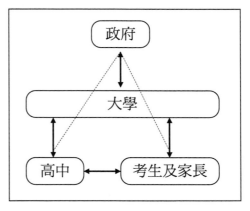

（三）招考權尋租

　　既然招考權在大學的單獨招生，能夠協調各方的利益訴求，有利於促進教育健康發展，為什麼還屢次發生單獨招生腐敗事件呢？絕對的權利帶來絕對的腐敗。在統一招生中，招考權在政府，權利較為集中，以國家權威對其監督力度大且簡便易行，同時政府作為間接利益相關者，不傾向於借招生獲取物質利益。即便個別人想以物質利益換取升學權也是沒門的。而在單獨招生中，招考權分散在各大學，高中、家長與大學招生人員有更多的接觸機會，同時大學的招生人員與大學的教育利益並無直接關係，他們傾向於獲得自身的物質利益，而個別人則傾向於以經濟利益換取升學利益。因此，單獨招生

的監督難度很大，權利尋租的幾率也較高。但是，政府和社會對單獨招生不斷加強監督的情況下，為什麼依然有招生腐敗現象呢？這種招考權「一管就死，一放就亂」的癥結何在？根本解決之道在於回歸大學本質，使大學真正作為法人主體實現大學自治、學術自由，建立現代大學制度，把包括招考權在內的學術自治權還給大學。大學如果仍然是政府的附庸，招生腐敗有政府兜底，大學不必因此而歇業，校長如同官員不會因此而辭職，教授受制於官僚式的管理，沒權利選拔自己心儀的學生，招生腐敗就不可避免。所以，在沒有建立現代大學制度的前提下，盲目將招考權還給大學就等於陷大學於不義。

三、人情關係文化的制約：超越利益之爭

那麼，建立了現代大學制度是否單獨招生就高枕無憂了呢？我們認為任何一種制度都不是完美無瑕的，就是統一招生也有腐敗事件，歐美大學的招生也不能幸免。但是，我國除大學制度不完善外，還有特殊的文化障礙。因為現代大學制度是西方文化發展的產物，大學作為異質文化必然與我國文化存在相衝突的方面，這超越了各利益主體的利益之爭，彌漫於整個社會。

（一）中西大學招生文化的差異

不同文化環境下類似制度的比較，最容易體察異質文化的優缺點。中美大學自主招生均主要採用綜合素質評價的方式，包括學業能力測試、綜合面試、高中成績、推薦信、特長、興趣愛好以及各類活動等。兩國大學招生的形式雖相同，但具體操作過程體現了兩種不同的文化。拿推薦信來說，我國是通過有關係的人「遞條子」、「打招呼」，一般是非公開的，不署名且死無對證。而美國「這些這員那員的推薦信是『明目張膽』的、公開的、負責任的，因為他們簽署了自己的大名和職務。」〔註80〕美國當然也有人情關係，也會有「走後門」，但是他們大多能夠按照明確的規則「走」，而不是「背地裏搞」。此外，國人在寫推薦信或自薦信時多有誇大之詞，為了入學而造假，這反映了國人在誠信上的缺失。再比如美國許多大學都有「捐款入學」、「名人入學」的政策，並且都是明文規定，照章辦事，合不合理可以爭論，但都是合法的。這種政策表面上在我國不可能實施，因為會受到社會輿論的強烈反對，但是

〔註80〕〔美〕黃全愈著：《高考在美國》，中國人民大學出版社，2010 年版，第 119頁。

實際上暗地裏操作的不可勝數。此外我國大學爭相錄取高考「狀元」，而美國大學並不把分數作為唯一標準，有些甚至摒棄「狀元」，專門選擇那些分數尚可，但有個性、差異化的學生。總之，國人畸形化的人情關係文化，暗地裏走後門不按規則辦事，缺乏誠信，尚統一乏個性，不敢為天下先的性情，均是單獨招生正常運行的文化障礙。

（二）長期科舉考試歷史傳統的影響

科舉考試深刻影響了我國社會的各方面，國人的文化心理概莫能外。科舉雖已廢止，「卻沒有完全作古，它還以不同的形態復活於現代社會。」〔註 81〕科舉文化遺存的某些方面是不利於大學單獨招生。第一，過分看重教育，迷信考試和分數，視考試為升遷的唯一工具。我國恐怕是世界上最重視教育的民族了，其重視多出於功利的目的，較少以人的發展為根本目的。第二，不相信正常情況下的推薦制，迷信考試是最公平的。人們寧願選擇刻板的考試，也不要腐敗與不公。從某方面看，這客觀上阻礙了人才自由、個性化的發展，甚至使考試制度走向選才的反方向。「在考試選才方面，甚至可以說中國是一個過度追求公平的國度。」〔註 82〕第三，崇尚思想的大一統，抵制奇思妙想和個性差異。第四，迷信計劃式的統一招生較市場化單獨招生好。統一招生與科舉制存在內在的聯繫，二者在形式上存在諸多相似性，統一招生猶如古代的科舉。經濟領域的改革證明計劃只是在宏觀上有效，市場能夠很好的滿足供求雙方的利益訴求，計劃調節只能帶來更多的賄賂和走後門，市場是解決這一弊端的好手段。

第四節　整頓招生引發風波——以國立勞動大學為例

國立勞動大學（1927～1932），作為國民政府成立後建立的第一所國立大學，備受國民政府青睞，本可有所作為。初建時，得到國民黨四大元老（吳稚暉、李石曾、蔡元培、張靜江）的支持，其經費直接由中央支付，師資力量較為雄厚，但經歷停招事件後，人事變動，經費無著，師資流失，學生星散，一蹶不振，1932 年學校徹底解散。但是，國立勞動大學停招事件不單是

〔註81〕劉海峰等著：《高校招生考試制度改革研究》，經濟科學出版社，2009 年版，第 7 頁。

〔註82〕劉海峰等著：《高校招生考試制度改革研究》，經濟科學出版社，2009 年版，第 340 頁。

教育問題，它反映了國家政權對大學的滲透，教育界和政黨內部的派系鬥爭，以及大學獨立性的喪失。

一、勞大「停招」風波發生的背景

（一）政治勢力向教育滲透，整頓大學勢在必行

1927 年北伐順利進行，國民政府建立後政權逐漸穩固。北洋政府時期對教育的「放任」政策得以轉變。1929 年國民黨第三次全國代表大學制定了「三民主義教育」宗旨，切實推行「黨化教育」方針。時任教育部次長的馬敍倫講到「從前中國的教育政策，差不多可以說是取放任主義……由此放任，遂生六濫：一學校濫，二辦學之人濫，三師資濫，四教材濫，五招生濫，六升學濫。由此六濫而更生四惡……總此四惡即成三害：一曰害個人，二曰害社會，三曰害國家。以後我們鑒於過去的失敗，應當極力糾正，將放任主義，一變而為嚴格主義……」〔註 83〕放任政策造成諸多的問題，私立大學濫設，學風頹廢，教育經費無著，院系龐雜，課程紊亂，招生水準低下，文實科嚴重失調等。這說明政府整頓大學甚為必要，也為國家政權向大學滲透提供了藉口。此外，蔣介石叛變革命後，施行「清黨」政策，嚴防共產主義以及其他不利於統治的黨派滲入大學，往往以整頓為名，打擊大學內的共產主義份子和自由主義分子。思想獨立與學術自由岌岌可危。蔣寶麟研究中央大學的黨派後，認為「抗戰爆發之前，雖然國民黨在教育行政層面加強對高等教育的統制，在意識形態層面加強『黨化教育』的力度，但在以『學術』為實體的大學內部，國民黨的基層組織力量一直十分薄弱。戰時國民黨和三青團勢力在中大校園得到迅速擴展，黨團員數量和黨團活動在短時間內都堪稱可觀。」〔註84〕

（二）教育系統複雜的派系鬥爭

中國知識分子歷來有以地緣或學緣為基礎而結成團體、派系的傳統。在教育系統內部眾多的派系中，「北大派之於江蘇教育會派、親德派之於親法

〔註83〕馬敍倫：《教育部次長馬敍倫播講教育宗旨稿》，載中國第二歷史檔案館編，《中華民國史檔案資料彙編》，（第 5 輯第 1 編教育 1），鳳凰出版社，2010 年版，第 8～9 頁。

〔註84〕蔣寶麟：《中央大學的國民黨組織與國共鬥爭1927～1949》，載《中央研究院近代史研究所集刊》，2011 年，第 73 期，第 1～52 頁。

派、親美派，陳立夫派與朱家驊派」，〔註85〕勢力最廣、影響最大的就是以蔡元培為首的英美派和以李石曾為首的法日派。在北洋政府統治時期，兩派在北大和女師大兩次角力〔註86〕，以及無故免去東南大學校長郭秉文的職務〔註87〕，使得兩派的爭鬥日趨激烈。國民政府建立後，爭鬥的中心由北京轉移到南京。最終，法日派佔據了北京的教育地盤，南京教育部的大權落在了英美派幹將蔣夢麟的手中。〔註88〕易培基使用低劣手段打擊英美派，使英美派對其深惡痛絕，易氏靠關係往上爬〔註89〕，又使法日派對其看不起。以易培基為校長的勞動大學，自然處於危險的境地了。為了多籌集些經費，易培基甚至未經財政部同意擅自挪用農礦部的款項，得罪了宋子文。無論在教育界還是在政界，易培基都不受歡迎。

（三）中小知識階層失業與失學嚴重，無政府主義思想泛濫

「在科舉廢除以後，新的教育體制即喪失了科舉體制的儒學內涵所具有的社會凝聚和整合機制，也不具備科舉體制所特有的消解政治參與壓力的功能；而另一方面，新學堂對讀書人的批量生產，遠大於私塾時代的師徒傳授的產出。新的教育體制與近代工業化和市場經濟對各類人才的大量需求相適應，當新學堂取代舊科舉後，中國知識分子的數量大大膨脹，而近代化進程遲緩導致社會對各類人才的需求並沒有相應擴充。加之『學而優則仕』的傳統慣性，政界仍是多數知識分子的首選目標，從而形成了比帝政時代遠為巨大的政治參與壓力。」〔註90〕一方面，這些中小知識分子因經濟原因或能力不足，未能升學，而他們又不甘於回到農村；另一方面，工業化不能提供相應的職業，失業者比比皆是。他們彷徨於城市的街頭，身心俱疲，心理失望、無奈，遂投身於學生運動，或參與政黨的鬥爭。上海的私立大學學費高昂，

〔註85〕廣少奎：《南京政府教育部及其行政制度研究》，華中師範大學博士學位論文，2005 年，第 50 頁。

〔註86〕蔡興彤：《國立勞動大學研究（1927～1932）》，華中師範大學碩士學位論文，2011 年，第 47 頁。

〔註87〕許小青：《從東南大學到中央大學——以國家、政黨與社會為視角的考察（1919～1937）》，華中師範大學博士學位論文，2004 年，第 35～48 頁。

〔註88〕蔡興彤：《國立勞動大學研究（1927～1932）》，華中師範大學碩士學位論文，2011 年，第 48 頁。

〔註89〕易培基的長女嫁給了李石曾的侄子，故二人結為兒女親家。

〔註90〕王奇生：《黨員、黨權與黨爭——1924～1949 年中國國民黨的組織形態》，上海書店出版社，2009 年版，第 34 頁。

國立大學收費雖不高，但中小知識分子的學術水準又難以企及，新建的國立勞動大學則成為他們的首選。當時的學生就曾感歎，「一般大學的學費都很貴，非窮學生所能負擔。」〔註91〕這裡不僅免除學膳宿各費，「勞動」的辦學方針，恰好適合其胃口，中小知識分子是勞大學生的主要來源。以中小知識分子為主的勞大學生群體，具有獨特的心理和思想特徵，他們崇尚自由，珍惜來之不易的學習機會，積極參與政治。「一般有心無力的求學青年，在歎息著，在憂慮著，下學期的學費尚無著落，因此，也就會看到不知其數的失學青年，逼得他們不得不走了偏路，不得不埋沒了天才，不得不拋棄了他的正當的路途，這是多麼可痛心的事情」，「學校重地，窮人莫入，那巍巍學府的大門，無形中都似乎盯著這兩塊森嚴可怕的虎頭牌，叫我們窮小子見之，不得不徒喚奈何」。〔註92〕而勞動大學的建校宗旨和工讀主義、無政府主義有著千絲萬縷的聯繫，教師在校內也大肆宣傳蒲魯東、巴庫寧、克魯泡特金的無政府主義理論。這種環境往往成為共產主義的溫床，國民政府自然難以容忍國立大學反對國家。

（四）招考權獨立

中國近代大學繼承了西方大學獨立與自由的精神，在北洋政府時期得到了淋漓盡致的體現。大學不受政權、政黨、團體和私人的干擾，其教育方針、課程、教學、科研均由大學自主管理。各大學百花齊放，異彩紛呈，著名大學均是在此時期形成顯明的特色和優勢的，如北京大學、東南大學、交通大學，但是值此「大學熱時期」，私立大學如雨後春筍般湧現，甚至「幾近營業」的「野雞大學」隨處可見。國際聯盟教育考察團對這種狀況嗤之以鼻，認為各大學單獨招生，缺乏統一的標準，是問題的癥結所在，主張教育部在整頓大學的基礎上，以幾門基礎學科為原則組織統一的大學入學考試，以提升大學的學術水準。招生作為大學的入口具有至關重要的作用，而此前大學擁有招考權，自主決定招生名額、招生方式、命題，自主制定錄取標準。北京大學、清華大學、交通大學都是從嚴錄取的典型，但也有些學校錄取較為寬濫。1923 年教育部曾覆查各專門以上學校新生入學試卷，發現「合格者固多，淺

〔註91〕沈錡：《憶童年與求學（下）》，載《傳記文學》，1999 年，第 74 卷第 6 期，第 76～89 頁。

〔註92〕志靜：《有心無力的青年求學問題》，載《申報》（本埠增刊），1930 年 6 月 21 日，第七版。

易者復不少，有數學英文一科甚至與中學一年級生程度相同」，「有數校同一人名，而初試卷與復試卷筆跡不符者，有國文卷史地卷筆跡不符者，有英文數學雷同甚多」，「佳者殊屬無多，別字謬句，觸目皆是」。〔註93〕

二、勞大「停招」引發的爭鬥

1930 年教育部按照「暫從質的方面力求改進，不急謀數量方面之擴充，先從現有各學校著手，徐圖充實內容，提高程度，以期完善」〔註94〕的方針，著手對全國的大學進行整頓，國立勞動大學停招風波就此開始。

（一）教育部訓令勞大「停招」

1930 年 5 月蔣介石召見教育部簡任以上人員時，認為勞大辦理數年，未有成效，面諭蔣夢麟速派員調查。〔註95〕教育部隨即於 5 月 6、7 兩日委派職部科長謝樹英、鍾靈秀，上海市教育局長陳德徵及工程專家數人前往視察。隨後將調查報告呈行政院，稱「不獨學校行政工廠管理教課設備等項，多所未合，而根本『勞動』不與『大學』相聯。大學招收不勞動之學生，工廠雇用非學生之工友，南轅北轍，宜乎功效鮮見，蠻語四起，若不改弦更張，何以達政府培植勞動人才之目的」，〔註96〕「學生合計四百零八人。調閱學生各科年考試卷，成績欠佳，參差亦甚，蓋緣該校學生入學時，程度相差太遠，有初中畢業之學生，一躍而為大學本科之學生者。學生思想複雜，試卷中隨處可見。」〔註97〕教育部隨即發表訓令，「本部對於該校組織正在另□計□，該校十九年度各級招生，均應停止，仰即將招生廣告撤消，並登報聲明。」〔註98〕蔣介石對於勞動大學特殊關注，或為加強思想控制，或為提高教育程度，或為

〔註93〕國家圖書館歷史檔案文獻叢刊：《（民國）教育部文牘政令彙編》（第三冊），全國圖書館文獻縮微複製中心，2004 年版，第 1389～1391 頁。

〔註94〕《教育部高等教育司十九年份重要工作報告》，載《教育部公報》，1931 年第 3 卷第 3 期，第 98 頁。

〔註95〕《教育部撤消勞大招生之風波》，載《教育雜誌》，1930 年第 22 卷第 6 期，第 243～244 頁。

〔註96〕《教育部撤消勞大招生之風波》，載《教育雜誌》，1930 年第 22 卷第 6 期，第 243～244 頁。

〔註97〕《視察國立勞動大學報告》，載《教育部公報》，1930 年第 2 卷第 27 期，第 48 頁。

〔註98〕《教育部撤消勞大招生之風波》，載《教育雜誌》，1930 年第 22 卷第 6 期，第 243～244 頁。

清黨，其真實原因不得而知，而蔣夢麟對此事也積極推進，一來改進大學教育，二來打擊法日派的易培基，三來可以博得蔣介石的信任。而視察報告所提的管理、教課、設備、學生等問題並非勞動大學所獨有，強調「勞動」不與「大學」相聯則更為致命。國立勞動大學從建校之初就遭受非議，勞動似乎與大學不相干，與共產主義、自由主義更相近。停招還不算是災難，否認了勞動大學的「勞動」，就等於動搖了其立校的基礎。

（二）勞大的「反抗」

勞大得知這一噩耗後並未消極接受，6月8日勞大發布消息，稱「國立勞動大學，為全國唯一勞動教育之最高學府，創辦以來，僅及三載，已具相當成績，日據報載改組或停辦消息者，現□□校大學部原分工農兩院，嗣經教部令准增設社會科學院後，因大學組織法頒布該校社會科學院名稱上，遂發生問題，□日教部因有暫行停止招生之命令，據□該校招生簡章早已印就發□，□□中止，現由該校易校長，與教部協商，暫允招生。又聞該校為發展勞動教育起見，已擬定三年內官□方案多□，並組織勞教實施委員會，及營建委員會，積極推行，以嗣實現上項計劃。」〔註99〕勞大辯解發生問題只因為社會科學院的設立與《大學組織法》相牴觸，而三年來學校已經取得相當成績，言外之意並無整頓之必要，且已擬定三年發展計劃，預示未來並不受此禁令影響，說明將來還會繼續招生。勞大於6月10日繼續宣稱「滬勞動大學招生事，經該校當局交涉妥帖，仍繼續招生，前傳停止招生不確。」〔註100〕並於當日召開校務會議，「關於此次教育部訓令停止招生一案，□謂大學招生，按法令本校自有全權，決議仍繼續進行，又報載教部呈行政院文，認為全非事實，有妨校界，特推教授代表章友三，黃叔培，龔賢明，夏康農，鄭若谷五人赴京，向國民政府，及行政院說明一切云。」〔註101〕勞大一方面希望博得輿論界和教育界的支持，另一方面堅稱學校有自由裁量權，否認了教育部的干預，同時派代表赴京請願，繞過教育部，希望取得行政院的諒解。6月10日上海市七區黨部，宣稱勞大停招新生，此舉與總理實業計劃及總理農工政策關係，至為巨大，特電中央，嚴令教部繼續勞動教育，收回停止勞大

〔註99〕　《勞大並無改組停辦消息》，載《中央日報》，1930年6月8日，第十二版。

〔註100〕《勞大仍予繼續招生》，載《申報》，1930年6月11日，第20546號，第二張。

〔註101〕《勞大校務會議》，載《中央日報》，1930年6月11日，第十二版。

招生成命。其文內稱：「查國立勞動大學創辦之目的，在實行總理實業計劃及完成總理農工政策『發展勞動者教育』與『試驗勞動者教育』，故勞大為全國勞動教育之最高機關。本黨實際建設人才之所由出，辦理兩載有奇，□□締造，規模業經粗備，而各部院學子千餘，現正繼續力求發展課程及建築等計劃，而調查者未悉此點，遂以為反對勞大之理由，忽令勞大停止招生，使勞動教育生命頓告中斷，此誠中國勞動教育前途之大不幸也。如勞大有改組之必要，則與招生有何關係。今教部以『另行改組』四字，竟令停止招生，終結勞動教育之生命，不禁為之長太息也。〔註102〕以易培基為校長的勞大指使地方黨部與中央政策抗爭，言辭堅定，其能量確實不小，並以孫中山的遺訓為終極擋箭牌，昭示其與教育部抗爭到底的決心。

（三）風波的擴大

針對勞動大學不僅不接受教部訓令，反而對抗中央的行為，教育部也不示弱。教育部針鋒相對，6月11日教育部秘書周淦表示，「現該校置上級機關命令於不顧，仍擬擅自繼續招生，實有違法令。現本部已出布告，謂勞大於未經改組之前，不得任意招收新生，令北平武漢中山等大學，不得代為招考，並令滬教局禁止滬報登載該校招生廣告。」〔註103〕教育部連續多次布告，稱「本部業令國立勞動大學停招新生，恐未周知，特此布告。」〔註104〕教育部對改組勞大的決心堅定，對勞大不服從中央管理的行為極為不滿，為政令通達而多次發布告的事件恐怕不多見。鬥爭的雙方為了招生問題，已毫不顧忌讀書人的顏面了。時人已有懷疑勞大停招乃打擊報復行為，10日蔣夢麟部長談勞動大學改組問題，「謂停止招生，並非停辦，目的在就茲大學之組織及原有學生謀適當之變更與改進，使不負國家培植勞動人才之本旨，此事完全為組織的問題，並非人的問題。」〔註105〕蔣夢麟以整頓組織，培植勞動人才答覆，企圖撇清打擊勞大，報復法日派易培基的嫌疑，其中深意亦未可知。蔣

〔註102〕《教育部撤消勞大招生之風波》，載《教育雜誌》，1930年第22卷第6期，第243～244頁。

〔註103〕《教育部撤消勞大招生之風波》，載《教育雜誌》，1930年第22卷第6期，第243～244頁。

〔註104〕《教育部為撤銷勞動大學招生事布告》，載《申報》，1930年6月16日，第20551號，第二張。

〔註105〕《教部撤消勞大招生》，載《申報》，1930年6月12日，第20547號，第三張。

夢麟在回憶錄中稱「我當時年壯氣盛，有所決策，必貫徹到底，不肯通融，在我自以為勵精圖治，在人則等於一意孤行。」〔註106〕

　　勞大針對教育部的強硬表態，以超強硬的措施應對之。6 月 11 日勞大教員代表，章友三、黃叔培、龔賢明、夏康農、鄭若谷等五人晉京請願，提出四個要點：「（一）教育部為教育行政最高機關，對全國各級學校負有監督指導之責任，勞大系特殊性質學校，教部對之，尤應竭誠指導，以樹立我國勞教根基。然據代表所知，教部向乏改進之指示，乃於該校正在進行招生，力謀發展之時，突令停止，不免疏忽於前而操切於後。（二）該校大學部初有工農兩院，繼經教部令准增設社會科學院，後因大學組織法頒布，社院名稱，遂發生問題，該校校長曾一再與蔣部長協商變更名稱，以符法令，迄未之許，本來問題，不過如此，而今遵令停止招生，此非缺乏誠意而何。（三）上月六七兩日，教育部派遣素不識勞動教育之人，來校視察，閱時僅兩半日，實際視察僅數小時，遽爾返京報部，教部亦未詳審內容，及種種可資考核之存案，遂根據是項報告，呈報行政院，語多□蔑，殊不足以副國家發展勞動教育之本旨，令人不得該視察員等用意所在。（四）該校自十六年五月中央派蔡子民、褚民宜、李石曾等先生籌備設立，以實驗勞動教育及發展勞動者教育為宗旨，並定『行以求知』、『學理與技術並重』、『實行生產工作』、『發展勞動精神』、『養成勞動習慣』、『研究勞動問題』、『普及提出勞動者文化』為實□上要點，三年以來，逐漸推行，已有相當成效，乃忽遭冤枉，……各代表深引為遺憾。」〔註107〕勞大認為教育部犯錯在先，多不作為，有失指導監督之責，後認為社會科學院的設立雖然違背《大學組織法》，但是得到了教育部的認可，以此為整頓藉口並不成立。而視察人員似乎並不在意勞大本身的問題，暗指其用意在於打擊勞大，消弭無政府主義，藉以打擊報復法日派的易培基，矛頭直指英美派的蔣夢麟。最後將衝突升級，勞大抬出蔡元培、李石曾等國民黨元老作為尚方寶劍，企圖藉以庇護，反勞大即是反蔡元培、李石曾等國民黨元老，就是反總理遺訓。6 月 12 日勞大全體教員召開大會，一致議決：「（一）發布宣言，反對教部無理停止招生。（二）請學校繼續進行招生。（三）電請該校籌備委員蔡子民先生、李石曾先生、張靜江先生、褚民宜先生、嚴慎予先生

〔註106〕蔣夢麟：《西潮與新潮》，人民出版社，2012 年版，第 160 頁。
〔註107〕《勞大代表招待新聞界，謂教部停止招生之命令，妨校務進行損教育尊嚴》，載《中央日報》，1930 年 6 月 12 日，第十二版。

等十一人援助。（四）電赴京代表積極進行。（五）發行三日刊，公布校務及發揚勞動教育。（六）組織委員會，推行以上決議各案，並代表教職員全體應付臨時發生事項。至該校校務，一切均照常進行雲。」〔註108〕勞大堅決抵制教部的整頓，並主張招考權不可侵犯，一方面請國民黨元老和晉京代表挽回局面，另一方面也預料到事態嚴重，組織了委員會，做了最壞的打算，並做了長期鬥爭的準備。蔡元培、李石曾等國民黨元老是勞大籌備委員會的委員，對教育界有巨大的影響力，借元老向教育部施壓確是一高招。孫中山的主張和思想猶如三民主義教育的聖旨，拿總理的遺訓作為理論根據，則佔據了一定的優勢。

隨著招生期的臨近，勞大作最後的努力，6月29日，勞大二次派教員代表李亮恭等五人晉京請願，請派員覆查，並令教部收回停止招生命事，勞大大學地位不變。〔註109〕同時，勞大學生加入鬥爭，其宣言稱：「堅決擁護三民主義勞動教育；堅決擁護學校當局的主張；宣布勞大創辦以來的發展情形；主張繼續招生；希各界予以公理正義的援助。」〔註110〕此時全體教職員和學生站在了同一戰壕。中小知識分子出身的勞大學生群體，因思想上的獨特性，對勞大珍惜倍加，其護校的熱情異常高漲。

（四）以勞大的屈服而收場

此後教育部一直沉默。教育部以蔣介石為後臺，自然不會顧及勞大的反應。蔣夢麟作為學者型管理者，其目的更多的可能是改組勞大的結構，以提高教育程度，收回喪失已久的管理權。而蔣介石整頓勞大，可能是出於多種原因，防止共產黨和其他反對黨的滲透，加強思想控制，加強國家對教育的控制，同時提高教育的程度。在整個衝突過程中，勞大是弱勢的一方，面對教育部強硬的表態，勞大教員和學生雖然多方奔走，四處求援，但最後勞大也只能默默的接受。此後，蔣介石力圖將勢力延伸到蔡元培、李石曾控制的教育界，國民黨第三屆中央執行委員會第三次會議通過了《限制官吏兼職案》，使得蔡、李的許多親信被迫辭職，大大打擊了蔡、李在教育界的勢力，

〔註108〕《教育部撤消勞大招生之風波》，載《教育雜誌》，1930年第22卷第6期，第244頁。

〔註109〕《勞大教職員晉京請願》，載《申報》，1930年6月30日，第20565號，第四張。

〔註110〕《勞大學生護校運動》，載《申報》，1930年6月26日，第三張。

易培基也未能逃脫被免職的命運。易培基的去職既達到了蔣夢麟去易的目的，也打擊了法日派在教育界的勢力。但是，蔣夢麟也難以自保，法日派元首吳稚暉對於他整頓中央大學和勞動大學非常不滿，蔣夢麟回憶道：「他老先生問我中央、勞動兩校所犯何罪，並為兩校訟冤。據吳老先生的看法，部長是當朝大臣，應該多管國家大事，少管學校小事。」〔註111〕此語表明，法日派認為蔣夢麟整頓勞大的真正目的乃打擊異己，並無整頓實據，法日派上層雖然為維護易培基等付出了努力，但仍無力挽回。蔣夢麟得罪了法日派，蔣介石也不想英美派長期佔據教育部，蔣夢麟下臺後蔣介石兼任教育部長。隨著蔡、李在教育界的示微，作為蔣介石嫡系的 CC 系〔註112〕窺視教育界良久，陳果夫先是提出整頓大學文實科的議案，作輿論準備，陳立夫後掌握教育部的大權，將其親信安插到教部與各大學的要職。蔣介石借整頓中央大學和勞動大學，達到了一石二鳥的目的。

三、對勞大「停招」風波的反思

國立勞動大學停招風波雖然是教育界的一件小事，但是它的動機卻很複雜，所波及的範圍很廣，其影響也很大。

（一）政府整頓勞大的動機

國民政府政權穩固之後，蔣介石企圖將勢力滲透於教育界。此前教育界為蔡元培、李石曾等國民黨元老所把持，他們雖同是國民黨人，但信念不同，蔡李等是自由主義者，蔡元培之所以主張大學院制，就是為了擺脫政府對教育的干預，而這恰是蔣所不能同意的。整頓大學教育只是蔣的部分動機，其深層原因恐怕是打擊英美派和法日派，借機安插嫡系勢力，用以控制大學思想，加強國家對大學的控制。大學院制的失敗以及教育部落入 CC 系的魔爪就證明了這一點。蔣夢麟作為英美派的幹將，希望通過整頓大學得到蔣介石的認同，同時打擊法日派的勢力，以提高大學的水準。

（二）勞大停招風波的波及範圍

教育部和勞大教員是此次風波直接的對抗者。大學作為獨立、自由的團體自然不甘於權利的旁落，教育部則以國家的身份逐漸打破了北洋政府時期

〔註111〕蔣夢麟：《西潮與新潮》，人民出版社，2012 年版，第 160 頁。
〔註112〕以陳果夫、陳立夫為首的國民黨內部團體，絕對忠於蔣介石。

大學自治的局面。中小知識分子出身的勞大學生雖有熱情，但能量有限。易培基校長本來在英美派和法日派的夾縫中生存，早已為兩派所不滿，在政界又得罪了宋、陳等蔣的嫡系，又遇停招風波，被掃地出門是必然之事。甚至上海第七區的黨部也參與了紛爭，但終究不能與中央相抗爭。勞大還抬出了國民黨元老和總理遺訓作擋箭牌，但此時蔡元培和李石曾之間已經出現較大的裂痕，英美派和法日派的矛盾加劇，總理遺訓也只能是說辭上占些優勢。而教育部以實力雄厚的蔣介石為後臺，對勞大的反抗自然不予理會。可見勞大停招波及範圍之廣大。

（三）勞大停招風波的影響

勞大默默接受停止招生、整頓的訓令，易培基校長被撤職，蔣夢麟也沒有全身而退。自此勞大徹底沈寂，直到 1932 年解散。教育部為 CC 系所把持。以蔡元培為首的英美派和以李石曾為首的法日派矛盾日深，且雙方在教育界的勢力漸弱，教育部管理大權實現了「國家化」，大學的自治權逐漸被剝奪，思想控制，黨化教育真正得以貫徹。國立勞動大學停招風波並不是特例，類似的事件在國民政府初期多有發生，如東南大學易長風波，北平師大停招風波，其中多夾雜著複雜的派系、黨派鬥爭，學生運動。這與國民政府統一政權，加強對教育的控制，提高教育質量，推行黨化教育的步調相一致。

小結

民國前期，社會動盪，經濟落後，大學制度不健全。單獨招生制度在「市場機制」作用下順利運行，實屬不易。當然，大學招生的供求極端不平衡，招生規則、制度很不完善，政府對招生的監管不夠，造成嚴重的「市場失靈」問題。大學招生標準混亂，與中學教育相脫節，入學資格模糊，文實科失衡，均是「市場失靈」的表現。當市場這只無形的手無法正常運行時，就需要政府運用有形的手，對其進行宏觀調控。北洋政府時期，政府對於大學招生的管理較為寬鬆，「市場失靈」暴露的最為明顯。北洋政府教育部對「市場失靈」問題已有所注意，並頒布了一些限制法令，但是成效不大，且缺乏系統性。國民政府建立後，社會相對穩定，經濟持續發展，政權相對統一。由「市場失靈」引發的教育質量低下，學生思想混亂等問題，最為政府頭疼。此時，政府掌握了的財力、權力，宏觀調控的必要性、可能性條件都已經具備。國民政府時期教育部逐漸將招生納入日常管理的軌道，其政策呈現出制度化、

常規化、系統化的特點。高中課程標準、招生督察、中學生畢業會考、統一招考、對同等學力的限制、未立案私立高中升學預試、招生辦法、文法科院系合併與整頓等，一系列的措施完善了招生規則，淨化了招生市場環境，維護了考試的公平，為單獨招生制度的正常運行提供了有力的保障。政府宏觀調控確實起到了一定的積極作用，明確了入學資格，規範了招生標準，加強了招考與中學教學的聯繫，使文實科相對平衡。客觀地說，調控取得了較好的效果，整齊了新生程度，提高了錄取標準，有利於中學和大學的健康發展，所培養的人才為抗戰勝利奠定了基石。但是，對其實效也不能估計過高，且有些政策欠妥。尤其是政府調控的動機中摻雜了奪取大學權力，控制學生思想，奴化人民的雜質成分。調控政策如果在民主化、科學化方面作更多考慮，可能會更好。一方面，應允許利益相關者參與調控政策的制訂，並廣泛聽取社會意見，會使政策易於接受和執行。另一方面，通過廣泛的人才調查，全面的科學研究，才能根本解決招生中的「市場失靈」問題。當然，這些都是國民政府難以做到的。任何市場制度主導下的單獨招生，都會或多或少的出現市場失靈問題，政府如何調控，使政策既具有科學性，又具有民主性是值得探討的問題。當今的自主招生也不例外，或許民國的經驗值得借鑒。國立勞動大學停招風波反映了複雜的社會現象，教育問題、派系鬥爭、思想控制、權力爭奪全都夾雜其中。

第七章　民國時期國立大學招生考試問題的爭鳴

　　民國時期新教育快速發展，但科舉遺風的影響仍綿延不絕。新舊考試制度、中西考試文化不斷衝突，紛繁複雜地考試問題困擾著時人。難怪時人評價道：「現今學校成績的不滿人意，絕非由於學校制度的不良，其根本原因，為自從由科舉變為學校以來，直到現在，所改變的僅是科舉的一個制度，而沒有改變一般人的科舉思想。」〔註1〕考試作為一種文化，已經深入我們的靈魂，並形成一種「考試基因」〔註2〕遺傳下來。多種複雜因素促成了三次大規模的有關大學招生考試的論爭，這些論爭深刻影響著大學招生考試的發展：民國初期，時人極力抨擊舊式考試制度和文化，反思考試現狀，形成了廢考運動，結果發現考試不可廢；民國中期，人們又致力於引進西方的心理與教育測驗，並進行本土化試驗，企圖改造考試，形成了新法考試運動；民國後期，各界對考試的討論更加理性化，將前兩次論爭的成果運用到了大學入學考試的改進運動之中。表面上看，前兩次論爭似乎與大學招生考試改革關係不大，實則不然。廢考運動主要解決的是大學入學考試存在的必要性問題，新法考試運動主要解決的是入學考試內容和方法科學化的問題，這些問題的解決是改進大學入學考試的前提和基礎。隨後的大學入學考試的改進運動對考試的形式、內容、方法都有探討，是前兩次論爭的深化、具體化。這三次

〔註1〕宇文：《高等教育談（三）——制度與觀念》，載《現代評論》，1925 年第 2 卷第 46 期，第 7 頁。

〔註2〕劉海峰等著：《高校招生考試制度改革研究》，經濟科學出版社，2009 年版，第 51 頁。

論爭滌蕩了考試文化，廓清了考試制度，科學化了考試內容與方法，極大地推動了大學入學考試的現代化。這是中國傳統考試制度現代化的過程，是中西考試文化融合的過程。〔註3〕

第一節　廢考運動

　　廢考運動的發生並非偶然，科舉制廢除後考試權下移到學校，考試的權威性、可信性有所降低，新的考試制度尚未建立。民初政府對大學的控制和干預較少，客觀上有利於思想自由，加之新文化運動的影響，無政府主義、自由主義等引領著青年的潮流，學生運動風起雲湧。青年學生心理躁動，莫名的反感考試帶來的壓抑和失落。同時考試的弊端逐漸暴露，單獨招生加重了考生的經濟和學習負擔，舞弊風行，其信度、效度不足。制度無序、思想混亂、心理躁動、考試弊端共同催生了以學生為主體的廢考運動。

一、廢考運動爆發的原因

　　廢考運動爆發的原因，可以歸結為以下幾個方面：

（一）科舉制雖廢，但其陳規陋習、遺風餘韻依然深刻影響著學校考試

　　重考試，輕教育；重書本，輕實踐；重智育，輕體育；重記憶，輕創造。夾帶、槍替屢禁不止，敗壞學風。考試內容空疏，與社會生產、生活脫節，記分方法模糊，難以適應現代科學和社會的發展。關曉紅認為，「既往科舉注重考試及其結果，多不參與教學過程的慣性，使各地興學往往注重形式多於內容……科舉制度行之千年而不衰的重要形式，即以考試作為評判學業或職業資格的測試方法，非但沒有被削弱摒棄，反而因為強調並貫穿於整個教學過程，似比既往更為普及。」〔註4〕因為當時教育發展失序，學生參差不齊，故學校借助嚴格考試整齊新生程度，錄取率很低。學校為了加強管理，保證教學質量，嚴格升級考試。這也有益於彰顯學校的業績，提高聲譽，亦得到社會的廣泛認同。如要考入交通大學，「不僅在清末時不容易，就是在民國初

〔註3〕李濤：《民國時期關於大學招生考試的三次論爭》，載《教育學報》，2014年第4期，第117～127頁。
〔註4〕關曉紅：《殊途能否同歸──立停科舉後的考試與選材》，載《中央研究院近代史研究所集刊》，2008年，第59期，第1～28頁。

年，我國中等教育有了發展、教學質量有了提高以後，能考入本校的也只有上海、江蘇、浙江等幾所名牌中學的少數優秀學生。」〔註5〕面對如此嚴格繁多的考試，學生的壓力和負擔可想而知。難怪學生抱怨考試龐雜，「我覺得一個人自入了學校以後，不是進了教育的園地，而是走進了考試的地獄。入學考試、小考、月考、期考、畢業考試以及會考使人精疲力竭，真是冤枉！而且，不知有多少兒童與青年在此等嚴重的考試之下犧牲了。」〔註6〕

（二）新文化運動時期學生思想空前活躍，學潮不斷

學生深受無政府主義、自由主義思想的影響，權力意識擴張。他們容易受激情所驅使，對其利益和感受稍有觸及，就會爆發強烈的反抗。正如蔡元培所料，當學生嘗到權力的滋味，陶醉於勝利時，以後他們的欲望恐怕難以滿足了。「教員如果考試嚴格或者贊成嚴格一點的紀律，學生就馬上罷課反對他們」，「他們沉醉於權力，自私到極點。」〔註7〕此類事件屢見不鮮，如北京大學預科生要求免試升學考試，激起絕大風潮，學校方面革除學生八人，學生則一方面與教育部交涉，另一方面向參議院請願，「為學生一方說者，均歸咎校長，責其表率無方，學風墮落，教育部亦不能為相當之調節。為校長一方說，則歸咎學生，謂破壞風紀，毫無道德觀念，且集眾逼何辭職，為從來為校長者所不堪忍受之事。」〔註8〕再如北京工業專門學校學生反對學期試驗，「開學生大會，反對考試，質問校長，肆口謾罵，舉行暴亂，竟以武力牽拽校長及學監主任，」〔註9〕導致十名學生被開除。各類考試尤其是升學考試，與其利益直接相關，又往往給他們帶來極大的壓力和心理不適感，學生起而反對之，自屬情理之中。考試往往成為風潮的誘因，此外考試也可能成為風潮的藉口和工具。「星期一北大許多學生開會反對考試，一個學生演說道：『他們利用我們去驅章，我們也要交換條件，利用他們不考試。』」〔註10〕愛國運

〔註5〕交通大學校史編寫組編：《交通大學校史 1896～1949》，上海教育出版社，1986年版，第90頁。
〔註6〕張振華：《廢除學校考試制度芻議》，載《正中半月刊》，1935年第1卷第7期，第1～4頁。
〔註7〕蔣夢麟：《西潮與新潮》，人民出版社，2012年版，第137頁。
〔註8〕《北京大學之風潮》，載《教育雜誌》，1913年第5卷第4號，記事27～28。
〔註9〕《北京工業專門學校教職員因學生反對學期試驗提出辭呈》，中國第二歷史檔案館藏：全宗號一零五七②，案卷號503，載楊學為主編：《中國考試史文獻集成》第七卷（民國），高等教育出版社，2003年版，第39頁。
〔註10〕西瀅：《閒話》，載《現代評論》，1925年第2卷第40期，第16頁。

動與考試問題本不必混為一談,「而河南學生總想把這兩件事混為一談。並且任憑放鬆愛國運動,而不肯放鬆考試問題豈非天下之大奇了。」〔註11〕直到30年代,北大牆上依然貼著「反對成績考查案」〔註12〕的標語。

(三) 各類西方教育思潮不斷湧入,深刻影響了社會對考試的認識

新教育對舊考試的反動,給人們以很大的啟迪。尤其是杜威來華後,實用主義風靡全國。學校即社會,教育即生長,教育即生活,流行開來。兒童中心,強調活動,做中學,重視興趣和創造,反對外在的成人的強加的教育目的,促使人們反思考試觀念。設計教學法、道爾頓制等強調興趣和學生的自我評價,弱化考試的制度設計,促使人們反思考試制度。時人評論道:「廢除考試的理論,大教育家哲學家杜威已曾述及,附和者亦大有人在,」〔註13〕「自從杜威博士來華演講之後,學界裏就有很多人——自然是被考的學生們占大多數——發生了『廢考』的狂熱症,竭力從事於『廢考運動』;也有一部分人,就已感覺到考試方法之應當改良的。」〔註14〕學生則激昂的發表宣言,「杜威先生說過,現在教授的方法,全是注重記憶,注重背誦,注重考試,」「你為什麼不表示反抗的態度?我想諸君都是覺悟了!都不願受那非人的待遇了!」〔註15〕

20世紀初,廢考話題一經拋出就成為熱點,後來顏保良於《北京大學日刊》發表《我們對於廢止現在學校考試制度的意見》,廢考運動進入高潮,北京高師、北大的學生成立了「廢止考試研究會」,學生大多主張廢除考試,並在《北京大學學生週刊》發表多篇文章,指謫考試弊端,主張廢除之,規劃善後辦法。〔註16〕教授、學者則較為冷靜,其思考也更為理性,各界學人在

〔註11〕《河南學生之愛國運動與試驗問題》,載《現代評論》,1925年第2卷第41期,第20～21頁。

〔註12〕適之:《所謂教育的「法西斯蒂化」》,載《獨立評論》,1932年第2卷第8號,第15頁。

〔註13〕鳴岐,《整頓教育與考試制度》,載《獨立評論》1933年第67號,第7～9頁。

〔註14〕孫德中:《對於考試問題一點平庸的意見》,載《新教育評論》,1926年第1卷11期,楊學為主編:《中國考試史文獻集成》第七卷(民國),高等教育出版社,2003年版,第94～95頁。

〔註15〕朱謙之:《反抗考試的宣言》,載《北京大學學生週刊》,1920年3月28日,第13號,第五、六版。

〔註16〕遲明:《廢止學校的考試制度》,流水:《廢止學校一切不良的制度》,《廢止考試研究會之發起》,朱謙之:《反抗考試的宣言》,一峰:《我的廢止考試後之救濟辦法》,列悲:「學生解放問題商榷」之商榷》,付聲:《大學廢考問題》,劉崇年:《廢除考試後之辦法》,殤功:《考試廢止後,我們怎麼辦?》,黃琛:《我

《教育雜誌》、《新教育評論》、《現代評論》等刊物上發表評論。〔註17〕北大在蔡元培的主持下廣開言論，經過慎重的討論，最後只是改進了考試制度，並未廢止，但是允許學生不參加考試。〔註18〕而廢考運動並未因此而停止，在「教育革命」的呼聲下間或有人提出廢考的觀點。

廢考運動中討論的問題主要是以下幾個方面：

二、廢考運動中關於考試危害的討論

考試的危害是最為人詬病的方面，首先對於生理的危害，容易使人生病，「一、吐血；二、腦充血；三、飲食減少；四、體重減輕；五、排泄物變色。」〔註19〕其次對於心理的危害，人自然生出一種厭惡考試的心理，「精神上受莫大的痛苦啦！」〔註20〕「考試制度養成學生一种競爭心、自立性，一旦名列

對於廢止考試之教員問題》，C·C：《廢除考試及畢業》，列悲：《「學生解放問題商榷」之商榷》（續），分別載《北京大學學生週刊》，1920 年 1 月 25 日第 4 號，第一、二版；3 月 14 日第 11 號，第八、九版；3 月 21 日第 12 號，第十一版；3 月 28 日第 13 號，第五、六版；3 月 28 日第 13 號，第六版；3 月 28 日第 13 號，第七、八版；5 月 9 日第 15 號，第八至十五版；5 月 9 日第 15 號，第九、十版；5 月 9 日第 15 號，第十、十一版；5 月 9 日第 15 號，第十一、十二版；5 月 9 日第 15 號，第十五版；5 月 16 日第 16 號，第八、九版。

〔註17〕余家菊：《北京高等師範廢除考試制度的經過》，載《少年世界》，第 1 卷第 5 期，1920 年，第 6～12 頁；楚傖：《廢止考試問題》、《再研究〈廢止考試問題〉》，載《民國日報》（上海），1920 年 1 月 15、16、19 日；漢俊：《我的考試畢業觀》、玄盧：《考試與畢業》，載《興起評論》，第 38 期，1920 年 2 月 22 日、第 44 期，1920 年 4 月 4 日出版；野雲：《北大考試問題已告一段落》，載《申報》，1920 年 6 月 3 日；《記北大之考試及招考》，載《民國日報》（上海），1920 年 6 月 7 日；《工業專門學校風潮擴大》，載《晨報》（北京），1920 年 3 月 21 日；《高工風潮近訊》，載《民國日報》（上海），1920 年 4 月 20 日；《浦東中學罷課三紀》、《忍心犧牲之浦東中學》，載《民國日報》（上海），1922 年 11 月 21 日，12 月 1 日；朱經農：《上海學校風潮之研究》，載《申報》，1922 年 12 月 12～14 日；曾約農：《論考試問題的一封來信》，載《大公報》（長沙），1925 年 5 月 10 日。

〔註18〕《北京大學議定變更考試制度》，載《教育雜誌》，1920 年第 13 卷第 1 號，記事。

〔註19〕顏保良：《我們對於廢止現在學校考試制度的意見》，載《北京大學日刊》，1920 年 1 月 23～31 日，第 522～529 期，第三、四，三、四，四、四，三、四，三、四，三、四，三、四版。

〔註20〕顏保良：《我們對於廢止現在學校考試制度的意見》，載《北京大學日刊》，1920 年 1 月 23～31 日，第 522～529 期，第三、四，三、四，四、四，三、四，三、四，三、四，三、四版。

優等，便看同學不起，趾高氣揚，而以一己為非常之人，不再深加研求，同學亦視他為神聖，往往受他利用使他成為一小社會的偉人。若或考試落第的，便志氣萎喪，失了自主的能力。」〔註21〕再次是道德方面的危害，它促使學生作弊，改變人的品行，生出三種弊病：自殺、墮落、自暴自棄。早在 1913 年，陶行知就看到考試激起學生的榮辱心，使其陷溺於畏、貪二念，致舞弊發生，其害「欺親師、自欺、違校章、辱國體、害子孫。」〔註22〕最後是教育方面的危害，這部分的討論也最有價值，「虛糜生徒之經歷，欲求其各極天能，推陳出新，不可得也；學子競爭虛榮，不事實學也；考試給分，恒不得其平。」〔註23〕「文字的考試之注重，實有礙於教育目標之實現；考試制度實為摧殘個性的利器；考試制度對於成績壞的學生固為不利，就是至於成績很好的學生也有不良影響。」〔註24〕而錢穆先生對記分考試危害的論述最為精彩，摘錄如下：

> 一、使學者重文字而略身心，有學問而無修養。二、使學者昧學問之真意，無以啟發其高尚之自動，而「進趨不由其誠，研習不盡其材，隱其學而疾其師，苦其難而不知其益，終其業而去之速。」三、教者以「虛偽」之分數督其下，則學者以「虛偽」之勤勉應其上。故大考則大勤，小考則小勤，不考則不勤。四、志高者以分數之反動，則故作放曠以鳴高。五、心謹者以分數之拘絆，則彌自範圍而喪本。故駿足者多擺棄一切，而賽步者常兼騖並趨。六、虛偽之等第，足以銷沮英銳者之志氣，而誘引專篤者於驕亢。七、召偽。八、長悖。記分考試之基礎，即建築於「偽」、「悖」二字之上。故如考前之要挾迎合。臨考時之抄襲窺望，考後之妒忌攻訐，皆偽悖之見端也。九、輕師。十、侮學。為師者以分數鼓勵學問，分數之觀念愈高，則尊師敬學之誠愈減。其勢如科舉時之利祿。十一、蔑

〔註21〕 列悲：《學生解放問題》，載《北京大學日刊》，1920 年 3 月 31 日，第 576 期，增刊第二版。

〔註22〕 《陶行知教育論著選》，載楊學為主編：《中國考試史文獻集成》第七卷（民國），高等教育出版社，2003 年版，第 73～74 頁。

〔註23〕 邢定雲《學校考試之害及補救之法》，載《教育雜誌》，1914 年第 6 卷第 12 號，第 217～232 頁。

〔註24〕 張振華：《廢除學校考試制度芻議》，載《正中半月刊》，1935 年第 1 卷第 7 期，楊學為主編：《中國考試史文獻集成》第七卷（民國），高等教育出版社，2003 年版，第 283～285 頁。

視固性之發展。十二、抹殺時代之進行。是為以考試比較優劣之根本差。十三、以一時之「興奮」，致永久之「麻木」。

　　資料來源：錢穆：《廢止學校記分考試議》，載《教育雜誌》，1919 年第 11 卷 12 號，轉載自楊學為主編：《中國考試史文獻集成》第七卷（民國），高等教育出版社，2003 年版，第 74～79 頁。

三、廢考運動中關於考試功能的討論

　　梁漱溟認為考試是有必要的，「試他的見解心得」，「因為有的人，他的見解心得，不去考問時，模模糊糊，若有若無。因受考問，才把見解清理出來。」〔註 25〕反對者認為考試只不過測試一時的記憶，背誦考試是不必要的。邵力子則根據性質將考試分為兩種，「一種是專以運用人才為目的而舉行的考試，」，「又一種是專以教育人才為目的而舉行的考試，」〔註 26〕且兩種考試必須截然分開。還有人認為考試具有三層意思，「第一，學校是一種社會組織，社會上需要各種人才，仰給於學校，故學校對於社會有供給人才的義務，學校既向社會供給人才，對於社會不能不有一種負責任的擔保，這種擔保，就是文憑。第二，課堂裏的試驗，是教授上的一種手續，教員如果不知道學生對於已講的功課瞭解的程度，他很難決定他授課快慢之是否適宜，和講解詳略是否得當。第三，考試是試驗學生，同時也是試驗教員。」〔註 27〕楊蔭慶則注意到考試的新功用，主張注重過程而非結果，注重促進多數人的發展，而非淘汰，「考試之新功用不專指由已成就者之中而加以選擇，並須對於未成就者用考試以輔導其學業之進步，是考試中確有教育之功用存焉。」〔註 28〕王書林認為考試的功用在選拔真才，其最重要的原則就是公平，此外考試還有淘汰功能，鼓勵才能使其充分發展的功能。〔註 29〕歸結起來，考試具有兩

〔註 25〕梁漱溟：《背誦暨考試的必要》，載《北京大學日刊》，1920 年 4 月 9 日，第 577 期，第三版。
〔註 26〕邵力子：《考試問題》，載《民國日報》（上海）1924 年 4 月 22 日，楊學為主編：《中國考試史文獻集成》第七卷（民國），高等教育出版社，2003 年版，第 93～94 頁。
〔註 27〕宇文：《高等教育談（二）——考試》，載《現代評論》，1925 年第 2 卷第 40 期，第 9～11 頁。
〔註 28〕楊蔭慶：《考試之新功用》，載《新教育評論》，1926 年第 1 卷第 16 期，楊學為主編：《中國考試史文獻集成》第七卷（民國），高等教育出版社，2003 年版，第 95～97 頁。
〔註 29〕王書林：《考試與考績》，載《教育通訊》，1940 第 3 卷第 35 期，第 4～11 頁。

大功能：教育功能和社會功能。考試猶如洋灰公司裏的試驗，「一邊是防止劣品洋灰流入市面，一邊是防止不合格的工程師混進實業界。」〔註30〕當然也有人認為考試並不是最重要的，師資問題是先決條件，否則考試的功能無從發揮，「廢止考試，應該先從這一層著手。」〔註31〕

四、廢考運動中關於考試與教育關係的討論

對於考試與教育的關係，大多數論者認為教育是目的，考試是工具。考試應該為教育服務，而不是相反，否則將帶來災難性的後果。教育與考試應分輕重，「重學而輕考，則樹人之道得矣。輕學而重考，則樹人之道失矣。」〔註32〕考試本為選拔人才而設，如拘泥於形式反陷於考試的弊害，「考試制度盛行，真正的教育就難於普及了，」「把考試做本位的教育，大有害於個性的發揮，師弟間的信用必薄，授業上就容易成為機械的弊病，所以真正的教育，也就不能進步。」〔註33〕主張廢除考試的學生也說：「考試為教育的目的之一部分，非考試就是教育的目的」，「考試不是我們求學的目的啦」，〔註34〕考試「已經同教育的目的，根本違反，萬無存在的餘地了。」〔註35〕當局以考試為法寶來消弭失業的青年，形成了「以考試為辦學目的的教育，」「於是『生產教育』搖身一變，變為『考試教育』。」〔註36〕考試似乎已成為一種專門的技術，需要特殊訓練，教育已經不再以知識為本位了，而是以考試為本位了。〔註37〕有的學者甚至認為「考試不是一種教育的機能，而只是一種社會的機

〔註30〕孫寶墀：《大學的考試問題》，載《現代評論》，1928 年第 8 卷第 192 期，第 8～11 頁。

〔註31〕黃琛：《我對於廢止考試之教員問題》，載《北京大學學生週刊》，1920 年 5 月 9 日第 15 號，第十一、十二版。

〔註32〕邢定雲《學校考試之害及補救之法》，載《教育雜誌》，1914 年第 6 卷第 12 號，第 217～232 頁。

〔註33〕天一：《考試制度》，載《教育雜誌》第 12 卷第 5 號，楊學為等主編：《中國考試制度史資料選編》，黃山書社，1992 年版，第 610～611 頁。

〔註34〕顏保良：《我們對於廢止現在學校考試制度的意見》，載《北京大學日刊》，1920 年 1 月 23～31 日，第 522～529 期，第三、四，三、四，四，四，三、四，三、四，三、四，三、四版。

〔註35〕遲明：《廢止學校的考試制度》，載《北京大學學生週刊》，1920 年 1 月 25 日第 4 號，第一、二版。

〔註36〕禹銘：《由生產教育到考試教育》，載《人言週刊》，1934 年第 26～50 期下冊，第 563～564 頁。

〔註37〕《知識本位與考試本位》，載《中學生》，1935 年第 57 期，第 1～2 頁。

能，」「社會可以藉考試以為用人的標準，但學校決不應有考試。學校為教育而存在，並非為考試而存在，學生為做人而求學，並非為文憑資格而求學。」〔註38〕之所以出現考試指揮教育的狀況，「還是『敲門磚』的觀念，科舉遺毒的影響。」〔註39〕

五、廢考運動中關於考試權歸屬的討論

民國時期考試權在學校是一個鮮明的特點，學校的自由度較大，但也容易造成混亂無序的狀態。因此，有人主張政府收回考試權，以加強監督和控制。如湯濟滄在《舉行考試議案》中主張由教育部門舉行畢業考試，並發給文憑。他不信任學校，是由於當時學校教職員多半敷衍學生，拿文憑做「送人情」的東西。支持考試權在政府的也不在少數，這種觀點頗受「科舉」的影響，如著名歷史學家呂思勉站在歷史的高度，抨擊現代教育成本高、成績少，資金、師資匱乏，如果舉行類似於科舉的考試，則「一曰捐資以興學者之多；二曰延師以教其子弟之多；三曰藉教授以謀糊口者之多而已。而是三者，則皆可藉考試以致之者也。」〔註40〕此論切中時弊，且沒有盲目否定科舉，看到了「以考興學」的優點。還有更激進者主張以國家學士、碩士考試代替一切校內考試，這具有幾大優點：「不良的學校可以自然淘汰；學校內無謂的風潮，可以減少，學風亦可改善；一切所謂整頓教育的枝節問題可以免除。」〔註41〕我們從中彷彿看到了科舉復興的影子。反對者則認為問題決不是單單轉移畢業考試權所可挽回的，「不信任學校職員，而信任各地方教育當局，試問，現時各地方教育當局，大半都是頭腦冬烘的學究，把考試權給與他們，其危險將至何種程度？」〔註42〕簡單的收回考試權並不能根本解決問題，民國中後期的會考制度、學業競試印證了這一說法。

〔註38〕張振華：《廢除學校考試制度芻議》，載《正中半月刊》，1935 年第 1 卷第 7 期，楊學為主編：《中國考試史文獻集成》第七卷（民國），高等教育出版社，2003 年版，第 283～285 頁。

〔註39〕莊澤宣：《中國的新教育》，載《現代評論》，第三週年紀念增刊，第 61 頁。

〔註40〕呂思勉：《考試論》，載《光華期刊》，1928 年第 2 期，第 139～151 頁。

〔註41〕鳴岐，《整頓教育與考試制度》，載《獨立評論》1933 年第 67 號，第 7～9 頁。

〔註42〕邵力子：《考試問題》，載《民國日報》（上海）1924 年 4 月 22 日，楊學為主編：《中國考試史文獻集成》第七卷，高等教育出版社，2003 年版，第 93～94 頁。

六、廢考運動中關於考試能否合理選拔人才的討論

這也是關乎考試存亡的問題。主張廢除考試者，多認為「考試給分，恒不得其平」，「考試僅恃一日之短長，焉足以評其真優劣。」〔註43〕錢穆以諷刺的口吻說：「今使為父母者，出一問題，令其子女作為文章，以驗孝否；為將帥者，出一問題，令其士卒作為文章，以驗勇怯；為家主者，出一問題，令其童僕作為文章，以驗勤惰。如此之類，人莫不嗤。」〔註44〕學生的觀點更加激進，認為升學考試沒有一個絕對的標準，「依這種心理的好惡作標準來收錄學生，被取上的不過是僥倖。落名的實在是冤枉。你想學生的品行，能在這一點或半點鐘的時候所能看出來的嗎？且驗品所擬的標準，究為何如呢？這事情不但我們莫名其妙，就是那驗學生的人，恐怕亦莫名其妙啦！」〔註45〕有的學者不僅在感情上抨擊考試不能選拔真才，還指出了舊式考試的弱點。如孫德中看到了舊式考試中不精確的運氣成分，主張以新法考試改進之，以求精密、客觀，〔註46〕這是比較理性的看法。大多數反對考試的論者均感情用事，當然也不乏冷靜思考者。批評考試不能選拔人才的主要論點是，運氣、不精確、墮落青年的道德。其實，「多考幾次，平均起來，運氣的成分就微乎其微了；用考試定出來的分數，雖然不十分精確，用來測驗學生的程度，是夠精確的了」，〔註47〕廢除考試和道德墮落不相干。

七、廢考運動中關於考試能否廢除的討論

考試的弊端雖多，危害也很大，但是主張徹底廢除者也不多。受害最大的學生反對聲最為激烈，「現在學校考試的弊害就是我們學生直接嘗著滋味，直接受著痛苦。那麼我們學生不趕急的自己起來除去了他，還要等誰來幫助

〔註43〕邢定雲《學校考試之害及補救之法》，載《教育雜誌》，1914 年第 6 卷第 12 號，第 217～232 頁。

〔註44〕錢穆：《廢止學校記分考試議》，載《教育雜誌》，1919 年第 11 卷 12 號，第 1 ～17 頁。

〔註45〕顏保良：《我們對於廢止現在學校考試制度的意見》，載《北京大學日刊》，1920 年 1 月 23～31 日，第 522～529 期，第三、四，三、四，四、四，三、四，三、四，三、四，三、四版。

〔註46〕孫德中：《對於考試問題一點平庸的意見》，載《新教育評論》，1926 年第 1 卷 11 期，楊學為主編：《中國考試史文獻集成》第七卷（民國），高等教育出版社，2003 年版，第 94～95 頁。

〔註47〕孫寶墀：《大學的考試問題》，載《現代評論》，1928 年第 8 卷 192 期，第 8 ～11 頁。

呢？」〔註48〕而更有大學生不滿足於顏保良僅廢除專門以上學校的考試，宣稱，「『考試』是一種最壞的制度，等於摧花的『風』，蛀果的蟲。我所以要主張『考試制度』無論小、中、大各學校是要一律廢除的。」〔註49〕湯爾和甚至主張將文憑也徹底廢除，沒有了文憑，自然就不需要各類考試。〔註50〕也有人認為鼓吹廢除考試者，未免持論過激，而受因噎廢食之誚也，考試的功能未失，還有存在的必要。〔註51〕廢除考試的呼聲一直沒有消失，但是大多數人認為考試不可廢，「一旦廢止，則各問題相連而生。然討論須重真理，改革求利事實。」〔註52〕考試存廢之爭甚為激烈，有的學者認為不可廢，可以貴學、修品、廢分臨時補救之，〔註53〕反對者則提出因為考試的存在，「則雖欲貴學，而學尤多不能貴也；雖欲修品，而品有所不能修也。」〔註54〕時人提出的改革方案五花八門，但是考試仍具有不可替代性。學生所提出的救濟辦法很隨意，「問題很大」，未經「詳細研究，」〔註55〕沒有可操作性。當時也有因為愛國運動不參加考試，甚至主張廢除考試的，「站在教育的立場，在沒有更好的取代方法之前，是應該改革而不能贊成全面廢考的。如果藉口因為學生參加愛國運動的關係，要求廢考，就如同校方利用考試名目開除學運中間份子，或以會考或畢業復考方試消滅學運、『整頓學風』一樣的，很難得到輿論的贊同。」〔註56〕考試似乎是必

〔註48〕顏保良：《我們對於廢止現在學校考試制度的意見》，載《北京大學日刊》，1920年1月23～31日，第522～529期，第三、四，三、四，四、四，三、四，三、四，三、四，三、四版。

〔註49〕魏建功：《讀顏保良先生的〈我們對於「廢止現在學校考試制度」〉的意見》，載《北京大學學生週刊》，1920年第9號，第二、三版。

〔註50〕湯爾和：《現行學制根本改革的意見》，載《北京大學日刊》，1920年3月31日，第576期，第三、四，增刊第一版。

〔註51〕楊蔭慶：《考試之新功用》，載《新教育評論》，1926年第1卷第16期，載楊學為主編：《中國考試史文獻集成》第七卷（民國），高等教育出版社，2003年版，第95～97頁。

〔註52〕錢穆：《廢止學校記分考試議》，載《教育雜誌》，1919年第11卷12號，第1～17頁。

〔註53〕邢定雲《學校考試之害及補救之法》，載《教育雜誌》，1914年第6卷第12號，第217～232頁。

〔註54〕張壽民：《讀學校考試之害及其補救法書後》，載《學生雜誌》，1915年第2卷第5號，第55～58頁。

〔註55〕一峰：《我的廢止考試後之救濟辦法》，載《北京大學學生週刊》，1920年3月28日，第13號，第六版。

〔註56〕呂芳上著：《從學生運動到運動學生（民國八年至十八年）》，中央研究院近代史研究所專刊，1994年版，第63～64頁。

須的罪惡。問題的核心不再是廢除考試，而是如何改進考試。

「廢除考試」的論爭具有重大的意義，澄清了考試的性質、功能、危害等重要問題，深化了對考試的認識，使人們認識到考試危害雖大，但尚不能廢除。雖然討論對考試制度改革的直接影響較小，但是使人們對舊式考試的認識更加理性，使考試文化加速演進，具有里程碑式的意義。

第二節　新法考試運動

一、新法考試概況

廢除考試的討論使國人認識到考試弊端多，但其教育功能、社會功能依然強大，尚難以廢除，故思考如何改進之乃當務之急。19 世紀心理測驗在法國初創，後引入美國，智力測驗得到大量應用。20 世紀 20 年代，心理學家開始把心理測驗理論應用於考試，使傳統考試走向科學化、標準化。心理與教育測驗理論也隨之傳入我國，陳鶴琴、廖世承、艾偉等人不僅大力宣傳測驗理論，而且編製各種教育測驗量表，在中小學推廣使用。尤其是 1922 年美國教育測量專家麥柯爾，應中華教育改進社聘請來中國幫助編製各種教育測驗和訓練有關人才的相關工作。他協助陸志韋、俞子夷、廖世承、陳鶴琴、劉廷芳等訂正了比納－西蒙智力量表，編製了大量的中小學測驗。1920 年廖世承、陳鶴琴在南高最早用智力測驗測試投考學生。〔註 57〕隨後國內專家研究教育測驗者日益增多。〔註 58〕教育測驗實際上就是要改進考試的形式，使命題、記分科學化，正好迎合了國內的考試改革需求，遂興起了「新法考試」運動。20 世紀 20、30 年代，新法考試興盛一時，絕非偶然。西方心理與教育測驗理論的新進展；一批留學生對西方測量理論的引入和推廣；廢除考試無法解決舊式考試方法的弊端。但是隨著國民政府的建立，新法考試運動逐漸衰落。一方面政治趨於穩定，政府加強了對教育的控制和管理，另一方面許多研究者開始將西方理論應用於考試改革實踐，不再熱衷於理論宣傳。此外，還有一個重要原因，學術界追逐所謂「熱點」、「時髦」終有降溫的一天。

〔註57〕夏蘭：《民國時期現代大學制度演變研究》，復旦大學博士學位論文，2012 年，第 50 頁。
〔註58〕顧明遠主編：《教育大辭典》10 中國近現代教育史，　上海教育出版社，1991 年版，第 407 頁。

　　新法考試運動主要通過《教育雜誌》、《測驗》等刊物進行理論宣傳，陳鶴琴等人不僅編訂了《測驗概要》，還進行了教育測量實驗。新法考試運動逐漸發育成熟，1931 年成立了中國測量學會，以研究測驗理論，推行測驗方法，培植測驗專門人才為宗旨，出版《測驗》雜誌，舉行年會和學術報告，編訂各種測驗。〔註59〕如表 31 所示，心理和教育測驗的研究範圍非常廣泛，包括智力、教育、品格、職業等方面，這些論文幾乎涉及到了測驗編製的所有方面。

表 31：民國時期部分心理與教育測驗相關論文

期刊	論文詳情
教育雜誌	志厚：《比奈氏之智慧發達診斷法》，1912 年第 4 卷第 7 號。
	太玄：《學校兒童心理檢查法》，1918 年第 10 卷第 1～5 號。
	太玄：《計算力檢查法》，1918 年第 10 卷第 12 號。
	太玄：《記分法之改造》，1919 年第 11 卷第 12 號。
	天民：《心理的新考查法》，1920 年第 12 卷第 5 號。
	趙欲仁：《測驗式的學業成績考查法》，1921 年第 13 卷第 8 號。
	廖世承：《五項測驗報告》，1922 年第 14 卷第 2～3 號。
	燕生：《評新法考試》，載《教育雜誌》，1922 年第 14 卷第 1 號。
	廖世承：《應用科學原理改良入學考試的方法——一個入學標準》，1923 年第 15 卷第 10 號。
	趙廷為：《教育測驗的意義應用及發展》，1925 年第 17 卷第 5 號。
	桑代克著，牟永錫譯：《測驗運動的新進步》，1929 年第 21 卷第 4 號。
	史美煊：《教育測驗編造法的理論和實際》，1929 年第 21 卷第 11～12 號。
	李清悚：《現行標準測驗之改造問題》，1929 年第 21 卷第 11 號，第 41～44 頁。
	史美煊：《客觀考試法概論；教育測驗之一新趨勢》，1931 年第 23 卷第 7 號。
	趙軼塵：《測驗之一般理論》，1931 年第 23 卷第 12 號。
	艾偉：《五年來英語測驗之經過》，1935 年第 25 卷第 2 號。
	黃覺民：《計算測驗分數的簡捷新法》，1935 年第 25 卷第 3 號。
	鍾魯齊：《新法考試的研究》，1935 年第 25 卷第 4 號。
	黃覺民：《智商對於預測陞進高等學校的價值》，1940 年第 30 卷第 6 期。
	李象偉：《學力測驗的因素分析》，1948 年第 33 卷第 4 號。

〔註59〕顧明遠主編：《教育大辭典》10 中國近現代教育史，　上海教育出版社，1991 年版，第 116 頁。

測驗	1932 年創刊號： 《中國測驗學會簡章》、《中國測驗學會工作計劃》、《中國測驗學會會員錄》、艾偉：《測驗學上對減錯計算法之研究》、蕭孝嶸：《一種智力測驗法之商榷》、陳選善：《測驗在教育上的地位》、左任俠：《法國心理測驗略史》、黃龍先：《智力測驗史略》、易克樆：《教育測驗之起源與發達》、童潤之：《測的意義功用種類及編製》、史美煊：《真偽測驗之理論與實際》。
	1932 年第 2 期，新法考試專號： 吳南軒：《什麼是新法考試》、陳選善：《舊式考試與新式考試的比較》、潘菽：《實行新考試法的先決條件》、杜佐周：《兒童中心教育與考試》、史美煊：《優良的考試之特徵》、龔啟昌：《編造新法試題的方法》、陳劍恒：《怎樣考查學生的成績》、艾偉：《常態曲線在考試成績上之應用》、蕭承慎：《分數及記分制度》。
	1933 年第 3 期： 艾偉：《五年來中學國文測驗之經過》、《大學一年級生之英文能力》、蕭孝嶸：《智力發展之三大問題》、王書林：《兩個要素的理論》、《均差中的差數之研究》、吳南軒：《改造標準測驗兩種基本工作》。
	1933 年第 4 期：蕭孝嶸： 《修訂幼稚兒童智力測驗》、杜佐周：《修訂國內各種測驗的必要》、易克樆：《中小學學生畢業會考問題》。
	1934 年第 2 卷第 1 期： 杜佐周：《測驗運動與中國教育之改進》、佐任俠：《智力是什麼》、周先庚：《定縣實驗區學校式教育測驗》、蕭孝嶸：《實業心理對象之界值與量閾之原則》、沈有乾：《平均差之計算》、龔啟昌：《中大實校之新法試卷》、《中國測驗學會第二屆年會紀盛》。
	1935 年第 2 卷第 2 期： 艾偉：《高級中學英語測驗之初步報告》、沈有乾：《大學入學考試中學力測驗之試用》、佐任俠：《智力是什麼》、祝雨人：《智力測驗與教育測驗中效度的概念》。
	1936 年第 2 卷第 4 期： 鍾魯齊：《測驗對於吾國教育改進之幾個可能的貢獻》、郝耀東：《一個大學入學智力測驗的嘗試》。
北京高師週刊	蘇耀祖、崔唐卿：《一年生入學測驗報告》，1922 年第 171 期。
心理	張耀翔：《教育測的緣起》，1922 年第 1 卷第 1 期。
	吳定良：《美國標準的教育測驗》，1922 年第 1 卷第 4 期。
	程時煌：《南滿教育測驗》，1923 年第 2 卷第 1 期。
晨報副刊	歐陽蘭：《智力測驗與科舉》，1926 年第 64 期。
	張耀翔：《論科舉為智力測驗》，1926 年第 63 期。

安徽教育行政週刊	《教育測驗之功用》，1929 年第 2 卷第 11 期。
教育週刊	《舊式考試之改進》，1931 年第 67 期。
	陳伯平：《學業成績紀分法的探究》，1934 年第 214 期。
江蘇教育	浦漪人著，黃明宗譯：《新式考試》，1934 年第 3 卷第 11 期。
福建教育	莊崧嶽：《學業成績記分法的綜合研究》1935 年第 7～8 合期。
之江期刊	曾毓嵩：《中學各科測驗之相關數》，1935 年第 4 期。
雲嶺	王啟瑞：《教育測驗之功用》，1935 年第 2 卷第 2 期。
青島教育	奚均礽譯：《學業評判的理論與實際》，1936 年第 3 卷第 7、8、10、12 期。
教育研究	劉亦常：《畢業會考與新法考試》，1937 年第 75 期。
中山文化教育館季刊	杜佐周：《現代考試方法的評判與改進》，1937 年第 4 卷第 1 期。
教育通訊	蕭孝嶸：《大學入學心理測驗之編製及其應用》，1938 年第 17 期。
教育通訊	章輯五：《中學生之體力智力與學業成績相互間的關係》，1941 年第 4 卷第 17 期。
南大教育	陳漢標：《嶺南大學入學考試智力測驗結果之初步報告》，1948 年第 2 期。

那麼，心理與教育測驗理論的傳入對大學入學考試的改進產生了什麼樣的影響呢？我們認為現代測量理論對舊式考試的改進起到了巨大的作用，它大大加速了考試的科學化、標準化，使其更加精確、合理，催生了新法考試。教育測驗，是測量學生的學習能力和學習成績的一種方式。[註 60] 它包括能力測驗和學業成績測驗。能力測驗指對觀察、記憶、想像、注意等能力的測量，檢查一般智力的程度。學業成績測驗指對學生已學學科知識的測量。測驗主要對舊式考試的題目和記分方式產生了重大的影響。

二、新法考試運動中關於考試程序的討論

舊式考試或稱論文式考試，根本談不上什麼編製程序，完全憑教師主觀行事，沒有明確的考查目的，沒有圈定考查範圍和材料，沒有經過預試和改進，沒有明確的時間和條件限制，沒有客觀的評判依據。這就造成一系列的弊端，「學校與學校間的分數標準不一致，教師與教師間的分數大相懸殊；即同一問題或

[註 60] 楊學為主編：《中國考試通史》第 4 卷民國，首都師範大學出版社，2008 年版，第 313 頁。

試卷，各人所給的分數，也相差很遠。」〔註61〕測驗的編造程序則十分規範，如默讀的編造步驟分為「定標準、著手編造、編輯中所發現的錯誤和其他的標準、初步試驗、修改、付印、定標準、校閱、核算、應用」，〔註62〕算術的編造順序是「決定測驗的性質、初稿、初試、決定測驗的內容、編造說明、加練習、求時限、測驗、求總成績、求同年程度的加數、求年級地位的常模、編正式說明書做校答數用表。」〔註63〕由此可見，教育測驗的一般編製程序是，「目的的決定，材料的準備和選擇，材料的組織，編製說明的原則，預試，校閱與修正，正式測驗，校正機遇，量表，決定可靠性、客觀性和常模。」〔註64〕教育測驗有明確的目的和性質，確定的材料、範圍，不斷的改進程序，以及限定條件。雙方相較，教育測驗的科學性和準確性不言自明。難怪陳鶴琴總結其長處道：「（1）做法便利，就是只要寫一個答案數目夠了；（2）機遇不多；（3）核算便利；（4）紙張減省；（5）答案紙條的便利；（6）測驗準確。」〔註65〕

三、新法考試運動中關於題型、題量、覆蓋面的討論

傳統考試以論述題為主，題型單一，題量小，覆蓋面窄，評分繁瑣，且主觀性強。如1921年北京大學招考新生的中國史試題只有兩道：一、鄭和使西洋述要；二、試述宋代活字版之由來及其製造印刷之法。〔註66〕這樣的題目雖然能夠較好的考查學生的思維能力、分析能力，但是缺陷也是明顯的，可見舊式考試中運氣的成分較大。還有的學校國文題目為：「天行健君子以自強不息」，「好學近乎知力行近乎仁知恥近乎勇辯」，這近乎八股時代的制藝題目，「恐怕出題的大教授自己也不曾弄明白罷。」〔註67〕所以，可以說「測驗

〔註61〕史美瑄：《教育測驗編造法的理論與實際》，載《教育雜誌》，1929年第21卷第11～12號，第31～40，39～49頁。

〔註62〕陳鶴琴：《中小學默讀測驗編造程序》，載《教育雜誌》，1924年第16卷第5號，第1～20頁。

〔註63〕俞子夷等：《崑山初小算術測驗編造法》，載《教育雜誌》，1925年第17卷第5號，第1～9頁。

〔註64〕史美瑄：《教育測驗編造法的理論與實際》，載《教育雜誌》，1929年第21卷第11～12號，第31～40，39～49頁。

〔註65〕陳鶴琴：《中小學默讀測驗編造程序》，載《教育雜誌》，1924年第16卷第5號，第1～20頁。

〔註66〕《北京大學日刊》，1921年9月15日。

〔註67〕陳一偉：《某大學招考一幕》，載《晨報副刊》，1924年8月18日，第194期，第四版。

是一種進步的考試，它比較他所代替的考試法，要好得多。」〔註68〕測驗問題的種類很多，以判斷、選擇等客觀題為主，因此可以節約大量的時間，增加題量，覆蓋大量的知識點，且評分不易受主觀的干擾。僅以問題的種類來看，就有「認識法、填充法、同異法、訂誤法、是非法、問題法等」，對問題的陳述則明確要求，「（1）問題須簡單明瞭，語義不可含糊；（2）問題宜短，用字要妥當；（3）若用是非法，是非問題的數目應相等；（4）若用認識法，幾個答案的難易要相彷彿，且須互有關係；（5）問題須避免暗示；（6）問題須避免機遇。」〔註69〕因此，「測驗裏所設的問題，都很重要，而且定須適合課程的目的」，「測驗裏所設的問題，較考試為多，因此包羅的題材也較考試為廣，且因所採用的題材常為模樣的材料，所以測驗內容可以代表所欲測量的能力的全部。」〔註70〕

四、新法考試運動中關於考查內容的討論

　　舊式考試以考查傳統文史知識、學科知識為主，偏重於記憶性的知識，對能力的考查稍顯不足，顯示出片面化的傾向。重視學科知識，忽視一般能力，重視智育，忽視體育、德育，重視記憶力，忽視創造力、實踐能力等。這既不利於選拔全面發展的人才，也可能間接導致學生的片面發展，使教育畸形化。舊式考試的一個重要缺陷是，「唯檢查一部分之能力，而非能檢查其全人格之動作者也。」〔註71〕而測驗可以呈現給我們一個全面的人，它包括智力測驗、教育測驗、品格測驗、體育測驗、職業測驗等，囊括了一般能力、學業成績、品格、體力、職業傾向等方面，符合了德、智、體全面發展的需要。以學科測驗為例，語言測驗甚至可以細化為理解力、判斷力、寫作能力的測驗，算術測驗可以分解為速度、計算正誤、運算形式程序、誤寫等。再以心理測驗為例，精神能力分為記憶力、學習力、發明力、綜合力、想像

〔註68〕桑代克著，牟永錫譯：《測驗運動的新進步》，載《教育雜誌》，1929年第21卷第4號，第45〜47頁。

〔註69〕史美煊：《教育測驗編造法的理論與實際》，載《教育雜誌》，1929年第21卷第11〜12號，第31〜40，39〜49頁。

〔註70〕趙軼塵：《測驗之一般理論》，載《教育雜誌》，1931年第23卷第12號，第11〜29頁。

〔註71〕天民：《心理的新考查法》，載《教育雜誌》，1920年第12卷第5號，第1〜6頁。

力、注意力等，皆可以通過觀察或測量來衡量之。〔註72〕測量不但為大學入學考試提供了全面而廣泛的考查內容，而且提供了具有可操作性的標準化的測量工具。從此種意義上看，測量對大學入學考試的改革具有革命性的影響。測量的豐富性、專業性的特點，完全可以滿足大學選拔學業成績優良、能力較高、智力發達、人格完善、體力充沛，且符合大學個性化需求的人才。其實智力測驗當時已經成為大學入學考試的重要依據，有學者宣稱「智商對於預測陞進高等學校甚有價值，」〔註73〕激進者聲稱「如果需要預測一個人在大學裏面的未來成績，與其應用他在中學的成績，不如應用智慧測驗的分數做根據，」〔註74〕冷靜者則認為雖然智力與學業有一定的關係，但智力測驗尚不能代替學力測驗。〔註75〕總體上看，大學入學考試中已經小範圍應用了智力測驗、學業成績測驗，但品格、體力、職業傾向等測驗尚屬空缺，不無遺憾。

五、新法考試運動中關於記分方式的討論

記分方式主觀性強是舊式考試最大的弊端之一。曾有學生偶然發現入學試題被胡亂給分後大吃一驚，「入學考試這樣重要的考試為何這般馬虎呢！這真是將入學考試的意義喪失盡了，這樣憑僥倖而定取捨，如何能鑒核真才，很可能一點的疏忽，就將極壞的學生都錄取，真好的反而擠出門外。」〔註76〕所以，舊式考試的一大缺陷是，「試驗時所得答案之整理方法，殊不完全，」〔註77〕不同學校、教師，甚至是同一教師都缺乏統一的記分標準。何以如此呢？原因在於，第一記分時測定的是不同的特徵；第二對於特徵的測定無普遍的尺度。「即教師之分數，皆分布於純然主觀的尺度之上，且其標準甚不統

〔註72〕太玄：《學校兒童心理檢查法》，載《教育雜誌》，1918 年第 1～5 號，1～11，13～29，39～61，73～93，117～141 頁。

〔註73〕黃覺民：《智商對於預測陞進高等學校的價值》，載《教育雜誌》，1940 年第 30 卷第 6 號，第 38 頁。

〔註74〕蕭孝嶸：《大學入學心理測驗之編製及其應用》，載《教育通訊》，1938 年第 17 期，第 2～8 頁。

〔註75〕陳漢標：《嶺南大學入學考試智力測驗結果之初步報告》，《南大教育》，1948 年第 2 期，第 1～4 頁。

〔註76〕東魯：《入學考試問題》，載《中央日報》，1945 年 7 月 18 日，第六版。

〔註77〕天民：《心理的新考查法》，載《教育雜誌》，1920 年第 12 卷第 5 號，第 1～6 頁。

一也。」〔註 78〕因此，以主觀判定的總分數排列學生的高低並不準確，既不能判定學生的絕對成績，也不能確定學生的相對成績。測驗記分則較為科學。首先，測驗有明確的測定特徵，其目的性明瞭。其次，測驗一般要確定計分標準。為了避免運氣成分，設有校正真偽題之公式（S＝R－W，S＝分數，R＝做對題數，W＝做錯題數。），校正複選法之公式（S＝R－W／（n－1），S＝分數，R＝做對題數，W＝做錯題數，n＝可能的答案數）。〔註79〕再次，測驗的試題以客觀題為主，記分最大限度的避免了主觀的干擾，甚至發明了記分機器，省時省力。〔註80〕最後，原始分數統計出來後，經過一系列的測算轉化成「比較的記分法」。舊的記分方式是各科分數相加，按照分數的高低排定學生的名次，而比較記分法，「先計算考生在該科考試中的位置，再對應相應的分值，這就可以避免因各科試題難易、評分寬嚴對學生名次的影響，因而也更公正。」〔註81〕這雖然不如現代標準化考試的記分精確，但是基本原則是一致的。

　　當然我們不能否認測驗也有缺陷，「標準測驗的編造，其手續極為繁重，不是普通學校教師所能勝任；已有的標準測驗，其內容、功用，常常不能與教員當時教學情形相適合，不合於教員當時的需要；不能予學生以儘量發表思想，見解的機會；不能訓練學生以文字發表思想的能力；應用不當，易流於機械化，使學生專著重強記而忽略理解。」〔註 82〕而舊式考試恰恰能彌補測驗的缺陷，可以說雙方是互補的，而非排斥的。新法考試運動也不是以標準測驗取代舊式考試，而是使標準測驗和舊式考試的長處相互融合，儘量彌補其缺陷。心理和教育測量理論的引入，對舊式考試向科學化方向發展產生了重大的影響，對大學入學考試文化的更新，對實現德智體全面考查，提高入學考試的效度、信度，具有革命性的意義。

〔註78〕太玄：《記分法之改造》，載《教育雜誌》，1919 年第 11 卷第 12 號，第 1～16 頁。
〔註79〕史美煊：《客觀考試法概論》，載《教育雜誌》，1931 年第 23 卷第 7 號，第 29 ～35 頁。
〔註80〕黃覺民：《計算測驗分數的簡捷新辦法》，載《教育雜誌》，1935 年第 25 卷第 3 號，第 184 頁。黃氏發明了在硬紙卡片上打孔的記分方式，並配有「測驗測量器」，與當今的「塗卡記分」方式頗為相似。
〔註81〕楊學為主編：《中國考試通史》第 4 卷(民國)，首都師範大學出版社，2008 年版，第 315 頁。
〔註82〕陳選善：《舊式考試與新式考試的比較》載《測驗》，1932 年第 2 期，第 1～6 頁。

第三節　大學入學考試改進運動

　　經歷了前兩次論爭之後，大學入學考試制度與文化已經發生了明顯的變化，但是又面臨著新問題。激情過後的人們冷靜下來，思考西方測驗理論的本土化，探尋傳統考試的現代化，為解決「中國式大學入學考試問題」探路。這一運動主要發生在 20 世紀 30、40 年代，國民政府對大學的管理加強，抗日戰爭的環境日益艱險，因此政府推動建立統一招生制度，以克服單獨招生的弊端。這次論爭吸收了前兩次論爭的成果，走過了簡單否定傳統、引進外國理論的階段，開始探索本土化的大學入學考試。

一、大學入學考試改進運動中關於「考試存廢問題」的進一步討論

　　「廢考運動」中，考試的存廢問題基本探討清楚了。雖然考試有諸種弊病，但它是傳統文化的產物，適合國情，有不可替代的作用，考試已經站穩了腳跟，「要廢除它似乎比取消簧火節或者聖誕節更無可能」。〔註 83〕大學的容量遠低於考生的需求量，因而不得不引入選拔性考試，而淘汰必然引起人們情感上的強烈不滿，因此人們努力尋找代替考試的方法。有的大學虛張聲勢，招生的時候在報刊上大吹大擂：「自問學力不及，可勿來報考」，引起考生的強烈不滿，更有以第二外國文翻譯中國舊體詩詞的考題，被考生稱為「故意刁難」。其實，「考試──尤其是入學考試並非一種測驗成績的盡善盡美的標準，過度繁難的考題與過度嚴格的錄取也不見得能夠收到程度極好的學生，」且「一個學校要博得社會上的好評，並不在收取的學生個個程度都好，而是在畢業出去的學生，程度個個都不錯。」〔註 84〕故仍有人主張廢止入學考試。廢考論者還認為「教育貴實際與普及」，大學現行考試制度不能「使人人均能入學，」「學子應付考試，類憑記憶，固不切於實際。」〔註85〕他們所提出的大學入學考試的弊端，無非是加重師生暑假的負擔，敗壞道德等，替代方法無非是討論、演講、報告等，並無新意。甚至有人提出將大學入學考試與中學畢業會考合併舉行，其辦法與全國高等考試略同，其優點惶惶十二

〔註83〕〔英〕羅伯特·蒙哥馬利著：《考試的新探索》，黃鳴譯，廣西人民出版社，1984 年版，第 76 頁。

〔註84〕大同：《本校今年招生問題》，載《清華週刊》，1930 年第 33 卷第 6 期，第 66〜69 頁。

〔註85〕廓言：《論大學現行考試制度應否廢除》，載《廣大學生》，1949 年第 5 期，第 24 頁。

條：「免去許多不必要之重複；減少人力物力等無謂之消耗與損失；各單位範圍較小，監試易周；自斟勾心鬥角花樣翻新之舞弊事項；全國專科以上學校入學標準，原則上可以一致；學生參加一地一次的考試，等於參加全國各大學入學試驗；如此考試分發，免得一人考取數校，占去他人錄取名額。」〔註86〕當然，大多數人還是認為入學考試有存在的必要，「考試將永無廢止之一日，不過考試制度，可以隨時變更而已。」〔註87〕

二、大學入學考試改進運動中關於「統獨問題」的討論

抗戰爆發前，各大學均採用單獨招考方式，缺乏宏觀調控，產生很多問題。1938～1940 年，實行了國立各院校統一招生考試制度，時間雖短，但是影響巨大。統一招考制度克服了前者的缺點，但是因不能適合大學個性化的要求，也曾遭到交通大學等校的強烈反對。由此，各界圍繞單獨招生和統一招生展開激烈的爭論。有些人認為統一招生制度沒有實行的必要，「招生是學校行政的一種，應由各校自行舉辦，用不著政府來統籌辦理。尤其是大學院系繁複，各院各系自有其特點，自行招生，可以保持他的特點於不墜。而且這種具有特殊性質的院系，招收新生的標準是不同的。如實行統一招生，採用統一的標準，未見可以適應各校的特徵。」〔註88〕主張單獨招生的理由是，「自行招生能招得程度適合之學生，尤以因學校院系複雜，各院系各自有其特點，自行招生程度適合，可保持其特點；各院系科組之新生分配得當；學校就附近各地招生，新生就近投考，學校學生俱感便利；學生投考機會較多，可減少不幸落榜之弊；試務較簡易於辦理。」〔註89〕但是，單獨招生需要付出巨大的人力、物力和財力，耗費驚人，且考生奔波於各地應考，身心俱疲，〔註90〕考試權威性不足，考試方法與辦事手續不易縝密精確，更不易作進一

〔註86〕柯育甫：《廢除大學入學試驗之商榷》，載《中國青年》，1945 年第 12 卷第 1 期，第 25～27 頁。

〔註87〕鄭陽和：《入學考試問題之探討》《教育通訊》，1942 年第 5 卷第 12 期，第 9 ～16 頁。

〔註88〕黃龍先：《大學統一招生考試的檢討（下）》，載《教育通訊》，1939 年第 2 卷第 48 期，第 7～13 頁。

〔註89〕張錫興：《專科以上學校招生問題之檢討（上）》，載《教育通訊》，1943 年第 6 卷第 7 期，第 15～16 頁。

〔註90〕郭祖超：《對於國立各院校統一招生之管見》，載《教與學》，1938 年第 3 卷，第 8 期，第 14～19 頁。

步的研究改進，〔註91〕而各校的考試科目差別很大，錄取標準高低不同，重複錄取幾率大，有的命題超出高中課程標準以上，甚至要求用英文答題，邊遠省區的考生應考尤為困難，「學生報考數校，考生相同，科目相似，時間相近，惟學校不同，地點不同，試題不同，錄取標準不同，費時，費事，費金錢，費精神。」〔註92〕抗戰勝利後，教育復員，大學又恢復了單獨招生，但弊端也隨之出現，故主張實行統一招生者不在少數，「此辦法的好處至少可以使學生不致疲於奔命，減少錄取機會，同時也可以使各校不致收重複的考生，考題也可以比較合理化。」〔註93〕1947 年，著名學者朱光潛也痛陳單獨招生和聯合招生很不合理，主張招生考試原則上要統一，以解除考生和大學教師的奔波之苦。〔註94〕其實，統一招生制度與科舉傳統有一定的聯繫，它適合國情，有利於政府宏觀調控，便利考生應考；而單獨招生制度符合大學個性化的需求，有利於學術自由。其各自的利弊得失，見仁見智。

三、大學入學考試改進運動中關於「科學性問題」的討論

試題是否客觀，涉及考試的有效性，入學考試的科學性問題則關係到考試的存廢。其實，此問題是傳統考試走向現代化的必經階段，是西方測驗理論中國化的擴展與深化。大學入學試題經過「新法考試運動」的改造後，已具有相當的現代性，但仍存在很大的問題，其客觀性、有效性深為時人懷疑，論爭由此而生。首先，大學入學試題向教育測驗方向發展是大勢所趨，也是研究者的共識。良好考試的標準，在教育測量學上講來，是最重要的，須具有「客觀性、效度、信度，」「可惜為入學考試命題的，往往不諳教育學術，熟諳教育學術的人，又得不到參與命題的機會。」〔註95〕人們抨擊舊式考試是「斷命不衡文的」，命題的原則應為：「範圍要廣；力避隱秘與瑣屑；題目

〔註91〕張錫興：《專科以上學校招生問題之檢討（下）》，載《教育通訊》，1943 第 6 卷第 9 期，第 3，8～9 頁。
〔註92〕黃龍先：《大學統一招生考試的檢討（下）》，載《教育通訊》，1939 年第 2 卷第 48 期，第 7～13 頁。
〔註93〕張文昌：《怎樣改良大學入學考試》，載《讀書通訊》，1947 年第 141 期，第 7～8 頁。
〔註94〕朱光潛：《改善大學入學考試的建議》，載《中學月刊》，1947 年第 8 期，第 2～3 頁。
〔註95〕龔啟昌：《論入學考試——為千萬中學畢業生請願》，載《教育通訊》1948 年復刊第 5 卷第 9 期，第 8～10 頁。

須多；題目須簡；出題不可以自己好尚為選材料標準須合於現今一般中學所使用者；題目的材料須為重要的；題目須清楚，無有疑義，或學生不能了然之弊。」〔註96〕舊式考試受到的批判最多，但新法考試也並非完美，「新法考試很容易流入專問人名、地名、年代、面積、人口等零星知識的弊病，非但有損考試的效度，且暗示考生一種不正當的求學方法，」因此，「就目下實際情形講，新舊方式不妨同時並用。」〔註97〕1937年，教育部針對試題的問題提出了改進意見，「試題範圍，應切合標準；試題數量，應有相當限度；考試方法，應符合測驗原理；問題無力求切要普遍具體而確當。」〔註98〕這些建議對大學入學考試的改進起到了相當的作用，40年代教育部宣稱入學試驗方法得到了改善，試題數量加多，試題力求具體，兼用測驗方法。〔註99〕其次，入學考試能否有效選拔新生，存在分歧。從試題來看，「憑著現在大學入學試驗的國文卷子，是很不容易看出學生夠不夠的上標準的，」〔註100〕大學添設國文課，「據說因為大學新生的國文程度差。」〔註101〕從入學考試成績與在學成績的相關性來看，入學考試應該對大學生在學成績有預測性。有研究證明，「各學系學年總平均與入學試驗平均之相關，除史學系外，均甚高」，足以證明「入學考試之正確性。」〔註102〕耗費大量金錢和精力的入學考試，「雖然容或不公平的選擇，但在現行的學制下尚沒有其他方法可以替代他，並且在大體上選拔的標準尚還可靠」，「利弊相較，這種制度仍還有維持的價值。」〔註103〕但是有的研究卻得出相反的結論，「甚至看不出入學試驗和在校學業成績具有

〔註96〕楊廉：《大學入學試題之改良（續）》，載《晨報副刊》，1924年9月4日，第209期，第一、二版。
〔註97〕沈有乾：《入學考試的改進》，載《教與學》，1937年第3卷第1期，第1～3頁。
〔註98〕夢若：《改良入學試題》，載《申報》，1937年6月22日，本埠增刊，（一）～（二）。
〔註99〕張錫興：《專科以上學校招生問題之檢討（下）》，載《教育通訊》，1943第6卷第9期，第3，8～9頁。
〔註100〕葉聖陶：《關於大學一年級國文》，載《教育通訊》，1940年第3卷第41期，第15頁。
〔註101〕葉聖陶：《關於大學一年級國文》，載《教育通訊》，1940年第3卷第42期，第14頁。
〔註102〕劉紹禹：《入學考試之正確性》，載《教育半月刊》，1938年第4卷第9期，第2～7頁。
〔註103〕吳澤霖：《大學入學考試的可靠性》，載《周論》，1948年，第1卷第20期，第4～8頁。

正的關係，」〔註104〕入學成績與在學成績相關度過低，「因而入學成績之預測性似乎過小，」主要原因在於考試方法不良，出題不合理，改進建議為：「改進考試方法；參考原校成績及會考成績；規定試讀制度。」〔註105〕

四、大學入學考試改進運動中關於「多樣化問題」的討論

大學入學考試不但出題不科學，而且僅能測驗學業成績，難以全面衡量考生的素質，不能滿足大學招生的需求。因此，人們探索多種考查方法並用，多樣化成為人們的共識。參考國外的經驗，結合當時的研究結論，均認為入學考試並非完全有效，多方面的招生方法是發展趨勢，學者們的建議也頗為類似：「知識考試；中學成績及班中等次之審查；智力測驗；操行調查；直接接觸，」〔註106〕「以新式成績測驗代替傳統試題；利用智力測驗；參考中學時期的成績；考慮年齡。」〔註107〕提倡入學考試中加入智力測驗的聲音較為強烈〔註108〕，「智力測驗在選擇考試時有很大效用的，據在浙江大學試用的結果，不滿兩小時的智力測驗，和十多倍時間的各科考試，對於預測入學後第一年成績，幾乎有同等效力。智力測驗的優點大概有兩方面：（1）信度比普通考試高，結果決非出於偶然。（2）注重心智的靈敏活用，不像普通考試限於呆版的教材。」〔註109〕也有人認為大學招生不重視體育和德育，「這不能不說是入學考試時的一種極大錯誤！今後招生，對於前在中學時操行成績及體育成績，丞應一併重視。」〔註110〕

〔註104〕劉季洪：《今年各大學招生問題》，載《教育通訊》，1938 年第 8 期，第 6～8頁。

〔註105〕王風喈：《大學學生入學成績與在學成績之相關》，1937 年第 25 卷第 1 期，第 213～216 頁。

〔註106〕梅貽寶：《大學招生評議》，載《國聞週報》，1934 年第 11 卷第 32 期，17～20 頁。

〔註107〕齊泮林：《論大學入學考試》，載《中央日報》，1948 年 8 月 10 日，第三版。

〔註108〕趙廷為：《關於大學招生問題的幾點感想》，載《教與學》，1938 年第 3 卷第 12 期，第 11～13 頁。沈有乾：《入學考試的改進》，載《教與學》，1937 年第 3 卷第 1 期，第 1～3 頁。袁伯樵：《改進大學入學考試之商榷》，《中華教育界》，1949 年復刊第 3 卷第 10 期，第 32～34 頁。浙江大學、暨南大學、中央大學等校招生時都曾試行智力測驗。

〔註109〕沈有乾：《入學考試的改進》，載《教與學》，1937 年第 3 卷第 1 期，第 1～3頁。

〔註110〕劉季洪：《今年各大學招生問題》，載《教育通訊》1938 年第 8 期，第 6～8頁。

五、大學入學考試改進運動中關於「錄取標準問題」的討論

　　單獨招生時各大學的錄取標準不一，名牌大學的考生多，便將標準升的很高，較差的大學考生少，便將標準降得很低，沒有統一的標準。統一招考制度建立後，曾宣稱統一標準，提高程度乃其最大的優點。但實際運作的情況又難令人滿意。針對錄取標準存在兩種對立的觀點，「在大學本身每以錄取標準太低，不能提高程度，而社會方面又恐錄取標準太高。」〔註111〕首先，大學方面大多認為錄取標準太低，程度劃一隻是一種很低的劃一。錄取分數一再降低，零分科目的限制太寬，與大學的要求相距甚遠，這無論如何是取得太寬。〔註112〕有論者甚至認為統考和聯考的錄取標準，「也許令人失望，認為距離理想太遠」，「在題目的改易下，在五年的提高中，其錄取標準也不過由三十分升到三十六分，五年六分的進步，真難叫我們滿意！」〔註113〕其次，社會批評標準太高的也不在少數，「避免多數青年失學，希望大學能儘量容納，期儲備多才，蔚為國用，其用意無非也是為國家前途打算。」〔註114〕戰爭時期國家亟需人才，失學青年過多對國家也不是好事，確有必要考慮青年失學問題。但是大學也非人人可入，也非人人能入。「二十七度招生標準的降低，報告書上明白的說是有救濟的作用的。救濟當然是必要的，不過救濟青年是一事，為國家養育人才又是一事，決不應混為一談，即決不應以大學校為救濟所。」〔註115〕其實，即便在和平時期，錄取標準問題同樣存在，這反映了提高與普及、效率與公正、知識論與政治論的矛盾。大學向誰開門，為誰服務？是培養學術精英，將其分配於上等社會；還是擴大招生，導致「教育膨脹」，培養一種不安定的「教育無產階級」，〔註116〕這是一個難以克服的矛盾。

〔註111〕黃龍先：《大學統一招生考試的檢討（下）》，1939年第2卷第48期，第7～13頁。

〔註112〕潘光旦：《讀二十七年度統一招生報告》，載《今日評論》，1939年第2卷第9～10期，第135～138頁。

〔註113〕何開：《論大學聯考》，中國第二歷史檔案館藏：國民政府教育部檔案，全宗號五，案卷號1431，載楊學為主編：《中國考試史文獻集成》第七卷（民國），高等教育出版社，2003年版，第325～329頁。

〔註114〕黃龍先：《大學統一招生考試的檢討（下）》，1939年第2卷第48期，第7～13頁。

〔註115〕潘光旦：《讀二十七年度統一招生報告》，載《今日評論》，1939年第2卷第9～10期，第135～138頁。

〔註116〕約翰‧S‧布魯貝克著：《高等教育哲學》，王承緒等譯，浙江教育出版社，2001年版，第65～67頁。

六、大學入學考試改進運動中關於「資料保存與研究問題」的討論

　　另一個中西考試文化融合的例證是學者們開始呼籲注意保存考試資料，加強入學考試的研究，這既有利於學生的應考，也有利於考試的改進。人們已經走過了盲目的批判，和囫圇吞棗式的理論引進階段。他們以身作則，加強了大學入學考試的研究，研究成果大幅增加。早在 1921 年北京大學沈兼士先生就向北大入學考試委員會提出建議，把歷年入學試題集印分發給各中學，把入學考試的國文試卷撥存國文系參考室，以供教師和學生研究。這樣既可使考生明瞭北大入學考試的程度與趨勢，以便更好的準備考試，又可見考試方法的改良趨勢。將試卷資料做成統計，「將考生的出身、學校分別注明，以便查考某處某校有某種的毛病，這實在是一件有趣而有益的事情」，〔註117〕教師可以將試卷作為授課的實例，也可以作為個別施教的前測資料。30 年代，更有學者將入學試題和應考者的統計稱為「入學考試的副產物」，主張公開發表之。入學考試是教育上的一個大典，「研究教育的人，如果拿他做一個題目來研究，一定是值得的。如果有好事之徒按科學管理的方法將考試的全手續都規劃清楚，採用最進步的智慧測驗的方法，並最合理的計算分數的方法，將各種考試的內容，做出精密的設計，一定是教育上最有價值的工作。」〔註118〕大學不肯發表試題可能怕引出社會無聊的指謫與批評，擔心試題成為學生揣測的工具，也不無道理。清華大學入學試題的「對對子風波」〔註119〕就是一個例證，但是這也不能成為拒絕發表的理由。尤其是在當時統計資料貧乏的情況下，考生的男女比例、年齡、籍貫、家庭職業、志願等統計甚為重要，「這些都是研究教育，研究社會最難得的，最有價值的資料。」〔註120〕沈灌群等學者已經注意到了入學考試的重要性，並

〔註117〕沈兼士：《入學考試委員會諸先生：我現在對於貴會有兩個建議》，載《北京大學日刊》，1921 年 9 月 26 日，第 850 期，第一版。

〔註118〕逸民：《注意兩種入學考試的副產物》，載《獨立評論》，1933 年第 67 號，第4～6 頁。

〔註119〕1932 年清華大學入學考試國文試題中有「對對子試題」——「孫行者」，試題發表後引起非議，成為公共議題，有人認為這是復古逆流，有人認為這題目出的好，適合國文的性質。這直接影響了當年的新生錄取和次年的作文考題。參見羅志田：《無名之輩改寫歷史：1932 年清華大學入學考試的作文題爭議》，載《歷史研究》，2008 年第 4 期，第 71～83 頁。

〔註120〕逸民：《注意兩種入學考試的副產物》，載《獨立評論》，1933 年第 67 號，第4～6 頁。

結合國情進行了一些研究。〔註 121〕從入學考試相關的研究成果來看，不僅數量大幅增加，而且涉及問題全面，研究較為深入。學者們開始把傳統考試制度與西方測量理論結合起來，探索本土化的入學考試路徑。

　　民國中後期，各界對大學入學考試的研究和討論異常熱烈。論爭的廣度和深度均大大超越以往，幾乎涉及了招生考試的所有領域，研究的方法也逐漸多樣化。人們也不再僅僅受激情和感情左右，廢考運動和新法考試運動的成果逐漸內化。人們以理性的眼光審視傳統考試和西方測驗理論，探討解決本土化的入學考試問題，企圖構建中西合璧的現代化招生考試制度。中西考試文化實現了深度融合，中國化的大學招生考試制度呼之欲出。

小結

　　毋庸置疑，考試是選拔人才的重要方法之一。考試的應用範圍最廣，爭議也最大。人們稱考試為至公之器，亦貶抑考試陷溺人才，引誘學子舞弊。考試學的研究發現，我國的人才選拔最初以薦舉為主。推薦能全面考查人的品性、學問等，但是容易受主觀因素的干擾。制久則生弊，尤其是在我國這種特別講求人情關係的社會。由於選官、選才直接關係到個人的利益，人們便八仙過海，金錢、權力等因素嚴重干擾了人才選拔。至此，以筆試為主的考試制度才誕生，它作為一種客觀的人才選拔方法，大大減少了主觀因素的干擾。客觀地說，考試制度為科學、客觀地選拔人才而生。明清之前的科舉制有效地選拔了人才，為國家的穩定發展做出了貢獻，甚至有人把此階段稱為「科舉社會」。但是，明清時期的科舉制弊端百出，不但抑制人才的選拔和成長，甚至危及社會制度的運行。對科舉制的批判從它誕生之時便接連不斷，近代學者對其指責更是入木三分，科舉制作為我國落後的根源被拋進了歷史的垃圾桶。考試為選拔人才而生，隨著考試弊端的暴露，它卻抑制了人才的選拔與成長，歷史的弔詭令人難以捉摸。

　　民國時期，科舉制雖已廢除多年，但考試的危害令時人心有餘悸。大學

〔註 121〕如沈灌群：《廿九年度統考錄取學生成績之初步研究》，載《高等教育季刊》，1941 年第 1 卷第 1 期，第 181～191 頁。沈灌群：《從數字上考察統考錄取學生及其第一志願》，載《教育心理研究》，1942 年第 1 卷第 4 期，第 34～39 頁。常道直：《全國各高等專門以上學校應設法擴充學額之意義》，《教育叢刊》第五集，出版日期卷期不詳，第 1～6 頁。

招考制度與科舉制雖有本質區別，但是其形式卻十分相似，均以考試為核心部分。時人也把大學入學考試比附科舉制，隨著入學考試弊端的暴露，人們似乎看到了科舉制的復活。考試的弊病令人痛恨。激進分子害怕考試危害人才選拔、成長，主張以新的人才選拔方式代替考試制，廢考運動應聲而起。但是，激情過後復歸理性，人們發現廢除考試後，只會導致金錢、權力對招生的干擾。因此，考試不可廢。困境中的考試改革迎來了測量運動的洗禮，以科學理論為基礎的測量是一種科學的評價法，它使入學考試重新煥發了青春。經過科學改造的考試制度，取得了長足的進步。這就是新法考試運動，新法考試使考試內容、考試方法向科學化方向發展。但是，一方面舊式考試的弊端依然存在，命題、評分不客觀，程序不科學，運氣成分大，舞弊風行。另一方面測量給考試注入科學性的同時，也帶來了標準化測驗的弊病，側重記憶性知識而忽視能力的考查，過於強調客觀，易流於機械化。諸多弊端最終導致了招生考試走向死胡同，問題集中表現為「升學主義」泛濫。20 世紀 30、40 年代的升學主義已經成為招生中的主要問題，人們開始探討大學入學考試的本土化問題，但是考試的統獨、存廢、科學化等問題依然如故，考試的弊端也無法得到根本解決。這彷彿走向了惡性循環：考試為選拔人才而生，考試的弊端卻使其最終阻礙人才選拔，廢除考試後金錢、權力會嚴重干擾人才選拔，人們不得已而恢復考試制度。這種場景我們再熟悉不過了，高考因種種弊端而成為「文革」的突破口，十年後人們卻為考試制度的恢復而歡呼雀躍，應試教育也隨之復蘇。考試為選才而生，卻阻礙人才選拔，並因之而廢，最終又不得不恢復，歷史的弔詭令人難以捉摸。當今的應試教育與民國時期的升學主義何其相似，考試所面臨的兩難問題依然存在。其實，中國文化圈範圍內的臺灣、日本、韓國等地區和國家也面臨著同樣的問題，考試像魔咒一樣揮之不去。或許文化性、民族性才是問題的根源。

第八章　民國時期國立大學招生的
　　　　特點、經驗與啟示

　　民國時期，社會處於傳統與現代的十字路口，大學正逐漸走向現代化、本土化，探索、更新是大學改革的主旋律。國立大學招生改革紛繁複雜，改革速率快，花樣多，影響大。以歷史經驗審視當代高考改革，令人唏噓「歷史會重演，但不會重複」。因此，通過對民國時期國立大學招生發展的梳理，我們覺得還有幾個重要問題需要討論：民國時期國立大學招生發展歷史有哪些特點？國立大學招生發展歷史給我們留下了哪些經驗和教訓？國立大學招生對高考改革有哪些啟示？

第一節　國立大學招生發展歷史的主要特點

　　民國時期國立大學招生的變革紛繁複雜，招考權的爭奪是貫穿始終的主線，招生過程中面臨的兩難問題是大學招生中的普遍現象，而由於時代的特殊性，國立大學招生改革具有明顯的過渡性。

一、大學與政府博弈招考權

　　國立大學招生的演進過程就是招考權的博弈過程。由於國立大學招生關係重大，大學和政府基於自身利益的考慮，都不會輕易放棄招考權。對大學來說，招生關乎其自主、自治，是人才培養的入口，具有重大的教育意義。對政府來說，招生事關國家發展的需要，是社會穩定的基石，具有重大的社會意義。因此，二者都有把控招考權的內驅力。民國時期社會變遷異常激烈，

在內外因共同作用下，招考權在大學與政府之間徘徊。而招考權是招生的關鍵環節，它決定著招生的整體面貌。北洋政府時期，戰爭頻繁，財力枯竭，教育行政系統不完善，政府沒有精力，也沒有能力管控大學招生。民初，大學移植了西方自主、自治的精神，視招生為其天然使命。而大學招生並未暴露出嚴重的問題，也沒有危及社會穩定，政府干預招生的時機未到。大學在招考權的博弈中佔了上風，這決定了自由招生局面的形成。當然這種情況主要是社會原因造成的，並不是說政府的實力不足。國民政府建立後，政府有充足的精力和能力插手招生。尤其是抗戰的全面爆發導致了社會環境的巨變，使各級教育受到前所未有的挑戰。同時，自由招生暴露出許多嚴重的問題，尤其是文實科失衡、入學機會不平等，難以滿足國家需要，危及社會穩定。因此，政府干預招生順其自然，控制招生局面應運而生。這說明在招考權的博弈中大學處於弱勢地位。隨著戰爭環境的惡化，控制招生的成本越來越高，大學選拔個性化優秀人才的願望並沒有得到滿足。政府不得不與大學共享招考權。此時，政府只在宏觀上調控招生，大學負責具體的招生事務。換句話說，政府控制招生中社會因素所決定的方面，大學控制招生中教育因素所決定的方面。在調控招生局面下，雙方分享招考權，取得了較好地教育效益和社會效益。

二、當時的招生面臨諸多兩難問題

國立大學招生的發展過程中面臨著諸多兩難問題。劉海峰教授認為高考改革中存在著一系列的兩難問題，「較突出的有統一考試與考查品行的矛盾、統一考試與選拔專才的矛盾、考試公平與區域公平的矛盾、保持難度與減輕負擔的矛盾。」〔註1〕其實，民國時期國立大學的招生也面臨著類似的困境。首先是考試與保送的矛盾。考試就是分數面前人人平等，不論出身，只以分數定取捨，不受主觀因素的干擾，有效地保證了人才選拔的客觀性、公正性。但是從民國時期國立大學招生的實踐來看，考試很難考查考生的品行，填寫保證書，以保證人擔保的方式難以取得實效。推薦恰恰能夠彌補考試的缺陷，它有利於考查考生的品行及平時的表現，但是也易受人情關係的干擾。民國時期國立大學招生在考試與保送之間徘徊，始終沒有找到解決路徑。其次是

〔註1〕劉海峰：《高考改革中的兩難問題》，載《高等教育研究》，2000年第3期，第36～38頁。

統一考試與選拔專才的矛盾。北洋政府時期，各國立大學單獨招生，自行確定招生標準，個性化、差異化的人才脫穎而出。清華注重外語，交大、北洋注重理化，北大重文史，錢鍾書、吳晗等破格錄取事例均發生在此時期。1938～1940 年實行統一招生後，以同一個尺度去衡量幾萬個千差萬別的考生，必然壓抑考生的個性和求異思維。這種重視基礎學識而非專業科目的方式，利於公平的比較，而不利於個性選擇。此時期再也難以選拔專才，更有交通大學等因此而反對統一招生的事例發生，皆非偶然。再以著名教育史專家張瑞璠〔註2〕先生為例，他小學未讀完即進初中，初中畢業後未能升高中，做了八年小學教師，然後去重慶投考復旦大學。考試結果，數學得了零分，僥倖以文史超線而被「特取」。這種專才在高考中恐怕很難脫穎而出。最後是考試公平與區域公平的矛盾。考試以分數為唯一的取捨標準，不論籍貫、出身。這種人才選拔方式看似公平，只要有能力就能被錄取，乃能力本位。其實，由於各地區的文化、社會發展不平衡，文教、經濟發達地區的考生佔據了一定的先天和後天優勢。欠發達地區考生因此而很難進入國立大學學習。如前文所述，民國時期大學招生基本以考試為絕對的取捨標準，這導致了嚴重的教育和社會問題。不矯正社會因素帶來的入學不公平，不僅不利於欠發達地區考生個人的發展，也危及社會穩定，不利於國家均衡發展。反之，過於照顧欠發達地區的招生，又會擠佔高分考生的資源。「這種平等很可能為才智平庸者提供超出其能力所能利用的太多的機會，或給才華出眾者提供的機會則不能滿足他們的需要——這兩種後果都是不平等的。」〔註3〕民國時期始終未能協調好這一矛盾。

三、當時的招生改革具有過渡性

國立大學招生改革具有過渡性。理論上說，民國時期國立大學招生的發展具有過渡性。首先這是由社會環境決定的，戰爭不斷，政局不穩，經濟滯後，中西文化碰撞。社會的劇烈變遷對包括大學招生在內的各項制度的發展有著根本性的影響。其次，民國時期大學經歷了引進、吸收、本土化探索等

〔註2〕張瑞璠，中國著名教育史學家，1948 年畢業於復旦大學教育系，畢業後留校任教，後調入華東師範大學工作。

〔註3〕〔美〕約翰‧S‧布魯貝克著，王承緒等譯：《高等教育哲學》，浙江教育出版社，1998 年版，第 72 頁。

階段，現代大學制度尚未定型，作為其重要子制度的招生制度必然需要不斷的調試。從實踐上看，民國時期國立大學招生改革經歷了頻繁的調試。幾乎所有的招生形式、招生內容、錄取模式都已經出現。招考權不斷轉移，考試與保送角力，文理分合模式變化萬千，考試改革風起雲湧，照顧政策逐漸出臺，政府調控招生的規則不斷完善。僅從招生模式上看，出現了單獨招生、統一招生、聯合招生、成績審查、聯合考試、委託招生、免試分發、保送等多種方式。每種招生模式存在的時間長短不一，變動較為頻繁，試錯性突出。招生模式多種多樣，變動頻繁，恰恰體現了大學和政府都在嘗試中尋找最合適的招生方式。因此，民國時期國立大學招生制度初露端倪，尚未形成完善的正式和非正式的規則體系。

第二節　國立大學招生發展歷史的基本經驗

民國時期國立大學招生歷史雖然短暫，但是中西招生制度、考試文化均聚焦於此，各種招生模式競相登場，各種招生問題均有所表現，其成功的經驗、失敗的教訓均值得參考。民國時期國立大學在招生標準、考試、錄取、照顧政策等方面的經驗頗有價值。

一、招生標準突出全面性、學術性

國立大學的招生標準強調全面性、學術性。國立大學的綜合實力較省立大學、私立大學強，其學術性突出，引領著改革的潮流，是中國大學的中流砥柱。我們認為國立大學的招生標準基本是西方式的，同時深受傳統文化的影響，是中西文化融合的產物。它強調德、智、體全面考查，但相對突出智的方面。這說明招生標準直接受到西方人的全面發展理論的影響，同時也與中國傳統「德才兼備」人才觀相契合。國立大學一般要求由保證人（有穩定職業，且有一定信譽度的人。）填具考生品行的保證書，以防不良的考生混入。須由西醫檢查體格，沒有臟器問題或傳染病即為合格。大學招生最重視學科知識的考查，考試分數是錄取與否的關鍵一環。大學作為傳播和創造知識的地方，招生當然要以知識的考查為核心，這是其學術性的基石。國立大學招生的考試科目也具有全面性、基礎性、專業性。如前所述，雖然不同時期出現了多種考試科目的組合模式，但是有兩種發展趨勢。一種是分科基礎

上的合科模式，一種是合科基礎上的分科模式，兩種模式都強調基礎知識全面，但又突出專業知識的重要性。招生標準的全面性還體現在，有的大學重視被保送學生平時成績和品行的考查，重視知名學者的推薦信，突出智力測驗的作用等。國立大學招生標準的學術性主要體現為以智為核心標準，其中最為重視學科知識的考查，尤其突出外語、國文、理化、史地的考查。許多國立大學的入學考試以外語命題，要求以外語作答，難度大，要求高，重視對考生知識廣度、深度的考查。總之，國立大學的招生標準可以歸納為，以智的考查為核心，以知識的考查為主要內容，極為重視考試成績的作用。與歐美大學招生相比，民國時期國立大學的招生標準相對忽視德、體，忽視能力，忽視活動的考查。由於招生標準的單一性，導致考查方式多樣性不足。而美國大學普遍的考查方式有 SAT 成績、中學學業成績、活動表現、推薦書等，其中考生的知識、能力、品行均能得到一定程度的體現。二者形成了鮮明的對比。

二、考試具有科學性、多樣性、選擇性

國立大學招生的考試必須科學化，考試具有多樣性、選擇性。由於考試在招生中具有極其重要的意義，因此考試改革成為招生改革的重要部分。通過對國立大學入學考試的考察，發現它基本上延續了傳統考試模式，考試的形式、內容均有一定缺陷，雖然經歷了初步的科學化，但是其科學性仍不足，其效度、信度仍有待提高。標準化測驗是改造傳統考試的良方，這有利於使試題編製程序科學化，增加題型、題量，擴大覆蓋面，提高其效度和信度。這有利於改變單一的知識考查體系，增加智力、性格、邏輯推理等，可以有效地預測考生的學術能力。科學化、現代化的考試改革的目標是，一方面考查考生的學業知識，另一方面考查考生的智力、性格、邏輯推理能力，建立標準化測驗體系，較好的預測考生的學術能力。雖然當時的入學考試有一定的缺陷，但是其實施效果還是較好的。此外，國立大學的入學考試還具有多樣性和選擇性。如前所述，國立大學的入學考試不僅種類多、科目雜、次數不定，而且考生擁有一定的選擇權。這既給不同考生提供了多樣化的入學通道，也紓緩了考試競爭帶來的壓力，同時有利於選拔多樣化、個性化的人才。雖然其運行成本較高，但是其收益也較大。

三、錄取側重於「考試公平」

國立大學招生的錄取側重於「考試公平」。縱觀民國時期國立大學招生的總體發展，各大學基本上以考試成績作為錄取的核心標準，較少考慮不同地區發展水平的差距，也沒有按省分配招生名額。以考試成績為錄取標準是大學發展的需要，考慮不同地區發展的需求是社會發展的需要，二者存在一定的矛盾。大學招生側重於「考試公平」可能導致落後地區考生難以進入國立大學，側重於「地區公平」則可能導致大學不能收到最好的學生。處理二者矛盾的關鍵是要把握好度，不能完全倒向任何一種錄取方式。完全倒向「地區公平」會不利於優秀人才的選拔，完全倒向「考試公平」則不利於社會的穩定。我們認為以考試為優先標準，同時兼顧地區發展是合理的選擇。大學是教育事業，當然應該以學術標準為先，但是又要考慮社會穩定、發展的需要，不得不兼顧社會的需求。同時大學招生是教育行為，不是社會救濟，教育行為很難達到維持社會穩定，促進社會發展的目的。內在因素決定事物的發展，外在因素為事物發展提供環境和條件。政府優先發展欠發達地區的大學，推進當地經濟、基礎教育的發展，才是根本解決之道。因此，國立大學招生的錄取應優先考慮「考試公平」，兼顧「地區公平」。

四、照顧政策強調補償性

國立大學招生的照顧政策以補償性為主。通過對民國時期國立大學招生照顧政策的梳理，發現其照顧政策基本是補償性的，很少有獎勵性的。其對象主要是華僑、少數民族、黨員、軍人、教職員、公務員。華僑的國文基礎較差，又對國家發展和抗戰做出了突出貢獻，為鼓勵其回國接受教育予以補償是合理的。少數民族地區考生受社會因素的影響，在入學考試中處於不利地位，按照羅爾斯正義論中的差別性原則對其予以補償是正義的。同時軍人對抗戰做出了貢獻，對其進行獎勵和補償也是合理的。而對於黨員、教職員、公務員的照顧則值得商榷，這種照顧更像是獎勵，不利於社會公平，是不合理的政策。民國時期的照顧政策數量不多，且有明確的法律、法規以及實施細則，所以其執行過程也較為規範。相對而言高考的加分政策則顯得混亂不堪，不僅數量龐雜，中央、地方行政機關皆有制定權，沒有明確的法律、法規，也無固定的加分標準，實施中的問題也較多。高考加分政策改革的方向

是去除不合理的獎勵性加分，保留補償性加分，規範加分的法律、法規，明確加分的標準，將加分政策的制定權收歸中央，完善制度運行的監督機制。

第三節　國立大學招生的啟示

民國時期國立大學招生與當代高考有很大的區別，但二者也有許多共性。此節針對高考改革中的重要問題，結合歷史經驗，提出一些思考。同時，民國時期國立大學招生中有一些值得深思的問題，如升學主義的泛濫、外語考試的地位、破格錄取、單獨招生中的腐敗等，前文已有一定的分析，這裡僅對這些問題作進一步的反思，以期對當代高考改革有所啟迪。

一、政府宏觀管理與大學依法自主招生相結合

民國時期國立大學招生的發展過程，就是大學與政府博弈招考權的過程。歷史告訴我們，大學或政府單獨握有招考權，都會很少考慮對方的需要，都會對招生造成一定的不良影響。大學握有招考權，它往往僅從教育的視角出發，很少兼顧中學、家長、國家發展的需要，容易造成文實科失衡、區域入學機會不平等、與中學教學相脫節等問題。政府握有招考權，它往往僅從社會的視角出發，很少兼顧大學的需要，容易造成錄取標準低水平的劃一、所錄取的學生缺乏個性、創造性等問題。當然，大學或政府握有招考權也各有其優勢。大學控制招考權有利於選拔學術人才，政府控制招考權有利於降低招生成本，維護社會公正，協調國家整體的人才需求。大學與政府還可以分享招考權，政府負責招生中社會因素決定的方面，政府對招生進行管理和監管，制定基本的招生原則；大學負責招生中教育因素決定的方面，具體的招生工作和辦法由大學自行辦理。亦即政府宏觀管理，大學自主招生，既協調了各界的需求，有利於招生的公平，又不是靈活，滿足了各大學選拔個性化人才的需要。這三種招生模式類似於「自由市場經濟模式」、「計劃經濟模式」、「宏觀管理下的市場經濟模式」。這三種模式都曾經出現，都有各自的優缺點。但是我們認為第三種模式是適合我國國情和高考改革的需要的。高考在維護社會公平、降低招生成本、整齊招生程度方面做得較好，應繼續堅持。當前首要的是給大學一定的招生自主權，釋放大學在招生中的活力。我們相信政府宏觀管理，大學依法自主招生，是「市場」與「計劃」的完美結合，「計劃」協調整體需求，「市場」自由競爭，學術進步和社會公正都得到了維護。

二、堅持以考試為主，考試形式多樣化

中國是考試的故鄉，考試是中國對世界的一大貢獻。它能夠有效地排除錢、權、關係等人為因素的干擾，只要通過自身努力，取得較高的考試能力，就能夠取得成功。亦即考試是一種考能力的客觀測量方式。科舉史及民國國立大學招生史啟迪我們，考試是招生中不可或缺的部分。考試對於維護高考的公平公正異常重要，近年來推薦、保送、自主招生、綜合素質評價等不斷曝出醜聞，反證了考試的作用。因此，我們認為只要中國人還講求人情關係，過度重視教育，優質高等教育資源分布還不均衡，考試就依然是維護高考公平的至公之器。高考必須長期堅持以考試為主的原則。當然以考試為主，並不代表著固步自封。考試多樣化是高考改革的趨勢之一，這需要建構多次數、多層次、多類型的考試。增加考試次數可增加考生應考的機會，相對減輕考生的考試負擔和心理壓力，也增加了大學和考生雙向選擇的機會。民國時期存在預科、先修班、專修科、本科等不同層次的大學入學考試，每一層次的考試科目、內容、標準均有較大區別，這有利於分類選拔人才。民國時期大學入學考試的類型也是五花八門，旁聽生、借讀生、試讀生、轉學生、正式生不一而足。這就溝通了各種學習渠道和學習方式，有利於人才的成長。這與《國務院關於深化考試招生制度改革的實施意見》不謀而合，「實現多種學習渠道、學習方式、學習過程的相互銜接，構建人才成長『立交橋』。」〔註4〕考試多樣化就是給不同渠道的人才以入學的機會，建立入學「立交橋」，但並不意味著入學要求降低，保持一定的學術水準是必須的。

三、高考在文理分科的基礎上融合合科要素較為合理

《國務院關於深化考試招生制度改革的實施意見》提出，「增強高考與高中學習的關聯度，考生總成績由統一高考的語文、數學、外語 3 個科目成績和高中學業水平考試 3 個科目成績組成。保持統一高考的語文、數學、外語科目不變、分值不變，不分文理科，外語科目提供兩次考試機會。計入總成績的高中學業水平考試科目，由考生根據報考高校要求和自身特長，在思想政治、歷史、地理、物理、化學、生物等科目中自主選擇。」〔註5〕關於考試

〔註 4〕國務院：《國務院關於深化考試招生制度改革的實施意見》，國發（2014）35 號。
〔註 5〕國務院：《國務院關於深化考試招生制度改革的實施意見》，國發（2014）35 號。

科目改革學界爭論已久，其中涉及許多矛盾：保持難度與減輕負擔；知識的專業性與知識的全面性、基礎性；學術發展的需要與中學教學的實際。民國時期國立大學入學考試科目的發展有兩種趨勢：一種是高度分科基礎上的合科，另一種是高度合科基礎上的分科。過度偏向於文理合科，或過度偏向於文理分科都有較大的缺陷。發展趨勢是重視知識的基礎性和專業性，但又有所偏向。而當前的高考改革方案似乎偏於文理不分科，僅以語文、數學、外語作為統考科目，希望借助高中學業水平考試培養考生知識的全面性和基礎性。專業性則體現在其他三個自選科目上。我們認為高中學業水平考試的權威性不足，即便是高中學業水平考試得到了很好的執行，問題依然沒有得到根本解決。高考文理分科基礎上的合科是近期較合理的改革方案：第一組文科──語文、英文、數學（高等代數、平面幾何、三角）、政治、中外歷史、中外地理、理化；第二組理科──語文、英文、數學（高等代數、立體幾何、三角）、政治、物理、化學、史地；第三組醫農、博物──語文、英文、數學（高等代數、平面幾何、三角）、政治、史地、理化、生物。高考科目長期的改革方案：第一次考試，全國統一高考──語文、數學、外語、社會科學、自然科學；第二次考試，各大學自行組織──各大學各專業選擇不同科目進行考查。

四、增加弱勢群體升入重點大學的機會

民國時期國立大學的分布不均衡，東部沿海、沿江大城市佔據了大部分的優質高等教育資源。通過對國立大學在校生籍貫的考察，發現東部地區省份的學生占大多數，各省學生進入國立大學的機會不平等。通過對各個國立大學生源的分析，發現學生主要來源於大城市的優質中學（如各大學的附中，教會中學，南開中學等名校），各大學招生有本地化的傾向。北洋大學以招生嚴格著稱，「北洋錄取的學生常常彙集南北各優秀中學的前 3 名考生。」〔註6〕通過對國立大學在校生家庭出身的考察，發現商、學、政、軍等優勢階層的子弟在國立大學中佔據主體地位，農、工階層的子弟較少，體現了各階層入學機會的不平等。新中國成立後，這些問題得到不同程度的解決，但是區域、城鄉入學機會仍存在差距。這就需要教育部進行協調，對招生計劃進行再分

〔註6〕李沐紫等編：《大學史記：近代中國的那些大學》，濟南出版社，2010 年版，第 21 頁。

配。僅以考試分數為唯一的錄取標準，勢必不利於中西部地區、農村地區考生入學。部屬高校、重點大學（尤其是北京、上海、南京、西安、天津等市）要合理確定分省招生計劃，嚴格控制屬地招生比例，安排一定比例的名額招收中西部地區、農村地區、邊遠、貧困、民族地區優秀學生。另外，教育部也應重點發展中西部地區的重點大學，使部屬大學、重點大學的分布均衡化。促進中西部地區、農村地區的經濟、文教發展才是根本解決之道。而各階層入學機會不平等是多種因素造成的，這需要政府重點解決中小學擇校問題，為各階層提供均質化的基礎教育，預防工農階層因經濟困難無法入學。民國時期國立大學的公費制度值得借鑒，不僅各大學有補助，各省也設免費學額，這使得國立大學的費用相對較低。1917 年陳立夫之所以報考國立北洋大學，費用低廉是一個重要的考慮因素，此種制度設計有利於抵消工農階層不利的經濟條件。此外，西部邊遠省份、少數民族地區學生發展面臨著許多先天的、後天的不利因素，他們屬於弱勢階層，對其進行適當的照顧符合公平原則，也體現了國家的人文關懷。以民國時期國立大學招生照顧政策的經驗來看，照顧政策應以補償性為主，不宜過多，儘量規範化、制度化。而當今高考的加分政策早已超出了弱勢群體的範圍，且獎勵性加分占大部分，政出多門，雜亂無章，缺乏規範。應保留補償性加分，大幅減少獎勵性加分，並將政策制定權收歸中央，規範政策的執行。

五、消除「升學主義」是一個長期的過程

民國時期包括蔣介石在內的學人就已經發現「升學主義」是中國教育的一大問題，他們批判這種主義以升學考試為唯一目的，忽視社會的需要，脫離生活實際，這與當今廣受批判的「應試教育」何其相似。升學主義和應試教育實質上是同一個問題，其「最大的危害是降低了整個教育制度運行的績效，表現為教育目的功利化，教育內容片面化，教育方法灌輸化，泯滅學生的創造性和個性。」[註7] 改革開放以來，中國針對應試教育問題展開了多輪改革，推行素質教育，高考內容的 3＋X 改革，試行高中畢業會考制度，基礎教育新課程改革等，但是應試教育問題依然頑固。學者們將應試教育歸因於以下幾個方面：觀念問題；教育評價問題；文憑就業制度問題；傳統文化問

〔註7〕李濤，陳玉玲：《制度主義視角下的應試教育》，載《當代教育科學》，2012 年第 16 期。第 11～15 頁。

題；經濟利益博弈問題；統一高考制度問題。可見，應試教育問題是個系統性的複雜問題，絕非單純的教育問題，它不只是一種教育觀念或教育模式，「它已經成為一種教育制度，是一種重要的教育資源。它是一種非正式的、隱性的制度，由一些包含了一定的思維方式和價值觀的隱性規則系統組成，深刻調節著人與人、人與教育、人與社會的關係，對人、教育和社會的發展產生著巨大的影響。」〔註8〕由於應試教育問題異常複雜，涉及的方面頗多，此處只對應試教育與統一招考制度的關聯性做一些探討。

有學者認為，「高考制度是應試教育的『指揮棒』，同時它也是應試教育背後最有力的支撐者。如果高考制度不改變，應試教育仍然是學校教育中的主導模式。」〔註9〕這種觀點具有代表性，但是縱觀民國時期國立大學招生發展的過程，可以說這種觀點是不成立的。從事實上看，民國時期大學統一招考只存在了三年（1938～1940），但實際上升學主義問題已經持續了許多年。民國大部分時間中各大學以單獨招生為主，其招生形式、考試內容五花八門，其錄取標準千差萬別，這與統一招考形成鮮明的對比。可見單純取消統一招考制度並不能消除升學主義問題。那麼問題的根源在哪裏呢？似乎文化傳統的制約作用較為深刻。一千三百多年的科舉制傳統以及五千多年的「文化早熟」社會塑造了國人特殊的心理和文化素質，這催生並維持了應試教育的存在。首先，國人極端重視教育，信奉「讀書至上」，希冀通過中第而光耀門楣。儒家文化把讀書塑造為神聖的事業，科舉制把這種觀念制度化，這種過度重視考試的傳統，成為東亞高等教育的一大特色。其次，中國文化早熟，極端重視「德」，是求「善」文化，而非求「真」的文化。誠如梁漱溟先生所論，中西文化走了不同的路向，中國文化有泛道德化傾向，講究內修精神，不屑外求物質，社會價值高於個體價值。其思維方式為整體模糊性思維、感性直覺性思維、向內保守性思維，與西方條分縷析的分析、綜合式邏輯思維相區別。有學者指出傳統價值觀的某些消極因素影響創新：「重『人倫』輕『科技』的價值觀影響與制約創新；以重『群體』輕『個體』的價值觀影響與制約創新；重『一統』輕『發展』的價值觀影響與制約創新；重『權威』輕『後生』

〔註8〕李濤，陳玉玲：《應試教育制度的文化反思》，載《教育文化論壇》，2010 年第 1 期，第 43～46 頁。

〔註9〕錢民輝：《教育處在危機中 變革勢在必行——兼論「應試教育」的危害及潛在的負面影響》，載《清華大學教育研究》，2000 年第 4 期，第 40～48 頁。

的價值觀影響與制約創新。」〔註10〕最後，國人過於講求考試的功利性。中國傳統很重視經驗、實用的問題，而不會發出西方式的本體、邏輯問題，表現在社會行為上就是傳統的修齊治平理想，其現實的路徑就是通過科舉制而實現讀書－做官的夢想。政府通過科舉制利誘學者，學者以科舉為敲門磚，實現做官的目的。這種模式誘導學生為一己私利而奮鬥，很少考慮學術和社會發展的需要，其危害甚大。它不僅阻礙科學的進步，還毒害青年的價值觀。我們認為文化傳統因素的制約作用巨大，且具有彌散性、隱蔽性、傳承性和持續性，它可能作為正式的或非正式的規則影響著大學招生制度的運行。

因此，統一招考制度不是應試教育的罪魁禍首，問題的根源在於文化傳統。當然如果統一招考的形式過於僵化，內容過於單一，錄取標準過於片面，也會加重應試教育問題。所以高考必須不斷改革。那麼，應試教育問題怎麼解決呢？筆者認為即便考試形式多樣化了，考試內容科學化了，錄取標準多元化了，應試教育問題依然會存在一段時間。一方面，文化傳統具有彌散性、隱蔽性、傳承性和持續性，其改變十分困難。整個民族價值觀、思維方式的調整幾乎是不可完成的任務。另一方面，看重人情關係，極端重視教育和考試的心理堅若磐石。考試是制約招生中權力、人情、金錢等主觀因素介入的公器，對於維持招生公平具有重大意義，短期內很難改變。所以，升學主義的消弭是一個長期的過程。

六、外語考試具有不可替代的作用

大學招生改革的複雜性、重要性、現實性十分突出，恐怕大學招生改革問題是中國最重大的問題之一，難怪劉海峰教授說「如果誰能解決中國大學招生考試中的一系列難題，就應該得到教育的『諾貝爾獎』」。〔註11〕在各個考試科目中，外語考試改革問題尤為突出，外語該不該考，考什麼內容，以什麼方式考，應該占多大比重等一系列問題，像魔咒一樣縈繞著我們。當前社會各界對外語考試的討論甚為熱烈，歡呼雀躍者有之，黯然失落者有之。然而眾說紛紜，難以齊一，其中感情用事者居多，理性分析者寥寥，有的不

〔註10〕吳廣川：《制約與超越——論傳統價值觀的消極因素對創新的影響》，載《當代青年研究》，2000 年第 6 期，第 33～34 頁。

〔註11〕劉海峰等著：《中國考試發展史》，華中師範大學出版社，2002 年版，第 497 頁。

僅無益於問題的解決，反而會迷惑大眾，綁架改革，使問題陷入無解的境地。民國時期，大學招生考試中外語考試的地位和重要性如何，其成效如何？結合對民國大學外語考試的分析，探討外語考試的功過是非，具有一定的學術價值和現實意義。

（一）民國大學招生中的外語考試

過多的糾纏於現實的細節問題時，人們難以看清問題的本質。只有保持一定的時空距離後，才能抓住歷史的真相。民國時期，大學入學考試中外語考試的種類、次數、比重、重視程度、過程、效果等方面均積累了豐富的經驗。

首先，民國時期的不同階段，不同招生制度下均十分重視外語考試，極少有不考外語的狀況。單獨招生、統一招生，抑或聯合招生下的入學考試，均設外語科考試。清華大學英文（作文及常識）為必考科目，中央大學 1931年之前英文為「普通考試」科目，1931 年之後為必考科目，〔註12〕北京大學、交通大學、同濟大學、北洋大學等名校都將外語考試列為必考科目。1938～1940 年國立大學統一招生期間，也是將外國語列為所有科類（文理醫工農）的必考科目。1941～1948 年多元化招生時期，教育部規定各校入學必須考外語。當然，也有要求取消外語考試的呼聲，如 1937 年教育部就曾制訂辦法，要求初中招生免試外國語，「就是高中以及大學，入學試驗不合理的地方，一定也不少。這是學校當局，應設法加以改良的。」〔註13〕當然國立大學大多為名校，其入學對外語要求甚為嚴格，地方性大學或私立大學雖然也要求必考外語，但是其難度和重視程度均有所降低。可見，作為培養精英人才的國立大學，對外語要求較高自有一定的道理。不同層次的大學對外語考試要求也不同，體現了分層化的趨勢。國立大學入學重視外語的原因：投考者極多，借外語做淘汰工具；國立大學培養少數學術精英，外語有培養人才的工具價值和本體價值；追逐學術潮流，培養留學生的需要。

其次，民國時期，外語考試形式較為規範，在入學考試中具有基礎性地

〔註12〕　《北京清華學校招考大學部學生規程》，載《清華週刊》，1927 年第 28 卷第14 期，第 744～748 頁。《中大新生考試改訂試驗科目》，載《中央日報》，1931年 4 月 28 日，第五版。

〔註13〕　夢若：《改良如入學試題》，載《申報》，1937 年 6 月 22 日，本埠增刊，第一、二版。

位，在部分大學的招生中甚至起到決定性的作用。各國立大學的外語考試一般由名教授出題，如北京大學的胡適多次主持外語出題，這有效地保證了題目的質量。當時的外語考試也是以筆試為主，題型多為翻譯和作文，填空、選擇、判斷等客觀題較少。各大學遵照教育部的指令公布外語考試的內容和程度，如北京大學注重文法和翻譯，要求：「1.曾讀過數種文學書，能列舉其內容，評其得失。2.曾讀過一種修詞學。3.能作文，無文法上之謬誤。」〔註14〕國立各院校統一招生時期，教育部要求外語考試須以高中課程標準為限，命題之內容，應以經部審定之通用教科書為依據。英文考試為三小時，「英文試作文一篇及英漢互譯各一篇」，「英文作文占百分之五十，漢英互譯各占百分之二十五。」〔註15〕外語考試在許多大學的入學考試中佔有重要的地位，清華的畢業生大多留學美國，故其學生多來自於外語教育發達的江浙地區，尤其是教會學校。同濟大學發端於德國人創辦的醫學堂，沿襲德式教育，故特別注重德文，招生時尤其注意考生的德文成績。北洋大學並不單純強調考生的外語，它有效的將外語與專業教育結合起來，其畢業生可免試進入美國一流大學攻讀研究生，被譽為「東方的康奈爾」。此種情形在其他國立大學也並不鮮見，原因是多方面的：辦學淵源與外國相關，主持者為外國人或留學生，辦學目的為培養留學生。因此，許多國立大學將外語考試置於了新生入學的關鍵位置上。1941～1948年教育部統一規定，「入學試驗成績計算標準，國文、英文（或德文）、數學三科目占百分之五十，其他各科占百分之五十。」〔註16〕由此可知，民國後期外語考試已經確立了其在入學考試中的基礎性地位，其重要性不言而喻。

最後，從民國時期所培養的人才來看，尤其是留學生均能適應國外的環境，取得碩士以上學位者不勝枚舉，這批人才為國家建設作出了巨大地貢獻。國立大學入學考試注重外語，其指揮棒作用是十分明顯的。姑且不論由此而培養的人才，單從宏觀的視角來看。1.提高了全民的外語水準，有利於國民熟悉並理解西方的思維方式、價值觀念。2.為高級知識分子奠定了語言基礎，使

〔註14〕《北京大學招考簡章》，載楊學為主編：《中國考試史文獻集成第七卷（民國）》，高等教育出版社，2003年版，第36頁。

〔註15〕沈雲龍主編：《近代中國史料叢刊三編：第十一輯第二次中國教育年鑒》第五編：高等教育，文海出版社，1973年版，第43頁。

〔註16〕《三十年度公立各大學及獨立學院自行招生辦法要點》，載《國立四川大學校刊》，1941年第10卷第4期，第6～8頁。

他們能夠順利地引進現代科學，為中西文化交流作出了貢獻。3.以留學生為核心的知識精英有力地推動了中國政治的民主化，經濟的現代化，文化的科學化。總之，國立大學入學考試注重外語的做法，在我國現代化過程中起到了支點作用。

（二）當代關於外語考試的論爭

總結當代關於外語考試的各種觀點，主要存在三大派別。激進派持肯定的態度，認為不應該考外語，對大多數工作來說根本用不著，如果不學外語就可以花更多的時間和精力在語文或科學等科目上，既有利於傳統文化的傳承，又有利於增強民族自信，還能減輕中小學生的負擔。保守派持否定的態度，認為應該考外語，外語是對外交流的工具，亦是高層次人才必備的素質，即便對一部分人沒有直接的使用價值，也有鍛鍊和開發大腦的作用，總體上看不考外語的弊大於利。調和派持中立的態度，認為簡單的取消式改革，或者維持現狀不圖進取都是不可取的，應該穩中求進，外語在大學招生中應占一席之地，但其所佔比例應予斟酌，其考試方式和內容應該改革。三大派別以各自的利益為基點，從不同的視角對外語考試進行了分析。儘管其觀點多有激進和偏頗，但是所謂理論和思想總是片面的深刻，偏激的思考對問題的解決亦有一定的價值。激進派從功利主義、保存傳統文化和學生身心健康發展的視角看問題，保守派從知識的本體價值、使用價值分析矛盾，調和派則強調改革的條件和步伐，希冀改革的收益大於成本。

外語考試聚集的矛盾是問題的癥結所在。那麼，此問題都聚集了哪些矛盾呢？這就需要用多維的視角來分析。

（三）多視角的透視

只有透徹分析此問題聚集的矛盾，才能找到問題的癥結，方可對症下藥。

首先，不同的主體通過外語考試實現自身的利益訴求。第一，外語考試直接牽涉到學生的升學，有相當部分學生因外語成績不佳而支持不考外語，但是成績優秀的學生並不這麼想，他們都想因此而獲得更好的升學機會。這兩部分學生在是否不考外語上存在一定的矛盾，學生中支持和反對不考外語的都有，但是成績好的畢竟是少數，從一定意義上說支持不考外語的占多數。另外城鄉學生、貧富家庭學生由於各自投入的文化資本不同，對此問題的態度也不同。總體上看城市學生、富裕家庭學生反對入學不考外語。第二，中

小學外語教師是不考外語直接的利益受損者。不考或者削弱外語在入學考試中的地位，將降低外語教師的地位，甚至直接表現為收入的減少，中小學外語教學會受到冷落。因此外語教師是反對不考外語的主力軍，他們害怕因此遭受物質和精神的雙重損失。另外還有一部分教師會因此而受益，比如語文教師，他們因語文在高考中所佔比例的提高而獲得額外的物質獎勵，並更加受到重視，因此這部分教師也是支持不考外語的。第三，外語培訓機構也是反對入學不考外語的主力。社會上各類外語培訓機構多如牛毛，多年來他們憑藉外語在入學考試中的重要地位攫取了高額的利潤。一旦不考外語或削弱外語，對其收益必將造成直接的打擊，並且多年來他們形成了一套成熟的運行機制，短期內轉型的成本非常高，由此造成的經濟損失將甚為慘重。相應的因此而受益的其他培訓機構就支持不考外語。第四，教育改革機構、政府是高考改革政策的制定者、推行者。它們應該是利益的中立方，其主要任務在於協調各方的利益，以使改革順利推行，實現改革收益的最大化。但實際上政府也是有自身利益訴求的，其理性也是有限的。政府害怕改革帶來的風險，不願放棄既得利益，經驗和理性的有限性使其不可能制定出完美的改革計劃。只有當改革給政府帶來的收益大於其付出的成本時，它才有改革的動力。由於改革有不可預期的風險，政府是趨於保守的。所以，外語考試是各個利益主體博弈的結果，是各方經濟利益鬥爭的聚集點。

其次，出於功利主義的考慮，人們不願把寶貴的時間浪費在「無用的」外語上。正如美國教育學家布魯貝克所指出的，教育中的「政治論在與知識論」的鬥爭中越來越佔據優勢，對有些人來說有用比知識更有價值。在功利主義的價值體系中，「收益－成本」是最基本的邏輯。當人們學習了多年的外語之後，除了作為升學的敲門磚之外，在工作中大多用不到，更沒有帶來直接的經濟收益，甚至連基本的外語對話都難以維持。以「收益－成本」的邏輯衡量，學生因此而投入的時間、精力、金錢成本實在是太高了，收益簡直微不足道，難怪人們支持入學不考外語。當然，如果從知識論的角度來看，「知識本身即為目的」，「任何知識便是對知識自身的回報。知識不僅僅是達到知識以外的某種東西的方式，或是自然地發展某些技能的基礎，而且是自身足以依賴和探求的目的。」〔註17〕外語自身就有價值，它具有一般的鍛鍊價值，

〔註17〕〔英〕約翰·亨利·紐曼：《大學的理想》，徐輝等譯，浙江教育出版社，2001年版，第23～24頁。

可以訓練大腦，鍛鍊邏輯，但它並不表現為某一具體能力的提升。有用的不一定是好的，但好的一定是有用的，外語就是這樣一種事物。它的有用性也是不容置疑的，中外貿易往來、文化交流，高層次的學術探討都以外語為工具。尤其我國的科學技術相對落後，向國外學習必不可少，甚至當我國的科技發達了之後別的國家又需要向我們學習，文化的多樣性也決定了交流是必須的。所以，外語考試是政治論與知識論鬥爭的結果，是短期目標與長遠目標矛盾的聚集點。

再次，此問題在一定意義上體現了國人普遍的情感傾向。自近代中國遭遇「數千年未有之變局」以來，中西文化相衝撞，國人對西方文化就具有天然的排斥性，自以為天朝上國文化先進、無所不有，盲目自大、排外，卻在失敗中步步退縮。隨著西式學堂建立、外語教學流行、科學技術濫觴，傳統的文言文示微、私塾衰頹、書院制度崩潰，中西文化衝突不斷。人們從情感上難以接受，故拋出「西方文化源自中國」、「中體西用論」、「中國文化本位論」等奇談怪論，直至今日隨著中國經濟的騰飛文化保守主義有所抬頭。正如殷海光教授所言，「只有極少數的言論是出於理知的，而極大多數的言論在基調上和中等學校的教材實在沒有不同之處，雖然學問上的鋪陳好像高深一點：都是在感情的浮島上面；都是一時一地的心理迷霧。」〔註 18〕如今，人們歡呼入學不考外語大多是出於一種情感而非理智，而提高語文在入學考試中的份額，更是文化保守主義的體現。把外語看作西方的化身，把語文當成中國的傳統，令人不可思議。這一方面可以照顧大眾的民族情感，另一方面又可以增強民族文化的認同感。但是理性警示我們，盲目排外並不是中國文化的前途。所以，外語考試是情感與理智鬥爭的結果，是中西文化衝突的聚集點。

最後，外語考試是素質教育與應試教育爭奪的主戰場。外語在促進學生發展方面具有不可替代的價值，這裡僅從入學考試的「指揮棒」作用來分析此問題。眾所周知高考具有「指揮棒」功能，高考改革牽動著基礎教育的神經，它「是深化教育改革，全面推進素質教育的關節點。」〔註 19〕高考是基

〔註 18〕殷海光著：《中國文化的展望》（上），桂冠圖書股份有限公司，1990 年版，序言第 2 頁。

〔註 19〕劉海峰等著：《高校招生考試制度改革研究》，經濟科學出版社，2009 年版，第 383 頁。

礎教育的指揮棒，高考影響著基礎教育的教學，基礎教育是高考的基礎，並以高考為目的。指揮棒所指的目標合理，方式恰當，基礎教育就會健康發展；指揮棒所指的目標混亂，方式失序，基礎教育就會呈現出病態。前一種狀況就是理想的素質教育，後一種是當前的應試教育。包括政府在內的社會各界對應試教育深惡痛絕，但是多次改革的嘗試都收效甚微。高考外語是應試教育中投入時間、金錢、精力最多的部分，也是學生負擔的主要來源之一，學生在外語上「會考不會說」、「高分低能」體現了應試教育的典型特徵。因此，把高考外語作為破除應試教育的突破口抓住了主要矛盾。從這個意義上說，高考外語在內容和形式上必須改革，以適應素質教育的需要。所以，外語考試是學生和教育健康發展的需要，是應試教育與素質教育爭鬥的聚集點。

（四）應對策略

綜上所述，人們對外語考試的認識莫衷一是，表明此問題包含著複雜的矛盾和利益糾葛。通過利益主體、功利主義、情感傾向、素質教育等多維度的分析，我們基本理清了外語考試所包含的利益、矛盾。外語考試本質上是各利益主體博弈的結果，是政治論與知識論鬥爭的焦點，是中西文化衝突的體現，是應試教育與素質教育爭奪的主戰場。對於總問題的解決我們提出以下建議和思考：第一，做好高考外語改革政策的宣傳和解釋工作，避免各界將改革片面的理解為「不考外語」。第二，對農村學生、貧困家庭學生、文化資本弱勢學生，給予一定的補償。因為他們在某些不可控制的條件方面處於不平等的地位，可以通過優良師資、資金補助，甚至適當的分數照顧的方式實現「最小得利者的最大收益」。這符合羅爾斯的差別原則，因而是正義的。第三，外語依然具有重要的價值，其地位不能降低。向西方學習先進科技是必須的，尤其是高級知識階層。因此建議分層次考外語，以高級知識分子為培養目標的大學入學考試可以重視甚至偏重外語考試，以應用型為培養目標的大學入學考試可以弱化甚至取消外語考試。我們認為片面的削弱高考外語以加強語文是不合理的，從人的發展和社會發展的趨勢上來看，語文、外語、數學、自然科學、社會科學應該成為將來高考的核心部分。第四，通過削弱高考外語對實現素質教育確有一定的作用，但是不能解決應試教育的根本矛盾。社會化的外語考試可能給學生多次應試的機會，也可能加重學生多次應試的負擔。高考「不考外語」可能促使學生將應試轉向其他學科，我們應將

改革的重心放在外語教學內容和方式上，使語言教學回歸交流的本質，培養學生基本的外語素質，而不是考試素質。

七、破格錄取偏才怪才

民國時期各大學破格錄取選拔了偏才，成就了眾多大師。破格錄取雖然是特殊歷史條件下的產物，但是它也符合一般規律，可資當今的入學考試改革借鑒。

（一）歸還大學的招考權，行使教授選才的權利

招考權是大學的重要權利之一，政府（包括教育行政機關）不能無限制的干涉。政府獨攬招考權，機械式的控制教育，不僅不利於大學選才，也不利於國家發展。應該歸還大學應有的權利，而不是賦予，更不是施捨。需要討論的不是要不要歸還的問題，而是如何創造條件使其正常運行。當前首要的任務是建立學校招生委員會，在制定學校招生政策、確定招生計劃、招生方式、決定錄取標準等方面充分發揮招生委員會的作用。充分發揮教授在招生中的主導作用，教授理應是招生委員會的主體，通過招生委員會制度的中介，充分行使教授全面主導招生的權利。尤其是在確定招生規則、命題、閱卷、錄取等關鍵環節由教授全面負責，行政負責監督。招生是一項專業性的工作，教授對考生學術潛力最有發言權，同時教授是教學的主體，當然有權選擇適合自己的教學對象。但是，沒有獨立自主的大學，沒有教授治校、民主管理的制度，沒有公開透明的招考過程，歸還招考權就等於損害招考公平。當前的高校自主選拔試驗問題頗多，癥結在於大學尚未完全恢復其「自由民主」的傳統，權、錢干擾下的自主選拔自不會有好結果。令人擔心的是一旦自主選拔試驗遭遇重大挫折，改革可能重新回到統一招生的老路上去，而不是思考如何使大學回歸「自由民主」的大學傳統。一方面應歸還大學招考權，充分發揮教授選才的作用，另一方面通過制度建設、第三方監督規範招考程序，以防止人為因素的干擾。

（二）給「讀經」、「自修」以空間，調整錄取制度、建立試讀制度

民國時期大學破格錄取塑造了眾多的大師，其中很多人幼年時接受了「讀經」教育，這是他們成材的重要原因。「聞一多5歲便入私塾，讀《三字經》、

《幼學瓊林》，也讀《爾雅》與四書」，〔註20〕吳晗的父親對他也特別嚴格，「十一歲時就讓他讀《御批通鑒》，有不少段落還指定他背誦。」〔註21〕所以，應當辯證的看讀經問題，與其糾結於該不該讀經，不如深入探討如何科學合理的讀經。而當前教育法又不允許義務教育階段自由設立私塾，也不允許家長在家自己教授，因此需要給傳統教育以生存空間。傳統教育尚可以發揮積極作用，並非洪水猛獸。傳統教育與現代教育並非對立關係，傳統教育自有其優點和長處，否定歷史傳統只會使現代教育脫離中國社會實際。另一方面大學入學資格也應相應調整，不能僅限於高中畢業，對同等學力應適當放寬，「以救濟天才」。〔註22〕民國時期大學破格錄取頻繁，與其錄取制度有一定的關係。北大敢於突破錄取標準的限制，為偏科人才打破制度桎梏。清華則在錄取標準中為偏科人才留下了生存空間，為偏科人才建立了新的制度標準。（如民國時期北大的錄取標準對單科、總分均有最低要求，清華的錄取標準對單科並無要求，只對總平均分作了規定。）這兩種錄取制度均以選拔優秀人才為根本目的，或者打破舊規則，或者建立新規則，結果是相同的。當然，大學選拔偏才怪才也存在一定的風險，選拔過程中任何一個環節的不當都可能導致選拔結果失效。這就需要一項制度來彌補這一風險，民國時期普遍的做法是建立試讀制度。許多大學以試讀生而非正式生的方式錄取偏才怪才，這既有利於特殊人才的發展，又能保證教育的水準不降低。

（三）考試不應絕對標準化，應考慮傳統學問的需要

早在標準化考試引進的初期，就有學者擔憂由此引起傳統學問的失落，這也不無道理。標準化考試是適應現代化大生產的，也是適應於西方科學體系的，但是與中國傳統學問是驢唇不對馬嘴。以西方的學科分類標準強行劃分傳統學問，以知識化的體系考試之，帶來的結果是災難性的。舊式的論文考試也不是全無優點，不然民國時期的國學大師怎能被選拔出來呢？當前對高考語文試題的責難最為激烈，其實文史哲領域都存在類似的問題。這是一個系統的改革工程，不僅基礎教育課程體系需要適當調整，高考科目、內容也要做出適應傳統學問的改革。很早就有學者呼籲「把語文教學從標準化考

〔註20〕聞黎明著：《聞一多傳》，人民出版社，1992 年版，第 4 頁。
〔註21〕蘇雙碧，王宏志著：《吳晗傳》，上海人民出版社，1998 年版，第 7 頁。
〔註22〕胡適：《胡適日記全編》（六），安徽教育出版社，2001 年版，第 694 頁。

試的束縛下解放出來」，〔註 23〕指出了盲目反對舊式考試的偽科學性和危害性。民國時期大學入學考試往往由著名學者命題，試題是舊式考試與測驗的結合體，題型也是中西合璧，科學知識體系與傳統學問體系結合。雖然命題程序、題型、命題範圍與內容有許多缺陷，但是它選拔出了眾多優秀人才。一味講求傳統考試的標準化，或許並不符合人才選拔的規律。中西考試方式的有機融合是實現科學、公平選才的有效路徑。

八、以制度、文化變革消弭單獨招生腐敗

　　大學單獨招生腐敗現象是不能完全避免的，但是當前這種嚴重狀況也是不正常的，其原因也是多方面的：首先是制度不健全，現代大學制度尚未完善，大學未能充分自治，學術難以自由，監督機制不健全，招考權不在學校，大學即不充分享有招生的權利，也不必為招生負全責。其次是文化障礙，外來制度與本土文化的衝突與調試是一個長期的過程，講關係，缺乏誠信，暗地裏走後門不按規則辦事，尚統一乏個性，不敢為天下先，迷信教育、考試和分數，均在不同程度上阻礙了單獨招生的順利推行。最後是利益問題，在制度不健全，存在文化障礙的情況下，招考權很可能成為利益交換的籌碼。從本質上看，單獨招生就是各相關主體在一定的規則下為了各自的利益和需求進行博弈和交換的過程。

　　解決單獨招生腐敗問題應採取分步走的策略：第一步，健全現有的單獨招生制度。如公開招生相關的所有信息，建立全方位的監督機制，建立以教授為核心的招生委員會，建立校長及招生人員責任制，嚴厲懲處制度。如果發生招生腐敗後，校長下臺，經費減少，授受賄賂者受刑罰，考生長期禁考，甚至追究刑事責任，誰還會冒風險？第二步，逐步改變統一高考在大學招生中的統治地位，將其轉化為全國統一的學業能力測試，作為大學招生的一個重要參考。第三步，完善現代大學制度，實現大學自治，學術獨立，將招生自主權歸還給大學。單獨招生改革的終極目的就是通過制度安排達到均衡，實質是實現「帕累托最優」，即「此時所考察的某種制度已達到最優狀態·在這一狀態廠的任何調整和變動都有可能導致整體效率或效益（即效用）的損失。」〔註 24〕當

〔註 23〕周正逵：《把語文教學從標準化考試的束縛下解放出來》，載《課程·教材·教法》，1999 年第 3 期，第 19～24 頁。

〔註 24〕汪洪濤著：《制度經濟學──制度及制度變遷性質解釋》，復旦大學出版社，2003 年版，第 74 頁。

然，每一步制度改革的過程都應該伴隨著文化心理的引導，通過多種方式和渠道宣傳並塑造規則意識、誠信理念、個性差異、發達的個體意識是十分必要的。一種觀念從習俗演變成文化心理，再影響制度運行是一個長期且艱難的過程，同時制度對文化心理的塑造也有相當的作用。文化對制度的制約作用是不容忽視的，「在傳統文化未見根本變革的情況下，各校單獨招考必將增加權力干預、金錢賄買的現象」。〔註25〕當良性的文化心理和合理的單獨招生制度實現相互塑造後，理想的大學單獨招生制度的形成便指日可待。追求利益的個體在規則約束下，在社會文化心理氛圍籠罩下，不敢輕易鋌而走險，單獨招生腐敗現象便迎刃而解。當然這裡只是提出了解決問題的一般原則和方法，至於具體的制度建設和文化心理塑造紛繁複雜，需要在不斷的試錯中修訂改革方案。

〔註25〕劉海峰：《傳統文化與高校招生考試改革》，載《上海高教研究》，1995 年第 3 期，第 41～44 頁。

參考文獻

一、檔案史料彙編

1. 《二十七年度國立各院校統一招生報告》，《二十九年度公立各院校統一招生報告》，西南大學圖書館藏。

2. 國立編譯館譯：《中國教育之改進》南京：國立編譯館出版，1932 年。

3. 國立暨南大學招生委員會編：《國立暨南大學招生報告總編（二十一年度）》，國立暨南大學印刷所印，1933 年。

4. 民國教育部編：《第一次中國教育年鑒》，上海：開明書店，1934 年。

5. 國立編譯館編譯，丁致聘編：《中國近七十年來教育記事》，上海：商務印書館，1935 年。

6. 教育部參事處編：《教育法令彙編》（第一輯），上海：上海商務印書館，1936 年。

7. 教育部高等教育司編：《高等教育法令彙編》，重慶：國立四川造紙印刷科職業學校印刷廠，1942 年。

8. 教育部教育年鑒編纂委員會編：《第二次中國教育年鑒》，上海：商務印書館，1948 年。

9. 楊松、鄧力群編，榮孟源重編：《中國近代史資料選輯》，北京：三聯書店，1954 年。

10. 中國人民政協全國委員會文史資料研究委員會編：《文史資料選輯》，北京：中國文史出版社，1960～1999 年。

11. 劉壽林編：《辛亥革命以後十七年職官年表》，北京：中華書局，1966 年。

12. 沈雲龍主編：《近代中國史料叢刊》（正編、續編、三編），臺北：文海出版社，1966～今年。

13. 吳相湘主編：《民國史料叢刊》，臺北：傳記文學出版社，1971～1976 年。

14. 杜元載主編：《革命文獻》（第五十六輯：抗戰前之高等教育），臺北：中國國民黨黨史史料編輯委員會，1971 年。

15. 杜元載主編：《革命文獻》（第六十輯：抗戰時期之高等教育），臺北：中國國民黨黨史史料編輯委員會，1972 年。

16. 中國社會科學院近代史研究所編：《中華民國史資料叢稿》，北京：中華書局，1973～2002 年。

17. 〔日〕多賀秋五郎編：《近代中國教育史資料》（民國編），臺北：文海出版社，1976 年。

18. 翦伯贊、鄭天挺主編：《中國通史參考資料》（近代部分），北京：中華書局，1980 年。

19. 劉真主編，王煥琛編著：《中國留學教育史料》，臺北：國立編譯館 1980 年。

20. 陳明章主編：《學府紀聞》（國立中央大學等十三校），臺北：南京出版有限公司，1981 年。

21. 陳學恂主編：《中國近代教育大事記》，上海：上海教育出版社，1981 年。

22. 清華大學校史編寫組：《清華大學校史稿》，北京：中華書局，1981 年。

23. 北京師範大學校史編寫組：《北京師範大學校史（1902～1982）》，北京：北京師範大學出版社，1982 年。

24. 朱有瓛主編：《中國近代學制史料》，上海：華東師範大學出版社，1983～1993 年。

25. 梁山等：《中山大學校史（1924～1949）》，上海：上海教育出版社，1983 年。

26. 重慶大學校史編寫組編：《重慶大校史》，重慶：重慶大學出版社，1984 年。

27. 黃美真、石源華、張雲編：《上海大學史料》，上海：復旦大學出版社，1984 年。

28. 復旦大學校史編寫組：《復旦大學誌》，上海：復旦大學出版社，1985 年。

29. 四川大學校史編寫組：《四川大學史稿》，成都：四川大學出版社，1985 年。

30. 榮孟源、章伯鋒主編：《近代稗海》，成都：四川人民出版社，1985 年。

31. 西南聯合大學北京校友會校史編輯委員會編：《國立西南聯合大學校史資料》，北京：北京大學出版社，1986 年。

32. 交通大學校史撰寫組編：《交通大學校史資料選編》，西安：西安交通大學出版社，1986 年。

33. 陳學恂主編：《中國近代教育史教學參考資料》，北京：人民教育出版社，1986 年。

34. 李桂林主編：《中國現代教育史教學參考資料》，北京：人民教育出版社，1987 年。

35. 廈門大學校史編委會編：《廈門大學校史資料》，廈門：廈門大學出版社，1987 年。

36. 翁智遠主編：《同濟大學史》，上海：同濟大學出版社，1987 年。

37. 蕭超然等編：《北京大學校史（1898～1949）》，北京：北京大學出版社，1988 年。

38. 中央教育科學研究所編《中國現代教育大事記》，北京：教育科學出版社，1988 年。

39. 南開大學校史編寫組：《南開大學校史》，天津：南開大學出版社，1989 年。

40. 教育部主編：《中華民國建國史》，臺北：國立編譯館，1989 年。

41. 周谷城主編：《民國叢書》（文化、教育、體育類），上海：上海書店，1990 年。

42. 璩鑫圭等編：《中國近代教育史資料彙編》（實業教育·師範教育），上海：上海教育出版社，1990 年。

43. 洪永宏：《廈門大學史》，廈門：廈門大學出版社，1990 年。

44. 四川教育出版社編：《華西醫科大學校（1910～1985）》，成都：四川教育出版社，1990 年。

45. 陳學恂主編：《中國近代教育論著叢書》，北京：人民教育出版社，1991 年。

46. 清華大學校史研究室編：《清華大學校史資料選編》，北京：清華大學出版社，1991 年。

47. 王德滋主編：《南京大學史》，南京：南京大學出版社，1992 年。

48. 中國第二歷史檔案館編：《中華民國史史料長編》，南京：南京大學出版社，1993 年版。

49. 尹德新主編：《歷代教育筆記資料》，北京：中國勞動出版社，1993 年。

50. 潘懋元、劉海峰編：《中國近代教育史資料彙編》（高等教育），上海：上海教育出版社，1993 年。

51. 劉壽林等編：《民國職官年表》，北京：中華書局，1995 年。

52. 北京圖書館編：《民國時期總書目（1911～1949）》（教育、體育），北京：書目文獻出版社，1995 年。

53. 重慶抗戰叢書編纂委員會編：《抗戰時期重慶的教育》，重慶：重慶出版

社，1997 年。

54. 舒新城主編：《中國近代教育史資料》，北京：人民教育出版社，1998 年。

55. 燕京大學校友校史編寫委員會編：《燕京大學史稿》，北京：人民中國出版社，1999 年。

56. 王學珍、郭建榮主編：《北京大學史料》，北京：北京大學出版社，2000 年。

57. 宋薦戈：《中華近世通鑒‧教育專卷》，北京：中國廣播電視出版社，2000 年。

58. 劉英傑主編：《中國教育大事典（1840～1949）》，杭州：浙江教育出版社，2001 年。

59. 王德滋主編：《南京大學百年史》，南京：南京大學出版社，2002 年。

60. 河南大學校史編寫組編：《河南大學校史》，開封：河南大學出版社，2002 年。

61. 王戎笙主編：《中國考試史文獻集成》第六卷（清），北京：高等教育出版社，2003 年。

62. 劉昕主編：《中國考試史文獻集成》第七卷（民國），北京：高等教育出版社，2003 年。

63. 宋恩榮編：《中華民國教育法規選編》，南京：江蘇教育出版社，2005 年。

64. 孫燕京主編：《民國史料叢刊》（文教類），鄭州：大象出版社，2009 年。

65. 第二歷史檔案館編：《中華民國史檔案資料彙編》（第 5 輯教育），南京：鳳凰出版社，2010 年。

66. 劉朝輝編著：《民國史料叢刊總目提要》，鄭州：大象出版社，2010 年。

二、近代報紙期刊

1. 《申報》

2. 《中央日報》

3. 《大公報》（天津）

4. 《民國日報》

5. 《教育雜誌》

6. 《教育世界》

7. 《中華教育界》

8. 《教育通訊》

9. 《教育心理研究》

10. 《中學生》

11. 《教育公報》

12. 《教育部公報》

13. 《獨立評論》

14. 《東方雜誌》

15. 《北京大學日刊》

16. 《清華週刊》

17. 《重慶大學校刊》

18. 《復旦大學校刊》

19. 《廣州大學校刊》

20. 《國立浙江大學校刊》

21. 《國立四川大學校刊》

22. 《國立中正大學校刊》

23. 《國立山西大學校刊》

24. 《國立同濟大學校刊》

25. 《國立廣西大學校刊》

26. 《國立西北大學校刊》

27. 《國立暨南大學校刊》

28. 《國立中央大學校刊》

29. 《國立東北大學校刊》

30. 《國立山東大學校刊》

31. 《國立政治大學校刊》

32. 《國立臺灣大學校刊》

33. 《國立勞動大學月刊》

34. 《國立勞動大學週刊》

35. 《國立北平師範大學校務匯刊》

36. 《北京大學學生週刊》

37. 《國立同濟大學旬刊》

38. 《國立武漢大學週刊》

39. 《國立北京女子師範大學週刊》

40. 《國立大學聯合會月刊》

三、著作

1. 郭秉文:《中國教育制度沿革史》,上海:商務印書館,1916 年。

2. 商務印書館編：《最近三十五年之中國教育》，上海：商務印書館，1931年。

3. 董任堅：《大學教育論叢》，上海：新月書店，1932年。

4. 孟憲承；《大學教育》，上海：商務印書館，1933年。

5. 周予同：《中國現代教育史》，上海：良友圖書印刷公司，1934。

6. 鄧嗣禹：《中國考試制度史》，南京：國民政府考選委員會印行，1936年。

7. 朱子爽：《中國國民黨教育政策》，重慶：國民圖書出版社，1941年。

8. 陳啟天：《近代中國教育史》，臺北：中華書局，1969年。

9. 陳炳權：《陳炳權回憶錄——大學教育五十年》，香港：香港南天書業公司，1970年。

10. 陳元暉：《中國現代教育史》，北京：人民教育出版社，1979年。

11. 沈兼士：《中國考試制度史》，臺北：商務印書館，1980年。

12. 郭為藩編：《中華民國開國七十年之教育》，臺北：廣文書局，1981年。

13. 鄭世興：《中國現代教育史》，臺北：三民書局，1981年。

14. 李新主編：《中華民國史》，北京：中華書局，1981年。

15. 顧樹森：《中國歷代教育制度》，南京：江蘇人民出版社，1981年。

16. 臺灣地區比較教育學會編：《世界各國大學入學制度之改革動向》，臺北：五南圖書出版有限公司，1983年。

17. 華東師範大學教育系教科所編：《中國現代教育史》，上海：華東師範大學出版社，1983年。

18. 雷國鼎：《中國近代教育行政制度史》，臺北：臺灣文物出版社，1983年。

19. 〔英〕蒙哥馬利著，黃鳴譯：《考試的新探索》，南寧：廣西人民出版社，1984年。

20. 伍振鷟：《中國大學教育發展史》，臺北：國立教育資料館，1985年。

21. 高奇主編：《中國現代教育史》，北京：北京師範大學出版社，1985年。

22. 〔美〕傑西·格·盧茨著，曹鉅生譯：《中國教會大學史 1850～1950》，杭州：浙江教育出版社，1987年。

23. 于信鳳：《考試學引論》，瀋陽：遼寧人民出版社，1987年。

24. 熊明安：《中國高等教育史》，重慶：重慶出版社，1988年。

25. 黃福慶：《近代中國高等教育研究：國立中山大學（1924～1937）》，臺北：中央研究院近代史所，1988年。

26. 于信鳳：《考試理論研究》，瀋陽：遼寧人民出版社，1989年。

27. 陳能治：《戰前十年中國的大學教育 1927～1937》，臺北：商務印書館，1990年。

28. 吳家瑩：《中華民國教育政策發展史》，臺北：五南圖書出版有限公司，1990 年。

29. 熊明安：《中華民國教育史》，重慶：重慶出版社，1990 年。

30. 李桂林：《中國現代教育史》，長春：吉林教育出版社，1991 年。

31. 季嘯風主編：《中國高等學校變遷》，上海：華東師範大學出版社，1992 年。

32. 吳世淑：《國外高等學校招生制度》，海口：南海出版社，1992 年。

33. 〔日〕阿部洋：《中國近代學校史研究》，福村出版株式會社，1993 年。

34. 曲士培：《中國大學教育發展史》，太原：山西教育出版社，1993 年。

35. 鄭登雲編：《中國高等教育史》，上海：華東師範大學出版社，1994 年。

36. 馮開文：《中國民國教育史》，北京：人民出版社，1994 年。

37. 申曉雲：《動盪轉型中的民國教育》，鄭州：河南人民出版社，1994 年。

38. 〔美〕費正清、費惟愷編，劉敬坤等譯：《劍橋中華民國史》，北京：中國社會科學出版社，1994 年。

39. 周川、黃旭主編：《百年之功——中國近代大學校長的教育家精神》，福州：福建教育出版社，1994 年。

40. 鄭登雲編著：《中國近代教育史》，上海：華東師範大學出版社，1994 年。

41. 賈非：《考試與教學》，長春：吉林教育出版社，1994 年。

42. 賈非：《考試制度研究》，成都：四川教育出版社，1995 年。

43. 楊成鑒，金濤聲：《中國考試學》，北京：書目文獻出版社，1995 年。

44. 謝青、湯德用等著：《中國考試制度史》，合肥：黃山書社，1995 年。

45. 譚雙泉：《教會大學在近現代中國》，長沙：湖南教育出版社，1995 年。

46. 錢曼倩、金林祥：《中國近代學制比較研究》，廣州：廣東教育出版社，1996 年。

47. 劉海峰：《科舉考試的教育視角》，武漢：湖北教育出版社，1996。

48. 廖平勝：《考試管理學》，武漢：華中師範大學出版社，1997 年。

49. 陸展：《中外學校教育考試制度探討》，北京：高等教育出版社，1997 年。

50. 陳進金：《抗戰前教育政策之研究》，臺北：近代中國出版社，1997 年。

51. 李華興主編：《民國教育史》，上海：上海教育出版社，1997 年。

52. 張寶昆：《大規模教育考試的社會控制功能研究》，昆明：雲南大學出版社，1999 年。

53. 霍益萍：《近代中國的高等教育》，上海：華東師範大學出版社，1999 年。

54. 〔加〕許美德著，許潔英譯：《中國大學 1895～1995：一個文化衝突的世紀》，北京：教育科學出版社，1999 年。

55. 于欽波、楊曉主編:《中外大學入學考試制度比較與中國高考制度改革》,成都:四川教育出版社,2000 年。

56. 金以林:《近代中國大學研究:1895～1949》,北京:中央文獻出版社,2000 年。

57. 關曉紅:《晚清學部研究》,廣州:廣東教育出版社,2000 年。

58. 李國鈞、王炳照總主編,於述勝著:《中國教育制度通史》(第 7 卷),濟南:山東教育出版社,2000 年。

59. 程凱、王衛東:《考試社會學概論》,開封:河南大學出版社,2000 年。

60. 楊學為:《中國考試改革研究》,北京:北京大學出版社,2001 年。

61. 蘇雲峰:《從清華學堂到清華大學 1928～1937》,北京:三聯書店,2001 年。

62. 吳梓明:《基督教大學華人校長研究》,福州:福建教育出版社,2001 年。

63. 康乃美、蔡熾昌著:《中外考試制度比較研究》,武漢:華中師範大學出版社,2002 年。

64. 劉海峰等:《中國考試發展史》,武漢:華中師範大學出版社,2002 年。

65. 黃延復:《清華的校長們》,北京:中國經濟出版社,2003 年。

66. 李振東:《北大的校長們》,北京:中國經濟出版社,2003 年。

67. 張行濤:《必要的烏托邦——考選世界的社會學研究》,北京:北京師範大學出版社,2003 年。

68. 廖平勝:《考試是一門科學》,武漢:華中師範大學出版社,2003 年。

69. 廖平勝:《考試學原理》,武漢:華中師範大學出版社,2003 年。

70. 郡明明:《大規模考試的演變與育人——論會考與高考的改革》,武漢:華中師範大學出版社,2003 年。

71. 楊學為、廖平勝著:《考試社會學問題研究》,武漢:華中師範大學出版社,2003 年。

72. 〔美〕吉爾伯特・羅茲曼主編,國家社會科學基金「比較現代化」課題組譯:《中國的現代化》,南京:江蘇人民出版社,2003 年。

73. 劉海峰、李兵:《中國科舉史》,上海:東方出版中心,2004 年。

74. 田建榮:《中國考試思想史研究》,北京:商務印書館,2004 年。

75. 薛曉源:《全球化與新制度主義》,北京:社會科學文獻出版社,2004 年。

76. 王東傑:《國家與學術的地方互動:四川大學國立化進程(1925～1939)》,北京:三聯書店,2005 年。

77. 張憲文等著:《中華民國史》,南京:南京大學出版社,2005 年。

78. 劉海峰:《科舉學導論》,武漢:華中師範大學出版社,2005 年。

79. 魯子問：《國家‧考試‧人》，武漢：湖北人民出版社，2006 年。

80. 朱漢國、汪朝光主編：《中華民國史》，成都：四川人民出版社，2006 年。

81. 宋秋蓉：《近代中國私立大學發展史》，西安：陝西人民教育出版社，2006年。

82. 田正平、商麗浩主編：《中國高等教育百年史論——制度變遷、財政運作與教師流動》，北京：人民教育出版社，2006 年。

83. 吳民祥：《流動與求索——中國近代大學教師流動研究：1898～1949》，杭州：浙江教育出版社，2006 年。

84. 方增泉：《近代中國大學（1898～1937）與社會現代化》，北京：北京師範大學出版社，2006 年。

85. 智效民：《八位大學校長》，武漢：長江文藝出版社，2006 年。

86. 楊達壽：《浙大的校長們》，北京：中國經濟出版社，2007 年。

87. 高偉強等編：《民國著名大學校長 1912～1949》，武漢：湖北人民出版社，2007 年。

88. 劉少雪：《中國大學教育史》，太原：山西教育出版社，2007 年。

89. 張正鋒：《權力的表達：中國近代大學教授權力制度研究》，福州：福建教育出版社，2007 年。

90. 王李金：《中國近代大學創立和發展的路徑：從山西大學堂到山西大學（1902～1937）的考察》，北京：人民出版社，2007 年。

91. 王瑞琦：《百年來中國現代高等教育：國家、學術、市場之三角演變》，臺北：國立政治大學中國大陸研究中心出版社，2007 年。

92. 董寶良主編：《中國近現代高等教育史》，武漢：華中科技大學出版社，2007 年。

93. 羅金遠主編：《考試促進人的發展》，武漢：湖北人民出版社，2007 年。

94. 徐金山、江暢主編：《考試推動社會進步》，武漢：湖北人民出版社，2007 年。

95. 江暢：《教育考試公正論》，武漢：湖北人民出版社，2007 年。

96. 羅金遠主編：《考試應該體現誰的意志》，武漢：湖北人民出版社，2007 年。

97. 劉海峰：《高考改革的理論思考》，武漢：華中師範大學出版社，2007 年。

98. 羅立祝：《高校招生考試政策研究》，武漢：華中師範大學出版社，2007 年。

99. 覃紅霞：《高校招生考試法治研究》，武漢：華中師範大學出版社，2007 年。

100. 李立峰：《中國高校招生考試中的區域公平問題》，武漢：華中師範大學

出版社，2007 年。

101. 劉清華：《高考與教育教學的關係研究》，武漢：華中師範大學出版社，
2007 年。

102. 唐瀅：《美國高校招生考試制度研究》，武漢：華中師範大學出版社，2007
年。

103. 楊李娜：《臺灣地區大學入學考試制度研究》，武漢：華中師範大學出版
社，2007 年。

104. 何俊志：《新制度主義政治學譯文精選》，天津：天津人民出版社，2007
年。

105. 余子俠、何向東主編：《湖北考試史》，武漢：湖北人民出版社，2007 年。

106. 吳嚮明：《美國高等院校招生制度研究》，北京：中國社會科學出版社，
2008 年。

107. 蔣超主編：《中國高考史》，北京：中國言實出版社，2008 年。

108. 楊學為：《中國考試通史》，北京：首都師範大學出版社，2008 年。

109. 廣少奎：《重振與衰變——南京國民政府教育部研究》，濟南：山東教育
出版社，2008 年。

110. 陳學恂主編：《中國教育史研究》（現代分卷），上海：華東師範大學出版
社，2009 年。

111. 許小青：《政局與學府：從東南大學到中央大學（1919～1937）》，北京：
中國社會科學出版社，2009 年。

112. 劉海峰：《高校招生考試改革制度研究》，北京：經濟科學出版社，2009
年。

113. 王立科：《英國高校招生考試制度研究》，武漢：華中師範大學出版社，
2010 年。

114. 張耀萍：《高考內容與形式改革研究》，武漢：華中師範大學出版社，2010
年。

115. 吳根洲：《高考效度研究》，武漢：華中師範大學出版社，2010 年。

116. 樊本富：《中國高校自主招生研究》，武漢：華中師範大學出版社，2010
年。

117. 劉聖中：《歷史制度主義》，上海：上海人民出版社，2010 年。

118. 康乃美主編：《中外考試比較》，北京：教育科學出版社，2011 年。

四、博士學位論文

1. 吳家瑩：《國民政府的教育政策及其內外形勢》，臺灣師範大學教研所博
士學位論文，1989 年。

2. 丘愛玲：《我國大學聯招政策變遷之研究（1954～1997）》，臺灣師範大學教研所博士學位論文，1998年。

3. 張亞群：《科舉革廢與中國高等教育近代化》，廈門大學博士學位論文，2000年。

4. 田建榮：《中國考試思想史研究》，廈門大學博士學位論文，2001年。

5. 何俊志：《結構、歷史與行為——歷史制度主義對政治科學的重構》，復旦大學博士學位論文，2003年。

6. 嫣明明：《大規模考試的演變與育人》，華中師範大學博士學位論文，2003年。

7. 楊李娜：《臺灣地區大學入學考試制度研究》，廈門大學博士學位論文，2003年。

8. 苗素蓮：《中國大學組織特性歷史演變研究》，華東師範大學博士學位論文，2004年。

9. 靖國安：《效率與公平——關於高等學校招生自主權的政策研究》，華中科技大學博士學位論文，2005年。

10. 鄧小林：《民國時期國立大學教師聘任之研究》，四川大學博士學位論文，2005年。

11. 徐潔：《近代中國大學課程發展與變革研究》，廈門大學博士學位論文，2005年。

12. 覃紅霞：《高校招生考試法治研究》，廈門大學博士學位論文，2005年。

13. 譚志紅：《我國普通高校招生制度公平性研究》，湖南師範大學博士學位論文，2006年。

14. 羅立祝：《高校招生考試政策研究》，廈門大學博士學位論文，2006年。

15. 李立峰：《中國高校招生考試中的區域公平問題研究》，廈門大學博士學位論文，2006年。

16. 劉清華：《高考與教育教學的關係研究》，廈門大學博士學位論文，2006年。

17. 胡向東：《民國時期中國考試制度的轉型與重構》，華中師範大學博士學位論文，2006年。

18. 王海靜：《歷史制度主義的理論要素分析》，中國人民大學博士學位論文，2007年。

19. 程斯輝：《中國近代大學校長研究》，華中師範大學博士學位論文，2007年。

20. 張耀萍：《高考形式與內容改革研究》，廈門大學博士學位論文，2007年。

21. 許小青：《首都遷移與「最高學府」之爭——以北大、中央大學為中心的

探討（1919～1937）》，中山大學博士後出站報告，2008 年。

22. 崔恒秀：《民國教育部與大學關係之研究（1912～1937)》，蘇州大學博士學位論文，2008 年。

23. 樊本富：《中國高校自主招生研究》，廈門大學博士學位論文，2009 年。

24. 吳立保：《中國近代大學本土化研究——基於大學校長的視角》，華東師範大學博士學位論文，2009 年。

25. 洪芳：《〈大公報〉與中國近代高等教育》，蘇州大學博士學位論文，2010 年。

26. 蘇國安：《南京國民政府時期學校教育政策研究》，河北大學博士學位論文，2010 年。

27. 虞寧寧：《中國近代教會大學招生考試研究》，廈門大學博士學位論文，2012 年。

28. 王中男：《考試文化研究》，華東師範大學博士學位論文，2012 年。

五、碩士學位論文

1. 薛成龍：《近代中國高校招生考試研究》，廈門大學碩士學位論文，1999 年。

2. 劉曉莉：《南京國民政府初期高等教育發展述論》，華中師範大學碩士學位論文，2003 年。

3. 胡晶君：《國立中山大學學校管理探析（1924～1931)》，華南師範大學碩士學位論文，2004 年。

4. 朱永坤：《中國近現代高等教育價值取向研究》，東北師範大學碩士學位論文，2005 年。

5. 梁超梅：《高考與高校教育的關係研究》，中國地質大學碩士學位論文，2006 年。

6. 任豔紅：《民國高等教育立法與現代大學制度的形成》，陝西師範大學碩士學位論文，2006 年。

7. 肖娟群：《我國高校自主招生考試的歷史考察與現狀分析》，廈門大學碩士學位論文，2008 年。

8. 陳潔：《近代中國學位制度探析》，湘潭大學碩士學位論文，2008 年。

9. 王岩：《南京國民政府時期高校招生制度研究》，南京師範大學碩士學位論文，2009 年。

10. 彭慧麗：《民國時期高校自主招生制度研究（1912～1949)》，西北師範大學碩士學位論文，2009 年。

11. 單雲蘊：《民國時期高校招生制度及其現代價值》，南京師範大學碩士學

位論文，2009 年。

12. 韓斌：《民國時期大學入學數學考試研究》，內蒙古師範大學碩士學位論文，2010 年。

13. 韓樹雙：《抗戰時期國立大學招生考試研究》，西南大學碩士學位論文，2014 年。

六、期刊論文

1. 劉海峰：《傳統文化與高校招生考試改革》，《上海高教研究》，1995 年第 3 期。

2. 劉海峰：《再論傳統文化與高考改革》，《上海高教研究》，1996 年第 1 期。

3. 劉海峰：《為什麼要堅持統一高考》，《上海高教研究》，1997 年第 5 期。

4. 房列曙：《論抗戰時期國統區高考模式的改革》，《安徽史學》，1997 年第 1 期。

5. 高耀明：《民國時期高校招生制度述略》，《高等師範教育研究》，1997 年第 4 期。

6. 余子俠：《國民政府抗戰教育政策形成及其決策心理》，《華中師範大學學報》（人文社會科學版），1998 年第 2 期。

7. 張亞群：《科舉革廢與中國高等教育近代化的特徵分析》，《集美大學教育學報》，2000 年第 4 期。

8. 張亞群：《科舉革廢對現代中國高等教育改革的啟示》，《遼寧師範大學學報》（社會科學版），2001 年第 3 期。

9. 張亞群：《科舉革廢與中國高等教育近代化的理論探討》，《招生考試研究》，2001 年第 1 輯。

10. 潘懋元：《女子高等教育：文化變遷的寒暑表——中國女子高等教育的過去、現在和未來》，《集美大學學報》，2001 年第 3 期。

11. 劉紹春：《科舉廢除以後遺留問題及考試制度重建》，《河北師範大學學報》（教育科學版），2002 年第 6 期。

12. 半齋：《國民政府考試院軼聞片段》，《鍾山風雨》，2002 年第 1 期。

13. 武增鋒：《二十世紀三十年代大學生就業難問題的透視》，《社會科學》，2003 年第 9 期。

14. 鄧岳敏、張亞群：《探析民國時期大學設置標準的演變》，《交通高教研究》，2003 年第 6 期。

15. 孫邦華：《清末來華西人關於中國考試制度改革的建議》，《湖北招生考試》，2003 年第 4 期。

16. 冉春：《民國時期高校統一招生政策及其意義》，《四川教育學院學報》，

2003 年第 9 期。

17. 房列曙：《民國時期高校考試制度的歷史考察》,《安徽師範大學學報》(人文社會科學版)，2004 年第 3 期。

18. 陳德軍：《南京政府初期文科與實科比例失衡的社會政治效應》,《史學月刊》，2004 年第 6 期。

19. 劉海峰：《傳統文化與兩岸大學招考改革》,《高等教育研究》，2004 年第 2 期。

20. 劉清華：《民國時期高校招生考試與學校教育的關係》,《寧波大學學報》(教育科學版)，2004 年第 5 期。

21. 孫利平：《試析民國前期暨南大學的海外招生》,《東南亞研究》，2004 年第 4 期。

22. 張太原：《20 世紀 30 年代的文實之爭》,《近代史研究》，2005 年第 2 期。

23. 張亞群：《從單獨招考到統一招考——民國時期高校招生考試變革的啟示》,《中國教師》，2005 年第 6 期。

24. 張亞群：《從考「官」到考「學」——廢科舉後考試文化的變革與傳承》,《書屋》，2005 年第 1 期。

25. 張亞群：《廢科舉與近代學校考試制度的創立》,《中國考試》，2005 年第 1 期。

26. 楊李娜：《民國時期的大學招考制度及其影響》,《漳州師範學院學報》(哲學社會科學版)，2005 年第 4 期。

27. 巨玉霞、張亞群：《近代中國教會大學的招生特點》,《大學教育科學》，2005 年第 5 期。

28. 張珊珍：《陳立夫與抗戰時期的中國教育》,《抗日戰爭研究》，2006 年第 3 期。

29. 陳彬莉：《高考制度的歷史演變軌跡探析》,《山西師大學報》(社會科學版)，2007 年第 1 期。

30. 孫中濤、趙芹：《淺析民國時期我國高校招生制度的形成與變遷》,《華章》，2007 年第 8 期。

31. 羅志田：《斯文關天意：1932 年清華大學入學考試的對對子風波》,《近代史研究》，2008 年第 3 期。

32. 羅志田：《無名之輩改寫歷史：1932 年清華大學入學考試的作文題爭議》,《歷史研究》，2008 年第 4 期。

33. 李紅：《晚清高等教育考試制度近代化：嚴謹、特點與啟示》,《現代教育論叢》，2008 年第 3 期。

34. 胡向東：《民國時期關於教育考試問題的三次論爭》,《教育與考試》，2008

年第 6 期。

35. 單雲蘊：《民國時期高校招生方式及其現實意義》,《湖北招生考試》,2008 年第 12 期。

36. 劉額爾敦吐、王小五：《民國時期高校少數民族招生考試政策研究》,《煤炭高等教育》,2009 年第 7 期。

37. 張學強、彭慧麗：《民國時期高校自主招生制度探析》,《社會科學戰線》,2009 年第 5 期。

38. 張亞群、劉毳：《也談大學破格招生》,《考試研究》,2011 年第 1 期。

39. 虞寧寧：《中國近代大學招生推薦制的特點與現實思考》,《考試研究》,2011 年第 3 期。

40. 劉希偉：《高校招生考試文理分合的百年演進與反思》,《考試研究》,2011 年第 5 期。

41. 曾華：《1932 年清華大學入學考試的教育啟示》,《考試研究》,2012 年第 5 期。

七、外文資料

1. PING-TI·HO. *The Ladder of Success in Imperial China: Aspect of Social Mobility* [M].Columbia: Columbia University Press, 1962.

2. F·A·HAYEK. *The Constitution of Liberty* [M].London: Lowe and Brydave Ltd, 1960.